周易与应用

ZHOUYI YU YINGYONG

（新一版）

沈炜民 著

上海辞书出版社

图书在版编目(CIP)数据

周易与应用：新一版／沈炜民著．—上海：上海辞书出版社，2023

ISBN 978-7-5326-6082-7

Ⅰ.①周…　Ⅱ.①沈…　Ⅲ.①《周易》-研究　Ⅳ.①B221.5

中国国家版本馆 CIP 数据核字(2023)第 117533 号

周易与应用(新一版)

沈炜民　著

责任编辑　张　恬
装帧设计　杨钟玮
责任印制　王亭亭

出版发行　上海世纪出版集团
上海辞书出版社®(www.cishu.com.cn)
地　　址　上海市闵行区号景路 159 弄 B 座(邮政编码：201101)
印　　刷　上海展强印刷有限公司
开　　本　700 毫米×1000 毫米　1/16
印　　张　18.25
字　　数　352 000
版　　次　2023 年 8 月第 1 版　2023 年 8 月第 1 次印刷
书　　号　ISBN 978-7-5326-6082-7/B・343
定　　价　98.00 元

目　　录

附　录

前　言

《周易》作为群经之首，是建立在所有传统学科之上的一门母学科，是中华传统文化的总根源。《周易》中表达的那种博大精深、包罗万象的哲思智理，精妙绝伦、圆融严密的象数理论，对当代社会仍然有着极其重要的借鉴意义。

严格说来，《周易》并不是"一本书"。戴静山就曾说它是"一部丛书"，它由"易经"和"易传"组成，即经传两部分。经部主要载述卦爻辞，分上下两经；传部辅助理解经文，共七种十篇，古人称为"十翼"，即经部讲卦说经，传部解卦传经。关于它的成书过程，《汉书·艺文志》载："人更三圣，世历三古。"一般认为《周易》的作者有三位：上古伏羲因"河出图，洛出书"，龙马负图，又"坐于方坛之上，听八风之气，乃画八卦"；中古周文王囚羑里"益易之八卦为六十四卦"，并作卦爻辞，初具占筮规模；下古孔子及传人添加"十翼"，再经过几千年无数代人的探索，《周易》最终形成。其书名也很复杂，"周"既包含周而至备，无所不包，即"周普"之义；又暗示作卜辞之说起于岐周之初。"易"可表示为以繁着易，或是统摄真理之"万古不易"之义，还具有周流变易的内涵。

《周易》分经传两部分，经部分上下两经，上经三十卦，下经三十四卦；以乾坤两卦统摄宇宙万物，尤以乾为首；其中乾、坤、坎、离四卦在上经中，巽、震、艮、兑四卦在下经里。每卦有自己的符号和名称，卦的基本组成元素是"爻"，爻分为阳爻、阴爻，阳爻用"⚊"表示，阴爻用"⚋"表示。易卦分八卦、六十四卦两种。八卦即"乾、坤、震、巽、坎、离、艮、兑"，又称为经卦，八卦由三个爻组成。六十四卦由六个爻组成，是由两个八卦重叠而成。其中，下面三爻叫下卦，即下经卦、内卦、下体、主卦；上面三爻叫上卦，即上经卦、外卦、上体、客卦。如否卦䷋，下卦为八卦的坤卦☷，上卦为八卦的乾卦☰。一般占筮要用六十四卦，所谓"六爻之动，三极之道也"。八八得六十四之数，每卦六爻，共三百八十四爻。每卦中有卦名、卦辞、爻名、爻辞。卦名即易卦的名称，是对卦爻辞的高度概括，如乾、坤、屯、蒙、需等，共有六十四卦名。卦辞即说明卦义的文辞，概述一卦的含义，如乾卦中为："元、亨、利、贞"，共有六十四条卦辞。爻名是指每卦中六个爻的具体名称，爻名都由两个字组成，一个字表明位置，自下而上，依次叫初、二、三、四、五、上；另一个字区别性质，若为"⚊"则为阳性,记作"九",若为"--",则为阴性,记作"六"。如乾卦,爻名分别为初九、九二、九三、上九。至于为何要用数字"六""九"来分别阴阳,可能取法于"大衍之数"揲蓍法,大衍之数揲扐结果为六、七、八、九,"九"为老阳,"六"为老阴。因为乾坤两卦中各有一用爻,分别是"用九""用六"。"用"即通、过之意,所以共有三百八十六个爻名。爻辞说明每一爻的含义,它是组成合卦内容的主要部分,也是其作为占筮书的重要凭证之一。如十六豫卦中:"初六,鸣豫,凶……六二,介于石,不终日,贞吉……"按其卦辞推测吉凶,加上两个用爻辞,共有三百八十六个这样的爻辞。这就是《周易》经部的主要内容了。作为一本占筮书,最重要的是如何通过经书去占筮问卦。《系辞上》记载:"大衍之数五十,其用四十有九。分而为二以象两,挂一以象三,揲之以四以象四时,归奇于扐以象闰,五岁再闰,故再扐再后挂。……是故四营而成易,十有八变而成卦……八卦而小成。"按此即成一卦,具体如何占卦书中会有详述。一本成熟的占筮书至此形成,但它又是如何上升为一部皇皇巨著的呢?这便要讲到《周易》传部了。

《易传》又称"十翼",意为辅助、说明。共十篇七种,分别为《系辞》上下篇、《彖》上下篇、《象》上下篇、《文言》、《说卦》、《序卦》、《杂卦》。上下《彖》、大小《象》、《文言》这五篇散现于经部中,作为对经文的直接诠释和解答。《彖》只解释卦义,不涉及爻义,包括解释卦名、卦象、卦辞。《象》解释卦象、爻象,解释卦象的为《大象》,解释爻象的为《小象》。《大象》共有六十四条,每条分两句,前一句通过分析卦象解释卦名,后一句讲"君子"等观象而得到的启示。如《乾象》:"天行健,君子以自强不息。"乾卦取天为象,含义便是健。《文言》只是对乾坤二卦进行解释,因为乾坤卦分别为纯阳至阴,为易之门户,所以特"文饰乾、坤两卦之言",它是对乾坤二卦卦爻辞的细致阐释,注重发挥其微言大义。剩下五篇附于经文后面,全面介绍了《周易》的创作背景、占筮原理、哲学思想等要旨,是对《周易》思想的演化和拓展。《系辞》分上下两篇,是对《易经》的通论,不仅综述占筮大义,而且诠释了卦爻辞的思想内涵,阐发了《易经》的基本原理。《说卦》解说八卦的性质、功能、取象特征及所取物象。《序卦》解答了六十四卦的排列次序。这十篇论传作为一部解经之作,在不破坏卦爻符号、卦爻辞的神圣性与神秘性的前提下,从象数、义理等方面来阐发其意蕴,并且能够破除愚昧迷信色彩,注入辩证法等丰富的哲学理念,对《周易》的发扬光大功不可没。由此,《易经》从巫术转变为哲学,从迷信转变为理性,成为一部旷世奇书。

《周易》是一本探求宇宙真理的书。它认为宇宙最初并非是上帝推了一把,而是"易有太极",太极才是万物的源头。"太极谓天地未分之间,元气混而为一",是宇宙最初浑然一体的元气,阴阳二气混合未分的状态。《系辞上》又说"一阴一阳之谓道",道可理解为太极,由一元的道又产生出阴阳二象,一阴一阳上下无常,刚柔相易,生出太阳、少阳、太阴、少阴此四象,李鼎祚《周易集解》中说:"四象,四时也……震春、兑秋、坎冬、离夏”,故两仪生四象。《易学启蒙》中曰:“四象之上,合生一奇一偶,而为三画者八,于是三才略具,而有八卦之名矣。”由此四象生八卦,八卦即乾、坤、坎、离、巽、震、兑、艮,代表着宇宙中的万事万物,这在《说卦》中已有详述,无须赘言。《系辞上》云:“是故易有太极,是生两仪,两仪生四象,四象生八卦,八卦定吉凶,吉凶生大业。”又有包牺氏“近取观身,远取观物,五十始作八卦……”八卦已变幻无穷,但欠精细工巧,于是两相重叠形成六十四卦,三百八十四爻,引证世间万事万物,象征着天下各种各样的现象以及不同的因应之道,而且层层演进,以至无穷,更加说明了《周易》的博大精深。最初作为指导百姓从事农事耕渔之书,它十分注重“位”的概念。《系辞上》曰:“天地设位而易行乎其中矣。”而在太极八卦图中,定位为震东、巽东南、离南、坤西南、兑西、乾西北、坎北、艮东北,另有天地卦位、六十四卦方位、爻位等,获得重视后直接影响到天文、地理、医药、堪舆、气象、水文等科学知识。

《周易》还触及道德层面。太极为天道,为宇宙奥妙之所在,两极引入人伦。孔子曰:“加(假)我数年,五十以学易,可以无大过矣!”(《论语·述而》)将其应用于人事上,推天道以明人事,引导社会和谐。因此它又十分重视“卦时”的利用。卦时,即易卦所处的时位、时机,每卦卦义的特定背景。它主张趋时、顺时,顺时则吉,失时则凶,“时止则止,时行则行,动静不失其时,其道光明”(《艮》)。这种时宜观深刻地影响了我国后世的哲学思想,比如重视“天时”,讲究顺应时势,事随时易等。又有“日中则昃,月盈则食,天地盈虚,与时消息,而况人乎,况于鬼神乎?”(《丰》)人们的意识中产生了“与时偕行”的观念,也就是要与时俱进,对我国民族性格的塑造产生了不可估量的作用。还有卦序的提出让我们认识到礼义廉耻、长幼尊卑;“时中”思想的阐述宣传了人的伦常美德,为孔孟儒家与老庄道家所共有,丰富了后世各个学术流派的思想内涵;而“太和”的最高价值理念,更是兼通古今中外,成为被世界认同的最高价值理念。

道德层面的延伸还是要立足于《周易》本身的性质,宋儒朱熹在《周易本义》中明确说道:“《易》本卜筮之书。”义理的发掘离不开对象数的了解。《左传·僖公十五年》载韩简曰:“龟,象也;筮,数也。物生而后有象,象而后有滋,滋而后有数。”这是最早关于象数的记载。杜预注曰:“言龟以象示,益以数告;象数相因而生,然后有占。”孔颖达《左传正义》云:“卜之用龟,灼以出兆,是龟以金、木、水、火、土之象而告人;筮之用蓍,揲以为卦,是筮以阴阳蓍策之数而告人也。凡是动植飞走之物,物既生讫而后有其形象;既为形象,而后滋多;滋多而后始有头数。”这里说明了《周易》的起源,并分别说明卜筮其实并不同,卜侧重五行之象,筮占侧重阴阳之数,不管怎么区分,从古至今,卜测、筮占、易图、纳音、纳甲之类的术数之学皆为象数易学的范畴,在古人心目中,世界是由“象”与“数”构成的,“象数”不仅是古人认知世界的语言,同时也是探赜索隐的一种思维方式。而其中最为显著的表现便是"卜筮",为了深刻地了解"史巫之筮","夫子老而好《易》,居则在席,行则在橐"。还曾亲自进行筮占实验,取得"百占而七十当"的结果,并做出"五十以学易,可以无大过矣!"的感慨。正是如夫子这般儒门圣贤,才能懂得脱离象数而空谈"仁义礼智"的"义理"只能是缘木求鱼,适得其反。

古代易学殿军人物尚秉和总结自己的治易经验时说:"未学易,先学筮。"说明了掌握筮法在整个易学研究中占有重要位置。从《左传》《国语》等先秦文献来看,《周易》在当时就是被视为卜筮之书,才有秦火焚书时因诏令有"所不去者,医药卜筮种树之书"而幸免于难,汉代《周易》得以完璧示人。故朱子等人皆称:"《易》为卜筮之书。"所以,对象数易学有系统的把握,对其中涉及的易图、筮法、纳音、五行、干支等有系统的了解,学会正确运用象思维来指导筮法实践,从而更深刻地了解《周易》带给我们的"天地之道""神明之德",这是一件行之有效而刻不容缓的事情。

天下术数又皆出自《周易》。由《周易》衍生出成千上万种象数命理学,无一不与《周易》有关。打开这些书籍,充斥最多的依然还是阴阳、八卦、宫位、吉凶等。《四库全书总目提要》亦这样说道:"术数之兴,多在秦汉以后。要其旨,不出乎阴阳五行,生克制化,实皆《易》之支派,傅以杂说耳。"故我们可以说,掌握了《周易》,就懂得了筮法的一切规律核心。《系辞上》曰:

> 以言乎远则不御,以言乎迩则静而正,以言乎天地之间则备矣。夫乾,其静也专,其动也直,是以大生焉。夫坤,其静也翕,其动也辟,是以广生焉。广大配天地,变通变四时,阴阳之义配日月,易简之善配至德。

远则无所抗御,近则端正持节,包罗万象,察古识今,《周易》的动静翕辟,更体现在其所本源的筮术上,掌握了《周易》,便掌握了预测的精髓;懂得了预测之术,便扼住了生命的命脉。

《周易》作为中华文化之源,思想深邃,包罗万象,堪称一部代表我国几千年文化的百科全书。《四库全书总目序言》曰:"易道广大,无所不包,旁及天文、地理、乐律、兵法、韵学、算术,以逮方外之炉火,皆可援易以为说,而好易者又援以入易,故易说愈繁。"此外,还涉及历律、医学、宗教、养生等方面。就其本身而言,数千年来,研究著述卷帙浩繁,易学流派纷呈演变,《四库全书总目提要》从中梳理划分成两派六宗,两派为象数派和义理派,六宗指占卜宗、機祥宗(或者泛禅宗)、造化宗、老庄宗、儒理宗、史事宗。这些学派的相互交流融合也促进了这门古老经典的不断发展。更重要的是,它的很多思想主张已经深深地烙印在每一个中华儿女的心中,成为民族性格的一部分。它的广袤智慧即使放在世界文化的舞台上,也毫不逊色。

莱布尼茨、黑格尔、伏尔泰、李约瑟等各个学科的西方大家都曾从中汲取了很多知识作为他们学术研究的养分，并且高度称赞《周易》对推动全人类的进步所作出的不朽贡献。然而，最难能可贵的是，《周易》并没有随着历史的发展而慢慢失去它普世的价值，反而因为科技的日益进步而更加焕发出生机。它不仅在其传统占筮卜测上受到众多人的追捧，它融会贯通、博大精深的思想内涵更是促进了当代天文学、网络计算机、生物学、数学、考古学等学科的巨大进步。今天，当人们把它投入现代社会中时，发现它对个人追求、职场博弈、人际交往等方面也产生着巨大作用。无怪乎有人说，《周易》是 21 世纪人类摆脱自身困境的一把钥匙。

任继愈先生曾说《周易》“幽微而昭著，繁复而简明”，它是贯通人文科学与自然科学，融汇儒道两大中华文化主流思想的枢纽，是中华传统文化的集大成者。并且以其“推天道以明人事”的循理尽性观，“否极泰来”“物极必反”的辩证思维，“厚往而察来”的历史观，“天行健，君子以自强不息”的与时俱进、开拓进取的精神实质，推动自身文化内涵长盛不衰，历久弥新。当今世界科技发展日新月异，世界局势瞬息万变，各国之间联系日益紧密，不断地相互竞争又彼此融合。在充满着机遇与挑战的时代背景下，我们更应该擎起《周易》这面大旗，使中华文明在激烈的竞争中独树一帜。同时，《周易》海纳百川、兼容并包的胸怀，也引导我们能在与西方文明的对接中不断学习、借鉴，取其精华，去其糟粕，消解科学文化与人文文化的对立，消解中国文化与西方文化的冲突，促进人与自然的和谐、科学与人文的互补、中西文化的融合，从而实现保合太和、大同世界的目标。

前路任重而道远，我们需要不断奋斗：“天行健，君子以自强不息；地势坤，君子以厚德载物。”

第一部分

理论篇

架构于阴阳二元论
基础上的中国式思想

第一章　周易的诞生

一、中华源文化的创始人——三圣

伏羲、周文王、孔子三位伟大的圣人在中华文化史各自开创了三个不同的时代，即所谓的“三易说”。《汉书·艺文志》说：“易道深矣，人更三圣，世历三古。”在上古时代，有伏羲氏者，仰观天文，俯察地理，中观人物鸟兽万象，然后用八个卦象符号代表天、地、雷、风、水、火、山、泽八种自然界现象，以表示宇宙一切自然现象，这是早期的易学，即“符号易”时代。所谓“符号易”时代是表示远古先民的思想以天道自然为主。到“中古”时代，神道思想兴起，天神、地祇、人鬼概念已深入人心，人们总是通过八卦、六十四卦占卜的方式决断一切，因此，这一时代被视为“筮数易”时代。“筮数易”时代反映了人们的思想由天道转入人道。至春秋战国时期，人们心中的神道思想逐渐衰退，而人道意识开始兴起。一代“至圣先师”孔子掀起了易学革命，由其发轫，继而其弟子及再传弟子撰成《易传》，从此，易学进入一个新的时代——儒门易时代①。

三圣像

伏羲发现了自然之根，文王感悟了自然之道，孔子阐述了自然之理。在三圣的

① 高怀民先生在《两汉易学史》一书中，将伏羲时代的易学称为“符号易”，文王时代的易学称为“筮数易”，孔子时代的易学称为“儒门易”，认为这“三易”时代是先秦易学发展的三个阶段，所谓“易历三圣”，即伏羲、文王、孔子各自引领和开创了一个时代。参见高怀民：《两汉易学史》，第3页，广西师范大学出版社，2007年。

努力钻研之下,在对数千年的人类智慧的总结归纳之下,《周易》体系从此完善,中华文化初具雏形。人类需要反思,智慧需要追寻,人类正是要去不断发现真相而非去创造真理,故我们只有对创造如此伟大的精神财富的圣贤们升起敬畏与感恩之心,才能真正将《周易》的精华浸润到自己的血液里,为我所用,造福于社会。

这样的想法一经提出,便得到了社会各界的广泛赞誉与积极支持,但同时也有一部分人对此抱有怀疑态度,认为是夸大其词。三圣所作出的功绩与贡献世人有目共睹,感恩三圣不仅是为了纪念圣贤,更是希望在三圣的庇佑下我们能好好努力,《周易》只有在这种良性互动中才能获得新生。为了加深读者对三圣为《周易》作出不朽贡献的印象,下面具体介绍三圣是如何为中华传统文化奠定基础的。

1. 伏羲

(1) 伏羲其人

伏羲,又称皇羲、宓羲、太昊、庖牺、包牺、牺皇等,《史记》中称其与神农、黄帝并称为华夏三皇,且为三皇之首。民间传说中与女娲同被尊为人类始祖。有研究称,“伏羲”来源于彝语“蛇”的称谓。彝语支民族中古时期称“乌蛮”“白蛮”,与《说文》“南蛮蛇种”之说所记载的彝族蛇崇拜历史是相吻合的。而“伏羲”一词的语音及语义,在彝族及彝语支民族当代的语言中还有所保留。“伏羲”神话传说中所反映的人类婚姻家庭形态,在彝族及彝语支民族的神话传说中也广泛地存在着。

伏羲像

对于伏羲的出生地学界颇有争议。有部分学者据《路史》,认为伏羲出生于仇夷[①];另一些学者则据北魏郦道元《水经注·渭水》,认为伏羲出生于成纪[②]。笔者认为

① 宋代罗泌的《路史》记载:“太昊伏羲氏华胥,居于华胥之渚,尚暨叔姬翔于渚之汾。巨迹出焉,华胥决履以跉之,意有所动,虹且绕之,因孕十有二岁……生于仇夷,长于起城。”意思是说,伏羲的母亲华胥,生活在华胥水边,因为踩了神的足迹而怀上伏羲。伏羲生于仇夷,长在起城(今甘肃秦安)。

② 《水经注·渭水》记载:“故渎东径成纪县,故帝太皞庖牺所生之处也。”司马贞:“母曰华胥,履大人迹于雷泽而生庖羲于成纪。”

应定阆中为是，宋代罗泌的《路史》注释："华胥之渊，盖因华胥居之而名，乃今阆中渝水也。"即传说中伏羲的母亲华胥生活在华胥水边，因好奇踩了雷神的脚印而怀了伏羲。伏羲氏是我国古籍中记载的最早的王之一，所处时代约为新石器时代中晚期。他根据天地万物的变化，发明创造了八卦，成了中国古文字的发端，也结束了"结绳记事"的历史。他又结绳为网，用来捕鸟打猎，并教会了人们渔猎的方法，发明了瑟，创作了乐曲《驾辩》。他的活动，标志着中华文明的起始，也留下了大量关于伏羲的神话传说。传说伏羲坐于方坛之上，听八风之气，乃作八卦。八卦衍生易经，开华夏文明。近代之求签或掷签，实是《周易》之简化版。因其制造八卦，人奉之为神，尊其为八卦祖师。

伏羲古名写法

(2) 伏羲画卦

《系辞下》说："古者庖牺氏之王天下也，仰则观象于天，俯则察法于地。观鸟兽之文与地之宜，近取诸身，远取诸物，于是始作八卦，以通神明之德，以类万物之情。"这说明，作为《易》的基础的八卦是远古时期伏羲通过"观物取象"所创造的。历史上关于伏羲画八卦的传说流传已久。相传，远古时期，人对大自然一无所知。天气会变化，日月会运转，人会生老病死，所有这些现象，谁也不知道是怎么回事。伏羲对此也感到十分茫然，为了了解大自然这些奇怪现象，他经常环顾四方，举目六合，揣摩日月经天，斗转星移，猜想着大地寒暑、花开花落的变化规律。一日，伏羲在黄河里捕鱼，捉到一只白龟，于是他挖了一个大水池，把白龟养了起来。此后某日，伏羲正在往白龟池里放食物，有人跑来说黄河里出了怪物。他来到黄河边一看，只见那怪物似龙非龙，似马非马，在水面上走来走去，如履平地。伏羲走近水边，那怪物竟然来到伏羲面前，老老实实地站在那里一动不动。伏羲仔细审视，见那怪物背上长有花纹：一六居下，二七居上，三八居左，四九居右，五十居中。伏羲簙一节蓍草梗，在一片大树叶上照着龙马背上的花纹画下来。他刚画完，龙马大叫一声腾空而起，转眼不见了。此后伏羲便整天拿着那片叶子，琢磨上面的花纹，怎么也解不开其中的奥妙。这天他坐在白龟池边思考，忽听池水哗哗作响，定睛一看，白龟从水底游到他面前，两眼看着他，接着向他点了三下头，脑袋往肚里一缩，卧在水边不动了。他便对着白龟聚精会神地观察起来。渐渐地，他发现白龟盖上的花纹中间五块，周围八块，外圈儿十二块，最外圈儿二十四块，顿时心里亮堂了，悟出了天地万物的变化规律——唯一阴一阳而已。于是，他用"—"作阳爻、"--"作阴爻，三爻为一组进行组合，画出八种不同图案。

后人称伏羲八卦为伏羲先天八卦，并把八个卦形命名为乾、坤、艮、兑、震、巽、坎、离，这八个字分别象征天、地、山、泽、雷、风、水、火。以三爻为一组变化出八个图形，一阴一阳，一转一动，阴阳消长，变化万千。八卦又组成六十四卦，再加上六

伏羲先天八卦图

爻的变化,自然界的变化规律即可推测出来。若用四爻、五爻等多爻为一组就能变化出更多的卦形,以至无穷。

伏羲一画开天,是人类认识史上的飞跃,人类从此步入了文明的纪元。伏羲八卦是中国古人特有的生命哲学。它通过天、地、人的阴阳二气,既将人融于天地万物之中,同时又将万物纳入人类自己的生命体验;它既将天地万物作人性的理解,同时又将人道与天道融为一体。对这种说法,近代有学者产生了质疑。近年来,随着中国传统文化研究的升温,特别是"羲皇故里"伏羲文化研究的深入,天水大地湾史前遗址的发掘,以及地画、彩陶文字符号和类似太极图图形的发现①,还有天水傅家门史前遗址早期卜骨的出土,不仅证明了伏羲时代的历史存在,而且说明早在新石器时代占筮活动就已经很盛行了,从而更加证实了"伏羲画卦"的传说是有根据的。而且伏羲"观物取象"创造八卦的思维模式是与原始社会人们的思维水平相一致的,原始先民的抽象思维不是很发达,他物的诱导、启发和对自然物的模仿是先民发明创造的思维源泉。伏羲观象于天,取法于地,近取诸身,远取诸物,创造出八卦,正是这种思维的体现,属于"观物取象"的类比思维。

伏羲创画八卦就是"观物取象"的结果,它是与原始先民具体的生产和生活实践活动分不开的。如原始先民狩猎、采集、冬藏和保暖等,均与时令(四时)、方位和天象等密不可分,促成先民对方位、天文知识的积累和掌握。卦则是配了空间方位和四时运行,便成卦图。因而,"四象生八卦"的四,既指自然中客观存在的四时(春夏秋冬),又指四个方位:正北(冬至)、正南(夏至)、正东(春分)、正西(秋分),即"四正"。"和八风以画八卦",八风指"八方之风"(天、地、雷、风、水、火、山、泽),它以八方之物标示出了八方的方位,先民在四个(四正)方位的基础上,更细地标出了东北(立春)、西北(立冬)、东南(立夏)、西南(立秋)四个方位,后四个方位也叫"四维"。由四到八,不仅使人类活动的空间方位更加精确,更为重要的是八个方位配以"八节",合以"阴阳"分别开了天地万物,开启了蒙昧时代人的智慧,使人类迈入了文明时代。原始先民以八卦定方位的做法,正如有人所说的,开启了元隐喻思维。

① 大地湾遗址距今 7 300—7 800 年,发掘出大量聚居村落、原始"宫殿"、灶坑、排水渠等;出土陶器 4 000 余件,石器 1 700 余件,骨角器 1 600 余件,蚌器和装饰品 360 多件;动物骨骼、植物标本、木炭标本、植物种子、地画、陶器符号等;在曲腹彩陶盆等多件陶器上,甚至在 F372 圆形地穴式房屋遗址,均发现了类似太极图的图案等。

所以，“八卦”“八象”并不是八种现象，而是“八方”的现象。八卦符号实际上是先民用土圭测量日影时，受刻画线条记数字的过程启发发明的，也很有可能是先民刻契记录天气的符号。如晴天(阳)划“—”，阴雨天(阴)划“--”。天气阴晴交替变化，故有阴阳变化之思维。

(3) 伏羲画卦对于人类文明的贡献

伏羲为人类文明做出的巨大贡献，最主要的体现就是在人类早期的易卦符号基础上推演出了八卦。八卦可以推演出许多事物的变化，预卜事物的发展。八卦是人类文明的瑰宝，是宇宙间的一个高级“信息库”。早在 17 世纪，德国数学家莱布尼茨便创立了“中国学院”，研究八卦，并根据八卦的“两仪、四象、八卦、十六、三十二、六十四卦”，提出二进制，影响到后代计算技术的发展。1984 年，一位欧洲科学家在谈到八卦的易理被现代广泛应用时，叹为“至为可惊”。八卦中的许多奥妙神奇之处，至今还在研究和探讨之中。

伏羲八卦的天地人思维，蕴含着和谐思想的哲学理念。自然界的客观存在是中国古代哲学、思维方法和思维模式产生的客观依据，正是原始先民对赖以生存的外在环境与自身之间关系的认识，启发伏羲发明了先天八卦。因为原始先民把“天”作为信仰的最高、最神圣的对象，“观象于天”而天在上，“观法于地”而地在下，人居天地之间，因此便有“三级”(三才)之道而成卦。八卦以“乾坤”为天地，天地不相离，其他各卦与天地不相离，共同形成与自然联系的整体，人与自然处于不可分离的状态，所有“卦象”也反映的是人与天地自然的共生关系。这种思维在我国上古时确立，它不仅提升了人在自然界中的地位，更重要的是在我国较早地萌发了人与自然和谐相处的思维体系，它对人和自然和谐相处的自觉意义是深远的。这种中国所特有的“天人合一”整体思维模式，在文字出现后有比较多的表述。如《庄子·天下篇》“易以道阴阳”、帛书《周易》言“易者，合天人之道”等，都反映了《周易》的一种和谐之道。和谐主要指人与自然的和谐，人与自身的和谐，人与人之间的和谐，人与社会的和谐。因此，“天人合一”的思维模式既是一个古老的话题，更是今天提倡建立和谐社会的新话题。

2. 周文王

周文王(约前 1152—约前 1056)，姬姓，名昌。季历之子，黄帝第三十五代孙，为中古三代时周朝开国奠基者。商纣时被封为西伯侯，建国于岐山之下。对内奉行以德治国，以农为本；对外招贤纳士，延揽人才，国力日渐强大，引起商王朝的不安。于是商纣王将其拘于羑里(今河南汤阴北)。文王“拘而演周易”，在狱中无事可做，便潜心研究上古传下来的八卦。《博物志》说：“蓍一千岁而三百茎，其本以老，故知吉凶。”文王在占卜中发现，按照原来的理论和八卦次序进行占卜，准确性

周文王姬昌

不高。因为日月星辰有了新的变化，地理环境也和以前有所不同，上古时期，人们征服自然、改造自然的能力较低，只能顺应天时地利以逃避凶灾。而至文王之时，人们改造自然的能力逐渐提高，人们对自然万物有了新的应对方式。因此，他在伏羲八卦的基础上，利用所掌握的天文地理知识，总结发展前人易学成果，以人伦道德作为八卦的基础理论，运用类比、观察、运数等方法，对自然和人类社会的各种现象概括取象，把伏羲先天八卦推为后天八卦，演出三百八十四爻，并编著卦序、卦名、卦辞及爻辞，为后人描绘出一幅宇宙和人类社会的全息图，成为构筑《周易》这部皇皇巨著的三圣之一。

《史记·周本纪》曰："西伯盖即位五十年，其囚羑里，盖益《易》之八卦为六十四卦。"其《日者列传》载汉初人司马季主语曰："自伏羲作八卦，周文王演三百八十四爻而天下治。"扬雄《法言·问神》篇曰："《易》始八卦，而文王六十四，其益可知也。"其《问明》篇亦曰："文王渊懿也……重《易》六爻，不亦渊乎？浸以光大，不亦孤乎？"这些都证明了古人深信文王作《易》最大的贡献便是重卦六爻，而制成六十四卦。从而将世间万象通纳于三百八十四爻之中，这才使《周易》形成一部包罗万象、纵横古今的全息宇宙信息预测之书。但历来学界有所疑问：为何经文中会有文王身后之事？《左传·昭公二年》载韩宣子适鲁，见《易象》云："吾乃今知周公之德。"这里为何又出现称颂"周公之德"？其实这并不奇怪，孔颖达在《周易正义》中曰：

> 所以只言三圣，不言周公者，以父统子业故也。案《礼稽命征》曰："文王见礼坏乐崩，道孤无主，故设礼经三百，威仪三千。"其"三百""三千"即周公所制《周官》《仪礼》，明文王本有此意，周公述而成之，故系之文王。然则《易》之爻辞，盖亦是文王本意，故《易纬》但言文王也。

这里亦表明了一个问题：虽然我们说"人更三圣"，但事实上《周易》却不是真正仅由三个人完成的，而是上古人民集体创作的智慧结晶。正如《论语》不是孔子本人所作，六经亦并非孔子一人独立完成，但反映了孔子思想，故"系之孔子"。《周易》内涵丰富，中古时代由周文王承继伏羲氏之精华，激发其道德教化，再经武王、周公之锤炼补充，而完成中古的变革，实在不足为怪。称"世历三古"，更极言其成书之艰辛。

周文王的创新与改进为孔子作《易》奠定了基础，成为《周易》由上古专重卜筮转化为道德教化之书的标志。《系辞下》说："《易》之兴也，其于中古乎？作《易》者，其有忧患乎？""中古"指的便是周文王的此次创举。《系辞下》又说："《易》之兴也，其当殷之末世，周之盛德邪？当文王与纣之事邪？是故其辞危。危者使平，易者使倾……"这就是说《周易》经文产生于殷、周之际，反映的是周文王与商纣王之事。如书中大量的卦爻辞都是行兵打仗之事，可备一说。帛书《易传・要》篇曰："文王仁，不得其志以成其虑。纣乃无道，文王作，讳而辟咎，然后《易》始兴也。予乐其知之。"孔子的盛赞亦证明了文王制礼作乐、"讳而辟咎"的魄力雄心，也为孔子"制六经"奠定了基础。从此《易经》由上古人民的智慧结晶变成了周代卜筮与道德完美结合的集中体现，故被后世称为《周易》。

3. 孔子

大成至圣文宣王孔子像

从周文王到孔子间的约六百年，中国从神道思想为主流的时代进步到以人道思想为主流的时代，孔子正是应此人道来临的大运而兴。从孔子开始，中国人正式进入靠自己的力量过生活的时代，凭借自己的思考能力去规划未来的人生。到孔子时，《连山》和《归藏》均已亡佚，只剩下《周易》了。据说孔子晚年喜欢研究《周易》，由于他多次翻阅竹简，把串连着书简的皮带子弄坏了三次，史称"韦编三绝"。孔子自己说过："加(假)我数年，五十以学易，可以无大过矣！"(《论语・述而》)就是说，让我多活几年，如果50岁时就学习《周易》，便可以没有大过错了。司马迁也说过："孔子晚而喜《易》，序《彖》《系》《象》《说卦》《文言》。"因此，《易传》(又叫《十翼》，即十篇文字是"经"的羽翼)相传是孔子所作。

(1) 孔子其人

孔子(前551—前479)，名丘，字仲尼，春秋时鲁国陬邑(今山东曲阜东南)人，著名思想家、教育家、政治家，是先秦儒家学说的创始人，其学说和思想是中华民族优秀传统文化的重要遗产，对于中华民族的民族心理及精神风貌的形成和发展产生了广泛而深刻的影响，被联合国教科文组织列为"世界十大文化名人"之首。然而，孔子的学说和思想根源于中国古代文化原典《周易》。《周易》的文化精神深刻启迪和影响了孔子儒家学说的产生和形成。中国文化史表明，自从孔子对《周易》

"序《彖》《系》《象》《说卦》《文言》"之后,《周易》就成为中国文化中一本极为奇特的书。自汉儒学独尊开始,因孔子对儒学的开创之功,又因其有"晚而喜《易》""韦编三绝"之举,可见孔子对《周易》的推崇,无怪乎《周易》成为儒学的群经之首。《周易》还被魏晋玄学称为"三玄"之一,被后世许多学者赞誉为中国文化的"源头活水"。

孔子对《周易》的贡献主要体现在对《易传》的编撰上。据《史记》载,"孔子晚而喜《易》",于是认真研读,并为之作《彖辞》《象辞》《文言》《系辞》《说卦》《序卦》《杂卦》十篇七种释解经文。在解释过程中保存了伏羲至周的易学文化,并将《易》作为一个独立的学科传授弟子,再由弟子传授再传弟子,从而形成一个独立的易学传承系统。《史记》《汉书》和《后汉书》均系统记录了这一传承过程。

直到北宋,欧阳修所撰《易童子问》首次对孔子作"十翼"提出了异议,认为《易传》非孔子一人所为。后世学者纷纷撰文考辨,或部分否定孔子所作,或全部否定孔子所为。直到 1973 年长沙马王堆汉墓帛书《周易》出土,才使孔子作《易传》最终得到证实。这与孔子著《春秋》的缘由很是相近。首先,孔子之所以喜《易》、读《易》、解《易》、传《易》,是因为《易经》中沉淀了丰富的古代文化。作为一个"述而不作,信而好古"的古代传统文化的整理者和传播者,当然对其爱不释手。其次,《易经》是先民智慧的结晶,其中蕴藏丰富的哲理和珍贵史料,这对"学而不厌"的孔子来说,无疑十分宝贵。最后,《易经》卦辞重德的政治思想和孔子主张德政不谋而合。正如帛书《易传·要》篇所记:

> 夫子老而好《易》,居则在席,行则在橐……子曰:"《易》,我后其祝卜矣,我观其德义耳也。幽赞而达乎数,明数而达乎德,有仁守者而义行之耳。赞而不达乎数,则其为之巫;数而不达乎德,则其为之史。史巫之筮,乡之而未也,好之而非也。后世之士疑丘者,或以《易》乎?吾求其德而已,吾与史巫同途而殊归者也。君子德行焉求福,故祭祀而寡也;仁义焉求吉,故卜筮而希也。祝巫卜筮其后乎?"

这段话一扫几千年来的迷雾,包括《论语》里和《孔子家语》里很多话也得到了证实。首先,孔子对《易》爱不释手,达到"居则在席,行则在橐"的须臾而不敢离的地步;其次,孔子已开始将其有意识地纳入儒学体系之中,即"明数达德,仁守者而义行"等,这也就是《系辞》等十翼的创作缘由之一,同时也是《周易》成为几千年儒学尊奉的"五经之首"的原因之一,由此也开创了"儒门易"时代①;再次,虽然孔子

① 参见高怀民:《先秦易学史》,广西师范大学出版社,2007 年。

有意将其作为儒学传播的媒介，但同时并不否认传统筮术，正如其所说："吾求其德而已，吾与史巫同途而殊归者也。"肯定了筮术与其殊途同归的本质内涵，且"五十以学易"，焉知不是学"筮法"，可以"无大过"本身就是建立在预测之后才能有效规避的结果。书中还有孔子筮得《贲》卦而心中不悦，认为"非吾兆也"。可见其对筮法有所了解。另外还要说明的是，李学勤先生在指出司马迁在《史记》中将孔子"晚而好易"一段放在鲁哀公十一年(公元前 484 年)孔子归鲁之后，当时孔子已六十八岁，而据《左传·哀公十一年》，当时子贡在鲁国，所以帛书《要》篇记孔子与子贡晚年对话，合于当时的情事①。

(2) 孔子治《易》的宗旨

帛书《要》篇有载：

> 《尚书》多阙矣，《周易》未失也，且又(有)古之遗言焉。予非安其用也。……子赣曰："夫子亦信其筮乎?"子曰："吾百占而七十当，虽周梁山之占也，亦必从其多者而已矣。"

孔子喜《周易》，是因为《周易》中有"古之遗言"，这些遗言"不诡其辞"，且"幽赞而达乎数，明数而达乎德"，是孔子借以宣传德义、复兴礼乐的重要经典支撑，故冒着被天下人误解的风险，去细心研读《周易》。当时正处礼崩乐坏的乱世，孔子正是拿起《周易》这本"古之遗言"，奋然担起救世的责任。《论语·微子》曰："鸟兽不可与同群。吾非斯人之徒与而谁与? 天下有道，丘不与易也。"为重建伦理纲常、道德秩序，孔子以《周易》为理论武器，重塑中华民族的礼乐教化，在《易传》的注释之下，《周易》从此又成为一本"明德寡过"之书，孔子之功大矣。

夏朝的桀和商朝的纣都相信天命。纣王认为"我生有命在天"，正是这一思想的真实体现。这些情况在甲骨文的大量卦爻辞中得到了充分反映，这里不再引用和赘述。到了周代、春秋时，情况有了大的改变。文王演八卦、孔子与其弟子著《易传》时，融入大量"君主修养道德，适应天道""为政以德"的思想内容，这些在文王作的卦爻辞与孔子及其弟子著的《易传》里有突出的反映。如"乾"象之"君子以自强不息"、"坤"象之"君子以厚德载物"、"蒙"象之"君子以果行育德"、"小畜"象之"君子以懿文德"、"否"象之"君子以俭德避难"、"蛊"象之"君子以振民育德"、"大畜"象之"君子以多识前言往行，以畜其德"、"蹇"象之"君子以反身修德"、"升"象之"君子以顺德，积小以高大"、"渐"象之"君子以居贤德善俗"等。《礼记·表记》也说："殷人尊神，率民以事神，先鬼而后礼……周人尊礼尚施，事鬼敬神而远之。"由此我们可

---

① 李学勤：《周易经传溯源》，长春出版社，1992 年。

以得出,文王所作卦爻辞、孔子及其弟子所著《易传》等,与殷商卜辞内容完全是两种不同的思想指导下对易学思想的诠释。因此,我们完全有理由说:文王所演之八卦也好,孔子以及其弟子所著的《易传》也好,均是以画卦和著述的形式寄寓其思想的过程,因而他们对易学的贡献不单纯是将伏羲先天八卦从形式上推演到重卦六十四卦,或增加著述内容的问题,而更为重要的是赋予了他们以德治国的人文思想,从而完成了由殷人"尊神"到周人和春秋时代的"尊礼"及"以德配天"思想的伟大转变。"以德配天"的思想,对我国后世君王的道德约束与权力监督的作用是不言而喻的。

二、周易含义

1.《周易》性质

《周易》一书的性质,历来众说纷纭。从历史上看,关于《易经》的性质主要有两种不同的认识:传统的观点认为它是义理之书,即主要是讲天道及人事方面的问题。如《系辞下》:"《易》之为书也,广大悉备。有天道焉,有地道焉。""《易》之为书也,原始要终,以为质也。"这是说《易经》这本书包括了天地之道、人道等各方面的内容。《易传》之后,形成了解释《易经》的两大派,即义理派和象数派。义理学派认为《易经》中的象数部分构不成其主要内容,书中重点是以卦爻辞等来说明事理。这种情况到了南宋朱熹那里,有了不一样的说法。朱熹认为,《易经》是供占筮用的书。《朱子语类》说:"易本卜筮之书……想当初伏羲画卦之时,只是阳为吉,阴为凶,无文字。某不敢说,窃意如此。后文王见其不可晓,故为之作彖辞;或占得爻处不可晓,故周公为之作爻辞……皆解当初之意。"朱熹的这种认识在当时颇具开创性,今天看来也是很有道理的。在东周时期,周易便具有"筮书"的性质。《易经》虽然是占筮之书,但其中仍包含了天下万事万物之理、人生真理。象数派主张通过研究象和数来了解《易经》的真实内容。

在现代,对《易经》一书性质的理解还出现了一种新的观点,即认为《易经》是一部史学著作。如胡朴安在《周易古史观》中最早提出用古史的观点来研究《易经》。这部著作认为六十四卦中,"乾、坤两卦是绪论。既济、未济两卦是余论。自屯卦至离卦为愚昧时代至殷末之史,自咸卦至小过卦为周初文、武、成时代之史"。这种观点将六十四卦看成表现了从混沌之初到周朝初年的历史发展。这一观点自问世始,历代皆有学者在此基础上继续发展,有学者以为《易经》反映了夏、商、周三代的社会矛盾,也反映了以晋国为中心的周代各国的纷争。

笔者认为,正如朱熹所说,《易经》确实本来是占筮之书。其一,《礼记・祭义》说:"昔者圣人建阴阳天地之情,立以为《易》。易抱龟南面,天子卷冕北面。"其中前一个"易"字为书名;后一个"易"字是官名,即古代负责占筮之人。"易"的职责是抱龟，即负责占筮。《易经》六十四卦与三百八十四爻爻辞来自筮辞。筮辞作为以后占筮的依据或参考。卦爻辞分两部分，一是取象，用于说明事理；二是断语，即在对象的描述基础上，做出判断，多用吉、凶、吝、利、不利等词语表达。可见，《易经》是一部卜筮之书。

其二，从《周易》与其他卜筮之书的关系看，它是卜筮之书。20 世纪 90 年代王家台出土的《归藏》卦辞多用"卜"字，有三十多个。卜，指龟卜。《说文》对卜字，解释为"灼剥龟也，象炙龟之形，一曰象龟兆之纵横也"。《归藏》用"卜"字已表明《归藏》卦辞带有卜辞的痕迹。《周易》古经卦画、卦名多原于《归藏》，故《易经》应属于卜筮之书，且《归藏》《周易》古经俱有卦，卦辞言"占"，言"贞"。就文字学而言，卦、占、贞都与龟卜相关。《说文》曰："卦，筮也，从卜。""占，视兆也，从卜从口。""贞，卜问也。"说明《归藏》《周易》与龟卜之间的渊源。

其三，从《周易》的产生和应用而言，《周易》是一部占筮之书。上古时期，由于生产力水平低下，人们对一些自然现象、社会现象以及人自身等现象不了解，不能从科学角度作出正确解释，认为在事物的背后存在一个至高无上的天或神，它支配着自然界的一切，决定着人类的命运。因此，人们以丰富的想象取代客观现实，对神产生崇拜。每当人们遇到天灾人祸时，便借助神力，意在靠神的威力预知和消除不幸的事情，达到趋利避害的目的。因此，人们发明了种种人与神沟通的占卜方法，如龟占、草占、星占、风占等。其中最完备、最能体现神的意志的占卜法为《周易》蓍占，它也正是在该条件下孕育而生的。《周易》成书后，在很长一段时间内其功能的表现也主要是在占筮上，故将早期的《周易》认定为卜筮之书，是符合历史真相的。

2.《周易》源流

讲到《周易》就要涉及人类文明的早期崇拜。崇拜是人类脱离野蛮、走向文明的基础。而人类文明的早期也确实是伴随着各种崇拜出现的，崇拜促使了宗教的萌芽。18 世纪末，法国学者沃尔内和杜毕伊第一次阐明自然崇拜是最早的宗教形式，宗教和神产生的原因在于人们对自然力的束手无策①。中国也不例外，原始宗教正是在这样一种泛神化的自然崇拜中度过漫长的原始生活。到了夏商时代，"神的形象大约就逐渐转为以人形为主了"②。其中，又发生了一系列争斗。最大的危机来自民神杂糅，直接引发了"绝地天通"的宗教改革。此事详述于《国语・楚

① 参见〔苏〕谢・亚・托卡列夫：《世界各民族历史上的宗教》，第 7—8 页，魏庆征译，中国社会科学出版社，1985 年。

② 同上。

语》中：

> 昭王问于观射父，曰："《周书》所谓重、黎实使天地不通者，何也？若无然，民将能登天乎？"对曰："非此之谓也。古者民神不杂。民之精爽不携贰者，而又能齐肃衷正，其智能上下比义，其圣能光远宣朗，其明能光照之，其聪能听彻之，如是则明神降之，在男曰觋，在女曰巫。是使制神之处位次主，而为之牲器时服，而后使先圣之后之有光烈。……及少皞之衰也，九黎乱德，民神杂糅，不可方物。夫人作享，家为巫史，无有要质。民匮于祀，而不知其福。……颛顼受之，乃命南正重司天以属神，命火正黎司地以属民，使复旧常，无相侵渎，是谓绝地天通。其后，三苗复九黎之德，尧复育重、黎之后不忘旧者，使复典之。"

这段话说明民神杂糅时，"家为巫史，无有要质"，侵犯了祀典的权威和神圣。因此，颛顼下决心"绝地天通"，将神权收归于国家手中，赋予巫、觋所代表的最高统治者祭祀活动的独享权。可见，在上古时代掌握解《易》方法是一件多么神圣而伟大的事业，而人类文明的进步也正是以对《易》的规制和专享为标志的。

其中，巫、觋向天神或鬼神卜问吉凶祸福的方法主要有两种：龟卜和占筮。龟卜是将龟腹骨和兽骨钻孔火烤，周围出现的裂纹，称为"卜"，依据卜兆的形状断定人事的吉凶。殷人是迷信龟卜的，殷墟出土的甲骨文就能说明。周人也是迷信龟卜的。《周礼·春官·大卜》记载："太卜掌三兆之法，一曰玉兆，二曰瓦兆，三曰原兆。其经兆之体，皆百有二十，其颂皆千有二百。""原兆"，郑玄注谓象田地的裂纹；"颂"，即卜辞，又称为"繇"。这是说，龟兆有玉纹、瓦纹、田纹三大类型，其基本形状又各有一百二十种，断定其吉凶的辞句共三千六百条。周人说的龟卜之法，是从殷代发展来的。

关于占筮，《周礼·春官·大卜》说："大卜掌三易之法，一曰连山，二曰归藏，三曰周易。其经卦皆八，其别皆六十有四。"《周礼·春官·筮人》也说："筮人掌三易以辨九筮之名，一曰连山，二曰归藏，三曰周易……以辨吉凶。""经卦"，指基本卦；"别"，指相重之卦。"易"，郑玄注说："揲蓍变易之数，可占者也。""揲"，数；"蓍"，占筮用的草。按此说法，占筮之法是根据数蓍草变化的数目得出八卦之象，依卦象推测吉凶。"连山""归藏"之法，已不清楚，后人有种种解释，皆不足信。

前文已提到过《左传》里有很多关于"卜筮"的记载，此时卦文也已出现，如《左传·庄公二十二年》记载的陈侯之筮：

> 遇陈侯使筮之，遇观䷓之否䷋，曰："是谓：'观国之光，利用宾于王。'此其代陈有国乎？不在此，其在异国，非此其身，在其子孙。光，远而自他有耀者也。坤，土也。巽，风也。乾，天也。风为天。于土上，山也。"

清代俞樾在《周易互体征》中也引用此条说“是以孔子未赞《周易》之前，已有互体之说”。可见象数学上的互体说至迟在东周时便出现了。又如《左传·昭公二十九年》有：

> 故有五行之官，是谓五官。实列受氏姓，封为上公，祀为贵神。社稷五祀，是尊是奉。木正曰句芒，火正曰祝融，金正曰蓐收，水正曰玄冥，土正曰后土。龙，水物也；水官弃矣，故龙不生得。不然，《周易》有之，在《乾》䷀之《姤》䷫，曰：“潜龙勿用。”其《同人》䷌曰：“见龙在田。”其《大有》䷍曰：“飞龙在天。”其《夬》䷪曰：“亢龙有悔。”其《坤》䷁曰：“见群龙无首，吉。”《坤》之《剥》䷖曰：“龙战于野。”若不朝夕见，谁能物之？

这里不仅反映了当时《周易》六十四卦已然出现并广泛流布，而且晋太史蔡墨很自然地将五行之祀与《周易》卦象结合起来，也反映了五行与《周易》的结合确有渊源，并非后世的附会。《易经》在周代是由卜人、筮人等来掌握的，由此可知《易经》本为占筮之书，主要功能是分辨吉凶。当然，与此同时，《易经》也包含了许多生活智慧，这正是《易经》可以摆脱占筮之书的本来面目，不断被哲理化的基础。

我们可以说每种文明的源头皆是巫觋文化，《周易》的形成亦是如此。古希腊罗马时代及《圣经》时代的神数观念同样包含着信仰与理性的杂糅，故毕达哥拉斯学派将数作为万物的本原，德国哲学家卡西尔在《人论》中写道：“数学的符号从一开始就被某种巫术的气氛所环绕。人们带着对宗教的畏惧与崇拜来看待他们，以后，这种宗教的信仰慢慢地发展为一种形而上的信仰。”①也就在这个阶段，由形而上的信仰中才可能诞生出有着严谨而神秘的逻辑学组织结构和内容的象数易学。但那种形而上的观念应该是在象数易学的基础上做出的总结，而不是《周易》之前的产物，所以，象数易学才是我们研究《周易》的首要问题。

3. “周”“易”题解

(1) “周”之含义

据《周礼·春官·大卜》曰：“大卜……掌三易之法，一曰《连山》，二曰《归藏》，三曰《周易》。其经卦皆八，其别皆六十有四。”东汉郑玄在其《易赞》中说：“夏曰《连山》，殷曰《归藏》，周曰《周易》。”《周易》的“周”字，从古至今主要有三种解释：

周全、周普、周通。郑玄《易赞》及《易论》曰：“《连山》者，象山之出云，连连不绝；《归藏》者，万物莫不归藏于其中；周易者，言易道周普、无所不备。”《系辞上》中

① 〔德〕恩斯特·卡西尔：《人论——人类文化哲学导引》，甘阳译，上海译文出版社，1985年。

亦曰:“易与天地准,故能弥纶天地之道。”又有“知周乎万物”“周流六虚”等语句,其意正是周流变通之意。故唐陆德明在《经典释文》中说:“周,代名也;周,至也,遍也,备也,今名书义取周普。”

地名或朝代名。指周地,即岐山(今陕西岐山县),代指周代。孔颖达在《周易正义》序言中曰:“连山、归藏并是代号,则周易称‘周’取岐阳地名。《毛诗》云‘周原膴膴’是也。”确认了与《周易》相同性质的上古筮书《连山》《归藏》都是代名,《连山》成书于神农氏时期,神农氏又称为连山氏、列山氏;《归藏》成书于黄帝时期,黄帝又称为归藏氏,《周易》取自周代,称《周易》亦合情合理,孔颖达又说:“文王作《易》之时,正在羑里,周德未兴,时是殷世也,故题‘周’别于殷。以此文王所演故谓之‘周易’。其犹周书、周礼题周以别余代。”朱熹《周易本义》亦说:“周,代名也。”所以这种说法的影响很大。

周旋、周环、周期之意。还有人认为《周易》揭示了宇宙周期循环运动(周旋、周环运动)的规律。因为《周易》无所不包,确实能反映宇宙层层往复的变化规律,是一幅宇宙全息循环流变图。但事实上我们完全可以不必将其局限于某一个含义,而视作众多意义的统一体,这样或许能更全面把握“周”的含义。

(2)“易”之含义

“易”的意义较为复杂,历来众说纷纭,《易纬·乾坤凿度》说“易名有四义”,汉人多认为易具“日月之象”,郑玄《易论》曰:“易者,日月也。”许慎《说文》曰:“《秘书》说曰‘日月为易,象阴阳也。’”魏伯阳《参同契·乾坤设位章》曰:“日月为易,刚柔相当。”“悬象著明,莫大乎日月。”日是阳气最精者,月是阴气最精者,易以日月来表示其阴阳的推移变化,最具说服力。此说在汉代影响很大。清毛奇龄《仲氏易》:“仲氏者,予仲兄与三,其言《易》有五易,世第知两易,而不知三易,故但可言《易》,而不可以言《周易》。夫所谓两易者,何也?一曰变易,谓阳变阴、阴变阳也;一曰交易,谓阴交乎阳,阳交乎阴也……若夫三易,一曰反易,谓相其顺逆,审其向背,而反见之;一曰对易,谓比其阴阳,絜其刚柔,而对视之;一曰移易,谓审其分聚,计其往来,而推移而上下之。”并且毛奇龄还将变易、交易称为“伏羲之易”,反易、对易、移易称为“文王、周公之易”。此外,“易”还指代宇宙本体、神用、地名、良知等含义。事实上,总结下来,影响最大主要有三种含义:即郑玄所说的“易简”“变易”“不易”。

易简

易简语出《易纬·乾坤凿度》,指《周易》之理简明易晓。《系辞上》曰:“易简而天下之理得矣。”“易简之善配至德。”“乾以易知,坤以简能;易则易知,简则易从。”《周易》六十四卦首列乾坤,乾坤为纯阳卦和纯阴卦,代表阴阳,为易之门户,蕴含全部易理,易之道,即乾坤之道,可以包举一切。易简之义破除了对《周易》的神秘性与复杂性的认识,准确地表达了乾坤阴阳变化的本质规律。

变易

指宇宙、天地运动的变化，是比拟、象征宇宙万物实相的原理，也是《周易》的最大特色。《系辞上》曰："知变化之道者，其知神之所为乎？"《系辞下》："易之为书也不可远，为道也屡迁。变动不居，周流六虚，上下无常，刚柔相易，不可为典要，唯变所适。"《系辞上》："《易》穷则变，变则通，通则久。""神无方而《易》无体。"《周易》卦爻一开一阖，千变万化，重重相叠，层层无尽，故重视重卦、变卦，不拘泥于陈规，故张湛注《列子·天瑞》曰："易者，不穷滞之称。""穷数达变因形移易者谓之化"①，言其变易之义。

不易

指《周易》虽然可根据具体情况变化万端，而其变易的规律却是不变的。《系辞上》曰："易无思也，无位也，寂然不动，感而遂通关下之故。"《系辞上》："天尊地卑，乾坤定矣；卑高以陈，贵贱位矣；动静有常，刚柔断矣。"郑玄认为"不易"是从极变之中，剥离其不变之则。真正的规律性原则，正是通过对纷繁往复的现象的把握来达到认识的飞跃。

(3)《周易》与"周易"

综上，"周"和"易"本身均具有丰富的含义，而把先秦时原本的"周易"定为《周易》在很多人的概念体系中会有种误解——《周易》是一本书，一本卜筮书。

这种说法似是而非。古书没有表示书名的标志和习惯，周易是相对于夏易、商易而言的，如《左传·庄公二十二年》："周史有以周易见陈侯者。"这里的"周易"，学者们皆认定为周代的易。而据《周礼·春官·大卜》所说，太卜掌三易之法，"其经卦皆八，其别皆六十四"，又证明三代"易"由巫史代代相传，并未中断。又有"周监于二代，郁郁乎文哉！"(《论语·八佾》)又有"殷因于夏礼，所损益，可知也；周因于殷礼，所损益，可知也"(《论语·为政》)。故称"周易"为一本书也可以，实则为中华民族的始祖历经数千年薪火相传、因革损益而共同创造的浸透中华民族文化精粹的原典。称《周易》仿佛束缚了它，但《系辞下》就说："其称名也小，其取类也大。其旨远，其辞文。其言曲而中，其事肆而隐。因贰以济民行，以明失得之报。"这样说来，名字只是形式，关键是要把握其"广大悉备""彰往察来""微显阐幽"的精髓。

三、周易——中国文化的密码

阴阳五行学说在我国源远流长。阴阳学说与五行学说本是两个独立的思想体系，前者着眼于阴阳矛盾以揭示事物之间的对立统一关系，后者则偏重于金木水火

① 文渊阁本《四库全书·列子·天瑞》。

土五种物质元素的相生相克以揭示世界的普遍联系。大约在战国中期,阴阳说与五行说开始合流,现存《管子》书中的《五行》《四时》《幼官图》诸篇,即反映了它们的融合。而阴阳说与五行说的结合,则在更广阔的层面上实现了矛盾论与过程论、运动观与发展变化观的统一,因而从战国到秦汉的许多哲学家都试图运用它来说明关于世界普遍联系和永恒发展的问题。而这一具有重大历史意义的哲学转向,被《周易》的改造者们发现,在孔子以及孔子后学的努力下,终于使本具有鲜明阴阳思想的《周易》添上五行的翅膀,在汉代儒门易与象数易的共同努力下,《周易》将阴阳五行结合起来,从此奠定了其五经之首的地位,并以其广泛的影响力、极富张力的包容性海纳宇宙万象、世事人情,对中国文化的生成、发展、成型起到举足轻重的作用,是中华文化当之无愧的源文化。

1. 阴阳思想

(1) 阴阳的起源

“阴阳”二字的使用,起源甚早。它们是由“侌昜”二字孳乳而来①,其字义都跟日光有关,即阳为日光洒射;阴为日光洒射之否定。如《尚书·禹贡》中“南至于华阴”、《诗经·邶风·谷风》中“习习谷风,以阴以雨”、《诗经·豳风·七月》中“春日载阳,有鸣仓庚”等也只是引申为方位或是天气的明暗、冷暖。大概到了西周末年,阴阳开始被想象为“气”,跟“风雨晦明”一起,被认为天之“六气”。而一切自然现象的正常与否,常到阴阳中去寻求解释。如周幽王三年(公元前 779 年)发生了地震,《国语·周语》记载伯阳父说的一段话:

> 周将亡矣。夫天地之气,不失其序。若过其序,民乱之也。阳伏而不能出,阴迫而不能烝,于是有地震。今三川实震,是阳失其所而镇阴也。阳失而在阴,川源必塞。

显然,伯阳父认为,阴阳之气是有其正常的秩序的。今阳气失所,伏在下面受阴气的压迫而不能上升,于是出现泾、渭、洛三川的大地震。这里,阴阳代表两种巨大的自然力。它们之间的对抗性主要表现在:阴气之性沉滞,阳气之性升越。

这是已知文献中以阴阳观念解释某种现象的最早记载,让我们不禁想到《周易》中经常出现的“潜龙勿用,阳气潜藏”“阳卦多阴,阴卦多阳”,以及贯彻始终的阴

① 根据《说文》段注,“侌”是指云覆日,云覆日则阴暗;“昜”指日出照于地上则明朗。而后,“山北水南,为日所不及”,故孳乳为“阴”;而山之南、水之北,为太阳昜照处,因而孳乳为“阳”。参见徐复观:《中国思想史论集》(续编),上海书店出版社,2004 年。

阳思想。而"阴阳"思想也历来被认为出自《周易》。作为《周易》最重要的意象的"卦",便是由阴爻"--"和阳爻"—"组成,我们后面会讲到阴阳爻还有一个漫长的演化过程。但这一名词究竟始于何时似不可考。20世纪20年代以来,自梁启超先生《阴阳五行说之来历》①发表之后,学术界便掀起一股寻找"阴阳"溯源的潮流。梁启超遍检《诗》《书》《仪礼》《周易》四经后,认为阴阳五行说创始于燕、齐方士,而"建设之、传播之"的人,是邹衍、董仲舒和刘向。但阴阳思想发轫于《周易》应是无疑。然而《易传》中确实有很多运用阴阳意义的字眼,这些字眼在原始的《易经》中并没有出现②,这亦引起人们广泛的探讨。应该说,我们通常讲的卦序"二二相耦、非覆即变"的规律是反映了阴阳观念的。就卦名说,如《乾》《坤》、《否》《泰》、《剥》《复》、《谦》《豫》等,也含对待消长之义。就卦爻辞用字说,此一特点更为明显。故胡自逢先生认为,《易经》中是以"小大"来代表阴阳:

> 凡卦之外曰往,适内曰来,泰乾下坤上,乾阳坤阴,故曰"小往大来"。否反是,故曰"大往小来"。是明以大小代称阴阳也,大过䷛卦巽下兑上,初、上爻两爻为阴,余则四阳,阳爻过多,故曰"大过";小过䷽卦艮下震上,三、四两爻为阳,余则四阴,阴爻过多,故曰"小过";大壮䷡卦初、二、三、四皆阳,五、上为阴,《象》传曰"大者壮也"。言阳爻壮盛,是则阳大阴小之义,《易》已明著。③

胡自逢还从方言民俗进一步考证:"今四川、重庆等地民间欲呼日为'大太阳',月为'二太阳',仍有大小之别……此其一例,后人以十翼昌言阴阳,经文则无,竟谓阴阳之思想晚出(在战国之后),不知古不名阴阳,直呼为大小耳,其思想远古固已有之,英国史学家汤恩比,谓中国阴阳文化之根较世界其他文化早熟两万年,确有所见。"④此说阐微显著,颇为有理。

包括《易经》在内,早期的先秦文献在谈到阴阳时多数指的是自然现象,无论是周内史叔兴用"阴阳之事"定性"六鹢退飞过宋都"的奇怪现象(《左传·僖公十六年》),还是鲁国叔孙昭子等用"日过分而阳犹不克,克必甚"来评论日食(《左传·昭公二十四年》),抑或是秦国医和用"阴、阳、风、雨、晦、明"六气时论疾病(《左传·昭公元年》)等,都是力图从自然的意义上运用或理解"阴""阳"这对范畴,这种现象在后代亦不绝于耳,我们在《周易》中看到的阴阳思想,早期亦是指的自然现象。而卦

---

① 梁启超:《阴阳五行说之来历》,《东方杂志》二十卷十号(1923年)刊。

② 仅《中孚》卦九二爻有"鸣鹤在阴,其子和之"。但此处当释为"鹤鸣于树荫",高亨先生即释"盖树影所蔽之处为荫",此为本义,无阴阳义。

③ 胡自逢:《周易经文研究》,见《大易集述》,巴蜀书社,1998年。

④ 胡自逢:《周易经文研究》,见《大易集述》,巴蜀书社,1998年。

辞爻辞中确确实实记载的多为行兵打仗、天象星辰等状况。这二者的源流如此相似,也能够证明《周易》中所具的阴阳观念。

(2) 阴阳的哲学意涵

而阴阳思想在哲学史上的理论高度,是先秦道家率先突破的。《老子》这样描述万物发生的过程:

道生一,一生二,二生三,三生万物;万物负阴而抱阳,冲①气以为和。(《老子·四十二章》)

在老子看来,"道"是宇宙万物的最高本源。道所生出的"一"是未分阴阳的混沌世界。"二"是天地,是阴阳。"二生三"是指天地交合,阴阳二气相互激荡而生成冲气,即和气。"三生万物"就是和气通过不同的途径形成了天下万物。故万物有阴阳,万物都是阴阳之和。阴阳成了一种抽象的原动力,一种使万物得以成为物又分而为万的根源。接着,成书于战国中期的《黄帝四经》亦继承了阴阳哲学思想,并取得了突破性进展,在马王堆帛书《黄帝四经》中,提出了以"敬授民时"和"阴阳刑德"为基本内容的四时教令思想。

这种思想被接下来的《易传》所采纳并发挥,我们看到《易传》中有大量关于阴阳的记载,仅阴阳连用就多达二十多处。兹举几例:

生生之谓易,成象之谓乾,效法之谓坤,极数知来之谓占,通变之谓事,阴阳不测之谓神。(《系辞上》)

阴阳之义配日月,易简之善配至德。(《系辞上》)

战乎乾,乾,西北之卦也,言阴阳相薄也。(《说卦》)

乾,阳物也;坤,阴物也;阴阳合德而刚柔有体,以体天地之撰,以通神明之德。(《系辞下》)

昔者圣人之作《易》也,幽赞于神明而生蓍,参天两地而倚数,观变于阴阳而立卦,发挥于刚柔而生爻,和顺于道德而理于义,穷理尽性以至于命。(《说卦》)

应该说,《周易》古经带有浓郁的中原"中和"的思想,而阴阳思想明显非周文化的产物②。举几例春秋晚期已经成熟的阴阳思想的文献记载:

---

① 帛书《老子》甲本"冲"作"中",冲气即中和之气。

② 谢松龄:《天人象:阴阳五行学说史导论》,山东文艺出版社,1989年。

气无滞阴，亦无散阳。阴阳序次，风雨时至；嘉生繁祉，人民和利；物备乐成，上下不罢，故曰“乐正”。（《国语·周语下》引周景王二十三年乐官州鸠语）

天道皇皇，日月以为常。明者以为法，征者则是行。阳至而阴，阴至而阳。（《国语·越语下》引范蠡语）

因阴阳之恒，顺天地之常。（《国语·越语下》引范蠡语）

后则用阴，先则用阳。（《国语·越语下》引范蠡语）

平王东迁之后，周代所代表的关中文化已日趋衰微，取而代之的是以吴越为代表的海滨文化、荆楚为代表的楚文化和邹鲁大地上的稷下文化，包括上面所提到的老子亦是楚地浓郁的玄奥巫筮的文化产物。这时，《易传》的作者以阴阳来解说八卦，标志着古老中国具有尚中传统的西周文化与孕育了阴阳说的南方荆楚文化的融合。并且阴阳思想也被《易传》充分地运用到诠释卦义中，发挥了早期的阴阳学说。

道家阴阳系统里仅是将阴阳视为一种“气”，正如庄子所说的“通天下一气耳”①。《易传》却不满足于此，认为它还应代表事物的一种属性，各种事物都具有阴阳的属性。如天就是最大的阳，跟天的秉性相似但不如天的都应为乾、健性，包括君父、金玉皆是如此；地就是最大的阴，跟地的秉性相似的但不如地的都应为坤，至柔至顺，包括母舆、文众皆是如此。即《说卦》的“乾刚坤柔”及“乾，健也；坤，顺也”。这样，天地、雷风、水火、山泽，以及自然界的各种事物，都不是孤立存在的，都可以通过本身具有的阴阳属性而两两相对，彼此联系在一起。于是，阴阳就成了表现自然界的普遍联系的范畴。而且，在《易传》的作者看来，社会和自然又是一个整体，阴阳范畴同样可以应用于人类社会。总的来说，就是“一阴一阳之谓道”了。

《周易》的“易”，本身具有变的含义，所谓“天地之道，恒久而不已也”（《周易·恒·彖》）。那么，事物变化的根源在哪里？《易传》认为，事物内部都存在着阴阳这样具有相反属性的两个方面，正是这两个对立方面的相互作用，构成了事物变化的原因，从而使“天地感而万物化生”。具体如何能使天地感而万物化生，《系辞上》曰：“易有太极，是生两仪，两仪生四象，四象生八卦，八卦定吉凶，吉凶生大业。”这就是说，万物的本源是太极，它包含了两种对立的势力：阴和阳。所以，太极首先分化出“两仪”，“两仪”即阴阳。阴阳继续分化，就变成四象——太阴、少阳、少阴、太阳。这还是比较抽象的。阴阳再进一步分化出八卦，也就有了具体的事物。八卦代表自然界的八种事物——天、地、雷、风、水、火、山、泽，它们是构成自然界诸多

① 文渊阁本《四库全书·庄子·知北游》。

事物的基础；八卦又代表了社会界的八种人物——父、母、长子、长女、中男、中女、少男、少女，他们构成人类社会的细胞——家庭。这一过程可以图示为：

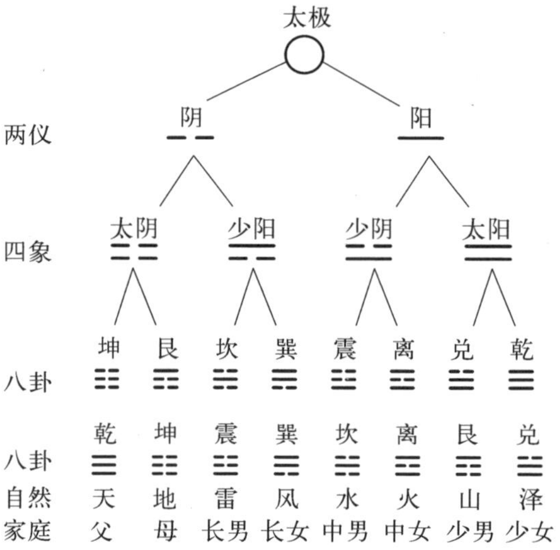

太极生成图

这个图式还可以继续延伸下去。如宋代的邵雍在此阴阳思想的基础上创造的“伏羲八卦次序图”，便将世界这种不断裂变以至无穷的进化论推到一个更加完善的高度：

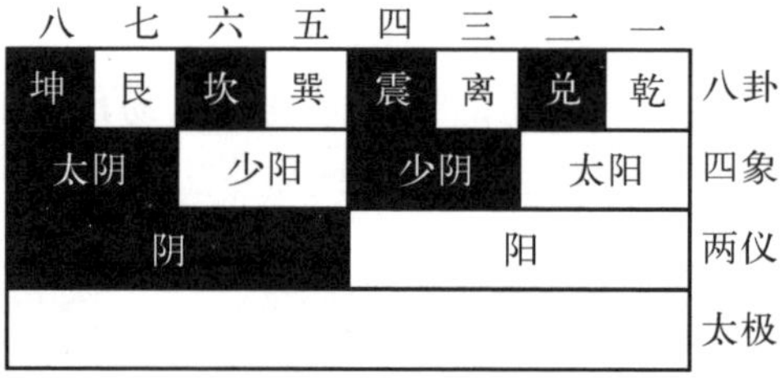

伏羲八卦次序图

此图式正是遵循了“太极生两仪”以至无尽的这种“一分为二”的宇宙生成过程，基本法则即是太极生两仪(一分为二)，两仪生四象(二分为四)，四象生八卦(四分为八)……邵雍在《观物外篇》中这样说道：

太极既分，两仪立矣。阳下交于阴，阴上交于阳，四象生矣。阳交于阴，阴交于阳，而生天之四象。刚交于柔，柔交于刚，而生地之四象，于是八卦成矣。八卦相错，然后万物生焉。是故一分为二，二分为四，四分为八，八分为十六，十六分为三十二，三十二分为六十四。故曰“分阴分阳，迭用柔刚，故易六位而成章”也。十分为百，百分为千，千分为万，犹根之有干，干之有枝，枝之有叶，愈大则愈少，愈细则愈繁，合之斯为一，衍之斯为万。

程颐称此方法为“加一倍法”，朱熹称之为“一分为二法”。一分为二，成倍增殖，此宇宙能无限再分：

2^0、2^1、2^2、2^3、2^4……

太极、两仪、四象、八卦、十六卦……

倒推回来，又可以最终统归于太极，以指代这个本体“一”，阳仪分阳趋阴，阴仪分阴趋阳，表明对立面之间交相感应，异性相吸，虽层层分殖，但两极不变，阴阳不变，体现了阴阳的永恒性、权威性。

此后阴阳便成为《周易》最为核心的思想，是后代《周易》象数与义理两大派别的共同方针。《庄子·天下》说：“易以道阴阳。”“道阴阳”道出了《周易》的本质。

2. 五行思想

五行一词，原是来自对星象活动的观察，人类从蛮荒走向文明是在与大自然的不断斗争和学习中实现的。而在农牧时代，人们的生产生活很大程度依赖天文气象，这也就是为何在商周时就出现了发达的干支纪年法的缘故。所谓“天有五行”，主要是人们经常看到的五颗星有规律地在天上运行的现象，而这五颗星古人又称之为“辰星”“太白”“荧惑”“岁星”“填星(镇星)”，这种观点大约出于殷商时期。我们在殷周时期的甲骨文、铭文中还可以发现，五行还能代表五种月相，即朔、上弦、望、下弦、晦。所谓五行，实际上是以月之五行为主，附之以五方和五种物质元素。

(1) 五行溯源

阴阳五行的渊源和流变，也是一个久远而复杂的问题。五行的起源看来很早，在反映早期殷人宗教活动的卜辞中就有：

己巳，王卜，贞今岁商受年。王占曰：吉。

东土受年。

南土受年。

西土受年。

北土受年。

“五行”最早见诸《尚书》中的《夏书·甘誓》和《周书·洪范》。据《甘誓》记载,夏后有扈氏,宣布他的罪状是“威侮五行,怠弃三正”。这里的“五行”是指早期的五种基本的生产活动或生产行业。所谓“威侮五行”就是不重视生产活动,不能养活百姓。《洪范》则说:

> 五行:一曰水,二曰火,三曰木,四曰金,五曰土。水曰润下,火曰炎上,木曰曲直,金曰从革,土曰稼穑。润下作咸,炎上作苦,曲直作酸,从革作辛,稼穑作甘。

这里的五行是社会生活中所必需的五种物质。孔颖达《尚书正义》中解释道:“此章所演文有三重:第一言其名次,第二言其体性,第三言其气味,言五者性异而味别名(各)为人之用。《书传》云:‘水火者,百姓之求(所)饮食也;金木者,百姓之所兴作也;土者,万物之所资生也。’是为人用,五行即五材也。”早在西周初年,能对五种基本的实用物质的自然属性和味觉属性做出这样的抽象和相互比较,真是难能可贵。到春秋时,五味(酸苦甘辛咸)、五色(青赤黄白黑)、五声(角徵宫商羽)以及五则(天地民时神)、五星、五神等已经普遍流行。试举几例:

> 水火金木土谷,谓之六府。正德、利用、厚生,谓之三事。(《左传·文公七年》)
>
> 子罕曰:“……天生五材,民并用之,废一不可,孰能去兵?”(《左传·襄公二十七年》)
>
> 天地之经,而民实则之。则天之明,因地之性;生其六气,用其五行。气为五味,发为五色,章为五声;淫则昏乱,民失其性。(《左传·昭公二十五年》)
>
> 故先王以土与金、木、水、火杂,以成百物。(《国语·郑语》)

人们已开始以五为数,把各种天文、地理、历算、气候、形体、生死、等级、官制、服饰等,种种天上人间所接触到、观察到、体验到,甚至不能接触、观察、体验到的对象,以及社会、政治、生活、个体生命的理想与现实,统统纳入一个齐整的图式中。并且还能看得到有关五行之间的联系——相克或相生的观念的萌芽。比如,“水火金木土谷,谓之六府”(《左传·文公七年》),其中水火金木土的排列,完全符合相克的次序。再如,晋史墨在占卜中也曾用过五行相克(或相胜)的概念,如“火胜金,故弗克”(《左传·昭公三十一年》)。“水胜火,伐姜则可”(《左传·哀公九年》)。此外,春秋时代人的名和姓,也常常包含有五行相生之义。如清王引之在《春秋名字解诂》中举了“秦白丙字乙”“郑石癸字甲父”“楚公子壬夫字子辛”“卫夏戊字丁”等四则故例(《经义述文·卷二十三》),说明这恰好反映了五行相生:木(乙)生火

(丙)、水(癸)生木(甲)、金(辛)生水(壬)、火(丁)生土(戊)。

战国时,五行说飞速发展。首先广泛应用在五行分类上,并逐渐与阴阳思想融合起来。到了战国末期阴阳学派的创始人邹衍那里,五行已不再是五种具体事物,也不仅仅是五种分类,而是五种气、五种元素、五种相互联系的范畴。五行由此正式步入哲学的殿堂。一方面,这似乎易产生神秘主义,阴阳家们也确乎以此来神秘地预言自然的图景和王朝的变迁,其标志便是"五德始终"说;另一方面,在这图式中又的确包含了当时积累起来的大量经验知识,把这些经验知识组织在整套的系统图式结构中,以得到一种理论上(包括经验认识和数学)的理解和把握,将零碎的、分散的自然与人文作一整理概括,一套规律系统自然而然就会产生。然而,遍考文献,五行的顺序却一直人言人殊,兹将文献中所列五行顺序作一整理,如下表所示:

汉前古籍载五行顺序一览表

出处次序	一	二	三	四	五
《尚书·洪范》	水	火	木	金	土
《吕氏春秋·月令》《黄帝内经》	木	火	土	金	水
《管子·幼官》	土	木	水	金	火
《周髀算经》	木	金	水	火	土
《墨经》	水	土	火	金	木
《京氏易传》《内经》	土	金	水	木	火
《内经》	金	火	木	水	土
《抱朴子》	土	火	水	金	木
《太玄经》	水	土	金	木	火
《白虎通》	木	土	水	火	金
邹衍(载《史记·孟子荀卿列传》)	金	木	水	火	土

需要说明的是,从文献资料上看,五行思想的出现要晚于阴阳,黎子耀先生就认为:"有阴阳思想,不一定要有五行思想,但五行思想必出于阴阳思想。"①阴阳思想正是周秦尚文文明与商宋尚质文明结合的产物,是西周文化与荆楚文化的融合;同样,五行思想的滥觞也与二者有着紧密的关系。刘起釪先生也认为"五色五味等

① 《第二次西周史学术研讨会论文》,陕西历史博物馆编,陕西人民教育出版社,1993年。

和传统的五方概念相结合,后来才逐渐发展到和五行相结合的"①。

(2) 阴阳五行的合流

阴阳与五行两大学说的合流形成了中国传统思维的框架,而促成两大学说合流的标志性著作便是《管子》。《管子》是战国时各学派的言论汇编,内容很庞杂,包括法家、儒家、道家、阴阳家、名家、兵家和农家的观点,传说是春秋时期管仲的著作。《管子》中的《幼官》《四时》《五行》《轻重己》等一组文章是较成熟的阴阳五行家作品,它们各自配成了不同的阴阳五行图式,标志着阴阳与五行合流的实现。这一合流并不是一举完成的,在《管子》的其他篇章中,可以考见阴阳与五行由分离到并行再到试探着逐步结合的具体历程,反映了阴阳五行合流的不同阶段。

然而在《管子》中亦有着一个循序渐进的过程。在《禁藏》中,作者已不满足于阴阳与五行的并行,开始尝试将此两种学说融为一体。其文曰:"当春三月,萩室熯造,钻燧易火,杼井易水……发五正,赦薄罪,出拘民,解仇雠,所以建时功,施生谷也。夏赏五德,满爵禄,迁官位,礼孝弟,复贤力,所以劝功也。秋行五刑,诛大罪,所以禁淫邪,止盗贼。冬收五藏,最(聚)万物,所以内作民也。四时事备,而民功百倍矣。""春发五正""夏赏五德""秋行五刑""冬收五藏",用整齐的五行之数来规划四时的行为,表明五行体系开始渗透进阴阳学说,或者说阴阳学说试探着采取了五行说的形式,披上了五行说的外衣。而在《幼官》等四篇中与五行相配的条目就出现了五方、五时、五气、五政、五德、五神、五祀、五数、五色、五味、五声、五后、五虫等,足见阴阳与五行合流后发展之迅速。

邹衍以倡导"五德终始"说而闻名于世。《史记·孟子荀卿列传》:"(邹衍)乃深观阴阳消息,而作怪迂之变,《终始》《大圣》之篇,十余万字。"可惜他的著作都散失了。据《史记·封禅书》:"邹子之徒,论著终始五德之运。""邹衍以阴阳《主运》显于诸侯。"至少有《五德终始》和《主运》两书有史可考。《五德终始》"各以所胜为行"②,《主运》"五行相次转用事,随方面为服"。也就是说,论自然时,用的是五行相生原理;论历史时,则取五行相克的原理。至此,五行之间有了两条具有相反方向的循环路线:

相生关系:木→火→土→金→水→木→……

相克关系:水→火→金→木→土→水→……

---

① 刘起:《〈尚书〉学源流概要》,《辽宁大学学报(哲学社会科学版)》,1979 年第 6 期。

② 据《史记集解》所述,"今其书,有五德终始,五德各以所胜为行",又有"今其书,有《主运》,五行相次转用事,随方面为服"。

把这两种关系放在一起，便可形成此形态。如图所示。

从图中可以看到，任何两行之间都有着直接或间接的联系。从相生关系说，任何一行都可以促进、帮助、滋生另一行，同时它又受着另外一行的促进、帮助和滋生；从相克关系说，任何一行都可以限制、约束、克制另一行，同时它也被另外一行所限制、约束和克制。这两个循环序列的建立，使五行学说在哲学抽象方面大大迈进了一步，使它能成为一个完整的有自我调节功能的稳定系统，便能够解释更为复杂的现象。这种学说也为其以阴阳五行为主体的“五德终始”说奠定了思想基础，并开汉代天人感应以及象数派易学的先河。

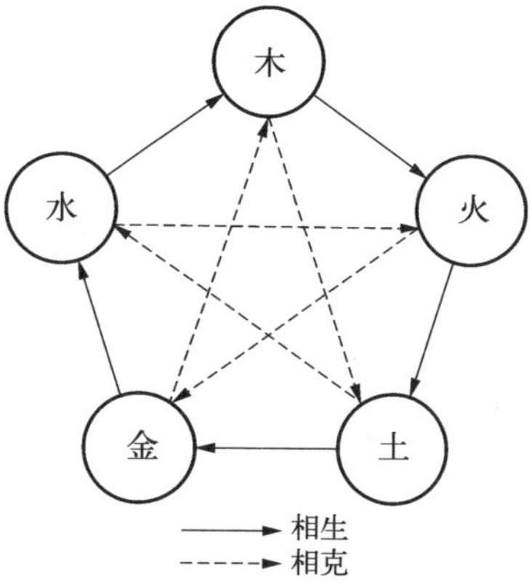

五行生克图

值得在汉代阴阳五行学术史上特别提到的人物便是董仲舒。儒家外则依公羊《春秋》制礼作乐、规制天下，内则研阴阳五行衍化天地、诠释灾异，以天人学说为核心建构儒家所渴望建立的治道治世，以使普天下流化儒家的仁德教化。董仲舒无疑是这一理论创想的奠基人与实践者。《汉书·艺文志》这样说：

昔殷道驰，文王演《周易》；周道敞，孔子述《春秋》；则乾坤之阴阳，效《洪范》之咎征，天人之道，粲然著矣。汉兴，承秦灭学之后，景武之世，董仲舒治《公羊春秋》，始推阴阳，为儒者宗。

董仲舒之为“儒者宗”“群儒首”，是由于他“始推阴阳”。事实上，董仲舒的“天人感应”说是以阴阳为基点、以五行为两翼展开的。“天”作为中华文化观念系统和儒家思想体系的最高范畴，概括了整个民族体验世界的全体。然而在本质上却不可言说，无论是子产的“天道远，人道迩”（《左传·昭公十八年》），还是孔子的“天何言哉？四时行焉，百物生焉，天何言哉？”（《论语·阳货》）都体现出对天的一种回避的敬畏。但是，人们却可以用阴阳五行为象征载体来“观天”，如《春秋繁露·阴阳五行》曰：“是故明阴阳入出、实虚之处，所以观天之志；辨五行之本末顺逆、小大广狭，所以观天道也。”从表面上看，董仲舒似乎认为天通过阴阳五行显示自己，人们通过明阴阳、辨五行体察天志、天道，但实际上董仲舒是用阴阳五行来描述他对天的体验。阴阳五行的表述体系负载了天人交融的体验世界，体验世界便“客体化”为阴阳五行。

在儒家的体验世界里，阴阳五行必然与礼乐规范联系在一起。正如前面所说的,中华民族恒常的哲学思维是体验性的,是与人道联系在一起的“性命”之学,这其中最重要的是“人”,“人与天地参”,以天比附人,人具有天的一切秉质。认为天下贵,“人之形体,化天数而成;人之血气,化天志而仁;人之德行,化天理而义”(《春秋繁露·为人者天》)。阴阳与五行的结合是以人为基点的,“君臣、父子、夫妇之义,皆取诸阴阳之道”(《春秋繁露·基义》)。“天有五行,一曰木,二曰火,三曰土,四曰金,五曰水。木,五行之始也;水,五行之终也;土,五行之中也。此其天次之序也。木生火,火生土,土生金,金生水,水生木;此其父子也”,“故五行者,乃孝子忠臣之行也”(《春秋繁露·五行之义》)。此处提出了“比相生间相胜”的重要命题,这些五行学说又都纳入儒家思维系统中,董仲舒把先秦儒家的世俗伦理学说,提升为天经地义的宇宙道德律令。天、地、人,以及使三者“合以成体”的阴阳五行,便显现了完整统一的体验世界的合乎真理标准的秩序。总体上来说,这还都是儒门易时期,但董仲舒等儒门易学者为儒门易学注入阴阳五行的同时,也开辟了象数易的崭新前景。

(3) 五行与《周易》的融合

以“五行”解《周易》,就现存文献看最早是战国至汉初成书的帛书《易传》,这里的“五行”已经纳入儒家道德体系,将传统五行学说换成了儒家“五常”。

五行,即仁、义、礼、智、圣。行,德行也。形于内,即发于中心。不形于内,则惟是行也。五行,仁形于内谓之德之行,不形于内谓之行。义形于内谓之德之行,不形于内谓之行。礼形于内谓之德之行,不形于内谓之行。智形于内谓之德之行,不形于内谓之行。圣形于内谓之德之行,不形于内谓之行。①

此时的五行已完全成为儒家思想的衍化物,也即孔子所说《周易》乃“古之遗言”,依此可“观其德义”。此亦所谓“儒门易”发展时期②。到西汉时,由于焚书造成的思想真空,阴阳、五行、杂家思想甚嚣尘上,再加上文景时期官方倡导的黄老之术,于是黄老道家与阴阳五行便结合起来,五行与卜筮的联系也就更加紧密了。举《史记·日者列传》“褚先生补”的一段记载:

> 孝武帝时,聚会占家问之,某日可取妇乎?五行家曰可,堪舆家曰不可,建除家曰不吉,丛辰家曰大凶,历家曰小凶,天人家曰小吉,太一家曰大吉。辩讼不决,以状闻。制曰:“避诸死忌,以五行为主。”人取五行者也。

---

① 此段内容出自湖南长沙马王堆第三号汉墓出土帛书《五行》篇。

② 高怀民先生所提观点,认为分西汉前为儒门易时期,孟焦京师徒开象数易学派。参见高怀民:《先秦易学史》,广西师范大学出版社,2007年。

这段话一方面说明了当时“百家”的兴盛与学术的兼容，另一方面也表明了五行思想在整个思想界的重要地位。

至西汉孟京学派得以系统化。京房将五行与卦爻一一对应，使“五行”真正成为《周易》系统下的一个宇宙结构图式。《系辞》《说卦》虽讲天地之数，以五为资，但真正以五行解易者始于京氏。《京氏易传》曰：“生吉凶之义，始于五行，终于八卦。”主要观点分为三个层面：

第一，五星配卦。五星为土星镇，金星太白，水星太阴，木星岁，火星荧惑。六十四卦按八宫卦次序，各配以土、金，水、木、火五星，周而复始。如乾为镇星（土），姤为太白星（金），遁为太阴星（水），否为岁星（木），观为荧惑星（火），直至归妹为岁星（木）。解释每卦都用“五星从位起某某”语，并以此说解人事吉凶。取法于当时天文学占星术（《淮南子·天文训》《史记·天官书》），以及《周易·说卦》取象、取义说。

第二，五行爻位。以五行配八宫卦和卦中各爻。京房认为：“八卦分阴阳，六位配五行。”其法以爻配地支，再配五行，以此解说《周易》。如解释姤卦：“阴爻用事，金木互体，天下风行曰姤。”解释姤初六爻：“木入金为始，阴不能制于阳，附于金柅，易之柔道牵也。五行升降，以时消息，阴荡，降入遁。”本于《月令》五行配四时十二月说。

乾宫纯卦乾☰卦

戌土	——— 世	父母
申金	———	兄弟
午火	——— 应	官鬼
辰土	———	父母
寅木	———	妻财
子水	———	子孙

第三，卦爻五行生克。以八宫卦为母，以其爻位为子，按五行关系，确定母子之间的相生或相克。如乾为母。为金，其初爻为水，母子是金生水关系，称为福德；其二爻为木，母子是金克木关系，称为宝贝；其三爻为土，母子是土生金关系，称为父母；其四爻为火，母子是火克金关系，称为鬼或官鬼；其五爻为金，母子皆为金，称为同气。其上爻为土，母子是土生金关系，称为父母，又认为：“八卦鬼为系爻，财为制爻，天地为义爻，福德为宝爻。同气为专爻。”以五行生克论卦爻象及人事吉凶。本于《淮南子·天文训》：“水生木，木生火，火生土，土生金，金生水。子生母曰义，母生于曰保，子母相得曰专，母胜子曰制，子胜母曰困。以胜击杀，胜而无极；以专从事，专而有功；以义

行理,名立而不堕;以保畜养,万物蕃昌;以困举事,破灭死亡。”

八宫卦与六亲配对表

爻位八卦	乾金	坤土	震木	巽木	坎水	离火	艮土	兑金
上爻	父母	子孙	妻财	兄弟	兄弟	兄弟	官鬼	父母
五爻	兄弟	妻财	官鬼	子孙	官鬼	子孙	妻财	兄弟
四爻	官鬼	兄弟	子孙	妻财	父母	妻财	兄弟	子孙
三爻	父母	官鬼	妻财	官鬼	妻财	官鬼	子孙	父母
二爻	妻财	父母	兄弟	父母	官鬼	子孙	父母	妻财
初爻	子孙	兄弟	父母	妻财	子孙	父母	兄弟	官鬼

在孟京易学的推动下,汉代易学开始向象数易转向,《易纬》也将八卦九宫与五行相配合,以说明天道的时令、节气和方位,进而以说明人道的人伦纲常。东汉陈元、马融、郑众、荀爽等治易名家无一不精通于象数,郑玄以五行生成解释大衍之数、天地之数,吸收并发展了《月令》《太玄》等观点,魏伯阳的纳甲图更将月相与八卦融为一体,这就开启了《周易》与五行说结合的历史。而这一切,不能不归结于京房。

3. 实践层面的原则——秩序

阴阳五行说在本质上是一种关于事物之间普遍联系的学说。阴阳着重于事物内部具有相反属性的两个方面的对立和统一,由此揭示事物发生和变化的原因。五行则侧重于事物的分类及其属性的关系系统,有利于揭示事物内部结构和相互关系。故阴阳和五行,阴阳主要体现为体,五行主要体现为用。在春秋战国时期,阴阳五行体系互相融合,奠定了人们的宇宙观。在当时的人们看来,宇宙存在着一阴一阳的对称关系:日为阳月为阴、天为阳地为阴、男为阳女为阴、热为阳寒为阴。阴阳之间的互动产生了五行,五行构成了天地万物:五味、五色、五方、五谷、五音……而具有相同五行属性的事物具有感应关系。战国时期的《吕氏春秋》就体现了阴阳五行体系下的世界观:

> 孟春之月,日在营室,昏参中,旦尾中。其日甲乙,其帝太皞,其神句芒,其虫鳞,其音角,律中太簇,其数八,其味酸,其臭膻,其祀户,祭先脾。东风解冻,蛰虫始振,鱼上冰,獭祭鱼,候雁北。天子居青阳左个,乘鸾辂,驾苍龙,载青旗,衣青衣,服青玉,食麦与羊,其器疏以达。是月也,以立春。先立春三日,太史谒之天子曰:“某日立春,盛德在木。”天子乃斋。立春之日,天子亲率三公、

> 九卿、诸侯、大夫以迎春于东郊；还，乃赏公卿、诸侯、大夫于朝。命相布德和令，行庆施惠，下及兆民。庆赐遂行，无有不当。乃命太史守典奉法，司天日月星辰之行，宿离不忒，无失经纪，以初为常。①

孟春之月指的是正月，从五行属性为木，象征生发之机。所以这个季节人事安排必须模仿“木”才能够调和阴阳；皇帝要穿青衣（木在颜色上为青），到东郊（木在方位上为东）迎春，并赏赐臣子（木在品德上为仁）。只有模仿“木”之五行品性，才能符合真正的天地运行规律。依此类推，春夏秋冬皆是如此。从《吕氏春秋》我们能够管窥阴阳五行体系以及古人对自然与人类社会关系的认知，先秦时期阴阳五行体系已然成为中华民族对宇宙认知的共识和道德体系的核心。

将两者结合得最为圆融而成系统的当属宋代的理学之祖周敦颐，他的《太极图》将以往全部的《周易》阴阳五行的精髓统纳于中；而为“太极图”作文字注解的《太极图说》更是以精炼的笔调描绘了一个生动而富有秩序的宇宙生成发展过程：

> 无极而太极。太极动而生阳，动极而静，静而生阴，静极复动。一动一静，互为其根。分阴分阳，两仪立焉。阳变阴合，而生水火木金土。五气顺布，四时行焉。五行一阴阳也，阴阳一太极也，太极本无极也。五行之生也，各一其性。无极之真，二五之精，妙合而凝。乾道成男，坤道成女。二气交感，化生万物。万物生生而变化无穷焉。惟人也得其秀而最灵。形既生矣，神发知矣。五性感动而善恶分，万事出矣。圣人定之以中正仁义而主静，立人极焉。故圣人“与天地合其德，日月合其明，四时合其序，鬼神合其吉凶”，君子修之吉，小人悖之凶。故曰：“立天之道，曰阴与阳。立地之道，曰柔与刚。立人之道，曰仁与义。”又曰：“原始反终，故知死生之说。”大哉《易》也，斯其至矣！

值得注意的是，我们从先秦以前的文献资料来看，中国的阴阳五行观念体系并不是一种完全对立或统一的类似“矛盾”的哲学范畴。以阴阳为例，文化人类学的材料说明，在任何原始社会的神话里都可以分析出其中的主要结构是以正负两种因素、力量作为基本动力。中国远古关于昼夜、日月、男女……原始对立观念大概是在最后阶段才概括为阴阳范畴的。这不是抽象“矛盾”，阴阳始终保留着相当实在的现实性，并没有完全被抽象为纯粹思辨的逻辑范畴。它们仍然与特定人们的感性条件、时空、环境和生活经验直接间接相联系。例如阳与光、热、夏、白天、男性、上升、运动等相联系，而阴与暗、冷、冬、黑夜、女性、下降、静止等相联系。阴阳

① 《吕氏春秋·孟春纪第一》，陆玖译注，中华书局，2011年。

作为哲学范畴,与"五行"一样,既不是纯抽象的思辨符号,又不是纯具体的实体或因素,它们是代表具有特定性质而相互对立、又相互补充的功能和力量,而这种功能和力量体现和反映到现实社会或自然图景中便是一种秩序,是一种"万物并育而不相害,道并行而不相悖"(《礼记·中庸》)的时中谐和的宇宙秩序与人伦规范。这正是"阴阳"与"五行"这对在中国具有丰富广博信息的哲学范畴所体现出的迥然于西方纯理论或形而上的思维体系,也是中国哲学和中国传统思维方式的特色所在。

与古希腊或古印度的地、水、火、风(或气)相比较,中国五行中除"木"不同于"气"或"风"外,还突出地多了"金",金是一种早期人类用于流通的金属货币,是不同于古印度或其他民族构成世界的四种纯自然物质的,与人类生活息息相关的"质料",这里已掺杂进去人类的感情偏向。这也说明中国的"五行",在脱开巫术宗教的原始神灵观念后,更多是与人们的生活经验密切联系。所以《左传》说:"天生五材,民并用之,废一不可。"(《左传·襄公二十七年》)《尚书大传》曰:"水、火者,百姓之求(所)饮食也;金、木者,百姓之所兴作也;土者,万物之所资生也。"作为燃料和各种工具材料、建筑材料的"木"和与冶炼相关的"金",在社会生活中当然占有重要位置。"土"在五行之中之所以占有特殊地位,如文献中出现的"先王以土与金木水火杂,以成百物"(《国语·郑语》),"中央者土,土主吐含万物""比于五行最尊"(《白虎通·五行》),则显然又与农业生产有关。由于更多从总结生活经验出发,所以与其说中国五行所注重的是五种物质因素、材料或实体,不如说是五种作用、功能、力量、序列和效果的对比与能量的较量融合。当《洪范》提出五行时,其着重点正是它们的性能,而五行"相生""相胜"的序列关系看来也只是来源于生活经验。例如木可生火(木生火)、火后有灰烬(火生土),矿石原料来自地下(土生金),金属遇冷则有水露(金生水),水能滋长植物(水生木)以及水灭火,火冶金,金伐木,木犁破土,筑土御水等,体现的正是在日常社会生活中它们在性质上和功能间的相互关系和联系,而这种联系又是在有规律的自然现象背后抽象把握的秩序,是一套行之有效的规则系统,这套系统还能在总结出来之后继续指导人类生活,这也正是阴阳五行说所具有的持续性和现实性。

4. 中华文化是易文化的推演

两千五百多年前,人类文明进入了轴心时代。存在主义哲学家卡尔·雅斯贝斯在《历史的起源与目标》中断定,只有中国、两河流域、希腊和印度等处才产生了人类第一个轴心时代的文明,而中国出现轴心时代文化的标志就是以《周易》为核心的孔门儒学的诞生,由此也奠定了中国文化的形成基础。中国文化体系分为两个层面,即思想体系和方法体系。思想体系以阴阳二元论为基础来发现和认识自然万物的构成状态和运行规律。方法体系以五行生克论为基础来分析和对待自然万物周而复始的循环转化、旺衰死生。五行是中国古代先贤的一种物质观。多用于哲学、中医学和占卜方面。五行指金、木、水、火、土，这和古希腊的四根说以及古印度的四大说有些相似，但更具合理性，是一个前后相生、隔位相克的闭环，随着这五个要素的盛衰，使得大自然产生变化，不但影响到人的命运，同时也使宇宙万物循环不已。

五行学说强调整体概念，描绘了事物的结构关系和运动形式。如果说阴阳是一种古代的对立统一学说，五行则可以说是一种原始的系统论。五行是用五个文字符号代表物质能量的形态间相互关系及运动变化规律。

五行相克（“克”，即胜过）是描述不同物质形态的相互作用关系：金胜木（物质上很容易理解，简单的助记就是哪个更坚硬，就胜过软一点的），木胜土，土胜水（这里的土仅指泥土而非广义的大地），水胜火，火胜金。《老子·第四十三章》曰：“天下之至柔，驰骋天下之至坚。无有入于无间。”

五行相生（“生”，即出现转化，或者能量叠加）是描述事物的运动规律，水生木，木生火，火生土，土生金，金生水。《周易·乾·象》曰：“大哉乾元，万物资始，乃统天”，正是在阴阳五行的统和下，才形成了中华文化独有的“海纳百川”“博施济众”“自强不息”“厚德载物”的人文品格和文化魅力，纵观数千年悠久的中华文化史，《周易》从华夏文明起源便矢志相随，成为中华文化的立足根基、万泉之源。中华文化里洋溢的精魂无不在《周易》中得以体现，中华民族的恢宏气度与优秀品格无不在《周易》中得窥一斑，中华文化的血脉正是有赖《周易》这个万世不竭的心脏才得以永恒流淌，周行不殆，而且时至今日依然源源不断地提供给我们宝贵的精神财富和文化能量，并将其文化魅力逐渐辐射到整个亚洲乃至世界，成为人类普遍应该借鉴学习的文化原典。

君子时中、与时俱进的精神也贯彻始终，如“变动不居，周流六虚，上下无常，刚柔相易，不可以为典要，唯变所适……”（《系辞下》）一个不易，一个变易，将日新月异层出不穷生生不已的万物通纳于六十四卦三百八十四爻当中，这就是佛家所说的“重重无尽”，朱子所谓“理一而分殊”是也。

历史学家斯宾格勒在《西方的没落》中曾经说过，每一种文化的根基，都是一种关于世界的概念。它是这种文化所特有的。每个时代都有关于理解世界的一个基本的框架。笛卡尔曾经说过，近代科学像一棵大树，形而上学就是树根，其他科学就是树干和树枝。这个比喻很形象地说明了一个民族或一个时代的关于世界的概念（理解框架）对整个民族和时代思维的作用。有人把这个叫作“预设”或“依据”。中国文化之所以和欧洲文化不同，关键在于这个“预设”或“依据”不同。在一个共同的“预设”或“依据”下，人们的思想融合与观点交流便成为可能，否则便不可能。这个“预设”或“依据”是形而上的，是不说出来或不好说的。“道可道，非常道。名可名,非常名。"(《老子·第一章》)树干靠树根支撑,但树根却埋在地下,人们看不见它。对于这个"预设"或"依据"的挑战,哲学上叫作"形而上学的革命"。

阴阳五行思想,就是中华民族的"形而上学假设"。阴阳五行,似乎什么都是,又似乎什么都不是。对于阴阳五行学说,历史上还没有一本专著来阐述它。近代以来,由于受西方科学和文化思想的影响,阴阳五行思想渐渐被人们所抛弃。著名中国科学技术史研究者李约瑟先生认为,阴阳五行思想作为理解世界的框架,在中古时代尚算可以,至近代就太落伍了。这种观点几乎是几十年来中国哲学研究中得到公认的观点。张岱年先生讲,阴阳五行之气的概念"五四时期许多人已不理解",如陈独秀即认为它是神秘主义的东西①。直到最近二三十年,由于全球化经济的浪潮,各民族在应对全球化的文化冲击,尤其是以欧美为代表的"先进文化"与科技的冲击下,纷纷开始重新审视自己的文化特色,我国的思想界也开始了对传统文化的再认识,这时才发现,中华民族的根原来是如此紧密地与阴阳五行说结合在一起,可以说,阴阳五行论早已渗透到中华民族的各个毛孔,是中华民族长久以来认识自然和解释自然的世界观和方法论。传统中国社会,阴阳五行观念是无所不在的文化要素。梁启超说阴阳五行是"二千年蟠据全国人之心理,且支配全国人之行事"②,庞朴说:"五四以前的中国固有文化,是以阴阳五行作骨架的,阴阳消长,五行生克的思想,迷漫于意识的各个领域,深嵌到生活的一切方面,如果不明白阴阳五行图式,几乎就无法理解中国的文化体系。"③

① 张岱年:《释"天"、"道"、"气"、"理"、"则"》,载《中国哲学范畴集》,人民出版社,1985 年。
② 梁启超:《阴阳五行说之来历》,载《古史辨》,上海古籍出版社,1982 年。
③ 庞朴:《阴阳五行探源》,载《当代学者自选文库·庞朴卷》,安徽教育出版社,1999 年。

第二章　周易体例结构

一、经与传

《周易》的内容分经、传两部分。经的部分称《易经》，是《周易》最原始、最核心的部分，其内容由六十四卦卦爻符号和卦爻辞组成，是我国古典文献中最独特的一种形式。传的部分称《易传》，又称“十翼”，是对《易经》经文的解释，共七种十篇。相传为孔子及其弟子所作，它的补充使得《周易》由一本佶屈聱牙的卜筮之书上升为一本可资吸取哲学思辨、完善人格修养的书。

1. 易经

古书一般都由篇或章来构成。《周易》则不同，它的基本构成单位是卦。卦相当于篇或章。如第一卦“乾，元亨利贞……用九，见群龙无首，吉”共 68 个字，是第一篇文章；第二卦“坤，元亨，利牝马之贞，君子有攸往……用六，利永贞”，共 91 个字，是第二篇文章。《易经》有六十四卦，分上、下两经，每卦有卦符、卦名、卦辞、爻题、爻辞等，《上经》多数卦由天道开始，论述自然；《下经》多数卦由人伦开始，论述社会。

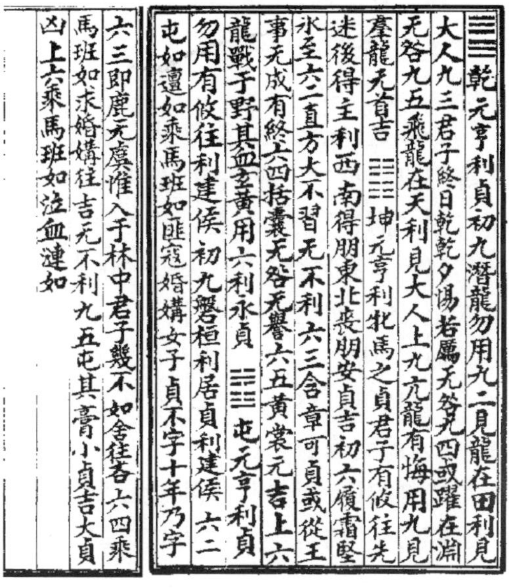
䷀乾元亨利貞初九潛龍勿用九二見龍在田利見
大人九三君子終日乾乾夕惕若厲无咎九四或躍在淵
无咎九五飛龍在天利見大人上九亢龍有悔用九見
羣龍无首吉 ䷁坤元亨利牝馬之貞君子有攸往先
迷後得主利西南得朋東北喪朋安貞吉初六履霜堅
冰至六二直方大不習无不利六三含章可貞或從王
事无成有終六四括囊无咎无譽六五黃裳元吉上六
龍戰于野其血玄黃用六利永貞 ䷂屯元亨利貞
勿用有攸往利建侯初九磐桓利居貞利建侯六二
屯如邅如乘馬班如匪寇婚媾女子貞不字十年乃字
六三即鹿无虞惟入于林中君子幾不如舍往吝六四乘
馬班如求婚媾往吉无不利九五屯其膏小貞吉大貞
凶上六乘馬班如泣血漣如

《易经》经文

卦爻辞或讲自然现象变化以比拟人事，或讲人事得失判断吉凶，具有较深刻的理论思辨高度。其朴素辩证的观点，首先体现为承认事物存在对立面。六十四卦由三十二个对立面组成，除纯阳纯阴的乾坤两卦外，每一卦都由阴阳爻构成，卦爻辞中大多出现吉凶、得失、益损、泰否等对立概念。其次还体现在承认事物的互相转化。如《泰》小往大来,《否》大往小来,认为事物发展到了极点就会转向其反面。《乾》卦上九“亢龙有悔”,其发展变化呈循环往复的规律。《复》卦曰:“反复其道,七日来复。”《泰》卦曰:“无平不陂,无往不复。”《易经》中的朴素辩证思想对后世产生深远的影响,成为中华文化的源头。

《易经》一书的历史价值是多方面的。其一,《易经》涉及的内容很广,从自然、社会到人事,无所不包。其中有很多生活哲理,对人们有启发、指导的作用。其二,《易经》并不是一部所谓的迷信著作,它更突出了人的作用。如就占筮而言,推算过程需要数学计算知识和逻辑推理能力。并且,通过占筮了解吉凶的内涵,可以在一定程度上解除人们心中的困惑,给人以精神上的慰藉。其三,《易经》中充满了逻辑思辨的力量。《易经》之所以具有忧患意识,从方法论上讲,是对辩证思维有一定的把握。如从卦象上看,由阴阳二爻到八卦再演化出六十四卦,这是根据逻辑思维的法则推演而来的。可见,《易经》的逻辑性和思辨力给后来哲学的产生和发展以很大影响。可以说,《易经》是中国古代哲学的源头之一。

2. 占断辞

《系辞上》曰:

> 彖者,言乎象者也;爻者,言乎变者也。吉凶者,言乎其失得也;悔吝者,言乎其小疵也;无咎者,善补过也。是故列贵贱者存乎位,齐小大者存乎卦,辩吉凶者存乎辞,忧悔吝者存乎介,震无咎者存乎悔。是故卦有小大,辞有险易;辞也者,各指其所之。

卦辞是论卦象的,爻辞是反映爻象变动的;在较量中,得为“吉”,失为“凶”;悔、吝等都只是小过失或毛病;无咎在于补救过失;所以“位”分贵贱,“卦”有大小,“辞”辨吉凶,“悔吝”在吉凶之间,知“悔”自可“无咎”。朱熹在《周易本义》中说:“‘吉凶’‘悔吝’者,《易》之辞也;‘失得’‘忧虞’者,事之变也,得则‘吉’,失则‘凶’。‘忧虞’虽未至‘凶’,然已足以致‘悔’而取羞矣。盖‘吉凶’相对,‘悔吝’居其中间,‘悔’自‘凶’而趋‘吉’,‘吝’自‘吉’而向‘凶’也。”[①]由《系辞》可知,易之道有二:

一是“惧以终始”。即“君子以恐惧修省”(《震·大象》)。凡君子都要有所敬畏,并因此而修身省过。

二是“其要无咎”。即以“无咎”为所求,为言行之戒。而且“无咎”还可“为吉”,“大咎”必生“凶”,“小咎”可致“悔”“吝”;唯有“惧”才能“无咎”。以常见的吉、凶、

---

① [宋]朱熹:《周易本义》,廖名春点校,中华书局,2009年。

悔、吝、无咎等为例，作一简要介绍。

“吉”指吉祥、有利、吉庆、吉利。在《易经》中出现75次，多单用，连用的有“元吉”(15次)，“大吉”(5次)，“终吉”(9次)，“中吉”(1次)，“初吉”(1次)。“元吉”，与“大吉”义近，形容吉的程度。但“元吉”是最吉、至吉，程度超过“大吉”。“初吉”“终吉”“中吉”，分别形容吉的阶段。“丈人吉”“小人吉”“大人吉”“妇人吉”“君子吉”“小事吉”“豚鱼吉”，则表示吉的对象和范围。与动词或动词性词组连用的有“往吉”(3次)、“征吉”(4次)、“贞吉”(39次)、“居吉”(1次)、“艰则吉”、“永贞吉”、“南征吉”、“居贞吉”。其中“往吉”“征吉”义同，“贞吉”“居吉”义近。“往吉”“征吉”与“贞吉”“居吉”都是表示吉的条件，但意思显然相反。“往”“征”，都是指主动前往的意思。“贞”，定；“居”，住，都是不动的意思。

“凶”指凶险、危险、困难，在《易经》经文中出现31次。其中“征凶”11次，“贞凶”11次，“有凶”3次，“终凶”1次。很明显，“征凶”与“贞凶”是相对的。一是主动前往则凶，一是静止不动则凶。《系辞上》曰：“‘吉’‘凶’者，言乎其失得也。”“吉”就是“得”，成功；“凶”就是“失”，失败。两者的意思是对立的。

“悔”指后悔、悔恨，没有凶的程度重，但也是厄运，说明事物有小的偏失。在《易经》经文中出现33次，其中“有悔”四次，“无悔”6次，“悔亡”19次。朱震《汉上易传》曰：“悔者，追悔前失不惮改也。”①故“悔”有悔改补过之意，有朝吉的方向发展的趋势。

“吝”指羞辱；或过分爱惜。当舍不舍，当弃不弃。与“悔”的程度相同，虽然不是凶，但也是厄运，且与“悔”的发展方向并不一致。“吝”字在《易经》中出现20次，其中“小吝”2次，“贞吝”4次，“往吝”2次，“以往吝”1次，“往见吝”1次。“往吝”与“贞吝”相对，一是主动前往则有吝惜，一是静止不动则有吝惜。朱震《汉上易传》曰：“吝者，言当悔而止，护小疵而致大害者也。”故吝有不知悔改补过之意，有朝凶的方向发展的趋势。《系辞上》曰：“‘悔’‘吝’者，言乎其小疵也。”小疵，即指小过失。朱熹《周易本义》曰：“盖‘吉凶’相对，而‘悔吝’在中间，悔自凶而趋吉，吝自吉而向凶也。”悔和吝又是一对占断辞。

“咎”指过失、过错、灾祸。“无咎”即指没有灾难、过失或过错，不吉也不凶，但轻于凶而重于悔吝，说明出现过失苗头时，要设法补救，以避免灾祸。“无咎”在《易经》中出现93次，《系辞上》曰：“‘无咎’者，善补过也。”朱震《汉上易传》曰：“无咎者，本实有咎，善补过而至于无咎。”“无咎”指本来会有过失或灾难，但由于善于补过悔改而得无咎，“无咎”是从“有悔”发展而来的。

通过上述介绍，总结如下：

---

① 文渊阁本：《四库全书·汉上易传》卷七。

① 正面的占断辞

"亨":好、亨通,享祭得时;

"小亨":还好,比较满意;

"元亨""吉亨""光亨":十分好,兆头极为殊胜;

"吉":吉祥,吉利;

"大吉""元吉":非常吉利,极为吉祥;

"贞吉":需占问窥测神意才可知"吉";

"利":有利,有利于……

"利女贞":利于女子占问;

"利居贞":利于静居占问;

"利艰贞":利于艰者之占问;

"利建侯":利于建立侯国;

"小利贞":对柔小者占问有利。

② 负面的占断辞

"凶":凶险,遇灾祸,灾难;

"贞凶":需用占窥测神意才可知"凶"。

③ 介乎正负面间的占断辞

"悔":悔恨、悔愧、懊悔、愁苦;

"吝":尴尬、难堪、麻烦、耻辱;

"厉":危险、危难、危害、风险;

"咎":过失、遗憾;

"无咎":无过失、无遗憾、坦然、无大碍、不受责怪、无关紧要。

3. 易传

《周易》传的部分称《易传》,又称"十翼"。"翼"即羽翼,是对《周易》经文的解释。《易传》是一部战国时期系统解释《周易》的传述,相传为孔子所作,共七种十篇,分别是《彖传》上下篇、《象传》上下篇、《文言传》、《系辞传》上下篇、《说卦传》、《序卦传》和《杂卦传》。"十翼"最初是独立成篇的,东汉郑玄合《彖》《象》于经文之中,三国时王弼又置《文言》于《乾》《坤》之下,形成现在通行本的格局。

《易传》和《易经》既相互联系又相互区别。《易经》只是对一些占筮结果所作的记录,反映了古人对外在世界的某种理解。《易经》中记述占卜结果的卦、爻辞,有些过于晦涩而缺乏实际功用。直到《易传》的出现,借《易经》的框架,说出了人们对宇宙、对人生的理性思考,代表了先哲把握世界的思维成果。《易传》继承了《易经》

的象数观念对其占筮作了理论化的解说，从而将《易经》中的义理提升到了一个新的高度。从某种程度上说，《易传》已经成为自成体系的哲学著作。

《彖传》上下篇是《易传》的第一种。彖，本指卦辞，同"断"，即断一卦之意。《彖传》就是解释卦辞的，同时兼释卦名，由卦名、卦辞进而阐释一卦之义。《周易》共有六十四条卦辞，《彖传》也有六十四条。在《周易》中，除乾卦外，逐条附于每一卦的卦辞之下。《彖传》以其特殊的体例解经，其思想非常深刻。

《象传》上下篇是《易传》的第二种。象，本指卦之上下两象及两象之六爻。《象传》分为《大象传》和《小象传》，都是六十四条，是阐释各卦的卦象及各爻爻象的。《大象传》解释《周易》六十四卦的卦名和卦义；《小象传》解释《周易》三百八十六条爻辞和用辞。

《文言传》又称《文言》，即"文饰乾、坤两卦之言"，为今本《易传》的又一篇。是解释乾坤两卦的卦爻辞的。由于《乾》《坤》两卦在《易经》中占有重要地位，有《易》之门户之称，故孔子特撰《文言》来解释《乾》《坤》两卦，在《彖》《象》两传的基础上对其作进一步的阐述。

《系辞传》上、下篇，各十二章，共二十四章，是《易传》的第四种。它是今本《易传》中思想水平最高的作品。《系辞传》认为《周易》是讲圣人之道的典籍，是忧患之书，是关于道德教训的，要于忧患之中提高道德境界，从而提高逢凶化吉的能力。并且还介绍了大衍筮法和爻位说等概念。《系辞传》对《易经》的基本原理进行了创造性的阐述和发挥，它认为"一阴一阳之谓道"，没有阴阳对立，就没有《周易》。它把我国早已有之的阴阳观念，发展成为一个系统的世界观，用乾坤、阴阳、刚柔的对立统一来解释人类社会的一切变化，在我国哲学史亦占据重要地位。

《说卦传》共十二章，是《易传》的第五种，又称《说卦》。前六章探讨八卦的性质与功能；后六章集中说明八卦的取象特点，是探讨《易》象的产生及推演的重要材料。在《系辞传》的基础上，进一步论述了《易经》的义理和揲蓍求卦的过程，说明《易》能弥纶天地人三才的道理。

《序卦传》又称《序卦》，是解说《易经》六十四卦的卦序及其形成缘由，因而随上、下经分两段，是《易传》的第六种。前段解说上经三十卦之序，后段解说下经三十四卦之序。其中乾坤两卦以卦象立说，咸卦据卦义立说，其余均据卦名立说。解说方法或以前后卦相因、相承关系立说。

《杂卦传》是今本《易传》的第七种。《杂卦传》旨在将六十四卦分成三十二组，两两对举，阐明卦义。晋韩康伯《周易》注曰："杂卦者，杂糅众卦，错综其义，或以同相类，或以异相明也。"所谓"以同相类"，就是两两并举，从而凸显其相同或相近之义；所谓"以异相明"，就是两两对举，来凸显其相反的卦义。《序卦传》和《杂卦传》

虽都论及周易的卦序和卦义,但理解和侧重点各有不同。

《易传》认为天、地互相感应,然后产生了万物和人类,再产生人类社会的人伦和尊卑等级的礼义制度。《易传》提出的这种天地化生万物的模式,反映了战国的一种思潮。在这个时代,随着科学等的发展,人们对包括天地在内的许多神秘高深的事物逐渐有了不一样的认识,天逐渐从殷周时代的主宰之神演变为自然的天。和《易传》大致同时的《吕氏春秋》《荀子》等书,也同样有将天地视为自然物的倾向。《易传》对人类思维模式自身的审视及世界规律性的认识都达到了相当深刻的程度。《周易》本是卜筮之书,其中的爻、卦符号系统与占卜结果并无必然联系。正是通过《易传》的解释,整个《周易》系统才形成了一个独具特色的体系,把《周易》这一作为卜筮工具的最初的宇宙模式化符号从宗教迷信的氛围中解放出来,成为人类精神的物化形式,对以后几千年的中国哲学和文化都产生了巨大的影响。

《易传》是中国先贤智慧的结晶,人类从森林走向平原,从巢居走向穴居,从渔猎走向农耕是一个漫长的进化过程。其中凝聚了古人伟大的探索精神以及最质朴的自然观,《系辞上》云:“《易》与天地准,故能弥纶天地之道;仰以观于天文,俯以察于地理,是故知幽明之故;原始反终,故知死生之说;精气为物,游魂为变,是故知鬼神之情状。与天地相似,故不违;知周乎万物而道济天下,故不过;旁行而不流,乐天知命,故不忧;安土敦乎仁,故能爱。范围天地之化而不过,曲成万物而不遗,通乎昼夜之道而知,故神无方而《易》无体。”古人仰观天文,俯察地理,一代一代穷天地之理,通过天体和季节不断地重复运行,从中发现万物皆有生死,万物皆有情状,真正意义上做到了人法地,地法天,天法道,道法自然的朴素世界观。从天体的运行规律、自然的交替秩序中感悟并总结了一些规律性的事件,积累了人类集体的经验,从法理的角度固定了这些规律,并从中发现,组成万物最基本的单位或者说最基础的密码只有两个符号——阴和阳。阳爻用“—”表示,阴爻用“--”表示。

二、卦 爻 象

《周易》本经以卦形、卦名、卦辞、爻辞为内容。现在夹在本经中的《彖传》上下、《象传》上下和《文言传》都属于“十翼”,是解释经的传,两者成书时间至少相差六七百年,故掌握本经才是真正把握住周易的根本,高亨先生便明确提出“讲《易经》不必受《易传》的束缚”①,依此原则还分别作了《周易古经今注》和《周易大传今注》两

① 高亨:《周易古经今注》(重订本),中华书局,1984 年。

部著作。这也反映出学者对《周易》本经部分的重视。《周易》本经分上下两经六十四卦，其基本形式如下所示，以䷀乾卦具体卦爻辞为例：

卦形
䷀（乾下乾上）

卦名——乾　元、亨、利、贞。——卦辞

爻题		爻辞
上九，	亢龙有悔。	
九五，	飞龙在天，利见大人。	
九四，	或跃在渊，无咎。	
九三，	君子终日乾乾，夕惕若厉，无咎。	
九二，	见龙在田，利见大人。	
初九，	潜龙勿用。	
用九，	见群龙无首，吉。	

1. 卦

《系辞上》所谓："《易》有太极，是生两仪，两仪生四象，四象生八卦，八卦定吉凶。"八卦乃是《周易》经部之核心，其组成始有阳"—"和阴"--"两卦画组成八卦，又称八经卦，再有八卦两两相重，排列成六十四卦，又称别卦。卦的起源一般有三种说法：伏羲观象立卦说、文字说和画卦说。其中影响力最大的还要数伏羲观象说，其说来源于《系辞下》："古者包牺氏之王天下也，仰则观象于天，俯则观法于地，观鸟兽之文，与地之宜。近取诸身，远取诸物。于是始作八卦，以通神明之德，以类万物之情。"伏羲氏仰观俯察，远取自然，近察诸物，通过观象来模拟制作八卦，符合认识的一般规律，故为大部分人接纳。这里要说明的是伏羲做的只是八卦，经过文王演绎才得六十四卦。

至于为什么称"卦"，历史上有几种不同的解释。《说文》直接说："卦，所以筮也"，语焉未详。郑玄注释《仪礼・士冠礼》"卦者在左"时说："有司主书地识爻者。"唐孔颖达在《周易正义》中依据汉代《易纬》的说法，以卦为"挂"，意思是说把卦象悬挂起来，以便于人们观看。后来明杨慎认为，古代"圭"和"卦"音同，因此以圭解卦，他说："古者造律制量，六十四卦为圭，则六十四象总名为卦可也。"清张惠言则认为占筮时，每得到一爻就写在地上，以便于记忆，占筮结果就称卦。卦，从土从卜，由两个土和一个卜构成，这种说法比较合理。卦主要分三画卦与六画卦。

（1）八卦

八卦是由阳爻"—"和阴爻"--"三叠而成，又称为"经卦"或"三画卦""单卦"。八卦有一定的卦形、取象和卦德，兹列表如下：

八卦意象表

卦名	卦形	取象	卦德	五行	八宫	记忆口诀	先天方位	后天方位
乾 1	☰	天	健	金	老父	乾三连	正南	西北
兑 2	☱	泽	说	金	少女	兑上缺	东南	正西
离 3	☲	火	陷	火	中女	离中缺	正东	正南
震 4	☳	雷	动	木	长男	震仰盂	东北	正东
巽 5	☴	风	入	木	长女	巽下断	西南	东南
坎 6	☵	水	陷	水	中男	坎中满	正西	正北
艮 7	☶	山	止	土	少男	艮覆碗	西北	东北
坤 8	☷	地	顺	土	老母	坤六断	正北	西南

知道卦象之后，卦辞就是每卦卦象后的定名。因《周易》以解释六十四卦为主，故单卦、经卦并无卦辞，但卦德在《说卦传》中有记载，即：

乾，健也；坤，顺也；震，动也；巽，入也；坎，陷也；离，丽也；艮，止也；兑，说也。

乾为马，坤为牛，震为龙，巽为鸡，坎为豕，离为雉，艮为狗，兑为羊。

乾为首，坤为腹，震为足，巽为股，坎为耳，离为目，艮为手，兑为口。

……

卦德从卦名而来。如乾作健，马王堆帛书《周易》经、传中都写作“键”，天是主要取象，此外还有龙、君子、父、大等；其卦德，即主要的德性象征是健，也就是刚性、主动。又如☱兑的取象为泽，泽虽然也是水，但与坎不同，坎是没有驯服的水，是水害，故称“陷”。而泽是被驯服的水，是水利，带给人们的是喜悦，故称“说”(通“悦”)。泽的本义是光泽，故为喜悦。依次类推，卦德实质就是卦名的基本义。

根据《系辞》“阳卦多阴，阴卦多阳”之说，八卦还可分为阳卦和阴卦。震☳、坎☵、艮☶三卦皆一个阳爻，两个阴爻，属于“多阴”，当为阳卦；巽☴、离☲、兑☱三卦皆一个阴爻，两个阳爻，属于“多阳”，当为阴卦。此外，乾☰当然是阳卦，坤☷自然属于阴卦。这样，就是四阴四阳。在此基础上，产生了乾坤生六子女说：

乾，天也，故称乎父；坤，地也，故称乎母；震一索而得男，故谓之长男；巽一索而得女，故谓之长女；坎再索而得男，故谓之中男；离再索而得女，故谓之中女；艮三索而得男，故谓之少男；兑三索而得女，故谓之少女。

这段传文为乾坤八卦建构了一个家庭伦理体系。乾、坤两经卦是其他六经卦的父母，其他六经卦都是由乾、坤两卦的结合而产生出来的。乾、坤两卦父母阴阳互求，阳求合于阴得男，阴求合于阳得女。具体解释后文会有撰述，此处以表所示来说明：

乾坤生六子对应表

阳卦		阴卦	
乾☰	老父	坤☷	老母
震☳	长男	巽☴	长女
坎☵	中男	离☲	中女
艮☶	少男	兑☱	少女

这样八卦之间的关系不是并列关系，而是对等关系，且分成四对：乾坤、坎离、震艮、巽兑。这四对从卦形分有阴阳对立和上下颠倒：乾☰与坤☷，坎☵和离☲，属阴阳对立；震☳和艮☶，巽☴与兑☱，为上下颠倒，具体如下表所示：

八卦对应关系表

一		二		三		四	
乾☰	坤☷	坎☵	离☲	震☳	艮☶	巽☴	兑☱
父	母	中男	中女	长男	少男	长女	少女
对立		对立		颠倒		颠倒	

“二二相耦，非覆即变”的关系也体现在八卦的卦德上。如乾坤相对，其卦德也相对，乾为刚健，坤为柔顺等，不一而足。

此外，八卦最重要的还要属后世所说的先天八卦和后天八卦，且有卦图。在《易图学》一节中会有论述。但需要补充的是先天八卦图源于《说卦传》：

> 天地定位，山泽通气，雷风相薄，水火不相射，八卦相错。数往者顺，知来者逆，是故《易》逆数也。

据此邵雍以为“明伏羲八卦也”，“乾、坤定上下之位，离、坎列左右之门”①，以乾居南方，坤居北方，离居东方，坎居西方，震为东北，兑为东南，巽为西南，艮为西北。画成“伏羲八卦方位图”，如下左图所示。

---

① ［宋］邵雍：《皇极经世·观物外篇》，中州古籍出版社，1993 年。

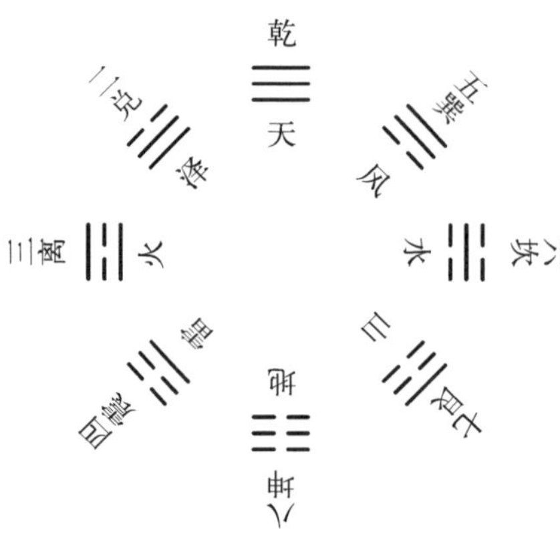

伏羲八卦方位图

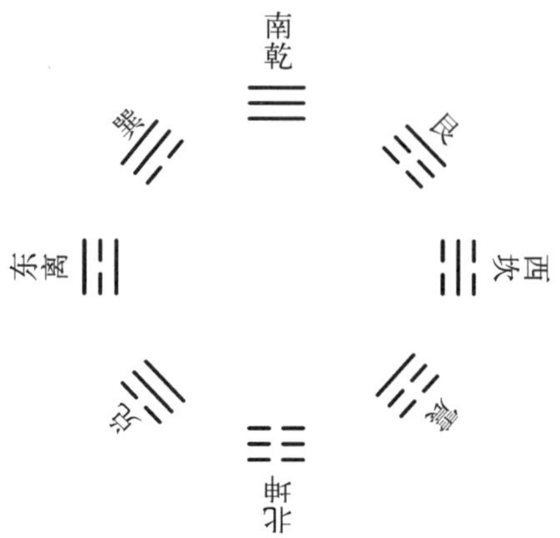

《说卦》载对应先天八卦图

此图该如何表示阴阳之气的升降暂且不表,就《说卦》"天地定位,山泽通气,雷风相薄,水火不相射"这段话是不是表示方位和节气,历来就有争议。朱熹等人固然崇信,而黄宗羲、毛奇龄、胡渭等却批评颇多。如胡渭《易图明辨》就说:"此章与八方之位无涉。'天地定位',言乾坤自为匹也;'山泽通气',言艮兑自为匹也;'雷风相薄',言震巽自为匹也;'水火不相射',言坎离自为匹也。"①此说逐渐为后世认可。但马王堆帛书《周易》出土后,这句话在帛书易传《衷》篇作"天地定位,山泽通气,水火相射,雷风相榑"②,画成卦位图如上右图所示。

同墓出土的帛书《易经》卦序与今本《周易》很不相同。上卦排列的次序为乾、艮、坎、震、坤、兑、离、巽,下卦排列的次序是乾、坤、艮、兑、坎、离、震、巽。李学勤先生指出,上图暗含了帛书《易经》卦序结构的秘密:从乾往右单数至巽,就是帛书《易经》上卦排列之序;而从乾往右以对数,乾坤、艮兑、坎离、震巽,就是帛书《易经》下卦排列之序。③ 这就是说,将"天地定位,山泽通气,水火相射,雷风相薄"理解成上述卦位图就可以解释帛书《易经》的卦画结构,是对帛书《易经》卦序结构规律的总结。由此看来,邵雍的卦位说也有一定的道理。从上面所列举的两种卦位图式可知,在《周易》产生之前和产生之后,八卦作为一种意义系统,其宇宙模式始终都存在。

(2) 六十四卦

一般认为六十四卦是由八卦两两相重而得,又称"六爻卦""六画卦",即每一卦都由六根阴阳爻组成。又因两经卦重合而得,故称"重卦"。重卦的原则是以某一经卦为内卦,在其上配以一经卦为外卦,构成六根爻组成的别卦。

---

① [清] 胡渭:《易图明辨》,郑万耕点校,中华书局,2008 年。
② 廖名春:《马王堆帛书周易经传释文》,上海古籍出版社,1995 年。
③ 李学勤:《马王堆帛书〈周易〉的卦序卦位》,《中国哲学》第十四辑,人民出版社,1984 年。

《周易》六十四卦分上下经，其中上经三十，下经三十四。每一卦都是六画卦，一卦由六爻组成。如䷀乾卦、䷁坤卦、䷚颐卦、䷱鼎卦等，䷀由两个☰重叠而成，䷁则由两个☷重叠而成。下面三爻叫下卦，即下经卦、内卦、下体、主卦，或为贞卦；上面三爻叫上卦，即上经卦、外卦、上体、客卦，或可叫悔卦[①]。如否卦䷋，下卦为八卦的坤卦☷，上卦为八卦的乾卦☰。朱熹曾在《周易本义》中作一《上下经卦名次序歌》：

乾坤屯蒙需讼师，比小畜兮履泰否；
同人大有谦豫随，蛊临观兮噬嗑贲；
剥复无妄大畜颐，大过坎离三十备。
咸恒遁兮及大壮，晋与明夷家人睽；
蹇解损益夬姤萃，升困井革鼎震继；
艮渐归妹丰旅巽，兑涣节兮中孚至；
小过既济兼未济，是为下经三十四。

此外，卦画与卦名有着某种相应的规律，即卦名就是根据卦画来定的。如䷚颐卦的卦画像人的脸颊，所谓“颐”，即颊、腮、下巴，指人脸从眼到下颌的部分。䷚颐卦的上九爻像上颚，初九交像下颌，六二、六三像下牙床的牙齿，六四、六五像上牙床的牙齿。卦辞说“自求口实”，初九爻辞说“朵颐”，可见䷚颐卦的形象生动。䷔噬嗑卦也证明了卦名来自卦画。䷔噬嗑卦的卦画如《象传》所言，是“颐中有物”，嚼食食物。其上九爻像上颚，初九爻像下颌，六二、六三像下牙床的牙齿，六五像上牙床的牙齿；六四爻则像口中正在嚼食的食物。故其名“噬磕”，象形兼会意，信而有征。再如䷱鼎卦，看这个卦画的形状，初六像鼎足，九二、九三、九四三爻像鼎腹，六五像鼎耳，上九像鼎盖，故此卦(䷱)叫鼎卦，十分有道理。

当然还有会意的，除䷔噬嗑卦外，䷖剥卦、䷗复卦等，都符合画意，䷖剥卦阳被阴剥至仅剩一爻。初六、六二、六四爻辞都为“剥壮”，上九爻辞说“硕果不食”，“硕果”指上九阳爻尚未被阴爻剥蚀。而䷗复卦则一阳爻在下，五阴爻在上，象征一阳复生，阳气开始剥尽复生，十分生动。䷪夬卦卦形为五阳一阴，上面一阴象征残缺。其实䷪就是缺，帛书《易经》中“䷪”多作“缺”就是证明。卦画和卦名的这种吻合显非偶然。由于现在甲骨文的识别还远远不够，也有不少卦画与卦名无法一一作出类推比较，但从上面的分析可以看出，不能否认二者之间的相应之理。

---

① 古代筮法，合上下二体为一卦。下体曰贞，是为内卦；上体曰悔，是为外卦。《尚书・洪范》：“七、稽疑：择建立卜筮人，乃命卜筮。曰雨，曰霁，曰蒙，曰驿，曰克，曰贞，曰悔，凡七。卜五，占用二，衍忒。立时人作卜筮，三人占，则从二人之言。”

现代学者提出一种新的看法,即根据卦爻辞来看卦名的来源,高亨先生的意见最值得注意。他认为,古代人著书,一般都不给书中每一篇起名,篇名系后人所追题。《易经》的卦名,也应该是如此。开始的时候,只有卦爻辞,各卦间只靠卦画区分,后来才根据筮辞加上了卦名。之所以这样说,当然有理由。在《周易》六十四卦中,只有坤、小畜、泰、大有、中孚五卦的卦名和卦爻辞无关,而其余五十九个卦的卦名都和卦爻辞有关。高亨先生将卦名和卦爻辞的关系归纳为六种:

取筮辞中常见的一字以为卦名。属于这种情况的最多,共有乾、屯、蒙、需、讼、师、比、履、否、谦、豫、随、蛊、临、观、贲、剥、复、颐、坎、离、咸、恒、遁、晋、睽、蹇、解、损、益、夬、姤、萃、升、困、井、革、鼎、震、艮、渐、丰、旅、巽、兑、涣、节等四十七卦。如"需"之得名是由于该卦初九爻辞"需于郊"、九二爻辞"需于沙"、九三爻辞"需于泥"、六四爻辞"需于血"、九五爻辞"需于酒食"中都有"需"字。

取筮辞中常见的两个字为卦名。属于这类的有同人、无妄、明夷、归妹四卦。如"归妹"二字在该卦初九、六三、九四、六五爻辞中都有出现;"同人""无妄""明夷"在卦的爻辞中也分别出现四五次。

取筮辞中常见的一个字,另外增加一个字为卦名。属于这种情况的有三卦,它们是噬嗑、大壮和小过。如小过卦中"过"字出现四次,另增一"小"字而为卦名。

取筮辞内容中的事物为卦名。属于此类的只有"大畜"一卦。因为筮辞中有牛、马、豕等大的家畜,所以称大畜。

取筮辞中常见的两字和相关事物结合起来为卦名。属于此类情况的有家人和未济两卦。如未济卦中六三爻辞为"未济征凶",卦辞"小狐汔济,濡其尾"、初六爻辞"濡其尾"、九二爻辞"曳其轮"、上九爻辞"濡其首"都与"未济"有关。

取筮辞中常见的一字及内容之事物而外增一字为卦名。如大过、既济两卦就属此类。大过卦上六爻辞"过涉灭顶"中有"过"字,而九二爻辞"老夫得其女妻"、九五爻辞"老妇得其士夫"都是过分的事情。因此便由"过"字加一"大"字而为卦名。

这一说亦值得注意,两种意见可以参照来看。根据这些名字我们也可以准确把握出每一卦所反映的主要品质、品德与功用,即卦德。《象传》中多从卦象和卦德两个方面来解释六十四卦,故将《易经六十四卦卦德诗》录于下:

上 经

乾健坤厚屯作始,蒙发需补讼分歧。
师众比辅小畜懿,履行泰和否塞闭。
同人合助大有利,谦逊豫乐随缘喜。
蛊惑临莅观察之,噬嗑卡呛贲修饰。
剥落复原无妄谧,大畜积德颐养滋。

大过极度陷坎溢，离明绚丽上经毕。

下　经

咸感恒持遁隐蔽，大壮威仪昭晋级。
明夷用晦家人齐，睽同蹇难解赦释。
损舍益彰夬断施，姤遇萃集升长起。
困虑井然革新意，鼎立震动艮依止。
渐进归妹妇道知，丰盛旅羁巽风势。
兑悦涣散拟节制，中孚诚信小过谨。
既济达成仍未济，下经至此演周易。

(3) 卦的几种形态

小成之卦：指八卦。《系辞上》曰："八卦而小成。"朱熹注："谓九变而成三画，得内卦也。"故八卦又称"小成之卦"。相对"大成之卦"而言。

大成之卦：指六十四卦，《说卦》曰："兼三才而两之，故《易》六画而成卦；分阴分阳，迭用柔刚，故《易》六位而成章。"六十四卦视为大成。

重卦：即重叠八经卦而得，古人认为重卦是八卦演为六十四卦的方式，重卦的原则是以某一经卦为内卦，在其上配以一经卦为外卦，构成六根爻组成的别卦。重卦分两类：同卦相重和异卦相重。同卦即内外卦都为相同的八经卦，有八个，又叫作"八纯卦"；异卦相重即相反，共五十六个。

覆卦：又称"反卦""反易""反复卦""综卦"。将一卦反覆过来(即上下颠倒)所得到的卦。如屯䷂卦的覆卦为蒙䷃卦，谦䷎卦的覆卦为豫䷏卦。覆卦的卦义也往往相反，如谦卦是谦虚使人受益，而豫卦讲的是骄傲会带来灾祸，应该克制骄傲的道理。覆卦规律是通行本《周易》六十四卦排列先后次序的主要方式。

对卦：亦称"错卦""旁通卦""类卦"等。指阴阳相对的卦。八经卦中对卦有四对：乾对坤，坎对离，艮对兑，震对巽。六十四别卦中对卦有三十二对，其中有八卦(四对)有对而无反，反覆后还为本卦。另五十六卦(二十八对)有对又有反，反覆后别为一卦，又可相对。如屯䷂与鼎䷱为对卦，屯之反覆卦为蒙䷃卦，与篇之鼎之反覆卦革䷰卦又为对卦。《象传》《彖传》中，对卦之义多有联贯，有的互相对举。

交卦：亦称"交易卦""交借卦""上下易""两象易"。六十四别卦上卦和下卦交换位置即内卦变外卦、外卦变内卦而构成的卦。如履䷉卦交卦为夬䷪卦；恒䷟卦交卦为益䷩卦。《象传》《彖传》中，交卦之义，大多互为参见。

互卦：亦称"互体卦""约象""中爻"，汉代易学术语。指由中四爻交互组合而成的卦，其组合方式为将六爻卦的上一爻与下一爻除去不用，中四处的二、三、四爻和三、四、五爻分别组成一卦。以二至四爻为下卦，三至五爻为上卦，两者重合而成的卦即为互卦。因互卦为两卦交互相成,故名。内互、外互与本卦的上卦、下卦构成四个卦象。卦中有卦,象中有象,衍生出重重相互关系。产生互卦的原因,是扩大取象范围而解易,当内外卦的卦辞不能解释事物时,就从互象中找。互卦起源甚早。《系辞下》就有“若夫杂物撰德,辨是与非。则非其中爻不备”“二与四同功而异位”,以及“三与五同功而异位”。互卦占筮为古之筮法之一。

本卦:本卦亦称“正卦”,与“之卦”相对。指按一定筮法求出的原卦。源于《左传》《国语》,后世术教家常使用。

之卦:亦称“变卦”“动卦”,与“本卦”相对求卦。如爻性变动后的卦象。按一定筮法求卦,筮得之数为九、六,九为老阳之象,六为老阴之象,老阳变为少阴,老阴变为少阳。变动后的卦,即为“之卦”,源于《左传》《国语》,后世术数家常使用。又指“卦变”。清钱大昕《潜研堂文集》:“卦变之说,汉儒谓之‘之卦’。”还能指相对两卦此卦爻位变往彼卦爻位。之,是往的意思。之卦可使不当位的爻位变为当位,义同“之正”,如乾卦偶位之爻与坤卦奇位之爻皆不当位,若乾二四六偶位之爻之坤,坤一三五奇位之爻之乾,则成既济之象。

《系辞》九卦:又名“孔子九卦”“修德九卦”。《系辞下》第七章认为《易》成书于殷末周初之际,为文王居羑里时所作。分三次陈述九卦,以说明其处忧患而不失操守,借此阐述道德修养之事。其九卦为履、谦、复、恒、损、益、困、井、巽。其文曰:

> 是故《履》,德之基也;《谦》,德之柄也;《复》,德之本也;《恒》,德之固也;《损》,德之修也;《益》,德之裕也;《困》,德之辨也;《井》,德之地也;《巽》,德之制也。《履》,和而至;《谦》,尊而光;《复》,小而辨于物;《恒》,杂而不厌;《损》,先难而后易;《益》,长裕而不设;《困》,穷而通;《井》,居其所而迁;《巽》,称而隐。《履》以和行,《谦》以制礼,《复》以自知,《恒》以一德,《损》以远害,《益》以兴利,《困》以寡怨,《井》以辨义,《巽》以行权。

以礼履为首,谦恭知让,返归善道,久持操守,减损恶欲,增益善美,身固道通,井养众人,顺理处事,此九卦为做人道德修养之规范。汉虞翻以旁通说立论,分析卦爻消息。如释履卦乾为德,履与谦旁通,坤柔展刚,故德之鉴,坤为茎。谦与展通,谦坤柔和。故履和而至,礼之用和为贵。谦诬为行,故以和行,汉代郑玄、荀爽之说,亦多此类。三国魏王弼则专言义理。宋初陈抟《易龙图自序》中以三陈九卦证明龙图。南宋朱熹认为九卦皆反身修德,以处忧患之事,而有序焉。孔子在六十四卦中,取上经之履、谦、复三卦,取下经之恒、损、益、困、井、巽六卦,皆依序卦之次第。履为《周易》卦序之第十卦,意言河图有十个数;谦为《周易》第十五卦,意言河图可变为洛书,洛书纵横皆为十五;复为《周易》第二十四卦,为二十四节节侯。恒为下经第二卦，为阴阳两仪，于人则为夫妇。损、益为下经十一、十二卦，十一为父五、母五、子一之数，其所生之子即十二卦之益。父母既生则盛而衰，分父母之精则子大益。依次类推，又由洛书与先天卦释其义，认为孔子三陈九卦，数取之于洛书，象取之于先天八卦，以阐明社会变化之理。

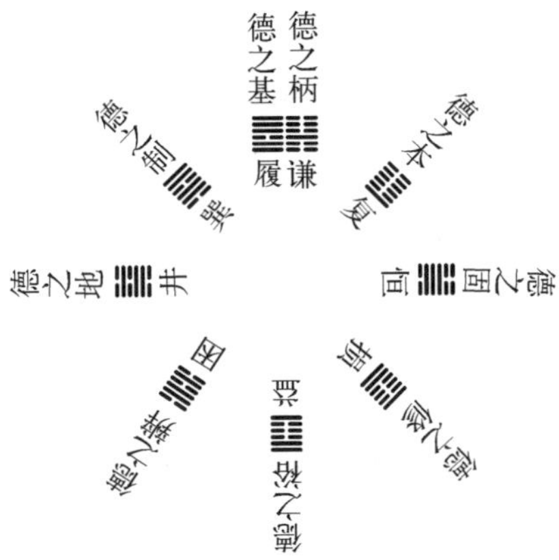

修德九卦图

错卦：又称正对卦，是指将一个卦的六个爻全部变为相反的爻所形成的卦。如天地否䷋卦(本卦)的六爻相反后则得地天泰䷊卦(错卦)。

综卦：就是将本卦的爻位翻转 180 度，或简单地称之为“镜面卦”或“倒置卦”。如雷风恒䷟卦(本卦)，镜面或倒置后则成泽山咸䷞卦(综卦)。

交卦：将重卦的上下卦交换位置形成的卦称为交卦。如雷风恒䷟的交卦为“风雷益䷩卦”。

(4) 卦位

指易卦的方位，卦位从属于卦象。分八卦方位和六十四卦方位。又指重卦两经卦的位置，此处重点叙述。每两经卦相联系，构成六十四卦之象。其相联系的情况取决于卦位。两经卦的位置，总是一在上，一在下。故六十四卦本皆是读易学著作时会遇到的麻烦。看似下，但有时示前后，有时则示内外。按不同种类分有上下之位、内外之位、前后之位、平列之位、重复之位、同体之位等。如：

上下之位，其联系是上下之关系，如未济䷿卦，《象传》称“火在水上”。

内外之位，即所象征的两事物是内外之关系，如明夷䷣卦，《彖传》曰“内文明而外柔顺”。下卦为内，上卦为外。

前后之位，两卦之组合如前后之关系，如需䷄卦，《彖传》曰“险在前也”，因上卦为坎，坎为险，故曰“险在前”，则以前后为称。

2. 爻

《周易》六十四卦每一爻都有相应的爻题。六十四卦，每卦六爻，乾坤二卦各有七爻，共三百八十六爻，即有三百八十六个爻辞。每爻先标明爻题，次列爻辞，爻的次序从下到上，爻题以两字标之。连续不断为阳爻，断开两截为阴爻。阳爻称九，阴爻称六。如乾䷀卦的第一爻是阳爻，称为初九；第二、三、四、五爻都是阳爻，称为九二、九三、九四、九五；第六爻也是阳爻，居于一卦的最上，称为“上九”；坤䷁卦皆为阴爻，一到五爻即依次又为初六、六二、六三、六四、六五，第六爻也是阴爻，居于一卦的最上,称为“上六”。这里要说的是乾坤两卦居首,还有一个特点是比其他六十二卦多出个“用爻”,即“用九”和“用六”。“用”帛书写作“迵”。“迵”,高亨释作“通”,邓球柏释为“过”。据此,“用九”“用六”即通过或超过“九”或“六”。《周易》讲究阴阳互变,“九”之过即为“六”,“六”之越即为“九”,它表明乾坤阴阳都可以互换,正是“二二相耦,非覆即变”的注脚。再如屯䷂卦,从下到上依次为初九、六二、六三、六四、九五、上六。其余六十二卦,莫不如此。

(1) 爻的起源

关于爻的起源一直莫衷一是,近年来影响最大的是数字符号说。据考古文献的出土整理发现,早期代表阴阳两数的符号是“—”和“∧”,称为“爻”。“爻”字在甲骨文中已经出现,借用“爻”来表示其相互交叉之意,表示两个符号在卦中交错杂居之状。后人亦将“爻”称为“卦画”。“—”代表刚爻,“∧”代表柔爻。爻象是由数逐步演变而来的,且在甲骨文中,数字“一”和“六”在数字卦里出现最多,说明它们在周代已经具有了符号的性质,即“一”代表奇数,“六”代表偶数。后来,数字“一”演变成阳爻“—”,数字“六”(古代写作∧)演变成阴爻“--”。李学勤先生通过对西周铜器中的铭文与《易经》“剥”和“比”两卦卦象的检验,也认为“爻”是数字符号代表。演变过程从出土文献整理分析得出,如下所示。

有关“阴爻”变化的出土文献整理:

出土文献载“阴爻”变化表

<table>
<tr><th rowspan="2">出土年份</th><th rowspan="2">出土地点与名称</th><th colspan="2" rowspan="2">入 葬 时 间</th><th colspan="3">卦画符号及数目</th><th rowspan="2">变化发现</th></tr>
<tr><th>∧</th><th>乂</th><th>/\</th></tr>
<tr><td>1994 年</td><td>河南新蔡葛陵楚竹书《周易》①</td><td>战国中期</td><td>公元前 377 年</td><td>90</td><td>2</td><td>4</td><td>共 96 个卦画</td></tr>
<tr><td>1987 年</td><td>湖北荆门包山楚竹书《周易》②</td><td>战国中后期</td><td>公元前 316 年</td><td>64</td><td>2</td><td>6</td><td>共 72 个卦画</td></tr>
<tr><td>1994 年购得</td><td>上海博物馆藏战国楚竹书《周易》③</td><td>战国晚期</td><td>公元前 257±65 年</td><td>0</td><td>0</td><td>78</td><td rowspan="3">地偶符号一律为/\</td></tr>
<tr><td>1993 年</td><td>湖北江陵王家台秦简《归藏》</td><td>战国末期</td><td>公元前 278—前 206 年</td><td>0</td><td>0</td><td></td></tr>
<tr><td>1973 年</td><td>湖南长沙马王堆汉墓帛书《周易》</td><td>西汉初期</td><td>公元前 168 年</td><td>0</td><td>0</td><td></td></tr>
</table>

① 《新蔡葛陵楚墓》,河南省文物考古研究所编,大象出版社,2003 年。
② 《文物》,1988 年第 5 期。
③ 《上海博物馆藏战国楚竹书 3》,马承源主编,上海古籍出版社,2003 年。

续　表

出土年份	出土地点与名称	入葬时间		卦画符号及数目			变化发现
				∧	㐅	/\	
1977 年	安徽阜阳双古堆西汉竹简《周易》	西汉初期	公元前 165 年		0	0	
175 年刻	东汉熹平石经《周易》	东汉初期	以梁丘贺《周易》为底本	0	0	--	地偶符号已变为 --

从上表中可以看出，战国时才出现阴阳爻之称。代表天奇之数的“—”自使用之日起，其形状一直未变；而代表地偶之数的“/\”，在从实物符号转化为书面符号时，先是出现书写不规范；继之最不规范者异化为“∧”。其他如龟纹说，生殖符号说、占筮工具说、结绳记事说等，无如此说之证明充分，故不叙。

(2) 爻与爻位

爻与爻之间，关系亦十分复杂，这也是象数派占筮所要掌握的核心所在。在《易传》中认识到二爻、五爻多为吉爻，而三爻、四爻多为凶爻。六爻又称“六虚”，《系辞下》曰：“周流六虚，上下无常。”清末民初杭辛斋认为：“六虚者，即初、二、三、四、五、六之位也。”①欲读《易经》，必先明“位”。王弼说：“爻之所处，则谓之位。”爻为实，位为虚；爻有上下，而位无变动；爻有柔刚，位有阴阳。乾九坤六，上下飞升，周流六虚以成六十四卦。爻为飞，位为伏，故必由实而究其虚。又有三才之位的称法，即天位、地位、人位的合称，《说卦》曰：

> 是以立天之道，曰阴与阳；立地之道，曰柔与刚；立人之道，曰仁与义。兼三才而两之，故《易》六画而成卦；分阴分阳，迭用柔刚，故《易》六位而成章。

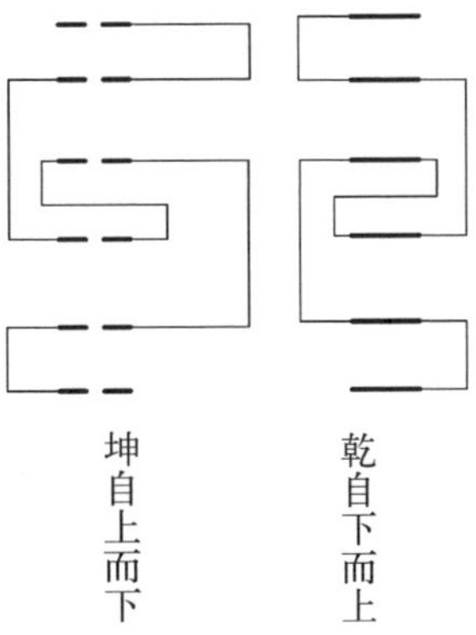

天地人六爻往复图

其中，五六爻为天位，五爻又为天之正位；一二爻为地位，初爻又为地之正位；三四爻为人位，三爻又为人之正位。此三者又有上、中、下位之别称。杭辛斋曰：“天地上下，在人中爻三四回转，而上下天地爻，则往复不穷。乾坤六爻上下应位，二三四五同功而异位，皆在这六爻往复之中，在中人爻回转，人于天地上下不见首尾，乃中间背脊，其道反复不已。天地往复，其道不穷。”

① 杭辛斋：《杭氏易学七种・易楔》，周易工作室点校，九州出版社，2007 年。

《系辞上》曰:“卑高以陈,贵贱位矣。”由此又发展出贵贱位之说。汉代易学家认为每一爻其实代表了不同的身份等级。如初爻为元士,二爻为大夫,三爻为三公,四爻为诸侯,五爻为天子,上爻为宗庙。这便是贵贱爻。虞翻《周易集解》曰:“乾高贵五,坤卑贱二。”卦与爻还有其他关系。

① 当位不当位爻　所谓当位,指任意一卦,阳爻居阳位,阴爻居阴位的情况。如泽风䷛大过卦中初六、上六为当位,九三、九五爻为当位。所谓不当位,指任意一卦中,阳爻居阴位,阴爻居阳位。以大过卦为例,九二、九四就不当位。通“得位不得位爻”。

② 承乘爻　所谓承,指任意一卦中的相邻的两爻,位于下边的那一爻。如姤䷫卦中初六与九二相比时,初六为承。所谓乘,指任意一卦中的相邻的两爻,位于上边的那一爻。如剥䷖卦中初九与六二相比,六二为乘。

③ 飞伏爻　所谓飞,指表现于外的卦象、卦爻。伏,指不可见而藏于背后者。如乾卦乾䷀为飞,那姤䷫便为伏,除此八纯卦六爻皆相对之外,大多为某一爻的相对:阴爻对阳爻,阳爻对阴爻。

④ 中正爻　所谓中正爻,指二为六二,五为九五的卦,居中而正,如天火䷌同人卦的六二与九五。

⑤ 相应不应爻　所谓相应爻,指初与六,二与五,三与上爻位,一上一下阴阳相对。如否䷋卦中初六应九四,六二应九五,六三应上九。所谓不应爻,指上下卦阴与阴,阳与阳相对的情况。如遁䷠卦中九三和上九。

与此相关的,如消息卦、卦气说、纳甲说等,都广泛运用到六爻。兹举《鬼谷六爻图》与世象的对应,以示其广泛运用之处:

鬼谷六爻图与世象对应表

	坟墓	家宅	盗贼	求财	行人	书信	家庭	行商	人体	遗失	逃亡	官职
六爻	祖墓	栋梁 墙壁	外省 边境	外地 旅行	家庭	吉信	祖辈	地头	头面目	珠宝	外省 边境	中央
五爻	父墓	路	省市	道路	道路	喜信	父亲	房舍	胸颈 心背手	金银	省界	省部级
四爻	母墓	门户 大门	市县	车船 飞机	外门	仆信	母亲	中途	胸肋 五脏	金属	县界	市级
三爻	兄弟墓	门床席	镇本县	货物	内门	书信	兄弟	伙伴	胫骨腰	绫罗	内地 县镇	县处级
二爻	夫妻墓	宅灶	集市 邻居	伴侣	身	口信	夫妻	己身	腿肛门	丝绸	街市场	科级
初爻	子女墓	宅基地	家贼	己身	足	飞信	儿女	足	足	布帛	布帛	公务员

(3) 爻的几个常见概念

爻象：指爻的符号形象。有阳爻"—"、阴爻"--"两种，代表两类对立的事物或现象。别卦中，六爻每一爻的爻象都表示或象征一定的物象。阳爻代表天、君、君子、父、男等；阴爻代表地、臣、小人、子、女等。

爻辞：是说明《易经》各爻的爻象及其所代表物象及意义的文辞。如下表乾卦中的爻辞为：

乾卦卦爻辞

卦象卦名	卦　辞	爻题(从下到上)	爻辞
☰乾卦	元亨利贞	初九	潜龙勿用
		九二	见龙在田，利见大人
		九三	君子终日乾乾，夕惕若厉，无咎
		九四	或跃或渊，无咎
		九五	飞龙在天，利见大人
		上九	亢龙有悔
		用九	见群龙无首，吉

爻德：指各爻所具有的性质。如阳爻代表阳、刚、健、动等；阴爻代表阴、柔、顺、静等。

爻义：指一爻的爻象所象征事物包含的意义或道理。相同的爻象处于不同的爻位，具有不同的意义或道理。如上面乾☰卦的初位爻象征事物的萌芽阶段；二位爻象征事物崭露头角；三位爻象征事物功业小成；四位爻象征事物发展已进入佳境；五位爻象征事物圆满成功；上位爻象征事物发展到了极端，表示物极必反。

3. 卦爻辞类别

卦辞和爻辞是《易经》的重要组成部分。其文辞主要来源于占筮的记录，后来经过整理、编纂而系于各卦或各爻之后，主要用于人们占筮时解卦。每一卦有一条卦辞，概括该卦的大意。每爻有一条爻辞，解释该爻的意义。历代易学家对卦辞和爻辞有许多解释，如李镜池先生在《周易筮辞考》中，把卦爻辞分为六种，后来在《周易筮辞续考》中又进一步归为三类；高亨先生在《周易古经今注》中曾将卦爻辞分为记事之辞、取象之辞、说事之辞、断占之辞四类。今从其说为基础，参考诸家作一介绍。

① 记事之辞：指记载古代故事的卦爻辞，用来表示卦爻的吉凶。如《国语・鲁语上》有《臧文仲如齐告籴》一节，鲁国发生饥馑，鲁庄公想去齐国求救，臧文仲认为"国有饥馑，卿出告籴，古之制也"。但须带上宝物去求，于是携带鬯圭与玉磬到齐

国去告籴。《益·六三》曰:“益之用凶事,无咎。有孚中行,告公用圭。”益䷩卦下卦震是动,六三爻在一下卦最上位,爻辞记载的正是此类主动求援之事。爻辞的意思是,君子耻于求人,若遇凶险求人则是例外,不算过失。求助须符合中庸之道。向对方的主公报告时,须带着表示信用的圭等礼物①。

② 取象之辞:指那些通过一定事物的性质、变化、状态等来比拟人事、指示人事吉凶的词句。《易传》卦爻辞中这种例子很多,如大过卦九二爻辞曰:“枯杨生稊,老夫得其女妻。”九五爻辞曰:“枯杨生华,老妇得其士夫。”这里借枯杨重新开花发芽比喻老夫娶少妻或老妇嫁士夫等现象,类似于诗歌中的比兴。此类取象在六十四卦中比重很大,再如需卦卦爻辞:

需䷄卦:乾下坎上,虽然阳刚强健,但前有险阻,需要等待。此卦的爻辞说明了不同的环境和情况下都需要等待的卦象。

初九,需于郊。利用恒,无咎。

九二,需于沙。小有言,终吉。

九三,需于泥。致寇至。

六四,需于血。出自穴。

九五,需于酒食。贞吉。

上六,入于穴,有不速之客三人来。敬之,终吉。

③ 说事之辞:指通过直接叙说人们的行为、事情并表示吉凶的卦爻辞。说事之辞是直接用人们以往的行事方法和结果来推断吉凶,其中包含许多人生哲理,对人事吉凶有建议或劝诫之义。如:

谦䷎卦:坤上艮下,天道下济而光明,地道卑而上行。此卦的爻辞又都说明了守住谦虚谨慎的作风能得到大的利益。

初六,谦谦君子,用涉大川,吉。

六二,鸣谦,贞吉。

九三,劳谦,君子有终,吉。

六四,无不利,撝谦。

六五,不富以其邻,利用侵伐,无不利。

上六,鸣谦,利用行师,征邑国。

④ 断占之辞:断占之辞指论断吉凶休咎的卦爻辞。《易经》早期是作为占筮用的,故这类卦爻辞必不可少。断占之辞,主要使用利、吉、凶、朋、吝、悔、厉、咎等。如利见大人、利建侯、利西南得贞吉、无咎、有悔、无占等。但也有一些卦爻辞,如悔亡等。无成有终、于食有福、先否后喜、无丧无得、介疾有喜等,吉凶之义亦很明显,

---

① 圭、玉等方正有棱角,象征诚信,需要求救时,可用于表示所言事实的真实性。

也是断占之辞。占断之辞一般位于记事、说事、取象的卦爻辞之后，但有时也放在前面。如：

《谦·六四》爻辞："无不利，撝谦。"

《升·六五》爻辞："贞吉，升阶。"

《未济·九四》爻辞："贞吉，悔亡；震用伐鬼方，三年有赏于大国。"

4. 卦序及比较

卦序代表先哲们对自然的认知，卦序排列方法揭示对自然的解读方向。目前对六十四卦的排序有四种主要方式：《周易》通行本顺序、伏羲先天六十四卦卦序、京房易的八宫卦序、长沙马王堆三号墓出土的帛书《周易》顺序。

(1)《周易》通行本六十四卦排序

上下经六十四卦对应图

帛书易传《要》篇载孔子曰："《周易》未失也。"扬雄《法言·问神》中亦说："《易》损其一，虽蠢知缺矣。"在上古文献中，《周易》堪称是结构形式最为严密，规律性最强的典籍。

我们将其置换成表格，再仔细探讨一下其中的规律。

传统《周易》六十四卦卦序表

䷀01 乾	䷁02 坤	䷂03 屯	䷃04 蒙	䷄05 需	䷅06 讼	䷆07 师	䷇08 比
䷈09 小畜	䷉10 履	䷊11 泰	䷋12 否	䷌13 同人	䷍14 大有	䷎15 谦	䷏16 豫
䷐17 随	䷑18 蛊	䷒19 临	䷓20 观	䷔21 噬嗑	䷕22 贲	䷖23 剥	䷗24 复
䷘25 无妄	䷙26 大畜	䷚27 颐	䷛28 大过	䷜29 坎	䷝30 离	䷞31 咸	䷟32 恒
䷠33 遁	䷡34 大壮	䷢35 晋	䷣36 明夷	䷤37 家人	䷥38 睽	䷦39 蹇	䷧40 解
䷨41 损	䷩42 益	䷪43 夬	䷫44 姤	䷬45 萃	䷭46 升	䷮47 困	䷯48 井
䷰49 革	䷱50 鼎	䷲51 震	䷳52 艮	䷴53 渐	䷵54 归妹	䷶55 丰	䷷56 旅
䷸57 巽	䷹58 兑	䷺59 涣	䷻60 节	䷼61 中孚	䷽62 小过	䷾63 既济	䷿64 未济

从此图我们可以得出以下几点：

① 正如孔颖达所说，此卦序的规律可归纳为“二二相耦，非覆即变”。所谓“二二相耦”，即指传世《周易》六十四卦的排序规律是两个卦的一一对偶，如图乾䷀卦对坤䷁卦、屯䷂卦对蒙䷃卦、需䷄卦对讼䷅卦、师䷆卦对比䷇卦、小畜䷈卦对履䷉卦等，共三十二对。“二二相耦”即彼此两卦相对，体现出对称的美感。

② 所谓“非覆即变”，是指一个卦体上下颠覆而成两卦，如需䷄卦倒过来即讼䷅卦、师䷆卦倒过来即比䷇卦，即孔颖达所说的“表里视之，遂成两卦”。在三十二对卦中，属于卦画上下颠倒而成的覆卦有二十八对，即除了变卦的四对剩下的皆为覆卦。

③ 所谓“变”就是两卦卦画阴阳相反，如乾䷀卦与坤䷁卦等，它们“反复唯成以卦”，故需“变以对之”，即改变每一卦位的爻象来使二者相对。属于卦画阴阳爻相反的变卦有四对，它们是乾䷀卦与坤䷁卦、颐䷚卦与大过䷛卦、坎䷜卦与离䷝卦、中孚䷼卦与小过䷽卦。其实也有既是变卦又是覆卦的，如泰䷊卦和否䷋卦、随䷐卦和蛊䷑卦、渐䷴卦和归妹䷵卦、既济䷾卦和未济䷿卦这四对卦，但还是将其视为覆卦比较合理。

④ 就六十四卦所涵盖的内容而言，共分六大类：“《序卦》以六门往摄，第一天道门，第二人事门，第三相因门，第四相反门，第五相须门，第六相病门。”(《周易正义・序卦第十》)如《乾》次《坤》、《泰》次《否》等，是天道运数门；如《讼》必有《师》，《师》必有《比》等，是人事门；如因《小畜》而生《履》，因《履》故通等，是相因门；如《遁》极反《壮》，动竟归止等，是相反门；如《大有》须《谦》，《蒙》稚待养等，是相须门；如《贲》尽致《剥》，进极致伤等，是相病门。

⑤ 至于为何要将六十四卦分为上经三十卦、下经三十四卦，这与“二二相耦，非覆即变”的规律密切相关。孔颖达引《乾凿度》云：“孔子曰：‘阳三阴四，位之正也。’故易卦六十四，分为上下……”以三、四来匹配上经三十卦和下经三十四卦，显然有些牵强附会。其实，上下篇卦数虽然不等，但实际上都是十八卦，即上经中，有十二对卦为覆卦，两卦倒转即为一卦，剩下变卦为相反之卦，即乾䷀卦与坤䷁卦、颐䷚卦与大过䷛卦、坎䷜卦与离䷝卦，故合为十八个卦体；下经亦是如此，有十六对卦为覆卦，再加上中孚䷼卦与小过䷽卦两个变卦，共十八个卦体，列表如下：

六十四卦对应表

	1	2	3	4	5	6	7	8	9	10	11	12	13	14	15	16	17	18
上经	乾	坤	颐	大过	坎	离	屯	需	师	小畜	泰	同人	谦	随	临	噬嗑	剥	无妄
	䷀	䷁	䷚	䷛	䷜	䷝	䷂	䷄	䷆	䷈	䷊	䷌	䷎	䷐	䷒	䷔	䷖	䷘
							蒙	讼	比	履	否	大有	豫	蛊	观	贲	复	大畜

续　表

	1	2	3	4	5	6	7	8	9	10	11	12	13	14	15	16	17	18
下经	中孚	小过	咸	遁	晋	家人	蹇	损	夬	萃	困	革	震	渐	丰	巽	涣	既济
	䷼	䷽	䷞	䷠	䷢	䷤	䷦	䷨	䷪	䷬	䷮	䷰	䷲	䷴	䷶	䷸	䷺	䷾
			恒	大壮	明夷	睽	解	益	姤	升	井	鼎	艮	归妹	旅	兑	节	未济

所以，我们可以清晰地看到，其实无论是上经还是下经，真正的卦体都有十八个。表面上看似有差，实质上却维持着平衡，这也正是周易变易而时中的内涵所在。邵雍《击壤集·观物吟》写道："天根月窟闲来往，三十六宫都是春。"正与这种规律暗合，岂不妙哉？明代大儒来知德就说得比较清楚："（文王）序六十四卦，其中有错有综，以明阴阳变化之理。错者，交错对待之名，阳左而阴右，阴左而阳右也。综者，高低织综之名，阳上而阴下，阴上而阳下也。虽六十四卦，止乾、坤、坎、离、大过、颐、小过、中孚八卦相错，其余五十六卦皆相综而为二十八卦。"（《周易集注·自序》）黄宗羲亦从此说①。

⑥ 最后上升到哲学角度，通行本六十四卦这样有规律的顺序，以及"二二相耦"的原则实际上反映了儒家的伦理思想。《序卦传》曰：

> 有天地，然后万物生焉。盈天地之间者惟万物，故受制以《屯》。屯者，盈也；屯者，物之生也。物生必蒙，故受之以《蒙》；蒙者，蒙也，物之稺也。物稺不可不养也，故受之以《需》；需者，饮食之道也。饮食必有讼，故受之以《讼》。讼必有众起，故受之以《师》；师者，众也。众必有所比，故受之以比。比者，比也；比必有所畜，故受之以小畜。物畜然后有礼，故受之以履。履而泰，然后安，故受之以泰；泰者，通也……

六十四卦的排列顺序便依存这样一种规律，从天地万物到饮食养生，从君子之德到男女之礼，循循而下，因因相袭，以六十四卦统和儒家礼仪伦理，体现了一整套儒家礼学体系的规范，具有方法论的意义。

统观六十四卦，上经始于乾坤，终于坎离。"乾、坤者，阴阳之本始，万物之祖宗，故为上篇之始而尊之也。离为日，坎为月，日月之道，阴阳之经，所以始终万物，故以《坎》《离》为上篇之终也。"《序卦传》给我们描述了万物生于天地，经过蒙昧时

① ［清］黄宗羲：《易学象数论·卦变》，谭德贵注，九州出版社，2007 年。

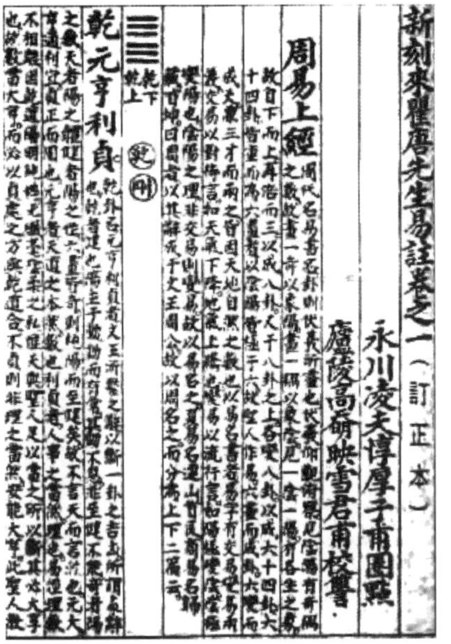
新刻來瞿唐先生易註卷之一（訂正本）
永川淩夫惇厚子甫圖點
廬陵高奣映雪君甫校釐
周易上經
乾下
乾上
乾元亨利貞

来知德《周易集注：易经来注图解》

期的成长，最后活生生地展现出来。下经从咸恒开始，咸为交感，喻指男女婚配交感；恒为恒久，喻男女白头到老。“有天地然后有万物，有万物然后有男女”（《序卦传》），从人到家庭、社会渐次展开，充满矛盾、纷繁复杂，既济与未济表示事物相对完成又没有终止，无穷无尽。思维的和谐性、系统性在这里得以体现。上经讲天地日月生成过程，为先天；下经讲人伦交感演化，为后天。上经说的是天地之道，下经说的是人事之道。因此说六十四卦的排列是非“覆”即“变”，或者说是非错即综。“二二相耦，非覆即变”的排列顺序隐含了阴阳相间的思想，实际上十天干、十二地支均是阴阳相间，同时又符合整体的变化规律。

(2) 伏羲先天六十四卦序

第二种是《伏羲六十四卦方圆图》卦序，也称《先天六十四卦方圆图》。它是有方位的：天南地北，离东坎西。天南，乾为天。在圆图上找到乾卦所在的位置，为实际地理上的南方。地北，坤为地。在圆图上找到坤卦所在的位置，为实际地理上的北方。离东，在圆图上找到离卦所在的位置，为实际地理上的东方。坎西，在圆图上找到坎卦所在的位置，为实际地理上的西方。这个方圆图上，圆图反映宇宙的时间，代表宇宙的运行法则，亦可说代表太阳系统时间运行的法则或原理，圆图中的方图指的是空间，代表方位方向。

方图的排列规则：在方圆图内的方图上，找到西北至东南的“乾坤对角线”。先天卦的数字乾一、兑二、离三、震四、巽五、坎六、艮七、坤八八个经卦，就在这条对角线上。右边第一行最下为乾卦，八卦的卦爻是自下向上画的，所以方图亦是自下向上看。全部八个卦，每卦的上卦，亦即是外卦，都是天亦即乾卦；而每卦的下卦，亦即是内卦，都是依照先天卦的次序乾、兑、离、震、巽、坎、艮、坤配合的，所以成了乾、履、同人、无妄、姤、讼、遁、否等八个重卦。再从乾卦起从右向左看横列的卦，重卦的次序是乾、夬、大有、大壮、小畜、需、大畜、泰等八个卦，内卦都是乾卦，外卦从右到左则是乾、兑、离、震、巽、坎、艮、坤，又是先天卦的次序。外方图共有二十八个卦，乾一和坤八南北相对，这条斜线依次排列着乾、兑、离、震、巽、坎、艮、坤八个经卦，被称为“子午线”，又称“经线”。泰和否东西相对，排列着否、咸、未济、恒、益、既济、损、泰八个卦，这条线被称为“卯酉线”，又叫“纬线”。另外方图对应着四方“东

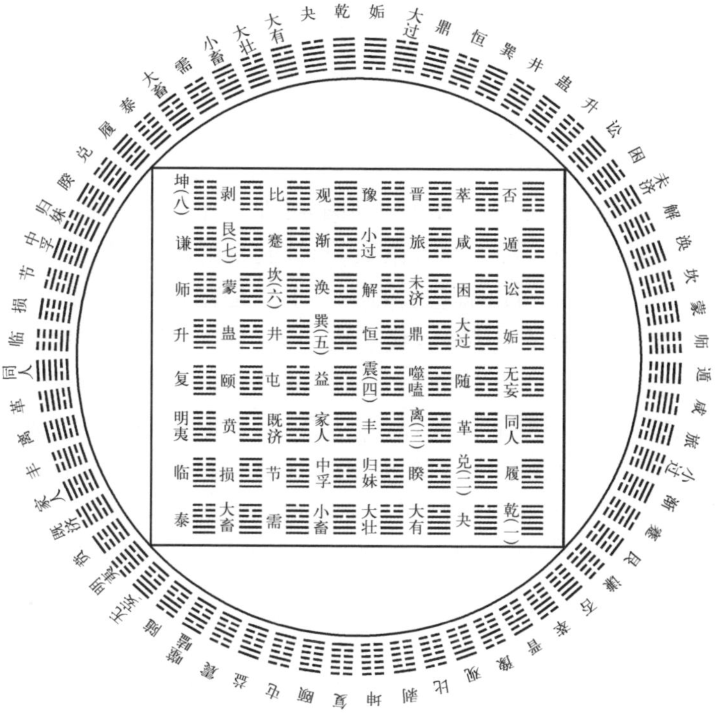

伏羲六十四卦方圆图

南西北”，对应二十八星宿，如下图：

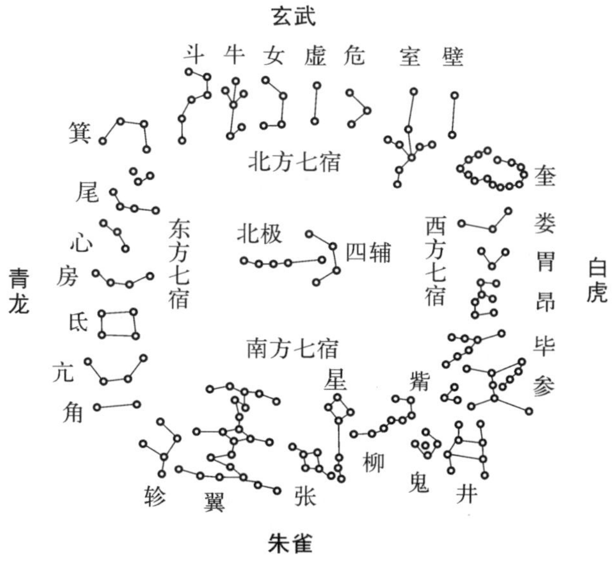

二十八星宿名称图

东方青龙,角、亢、氐、房、心、尾、箕
南方朱雀,井、鬼、柳、星、张、翼、轸
西方白虎,奎、娄、胃、昴、毕、参、觜
北方玄武,斗、牛、女、虚、危、室、壁

圆图的排列规则:围绕在方图外的圆图,亦是六十四卦。圆圈是代表时间,和代表空间的方图配合起来,某一空间在某一时间会起作用。圆图的排列规则要与方图结合起来看。圆图上面顶端左边的第一个卦是乾卦,再看最下面右边第一个卦是坤卦,在这乾、坤之间有一条线,代表夜间天空中的银河,亦代表地球南极、北极的磁场。首先把方图从下开始的第一横列的乾、夬、大有、大壮、小畜、需、大畜、泰等八个卦依次序放到圆圈的顶端,从左边开始,顺原次序向左排列。第二步,将第二横列的履、兑、睽、归妹、中孚、节、损、临等八个卦的履卦紧接在泰卦之后,依原次序排列下去,第三、第四横列的每个卦都照这个方法排列,最后复卦紧靠中线下端的左边为止,排列成了左边的半个圆圈。再排列右边半个圆圈,排列的次序又不同了,从第八横列排起,将否、萃、晋、豫、观、比、剥、坤等八个卦以逆次序接在复卦的后面,以逆时针的方向,排成复、坤、剥、比、观、豫、晋、萃、否的次序。但要特别注意,如果是画卦,还是要将内卦画在内圈,外卦画在外圈,切不可错。第八横列排好以后,再用第七横列,照第八横列的排法排下去,以谦卦接在否卦的后面,成否、谦、艮、蹇、渐、小过、旅、咸、遁的逆时针次序,第六横列、第五横列都是这样。最后第五横列的姤卦,刚好接到了最起始的乾卦,就完成了这个圆图的排列。另外,圆图中乾、坤、坎、离四卦对应天、地、日、月,虚而不用,余下 60 卦,每卦 6 根爻,一爻对应一天,共 360 天为一年之象。"《坤》尽子中",六爻皆阴,物极则反,一阳在下始生《复》卦,至《同人》共 16 卦 96 爻,阳爻 48,阴爻 48,阴阳均分,昼夜同长,这就是"春分"。交在《离》《革》《同人》处,地支为"卯","《离》尽卯中"。

"《乾》尽午中",从《临》卦至《乾》卦阳气渐长,至《乾》达到盛极,六爻皆阳。地支临"午",此间 16 卦,阳爻 64,阴爻 32,表明昼多于夜,是一年中最炎热的时期。为"夏至"交于《乾》,"阳生于子中,极于午中"。

《姤》一阴始于下,至《师》卦共有 16 卦、96 爻,其中阳爻 48 个,阴爻也是 48 个,阴阳各半,昼夜一样长,为"秋分",交在《坎》《震》《师》处,地支为"酉",故说"《坎》尽酉中"。

从《遁》卦始至《坤》卦,亦是 16 卦 96 爻,阴爻在下浸阳,至《坤》阴达盛极。这区间有阴爻 64 个,阳爻 32 个,阴倍于阳,表明夜多昼少,为"冬至",地支为"子","阴生于午中,极于子中"。至此,一岁循环,周而复始,便形成了一幅完整的天体运行图。

(3) 京房八宫卦序

京房对易卦排序的改造，称为“八宫卦序”。京房八宫是以八卦的阴阳变化来推算人事，就是将自然的运行规律建成一套模型体系，将干支系统对应到八卦的爻位中，以五行的生克制化以及五行在四季中的旺衰休囚决定事物发展的吉凶方向。京房八宫，每宫之内八重的卦变都不离阴阳五行。每宫八重卦都是在一个八纯卦的统摄之下进行爻位的阴阳互变，自下而上，分本宫、五世和二魂。

《京氏易传》下卷曰：“八卦分阴阳、六位、五行，光明四通，变易立节。天地若不变易，不能通气。五行迭终，四时更废，变动不居，周流六虚，上下无常，刚柔相易。”易卦六爻之变是自内而外的，所谓“刚柔相易”“周流六虚”“五行迭终”是推演世魂的变卦法则。至于游魂归魂之变，是为了固守一宫的阴阳五行属性，以保持八宫卦序、阴阳五行的整体结构体系完整。八宫卦变，始于爻变，最终都不离八纯之象。正所谓“吉凶之义，始于五行，终于八卦”。京房八宫卦序，如下表：

京房八宫卦序

八宫世爻	上世	一世	二世	三世	四世	五世	游魂	归魂
☰ 乾宫	1 乾 ䷀	2 姤 ䷫	3 遁 ䷠	4 否 ䷋	5 观 ䷓	6 剥 ䷖	7 晋 ䷢	8 大有 ䷍
☳ 震宫	25 震 ䷲	26 豫 ䷏	27 解 ䷧	28 恒 ䷟	29 升 ䷭	30 井 ䷯	31 大过 ䷛	32 随 ䷐
☵ 坎宫	9 坎 ䷜	10 节 ䷻	11 屯 ䷂	12 既济 ䷾	13 革 ䷰	14 丰 ䷶	15 明夷 ䷣	16 师 ䷆
☶ 艮宫	17 艮 ䷳	18 贲 ䷕	19 大畜 ䷙	20 损 ䷨	21 睽 ䷥	22 履 ䷉	23 中孚 ䷼	24 渐 ䷴
☷ 坤宫	49 坤 ䷁	50 复 ䷗	51 临 ䷒	52 泰 ䷊	53 大壮 ䷡	54 夬 ䷪	55 需 ䷄	56 比 ䷇
☴ 巽宫	33 巽 ䷸	34 小畜 ䷈	35 家人 ䷤	36 益 ䷩	37 无妄 ䷘	38 噬嗑 ䷔	39 颐 ䷚	40 蛊 ䷑
☲ 离宫	41 离 ䷝	42 旅 ䷷	43 鼎 ䷱	44 未济 ䷿	45 蒙 ䷃	46 涣 ䷺	47 讼 ䷅	48 同人 ䷌
☱ 兑宫	57 兑 ䷹	58 困 ䷮	59 萃 ䷬	60 咸 ䷞	61 蹇 ䷦	62 谦 ䷎	63 小过 ䷽	64 归妹 ䷵

前人依此宫法亦作一《六十四卦歌诀》：

乾为天，天风姤，天山遁，天地否，风地观，山地剥，火地晋，火天大有，为乾宫八卦,俱属金。

震为雷,雷地豫,雷水解,雷风恒,地风升,水风井,泽风大过,泽雷随,为震宫八卦,俱属木。

坎为水,水泽节,水雷屯,水火既济,泽火革,雷火丰,地火明夷,地水师,为坎宫八卦,俱属水。

艮为山,山火贲,山天大畜,山泽损,火泽睽,天泽履,风泽中孚,风山渐,为艮宫八卦,俱属土。

坤为地,地雷复,地泽临,地天泰,雷天大壮,泽天夬,水天需,水地比,为坤宫八卦,俱属土。

巽为风,风天小畜,风火家人,风雷益,天雷无妄,火雷噬嗑,山雷颐,山风蛊,为巽宫八卦,俱属木。

离为火,火山旅,火风鼎,火水未济,山水蒙,风水涣,天水讼,天火同人,为离宫八卦,俱属火。

兑为泽,泽水困,泽地萃,泽山咸,水山蹇,地山谦,雷山小过,雷泽归妹,为兑宫八卦,俱属金。

八宫排序是京房五行易学体系中一个组成部分。五行解卦,就是运用五行原理来分析和揭示卦爻的结构和变化规律。五行易学是五行与易卦两种思想体系的结合。五行解卦,首创于京房。在《京氏易传》中,京房将八纯卦的重卦称为"八宫",又称为"八经卦",其排列的顺序为乾、震、坎、艮、坤、巽、离、兑。每一宫卦又统率七个卦,如乾宫所属之卦,其顺序为姤、遁、否、观、剥、晋、大有。坤宫所属之卦,其顺序为复、临、泰、大壮、夬、需、比。这样便构成六十四卦排列顺序,始于乾卦,终于归妹卦。各宫卦中所属之卦,各有自己所处的地位。前五卦分别称为一世、二世、三世、四世、五世。第六卦称为游魂,第七卦称为归魂。

八宫所属各卦的上爻即上世,一律不变。如乾宫所属姤、遁、否、观、剥、晋、大有七卦,上爻都与乾卦同,皆为阳爻。坤宫所属复、临、泰、大壮、夬、需、比七卦,上爻都与坤卦同,皆为阴爻。其他六宫同。一世卦为本宫初爻变化而来,也就是阳爻变为阴爻,或阴爻变为阳爻。如乾宫中的姤卦,初爻为阴爻,乃乾卦初九爻所变。坤宫中的复卦,初爻为阳爻,乃坤卦初六爻所变。依此从下往上推,二世卦为本宫二爻变化得来,三世卦为本宫三爻变化得来,四爻卦为本宫四爻变化得来,五世卦为本宫五爻变化得来。到五爻后上爻为本宫所属,又称为宗庙爻,不能再变,故退而回第四爻,即为游魂卦,还是阴爻变阳爻,阳爻变阴爻。归魂卦是说游魂卦下卦恢复本宫卦的下卦象,或者说游魂卦的下卦变为相反的卦。如乾宫中游魂卦晋,其下卦为坤,变为乾,即为归魂卦大有。

京房如此排列六十四卦，是表示卦爻象的变化乃阴阳消长的过程。八宫中的前四卦为阳卦，以乾为首，乾卦六爻皆阳，表示阳气极盛。其次为姤卦，表示一阴生而浸阳。次为遁卦，表示二阴生而浸阳。次为否卦，表示三阴生而浸阳。次为观卦，表示四阴生而浸阳。次为剥卦，表示五阴生而浸阳。次为晋卦表示阳不可尽剥，又复于阳，但未回到内卦之位，而是居于外卦四位，如灵魂一样游荡，故称游魂。次为大有，表示复归本位，即下卦变为乾，故称归魂。

京房将六十四卦分列八宫，以确定每一个重卦的阴阳五行属性；其次，借用干支系统，确定六十四卦中每一爻阴阳五行属性；最后，再将卦的五行与爻的五行相结合，确定六神和六亲，这样就完整地建立起了一个独立的预测模型。京房八卦配干支纳甲的顺序源于月体运行的八卦之象。月体悬天运行，一月之中，晦、朔、弦、望，可成八卦之象。一月三十日分六节，与东西南北中五方相连，阳息阴退，乾象出甲，坤象灭乙，震象出庚，巽象退辛，坎象流戊，离象就己，艮象消丙，兑象见丁。[①] 京氏八宫所遵循的是月体盈虚的自然规律。如何纳甲，怎么配置六亲、六神、世应等，在下一节的纳甲筮法中将详细讲到。从八宫卦图中我们可以看到，京房的八宫说体现了其“消息盈虚，终则有始”“刚柔相推而生变化”的思想。京氏在建构八宫说时，以把握动静相生、阴阳协调的规律为基础，揭示了爻变则卦变，卦变则质变的原理。

(4) 马王堆汉墓帛书《易经》卦序

1973年长沙马王堆三号汉墓出土的帛书《周易》之卦序与今通行本迥然有异，很多人称其出土无异于圣人的重新出世，而它的卦序的严整性、规范性也为当代很多学者津津乐道。同时也反映出《周易》一直流传到秦汉之际，其版本卦序依然未得到完全统一，这也充分说明了《周易》所包含的文化张力与学术魅力。

帛书《周易》，其卦名有三十一个与通行本《周易》相同，有三十三个不同，为了让读者方便了解，我们把通行本和帛书本的卦名对照陈列于下，其中前面为通行本，后面为帛书本：

乾—键，否—否，遁—掾，履—礼，讼—讼，同人—同人，无妄—无孟，姤—狗，艮—根，大畜—泰畜，剥—剥，损—损，蒙—蒙，贲—蘩，颐—颐，蛊—箇，坎—赣，需—襦；比—比，蹇—蹇，节—节，既济—既济，屯—屯，井—井，震—辰，大壮—泰壮，豫—余，小过—少过，归妹—归妹，豫—余，小过—少过，归妹—归妹；

解—解，丰—丰，恒—恒，坤—川，泰—泰，谦—嗛，临—林，师—师，明夷—

① 参见[东汉] 魏伯阳：《周易参同契·月体纳甲》；[唐] 李鼎祚：《周易集解·虞翻易注》。

> 明夷，复—复，升—登，兑—夺，夬—夬，萃—萃，咸—钦，困—困，革—勒，随—隋，大过—泰过，离—罗，大有—大有，晋—溍，旅—旅，睽—乖，未济—未济，噬嗑—噬嗑，鼎—鼎，巽—巽，小畜—少蓺，观—观，渐—渐，中孚—中复，涣—涣，家人—家人，益—益。

不同的卦名，可能有特殊的含义，也可能是一人口述、一人往帛上书写，口述与记录的转换发生了障碍，将同音字记错。或者是简策散乱，手头没有《序卦传》，便胡乱整理在一起造成的。然而事实却并非如此，帛书《周易》卦序的严密程度，已然超过了通行本《周易》卦序。

很显然，帛书六十四卦可以分为八组，每组由八个卦组成，而每一组八个卦的上卦都是一样的。各组上卦的排列依次为乾☰、艮☶、坎☵、震☳、坤☷、兑☱、离☲、巽☴，而每一组八个卦中下卦的排列也有一定的规则，那就是除每组首卦为本卦自重外，其余都按乾☰、坤☷、艮☶、兑☱、坎☵、离☲、震☳、巽☴的顺序展开。

我们从京房八宫卦序知道，京房的八宫卦次序来源于《说卦传》：

> 乾，天也，故称乎父。坤，地也，故称乎母。震一索而得男，故谓之长男。巽一索而得女，故谓之长女。坎再索而得男，故谓之中男。离再索而得女，故谓之中女。艮三索而得男，故谓之少男。兑三索而得女，故谓之少女。

此即乾坤生六子说，这是以八卦中的乾坤两卦为父母，而以另外六卦为子女，其中震、坎、艮分别是长、中、少男，巽、离、兑分别是长、中、少女。这样，八卦就可分为两组，一组为男卦，由乾、震、坎、艮组成，以乾为首；一组为女卦，由坤、巽、离、兑组成，以坤为首。这里的男卦和女卦也就是《系辞》所说的阳卦和阴卦。

将这与帛书六十四卦各组的上卦排列顺序做一比较，就会发现一种规律：前四组的上卦是乾、艮、坎、震，都是男卦或阳卦，以乾为首，以艮、坎、震为顺序排列，按少男、中男、长男的次序而展开；而后四组的上卦是坤、兑、离、巽，都是女卦或阴卦，以坤为首，以兑、离、巽为顺序排列，是按少女、中女、长女的次序展开。帛书对各组上卦的安排，体现了编者的几点意图。第一是以类相从的思想。《系辞上》曾说："方以类聚，物以群分。"这是讲事物的聚散、分合都是与类有关，同类的事物会聚合在一起，不同类的事物也会分散开。帛书《周易》八组的上卦中，前四个为男卦或阳卦，后四个为阴卦或女卦，恰体现了"方以类聚，物以群分"的观念。第二是对立及尊卑的思想。帛书前四组与后四组的上卦之间体现男与女、阳与阴的对立。而这种前后的安排则含有尊卑之分的意思，即男尊女卑，阳尊阴卑。如《系辞上》所说："天尊地卑，乾坤定矣。"

帛书每一组八个卦之中下卦的排列依乾☰、坤☷、艮☶、兑☱、坎☵、离☲、震☳、巽☴的顺序展开。这里面也有一定的规则。其一是这八个卦可分成两两对立的四组，即乾☰与坤☷、艮☶与兑☱、坎☵与离☲、震☳与巽☴。每一组两卦之间都是一阳一阴，而从卦象上来看，则是三爻完全相反，属孔颖达所说的"变"的一类。其二是各阳卦与各阴卦的排列次序仍然是按乾、艮、坎、震与坤、兑、离、巽而展开，与上卦有共同之处。

从对帛书六十四卦上卦与下卦排列次序的分析来看，编者很注意各个卦象的阴阳属性，或阳类一组、阴类一组，或阴阳错综、一阴一阳。在阴阳规律上，明显看出了其匠心独运的一面；同时也可以说，若没有通行本的基础，要一蹴而就做出这样的图，是不可能办到的。故帛书《周易》卦序的出现应当迟于通行本《周易》。还有其他理由如下：

第一，从卦名和卦爻辞看，今本《周易》的配对是不可拆分的，比如乾坤、泰否、剥复、坎离、晋明夷、蹇解、损益、鼎革、涣节、既济、未济等。《周易》六十四卦，只有乾、坤两卦有用辞，其余六十二卦皆无。在今本卦序中，乾卦后紧接坤卦，"用九"与"用六"相对，这种排列形式颇具深意。《系辞传》《序卦传》和许多《易》注早就揭示了这一点。而帛书《易经》中，乾居第一，坤居第三十三，用辞的出现非常突然。今本乾、坤两卦居首，其用辞的存在显然具有示范性。帛书隔开了乾、坤两卦，用辞的示范性也不清楚了。这只能是改编者只顾及卦画形式的有序，却忽视了用辞间联系的结果。

第二，早期文献引《易》，都是从今本之序。如《左传·昭公二十九年》载蔡墨答魏献子问，其引《易》是先乾之初九、九二、九五、上九，用九爻辞、用辞，再坤六五爻辞。显然，蔡墨是春秋时人，用的是今本之序。帛书《易传》各篇，与帛书《易经》同时抄写于一人之手，但它们称引《周易》反映出的卦序，无不同于今本，没有与帛书《易经》相同的。这些事实说明，今本卦序是渊源久远的经文原貌，而帛书《易经》的卦序写成并不太久，以致帛书《易传》都没有称引。我们可以断定帛书《周易》卦序是晚于通行本《周易》卦序的。

帛书《周易》卦序表

上经 下经	☰ 乾	☶ 艮	☵ 坎	☳ 震	☷ 坤	☱ 兑	☲ 离	☴ 巽
	1 乾 ䷀	9 艮 ䷳	17 坎 ䷜	25 震 ䷲	33 坤 ䷁	41 兑 ䷹	49 离 ䷝	57 巽 ䷸
☰ 乾		10 大畜 ䷙	18 需 ䷄	26 大壮 ䷡	34 泰 ䷊	42 夬 ䷪	50 大有 ䷍	58 小畜 ䷈

续 表

上经 / 下经	☰ 乾	☶ 艮	☵ 坎	☳ 震	☷ 坤	☱ 兑	☲ 离	☴ 巽
☷ 坤	2 否	11 剥	19 比	27 豫		43 萃	51 晋	59 观
☶ 艮	3 遁		20 蹇	28 小过	35 谦	44 咸	52 旅	60 渐
☱ 兑	4 履	12 损	21 节	29 归妹	36 临		53 睽	61 中孚
☵ 坎	5 讼	13 蒙		30 解	37 师	45 困	54 未济	62 涣
☲ 离	6 同人	14 贲	22 既济	31 丰	38 明夷	46 革		63 家人
☳ 震	7 无妄	15 颐	23 屯		39 复	47 随	55 噬嗑	64 益
☴ 巽	8 姤	16 蛊	24 井	32 恒	40 升	48 大过	56 鼎	

另外,从方圆图可以看出,它与“先天六十四卦次序”有相同之处,都是由两个经卦相重而成。不同之处是,“先天六十四卦次序”着重说明六十四卦形成的原理,内卦和外卦都是按乾一、兑二、离三、震四、巽五、坎六、艮七、坤八排列,八纯卦按一条斜线有规律地排列。在方圆图中,八经卦的次序为 1 乾、10 兑、19 离、28 震、37 巽、55 艮、64 坤,相邻两卦间隔为 9。

《帛书》八经卦的次序为 1 乾、9 艮、17 坎、25 震、33 坤、41 兑、49 离、57 巽,相邻两卦间隔为 8。内卦是按乾一、坤二、艮三、兑四、坎五、离六、震七、巽八排列,其顺序为父母、少男少女、中男中女、长男长女,表示阴阳的对立和统一。外卦是按乾一、艮二、坎三、震四、坤五、兑六、离七、巽八的顺序排列。前四卦是阳(男),后四卦是阴(女),表示先阳后阴的思想。由于内、外卦序不对应,就形成了与“先天六十四卦次序”截然不同的卦序。因为八经卦已经固定了位置,所以当相同的两个经卦相重时,就出现了空白。这八个空格将六十四卦分成了八个单元,1 乾是一个单元,32 恒、33 坤、34 泰这三个卦是一个单元,其余六十卦每十个卦为一单元。这种排列不同于现行本《周易》，也不同于《连山》和《归藏》，因《连山》是以艮为首卦，《归藏》是以坤为首卦，《帛书》虽说也以乾为首卦，但其余卦的排列顺序不一样，推测可能是另外一个版本的《易》书。

5. 六十四卦速成记忆法——交卦记忆

要学好周易首先须掌握六十四卦的卦名及卦形。对初学者来说，如何有效和准确记忆六十四卦是一道门槛，现在介绍一种快速科学的记忆方法，只要记忆二十八对卦就能掌握六十四卦的卦名和卦形了。

（1）卦序研究

八经卦的重卦是相同的，所以不需要特别记忆。把余下的五十六卦分成有规律的交卦进行配对记忆。这样记忆的好处是：首先，减少记忆单位，即将五十六个记忆单位变成二十八个记忆单位，记忆量缩小一半；其次，可以避免混淆卦名。而且，相较于孔颖达以来总结的“二二相耦，非覆即变”的规律，它少了很多变数与例外。除了八经卦之外，剩下的二十八对卦都可以依此方法进行记忆。下面分列了两张表，在简表中，以“乾兑离震巽坎艮坤”的八卦顺序两两相交以组成二十八对交卦；为了与后面的纳甲筮法相联系，在详表中以京房八宫卦的顺序为依据来设计交卦，这样将二十八对交卦分成四组，每组正好囊括七对宫卦。

六十四卦交卦记忆表(简表)

八纯卦	乾为天	兑为泽	离为火	震为雷	巽为风	坎为水	艮为山	坤为地
卦符	䷀	䷹	䷝	䷲	䷸	䷜	䷳	䷁
第一组	天泽履䷉	䷪泽天夬	**天火同人**䷌	䷍**火天大有**	天雷无妄䷘	䷡雷天大壮		
第二组	天风姤䷫	䷈风天小畜	**天水讼**䷅	䷄**水天需**	天山遁䷠	䷙山天大畜		
第三组	**天地否**䷋	䷊**地天泰**	泽火革䷰	䷥火泽睽	泽雷随䷐	䷵雷泽归妹		
第四组	泽风大过䷛	䷼风泽中孚	泽水困䷮	䷻水泽节	泽山咸䷞	䷨山泽损		
第五组	泽地萃䷬	䷒地泽临	火雷噬嗑䷔	䷶雷火丰	火风鼎䷱	䷤风火家人		
第六组	**火水未济**䷿	䷾**水火既济**	火山旅䷷	䷕山火贲	**火地晋**䷢	䷣**地火明夷**		
第七组	雷风恒䷟	䷩风雷益	雷水解䷧	䷂水雷屯	雷山小过䷽	䷚山雷颐		
第八组	雷地豫䷏	䷗地雷复	风水涣䷺	䷯水风井	风山渐䷴	䷑山风蛊		
第九组	风地观䷓	䷭地风升	山水蒙䷃	䷦水山蹇	**水地比**䷇	䷆**地水师**	山地剥䷖	䷎地山谦

六十四卦交卦记忆表（详表）

八纯卦	乾为天	兑为泽	离为火	震为雷	巽为风	坎为水	艮为山	坤为地
卦符	䷀	䷹	䷝	䷲	䷸	䷜	䷳	䷁

第一组（乾为主）	一世卦		二世卦		三世卦		四世卦		五世卦		游魂卦		归魂卦	
	天风姤	风天小畜	天山遁	山天大畜	**天地否**	**地天泰**	风地观	地风升	山地剥	地山谦	**火地晋**	**地火明夷**	**火天大有**	**天火同人**
	䷫	䷈	䷠	䷙	䷋	䷊	䷓	䷭	䷖	䷎	䷢	䷣	䷍	䷌
	乾宫	巽宫	乾宫	艮宫	乾宫	坤宫	乾宫	震宫	乾宫	兑宫	乾宫	坎宫	乾宫	离宫
第二组（坤为主）	一世卦		二世卦		三世卦		四世卦		五世卦		游魂卦		归魂卦	
	地雷复	雷地豫	地泽临	泽地萃	泽山咸	山泽损	雷天大壮	天雷无妄	泽天夬	天泽履	**水天需**	**天水讼**	**水地比**	**地水师**
	䷗	䷏	䷒	䷬	䷞	䷨	䷡	䷘	䷪	䷉	䷄	䷅	䷇	䷆
	坤宫	震宫	坤宫	兑宫	兑宫	艮宫	坤宫	巽宫	坤宫	艮宫	坤宫	离宫	坤宫	坎宫
第三组（离为主）	一世卦		二世卦		三世卦		四世卦		五世卦		游魂卦		归魂卦	
	火山旅	山火贲	火风鼎	风火家人	**火水未济**	**水火既济**	山水蒙	水山蹇	风水涣	水风井	泽风大过	风泽中孚	泽雷随	雷泽归妹
	䷷	䷕	䷱	䷤	䷿	䷾	䷃	䷦	䷺	䷯	䷛	䷼	䷐	䷵
	离宫	艮宫	离宫	巽宫	离宫	坎宫	离宫	兑宫	离宫	震宫	震宫	艮宫	震宫	兑宫
第四组（坎为主）	一世卦		二世卦		三世卦		四世卦		五世卦		游魂卦		归魂卦	
	水泽节	泽水困	水雷屯	雷水解	雷风恒	风雷益	泽火革	火泽睽	雷火丰	火雷噬嗑	山雷颐	雷山小过	山风蛊	风山渐
	䷻	䷮	䷂	䷧	䷟	䷩	䷰	䷥	䷶	䷔	䷚	䷽	䷑	䷴
	坎宫	兑宫	坎宫	震宫	震宫	巽宫	坎宫	艮宫	坎宫	巽宫	巽宫	兑宫	巽宫	艮宫

以乾、坤、离、坎四宫为主，按照京房八宫卦的体例，配上八经卦，我们把二十八对交卦分成四组排列（如上表所示）。从上表中可以看出，八纯卦相互调换即为交卦，如乾宫一世卦天风姤䷫卦与巽宫一世卦风天小畜䷈卦即为交卦；无论哪一组，交卦所属八宫卦的世卦位置都相同。本卦为一世卦，交卦也必为一世卦。这也便于我们更加系统而快速地掌握后面将要介绍的纳甲筮法。此外，表中的字体加粗部分的交卦与传统六十四卦卦序相符，共六组，分别为上经的否泰卦、同人与大有卦、需讼卦、师比卦，下经的晋与明夷卦、既济与未济卦，这些卦不仅是符合“二二相耦”的覆卦，也是交卦。

画卦中六爻是从下往上逆次而画的，这个原理在《说卦传》中早已阐述清楚：

"数往者顺,知来者逆,是故《易》逆数也。"周易六爻预测是让我们根据自然事物的发展运行规律去推测事物的结果,"数往者顺"说的是那些已经知道的事情,所以是阳性的、顺行的。"知来者逆"说的是那些我们还不知道、却想去探究的事情,所以是阴性的、逆行的。因此画卦就必须逆向,这是"是故《易》逆数也"的道理。在学习《周易》的时候应该"一看、二读、三背诵",只有这样才会温故而知新。如:

乾卦在上坤卦在下,成否卦
坤卦在上乾卦在下,成泰卦

这说明了什么?说明在阴阳背离和阴阳交感作用下,事物发展结果是不一样的。《周易》的智慧在变通,在和谐。变通是手段,和谐是目的。冯友兰先生说,一部《周易》,就是中华民族精神发生、成长、发展、定型、成熟的现象学。道家老子曾说:"道生一,一生二,二生三,三生万物。万物负阴而抱阳,冲气以为和。"把《周易》提到哲学的高度。儒家根据《易经》进行推演,把社会中的君臣、父子、夫妇、兄弟等关系用阴阳来解释。冯友兰的高徒朱伯崑先生写了一部《易学哲学史》,论证在中国文化接受西学以前,中国人的理论思维、哲学思维、逻辑思维都是从《周易》里面找到源泉和精神的原动力。南宋朱熹在《周易本义》序言中写道:"《易》之为书,卦、爻、彖、象之义备,而天地万物之情见。"意思是《周易》这套象数系统,把天地万物之情都表现出来了。

(2) 记忆心法

学习《周易》,需要掌握一套有效的学习方法,不同的学习方法对应不同的学习内容,会起到事半功倍的效果。下面是笔者经过多年的研究,总结出来的几种记忆心法。记忆类型有逻辑记忆、坐标记忆、形象记忆、强制记忆。

① 记忆特点

逻辑记忆:有序线性记忆

坐标记忆:二维记忆

形象记忆:直观反射记忆

强制记忆:无序线性记忆

② 使用范围

逻辑记忆法。由于这种记忆法是根据内容的逻辑性和有序性来进行的,所以对例如京房八宫之类需要掌握的内容有奇特的效果,八宫六十四卦的宫位记忆最快只要几分钟就能全部记下。

坐标记忆法。对一些平面排列的内容具有很好的记忆效果,例如,对纳音系统的记忆有着不一样的效果,一般只要 5 分钟就能将 60 甲子的纳音全部掌握。

形象记忆法。更适合图形化了的内容,记忆更直观。将有对应关系的内容按照一定的顺序排列,就能实现快速记忆。可用在干支系统的三合、五合、六合以及刑冲方面。

强制记忆法。将一些没有规律但必须记忆的内容按照一定的顺序排列进行记忆。可用在六十四卦的卦序记忆、二十四节气的记忆等方面。

第三章　易学史概论

一、易学研究史

自孔子说"五十以学易，可以无大过矣"(《论语·述而》)后，战国时代百家争鸣，人们对《周易》的体例内容、性质有了更为全面的解释，尤其是儒者将其纳入儒家伦理秩序的体系中。如《荀子·大略》曰："《易》之《咸》，见夫妇，夫妇之道不可不正也，君臣父子之本也。"可谓依礼解《易》的代表。从孔子直到汉初，易学传承连绵不绝，未曾中断。甚至秦始皇焚书时，因《易》为卜筮之书[①]，传者不绝。据《史记·仲尼弟子列传》附以唐人司马贞《索隐》，并《汉书·儒林传》所载，至汉田何传承如下所示：

孔子—商瞿、子木[②]—桥庇、子庸—馯臂、子弓[③]—周丑、子家—淳于光、羽子乘—田何[④]、子庄

商瞿五传而至田何，西汉的易学，即以田何为主。

1. 汉代易学

作为儒学群经之首，《易经》自武帝时设博士之后，便一直把持汉代最显赫的学术地位。汉代易学的发展，以其在野或在朝，可分为民间易学与官方易学；以其使用文字的不同，可分为古文易学与今文易学，亦有兼取今古文易学的大家。但因它未受秦火荼炙，故本经其实无甚差异；以其内容来分，可分为两大阶段：儒门易和象数易，即义理和象数之分。但其实汉代易学都可说是始于田何。田何本齐人，后迁杜陵(今陕西西安东南)。惠帝时，因田何年事已高而不出仕，惠帝亲至其家求

---

① 《史记·秦始皇本纪》载李斯焚书议曰："所不去者，医药卜筮种树之书。"故《易》得免。

② 商瞿(前522—?)，字子木，春秋时鲁国人。孔子弟子。唐代以来有伪《子夏传》，儒者怀疑子夏传《易》，实际上是商瞿之误，因子夏名商，误将商瞿之商附会为子夏。

③ 子弓，一称馯臂。字子弘(弓)，战国时楚国人。《汉书·儒林传》："自鲁商瞿、子木受《易》孔子，以授鲁桥庇、子庸，子庸授江东馯臂、子弓，子弓授燕周丑、子家。"《经典释文序录》同。

④ 田何，西汉今文易学的开创者。字子庄，号杜田生，淄川(今属山东淄博)人，生卒年不详。其事载《汉书·儒林传》。

《易》,是以西汉今文易学博士,皆从其门出。见下图:

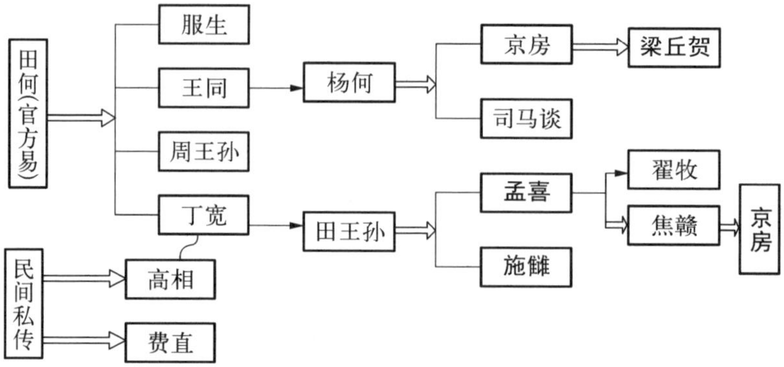

西汉易学传承授受图

如图所示,田何将其学说传于王同、丁宽、周王孙三家,至宣帝时分立施、孟、梁三家博士,元帝时又别立京房①。四家皆宗田何(即图中加粗部分),故虽其《田氏易传》亡佚,但这时期学术风尚注重师承,所以在学术史上,应该能够把握其脉络。自宣帝后,灾异思想十分兴盛,加上两汉经学向来有"通经致用"之说,从而于"师法"之外,复有"家法"。首先是孟喜自称得其师田王孙之真传,"诈言师田生,且死时枕喜膝,独传喜"(《汉书・儒林传》),倡卦气之说其次有焦赣自云尝从孟喜问《易》,京房受《易》于焦赣,焦赣常说:"得我道而亡身者,必京生者。"后因冒犯权贵而以身殉道,但其弟子殷嘉、姚平、承弘都是易学郎、博士,因而京氏易学得以传承。除此之外,还有一支易学即韩婴易学,韩婴本以解《诗》名世,"韩诗"于文帝时即立为博士,是汉三家诗之一。但韩婴对《易》也有极深体会,今《韩诗外传》保存六节他的解易之说,见解独到,不可不察。

还有一个民间传承系统是费高二氏易,以费直为代表,其说传给王横,被称为费氏易;高相自言其学出自丁宽,亦以灾异解《易》,其说传给子康和毋将永,于是"民间有费高二家"之说,二家未被立为博士,以《彖》《象》《系辞》《文言》为上下经,字皆古文篆书,属于古文经系统。今文经学对经典的解说,侧重微言大义,发挥天人感应的儒家宗教哲学,而古文经学侧重固守传统,依经解义。其他如淮南王刘安、严君平、扬雄、刘向与刘歆父子,也都研究《周易》,精通易学。但总的来说,西汉解易有三个方向:一是以孟喜、京房为代表的官方象数易学,其特点是以奇偶之数和八卦所象征的物象解说《周易》经传文;以卦气说即以八卦或六十四卦配一年四

① 西汉易学家有两京房,一为杨何弟子,梁丘贺之师,曾为大中大夫,齐郡太守其事略见于《汉书・儒林传・梁丘贺传》中;另一个即为后世所称"京房易"的开创者京房,创立纳甲筮法、八宫卦表的作者,即四家博士之一,此处所说即为此人。

时、十二月、二十四节气，解释《周易》的原理；利用《周易》讲阴阳灾变。二是以费直为代表的训诂释义易学，不讲卦气说和阴阳灾变，而以《易传》文意解经，注重其中的义理。三是以道家黄老之学解释《周易》的太玄学，以扬雄、桓谭为代表，此派以《周易》阴阳学说来解释世界，架构一个全新的"大同"世界，颇具想象，其建构的自然哲学系统也为卦气说和象数易学提供了哲学依据。这三种解易倾向，其中影响最大的是孟喜、京房的易学。汉易以孟京易学为代表，宋人称其为象数易学并不为过。

到东汉时，范升传孟喜易学，又传于杨政，而陈元、马融、郑众、荀爽等大儒皆传费氏易学。郑玄亦由京《易》而兼习费《易》，郑玄作《易注》，荀爽作《易传》，都是延袭费氏易学的传统，今天流传下来的《周易》主要是费氏《易》。荀爽弟兄八人，号称"荀氏八龙"，以荀爽易学为魁首，有八宫、飞伏、乾坤升降说等创见，且乾坤升降说还对虞翻卦变说产生了一定的影响。传费氏易并不代表放弃京氏易，如郑玄"遍注群经"，号称"经神"，解经注重今古文结合，又以注纬书闻名；荀爽虽不大讲阴阳灾变，但主卦气说。

到东汉末三国时期，又出了三位大家：虞翻、王肃、王弼。虞翻为虞歆之子，解《易》家学深厚，其特点是以卦变、旁通、互体、半象等方法研究《易》，他的易学取消了京氏易学的阴阳灾变，而代之以卦旁说，特别是一卦爻位变动而形成的卦变，对后世产生深远影响。王肃解易，注重义理，略于象数，以文字简明为其特色，成为王弼易学的先导。王弼是玄学派易学的创始人，他注解《周易》，以《易传》解释经文，注重义理的阐发，文字力求简明，而抛开汉易中的象数之学，特别是今文经学派和《易纬》的传统，不讲卦气、卦变、纳甲和阴阳灾变等，从而创立了义理学派。从哲学史上看，此派易学又把《周易》经传纳入了玄学领域，成为魏晋玄学的一个组成部分。其本质特点是将卦爻象与卦爻辞道化或形上化，建立了一个以玄学为主的象学体系：以时位代替象数，以无为本，以得意忘象为核心。王弼注《易》，也注《老子》，并以老庄玄学观点解释《周易》的卦爻辞，或通过对《周易》的解释，引出玄学理论。如以"自然无为""归根日静"说解释《彖》辞，以"忘象以求意"说解释易学中的取义说等。其学产生与荆州学派的刘表、宋忠注《易》有莫大关系①。这一时期的易学家尚有阮籍、管辂、何晏、钟会、宋忠、刘表、钟玄等人。

2. 晋唐易学

晋唐易学属于过渡时期，经魏晋玄学之风涤荡，玄学派成为易学发展主流，虽有卫元嵩、崔憬等别宗迭出，但总体格局未变。继王弼之后，晋人韩康伯是玄学派易学的又一代表人物。王弼注《易》，未注《系辞》《说卦》《序卦》《杂卦》等传，韩康伯

---

① 参见汤用彤：《魏晋玄学论稿》，第58—71页，生活·读书·新知三联书店，2009年。

则将此四传加以注解,以补王弼所未及。唐孔颖达将王韩二注合在一起,收入《周易正义》中,成为王弼派易学的代表作。韩康伯注四传,不仅引王弼《周易注》和《周易略例》文,理论上也有新的阐发。他进一步排斥汉易中的象数之学,依据筮法中的取义说,从义理的高度概括和阐发了王弼的易学观,并提出了"八卦备天下之理"的命题,认为八卦和六十四卦及其卦辞具备天下之理,《周易》乃明理之书,通过《周易》就可以把握天下之理和变易之道,人们应该在事象的背后探求其义理。由于将无形之理视为《周易》的根本,乃居于象数背后和超越经验的抽象原则,在哲学上又导出了以"无"为天地万物之本原的结论,利用易学中的范畴和命题,宣扬老庄玄学。这样,便将易理进一步玄学化,使《周易》与《老子》《庄子》相并列,成为"三玄"之一。除此之外,这一时期尚有欧阳建、殷浩、孙盛、顾荣、纪瞻、周弘正、张讥、卢景裕等人治易较精。

陆德明历陈、周、隋、唐四朝,著《周易注》《周易兼义》《易释文》,总集大成。孔颖达的《周易正义》旋踵其后,采王弼注与韩康伯注,正如孔氏在《序》中所说,"去其华而取其实,欲使信而有征。其文简,其理约,寡而制众,变而能通"。此书通过对《周易》义理的阐发,形成了一套世界观体系,为魏晋玄学转向宋明理学提供了思想基础。中唐李鼎祚的《周易集解》又是继孔疏之后的集大成之作,该书"集虞翻、荀爽三十余家,刊辅嗣之野文,补康成之逸象"《周易集解・序》,偏重汉唐以来对象数易学的收集注解。需注意的是,此一时期由于佛道兴盛,解易方法掺杂了很多佛道尤其是佛教的义理,儒释两家表现出相互渗透的趋势,如宗密、李通玄以周易解佛学。道教徒继承魏伯阳《参同契》的解易传统,建构了一套世界生成模式,作为道教的理论基础。

3. 宋明易学

从北宋开始,古代易学的发展又进入一个新的阶段,其解易的风气一直延续到清朝初,故为宋明易学。北宋是宋易形成时期,其兴起同北宋理学发展密切相关。宋明理学注重一套完善的理气宇宙本体论,强调"理一分殊"的天人宇宙观和"天命气质"的人性理论,《周易》经传自汉代以来,就被奉为儒家的重要典籍。在儒家经书中,只有《周易》经传,特别是《易传》和后来的易学为儒家哲学提供了一个较为完整的体系。因此,北宋的道学家特别推崇《周易》。宋易的特点之一,是将《周易》原理高度哲理化。因此,宋易又成了宋明哲学的主要内容。宋明哲学中的五大流派理学派、数学派、气学派、心学派和功利学派,都同易学有着密切的关系。前三个学派都是以易学为中心形成了自己的哲学体系;心学派同样研究《周易》,并借《周易》经传来表达自己的心学体系;功利学派也探讨《周易》的原理。北宋时期,理学派、数学派和气学派的易学哲学体系皆已形成,为后来三派哲学的发展奠定了基础。

心学派和功利学派的易学哲学，北宋时期已有萌芽，南宋时形成体系。心学派易学到明代达到极盛，一度成为主流。

据《宋史·艺文志》著录，北宋解易的著作有六十余家。其中有著名的哲学家和思想家，如李觏、胡瑗、周敦颐、邵雍、王安石、张载、程颢和程颐等；其他如欧阳修、苏轼、司马光等文学家和历史学家，他们都精通易学，在学术界掀起了研究《周易》的热潮。而新起的儒家学者，特别是道学家则成为宋代易学的奠基人。从现在流传下来的著述看，北宋象数之学的倡导者，始于宋初的陈抟。他提出了许多图式解说《周易》的原理，成为图式之学的创始人。陈抟传其易学于种放，后又传至刘牧和李之才。刘牧推崇河图洛书，李之才宣扬卦变说。后来，周敦颐着重讲象，提出太极图说。论述宇宙形成的过程，为儒家的成圣理论提供根据；邵雍则着重讲数，提出先天学，创立了易学中的数学派。义理学派的倡导者，大概出于被称为宋初三先生之一的胡瑗，其后传至程颐，程颐著《伊川易传》，创立了理学派的易学体系；张载则吸收孔颖达气论学说，著《横渠易说》和《正蒙》，创立了气学派的易学体系，与邵雍的数学派，成为三足鼎立之势。

南宋时期，邵、程、张三家易学广为流传，而程氏易学则成为易学发展的主流，象数之学也是通过程朱学派的学者得到发展的。如程颐的再传弟子朱震对象数之学的整理，朱熹的好友兼学生蔡元定及其子蔡沉对河图、洛书学说的阐发；朱熹作为宋代理学集大成者，通过对《周易》经传的解释，对北宋以来的易学和哲学的发展作了一次总结，他以程氏易学为枢纽，融会各家之长，建立起一个庞大的易学哲学体系，完成了建立理学本体论的任务，对此后易学的发展产生了深远的影响。与朱熹同时的杨万里，也发明程氏易学，著有《诚斋易传》，但他又受张载易学的影响，阐发了太极元气说，将阴阳二气说同程氏的天理说糅合起来。陆九渊的大弟子杨简，继承程颐和陆九渊的易说，著《杨氏易传》和《己易》，以人心解易，认为易之道即人之心，进而提出“天人本一”“三才一体”的命题，论证卦爻象和天地万物的变化皆出于个人的意识，成为宋明时期心学派易学的代表人物之一，对明代心学大师王守仁心学体系的确立产生了很大的影响。此外，功利学派的代表人物薛季宣、叶适等人也研究《周易》经传，提出了一些新的观点，如以河图、洛书为古代地图说、道不离器说，对孔子作《系辞》等传之说的否定等，都对传统易学有所突破，在易学史上具有重要价值。

元明两代是宋易深入发展的时期，由于统治者大力提倡儒学，程朱理学遂成为官方的经学。朱熹的《周易本义》则成为官方认可的权威典籍。元明两代先后出现了一批注疏《周易本义》的著作，如元代胡一桂的《周易本义附录纂疏》和《易学启蒙翼传》，其子胡炳文的《周易本义通释》，其学生董真卿的《周易会通》，都阐发朱熹易学。明朝胡广奉明成祖之命编《周易大全》，即以元代胡氏所著易学著作为蓝本。《周易大全》的颁布和流行，意味着程朱派易学，特别是朱熹易学的主导地位。

由于朱熹易学并不一概排斥象数之学,元明两代的河洛之学和邵雍的先天易学皆有所发展。他们提倡以象解易,因而提出了各种各样的图式来解说《周易》原理,逐步形成了易图学。易图学是宋代图书之学的新发展。元代道教大师雷思齐继承刘牧、邵雍的易学传统,推演出许多图式,以九宫图为核心解释《周易》原理,主先有数而后有象,是数学派解易的代表。俞淡、张理和萧汉中等人,虽然也以图式解易,但主先有象而后有数,发展了象学的传统。到了明代,象学则成为象数之学的主流,此派易学不仅主取象说,而且兼论理和数,同程朱派的取义说展开了论争。著名易学家来知德就是其代表人物。其后,方以智父子解释《周易》经传,继承了象学的传统,又吸收了数学派的观点,对元明以来的象数之学作了一次总结,标志着象数之学发展的高峰。

相反,元明义理学派的易学则相对薄弱。元代的义理学派特别是理学派解易,大多因循程朱教义,不敢有异。到了明代,才敢于有所疑义。著名易学家蔡清著《易经蒙引》,虽依朱熹《本义》阐发程朱派的易学,但因受张载易说的影响,第一次提出对朱熹易说应有所异,主理象合一,批评了朱熹离气言理的观点,试图将朱熹的理本论引向气本论。从而促使明代理学家逐渐从程朱派中分化出来,成为明代易学中气本论的倡导者。罗钦顺、黄佐就是其中的主要代表。由于明代心学的流行,易学中的心学派也有所发展,他们以心解易,以内心的修养方法和精神境界解释《周易》卦爻象和卦爻辞,从而建立起心本论的易学体系,以湛若水和王畿为代表。

明末清初,兴起了批判陆王心学和检讨道学的思潮。在批判心学思潮的影响下,出现了总结以前易学成果的趋向。方以智父子即对以前的象数之学作了一次总结。著名经学大师王夫之则站在气学派的立场,对宋明以来的易学及其哲学作了一次大总结,写了许多易学著述。他继承宋明气学和象学的传统,修正了程朱义理之学,批判了心学派的易学,并同邵雍象数之学尤其是河洛之学和先天之学展开了辩论,讨论了易学和哲学问题,完成了在哲学上建立气本论的任务,标志着宋易和宋明道学的终结。至于康熙皇帝命李光地编《周易折中》、乾隆皇帝命傅恒等人编《周易述义》,虽然也具有综合各家的倾向,但实际上是以朱熹《本义》为纲而杂采其他易说,表明宋易的传统在当时仍然得到官方的支持,宋易的学风一直延续下来。

4. 清代易学

清代是汉易复兴的时期。清人解易的著作十分丰富,超过了以前任何一个朝代。其内容和倾向也很复杂。但就易学发展的主要倾向来看是从宋易走上了复兴汉易的道路。

明清之际，学者们面对国破家亡的境遇，开始系统反思程朱烦琐义理与王学疏淡空廓学风，由此兴起了倡导实学的思潮。所谓实学，是针对宋学的流弊而发的。宋学解经，重义理而轻训诂，尤其是陆王心学更无视训诂和考证，以己意解经，六经注我。清代易学所倡导的实学，有两层含义：一是对经典文义的理解，须尊重古训和史实，提倡考据学风，恢复经书的本来面貌；二是研究经书的目的在于经世致用，解决关乎国计民生的实际问题，不是空谈道德性命。在实学思潮的影响下，明末清初出现了一批学者，从文献考证和辨伪的角度，同宋易中的图书之学和邵雍派的先天易学展开了大辩论，掀起了清算图式之学的高潮。黄宗羲、黄宗炎、毛奇龄、胡渭等人即其代表。通过这次清理，清代易学中的象数之学，转向了复兴汉易的道路。

到了乾嘉年间，由于清王朝推行文化高压政策，实学中的经世致用思潮受到压制，而注重文字训诂和文献考证的经学受到官方重视并逐步流行，形成了以考据学为中心的汉学，标志着经学史上的一大转变。汉学的奠基者惠栋和戴震被称为吴派和皖派。复兴汉易的代表人物是惠栋和张惠言。惠栋是汉易的倡导者，著有《周易述》《易汉学》《易例》《周易古义》等书，皆发挥汉儒之学，笃守古义，其对《周易》经传中重要范畴和命题的注疏，着眼于卦象的形成和变化，淡化乃至取消其哲学价值。张惠言受惠栋影响很深，专攻虞翻易学，著有《周易虞氏义》《周易虞氏消息》等书，以阐发虞氏易学为己任。标志着清代汉学家对汉易的研究，走上了专门化道路。另一派汉学解易的代表人物是焦循。他著有《易学三书》，即《易通释》《易章句》和《易图略》，当时尤负盛名。其解释《周易》经传，不同于惠栋、张惠言唯汉易是从的学风，主命通百家之说，不墨守一家之言，企图依汉人解易的精神，独辟蹊径，建立自己的易学体系，成为清代汉学家解易的殿军。清代汉学家的易学，缺乏探讨哲学问题的兴趣，在理论方面很少有建树，意味着古代易学由高峰走向了衰落。

5. 现当代易学研究

近几十年来，随着西方文化在中国的广泛传播，学术界对《周易》的研究开辟了许多新的领域，并取得了诸多成果。纵观几十年来的易学著述，近人对《周易》的研究大致有以下几种倾向：

其一，偏重于注释《周易》经传。几十年来，此种解易著作很多。有的沿袭旧法未出汉宋易学的藩篱，如沈竹礽著《周易易解》，章太炎曾为之作序，谓其治易，聚诸家说解两千余种，凡所采择，上极汉师，下兼综宋世先天之术；尚秉和著《周易尚氏学》，重在以象解易，发微阐幽，可谓集象学之大成。有的则冲破旧经学的束缚，融入了许多近代新思想，其中最有成就的当属高亨《周易古经今注》和《周易大传今注》。他将经传分开，以为经作于周初，传作于晚周，经为卜筮之书，传为哲学著作，不以传解经；注解卦爻辞也不谈象数；而将“元亨利贞”解为大祭和利于占问，不以其为四种德行,实发前人所未发。

其二,偏重于考证。余永梁的《易卦爻辞的时代及其作者》、郭沫若的《周易之制作时代》、顾颉刚的《周易卦爻辞中的故事》及《论〈易系辞传〉中观象制器的故事》、李镜池的《周易探源》及《周易筮辞考》,均是对《周易》经传作者和成书年代的考证。这一派还注重考古材料,于省吾的《双剑誃易经新证》、闻一多的《周易义证类纂》,虽然也是对《周易》作注解,但在于以金文、甲骨文及先秦古籍证《易》义,当属于就训诂而考证《易》义的范围。另外随着马王堆帛书《周易》、阜阳汉简《周易》,以及上博楚竹书《周易》等文献资料的出土,也使我们对《周易》的研究有了长足的进步。其中以张政烺、徐锡台、温少峰、于豪亮、李学勤、韩仲民、陈来、廖名春等人的成就尤为突出。但考古派有个天生的缺陷,就是研究过于被动,没有出土文物就陷于停顿状态;有了出土文物又陷入矛盾状态。如帛书《系辞》"水火相射"与通行本的"水火不射"就引发过长时间的讨论①。

其三,偏重于义理论述。此种倾向是就先前易学加以评述,并将己见寓于其中。民国初年杭辛斋搜集古今言《易》之书六百二十余种,每日研读,孜孜不倦,著有《易楔》《学易笔谈》诸书,欲集古往今来《易》说之大成,融儒道释耶于一炉。周善培著《周易杂卦证解》,专以"杂"字解说经传,也自立一家之言。至于衍清代张惠言之余绪,专论汉代经师如费氏、孟氏、马氏易学的,也颇不乏人。朱谦之的《周易哲学》、高亨的《周易卦爻辞的文学价值》及《周易大传的哲学思想》、金景芳的《易通》和《学易四种》等,则从文学史和思想文化史的角度对《周易》加以剖析,使《周易》有了新的哲学面貌。

其四,以现代科学证《易》。早在20世纪30年代,沈仲涛就著有《易卦与科学》英文本,论述《周易》与西方科学之暗合。其后,薛学潜著《易与物质波量子力学》及《超相对论》,以爱因斯坦相对论、达尔文学说等,证《易》卦方图精微广大,无所不包。后来,丁超五著《科学的易》,以为《易》道建立在科学之上,现代物理学、现代生物学、现代数学包括莱布尼茨的二进制数学,无不蕴涵其中。此种学风,可以称为"科学易"。

其五,偏重于象数论述。象数易学也是近几十年来研究周易的热点,采用汉清易学研究方法,用现代汉语加上古代术语分析六十四卦经文与卦象之间所蕴含的因果关系与辩证思维,注重导向于实践应用。理论方面,刘大钧的《周易概论》《纳甲筮法讲座》,张其成的《象数易学》学养醇厚;易图方面,李申的《易图考》、郑吉雄的《易图象与易诠释》等成果突出;预测应用方面,廖墨香《周易预测学指南》、邵伟华《四柱预测学》等声名在外。此外,公开发表的象数易学方向的学术刊物,如《大易集奥》《象数易学研究》等已多达几十种,领域涉及医学、科技、建筑、管理、生物等,俨然成为当代"显学"。

---

① 张政烺:《张政烺论易丛稿》,李零等整理,中华书局,2010年。

二、易学象数研究

古往今来关于《易》的研究主要分为两大流派：义理派和象数派。《四库全书总目提要》中分为两派六宗。义理派侧重于从卦名的意义和卦的性质解释《周易》经传文，注重阐发卦爻象和卦爻辞义理及哲学思辨；象数派则着重从阴阳奇偶之数和卦爻数以及八卦所象征的物象，解说《周易》经传文义。这两大流派的对立，实则来源于《易传》中的取象说和取义说。在《易传》当中，这两种解易的体例是并存的，而且互相补充。汉以后，这两种说法逐渐发展成为两大对立的流派，前面已经详述，此不赘言。

《系辞下》曰："《易》者，象也；象也者，像也。"孔颖达《周易正义》曰："言象辞物之形状也。"象，指经卦、别卦的卦爻象和它们所象征的物象，如《系辞》中"圣人设卦观象""八卦成列，象在其中"等。数，指《周易》的阴阳之数、奇偶之数、九六之数等，如《系辞》的"阳卦奇，阴卦偶""大衍之数"等。以象解易并非汉人创设，如《左传·昭公二年》："……观书于大史氏，见《易象》与《鲁春秋》，曰：'周礼尽在鲁矣！吾乃今知周公之德与周之所以王也。'"这里直接将《周易》称为《易象》，可见其源远流长。但我们现在所说的象数派确是汉代孟、京二氏所创无疑，而真正将"象数"范畴作系统概括是从宋代开始的。宋代易学数学家邵雍在《皇极经世书·观物内篇上》中说："象也者，尽物之形也；数也者，尽物之体也。"象数的目的是穷究万物形体，象源于有形之物，数源于有质之物。他还将象数分为内象内数与外象外数，所谓内象内数指内在的理数、不可变更的运动法则；外象外数指外在的具体事物以及变化的形迹。邵雍将象扩大到一切有形可感的事中，将数看成是万事万物的内在度量法则，并规定了万事万物的各种"数"。

1. 汉代象数学

孟京象数学　孟喜（约前 90—前 40），字长卿，东海兰陵（治今山东兰陵县西南兰陵镇）人，田何《易》学的第三代传人。京房（前 77—前 37），本姓李，字君明，东郡顿丘（治今河南清丰西南）人，孟氏第二代弟子①。二人的共同特点是着重于卦象以及《周易》中的一些特定数字的研究，运用当时的天文、物候、历法学知识解释卦爻象，力图寻找其内在对应关系。这与当时的天人感应学说密切相关，在这种思想的支配下，孟、京将当时的天文、物候、历法学知识、阴阳五行学说与卦爻象数结合起来，认为前者正是卦爻象数所象征、比附的物象、理象。他们从两方面入手建构象数学体系：一是扩大卦爻象数模式，如将一卦化生出几卦，将《周易》六十四卦重

① 详见《汉书·儒林传》《汉书·艺文志》。

新组合,创立飞伏、互卦、八宫、世应游归等体例。二是扩大卦爻象数所取物象的范围,如将每一卦每一爻与阴阳五行、天文气候等自然、人文知识逐一对应,创立卦气、纳甲、纳子等体例。使原来有限的取象范围得到扩展。

孟京象数学的最大特色是"卦气说"。孟喜是卦气说的倡导者。其《孟氏章句》已佚①。据《汉书·儒林传》记载,孟喜"好自称誉,得易家候阴阳灾变书",又据《新唐书》载,"十二月卦,出于《孟氏章句》,其说《易》本于气,而后人以人事明之"②。由此可知,孟喜是以历法、气候解说《周易》,以《周易》卦象解说一年气候变化,以六十四卦配四时、十二月、二十四节气、七十二候,以阴阳奇偶之数和奇偶之数的变化解释阴阳二气及其消长变化过程。

京房本姓李,因其好钟律,知音声,推律度名为京氏,又以占候之术闻名,受易于焦赣。焦赣,生卒年不详,字延寿,西汉中后期梁国睢阳(治今河南商丘市南)人,昭帝时为小黄令,"其说长于灾变,分六十四卦,更直日用事,以风雨寒温为候,各有占验"(《汉书·京房传》)。开焦氏易学,京房得其真传,"用之尤精",但焦延寿又常说:"得我道以亡身者,必京生也。"(《汉书·京房传》)京房三十三岁以孝廉举郎,因长于占验善言灾异遂为元帝看重。时朝政昏暗,佞臣当道,京房数次上疏弹劾权奸石显等人,被逐出京师,后又被诬"非谤政治,归恶天子"(《汉书·京房传》),下狱处死,弃尸于市,死时仅四十一岁。京房天资聪颖,著述颇多,《汉志》载《易京氏》凡三种八十九篇,《隋书·经籍志》载《京氏章句》十卷,又有《占候》十种七十三卷。现仅存《京氏易传》三卷,有三国吴陆绩注,宋代晁公武跋。以卦气、纳甲、世应、八宫解易,将六十四卦分为八宫,定出本宫卦、一世至五世卦、游魂卦、归魂卦以及世爻、应爻,物卦交配上天干、地支、五行、六亲等因素,以此解说《易经》,推断阴阳灾异。

孟喜卦气说以坎、震、离、兑四正卦配二十四节气,每一爻配一节气,以其余六十卦配七十二候、一年三百六十五日,每卦主管"六日七分"。京房则以六十四卦配二十四节气、七十二候、三百六十五日,以四正卦之前的四个卦名主"五日十四分",以其余六十卦各主"六日七分"。京房易的另一大体例是其八宫卦说及其世应游归说。京氏将《周易》六十四卦的次序按照八宫次序重新编排。依次以乾、震、坎、艮、坤、巽、离、兑为八宫卦,每宫卦下统领七卦,每一宫的宫卦为上世卦,所巽七卦顺为一世卦、二世卦、三世卦、四世卦、五世卦、游魂卦、归魂卦。八宫卦立后,为建构和

---

① 清马国翰《玉函山房辑佚书》、黄奭《汉学堂丛书》、孙堂《汉魏二十一家易注》、王谟《汉魏遗书抄》等均有辑录。

② 唐僧人一行在《卦议》中引孟喜《易》章句曰:"自冬至初,中孚用事。一月三策,九、六、七、八,是为三十。而卦以地六,候以天五。五六相乘,消息一变。十有二变,而岁复初。坎、震、离、兑,二十四气,次主一爻。其初,则二至二分也。"孟喜《易说》部分内容,藏于一行《卦议》中。

完善其筮占体例，与八宫说相适应，京房又进一步提出了一系列的筮术范畴。其中，世应、飞伏和纳甲、纳五行等尤为具有代表性。

郑玄与《易纬》学　纬书是汉代学者依托儒家经义宣扬符箓瑞应占验之书，与经书相对，故为纬书。《后汉书·樊英传》言英“明七纬”，章怀太子注“七纬”为易纬、诗纬、书纬、礼纬、乐纬、孝经纬、春秋纬。《易纬》即是解释《易经》的丛书，早已失传，按《四库全书总目提要》所在次序为易纬《乾坤凿度》《周易乾凿度》《易纬稽览图》《易纬辨终备》《易纬通卦验》《易纬乾元序制记》《易纬是类谋》《易纬坤灵图》八种。其解《易》站在神秘主义立场，亦属于象数易学派。除主张卦气说外，还有爻辰、九宫、五行等解《易》体例。

郑玄(127—200)，字康成，东汉著名经学家。博闻强识，遍注群经，不仅注“三礼”、《毛诗》，而且注《周易》《尚书》《论语》和纬书。在易学书中，《周易注》已佚，《易纬注》尚存。郑玄在《易纬》基础上，提出乾坤爻辰配属是其他卦的依据，其他卦逢阳爻从乾所值，逢阴爻从坤爻所依。《易纬》和郑玄的九宫说既是卦气说的一种形式，又是方位说的特殊表达。京房以乾坤两卦十二爻纳十二支之法，郑玄又变更其说，乾卦六爻由下而上配子、寅、辰、午、申、戌六辰不变；坤卦则将京氏之配未、巳、卯、丑、亥、酉改为未、酉、亥、丑、卯、巳，提出自己的爻辰说。后清惠栋据郑玄此说，绘爻辰图，载于《易汉学》[①]。如图所示：

十二月爻辰图

爻辰所值二十八宿图

时间与空间被巧妙地融合在一起。九宫表示四正、四维加上中宫的九方位，其中八卦各据自己的方位主持一年四时的变化，每卦主四十五日，三个节气。此外，

① ［清］惠栋：《易汉学　易例》，上海古籍出版社，1990 年。

九宫、八卦还与五行、五意相配合,退明卦气、方位又体现人伦消常之道。九宫、八卦还与五行、五意相配合,阐明卦气、方位又体现人伦消息之道。

郑玄有一个注经体例:“爻体”①,即以卦中某一爻为该卦之主。初、四两爻如为阳,均为震爻;如为阴均为巽爻。二、五两爻如为阳,均为坎爻;如为阴,均为离爻。三、上两爻如为阳,均为艮爻,如为阴,均为兑爻等。

虞翻卦变说 虞翻卦变说源于荀爽。荀爽(128—190),字慈明,东汉颍阴(治今河南许昌)人。《隋书·经籍志》有荀氏《周易注》十一卷,新旧《唐书·经籍志》有荀氏《周易注》十卷,皆佚②。其易学思想主要见于李鼎祚《周易集解》所辑荀氏《易注》。荀爽是东汉象数易学的代表。受孟京象数学影响,以卦气、八宫、飞伏、消甲解易。并提出“乾升坤降”说,即凡阳爻皆有上升九五的趋势,凡阴爻皆有下降六二的趋势,以阴阳爻之动互相调和立义,特重卦中二、五两爻。这成为其解六十四卦的总的思想方针。荀氏的升降说实际上就是“卦变”说,但其没有一整套的卦变,为了寻找象、辞相应之理而随机决定升降、卦变的规则。“卦变”,就字面含义而言,可指凡是卦象所生变化皆为卦变,孟喜十二月卦、焦延寿变占、郑玄爻辰、荀爽“升降”说,皆可成为卦变。实际上是针对一套有理则、有系统,且内涵周延的卦变而言。譬如孟喜的十二月卦,有理则、有系统,但不周全;焦赣六十四卦变占,有系统较周全,但缺乏理则;荀爽的“升降”不系统,郑玄的爻辰更与卦变无关,所以汉易卦变实际上有两套:京房的八宫卦序和虞翻卦变。其中虞翻的卦变说代表了东汉时代的最高水平。其卦变说主要分为三类:一是乾坤父母卦变为六子卦;二是乾坤消息卦变成十二消息卦;三是十二消息卦变为五十二杂卦。以上三类体例十分整齐,但京房的八宫卦因为不受注经的钳制,所以排列成整齐划一的八宫图,而虞翻卦变因受了注经限制便不能直抒胸臆,虽然已具卦变规模,却难免有乖例之处,不过元代俞琰根据其学说,最终完成了“先天六十四卦直图”③。

虞氏在卦变基础上还提出“之正”说。所谓“之正”就是使“不正”变为“正”。据《易传》爻位说,阳爻居阳位、阴爻居阴位,谓之“得正”“当位”;否则为“不得正”“不当位”。得正、当位则吉,否则则凶。荀爽已开始提出“之正”说,虞氏进一步使之系统化。此外,虞氏还提出“反对”“旁通”“成既济定”说,清焦循大治旁通之学,实源于虞翻。虞氏的卦变说、之正说、旁通说以及互体、半象等体例,都是为了解释《周易》卦辞与卦爻象以及传文之间的内在逻辑关系,在某一体例讲不通的情况下则用

---

① 屈万里:《先秦汉魏易例述评》,台湾学生书局,1969年。

② 清人对荀氏易注多有辑录。如马国翰《玉函山房辑佚书》辑有《周易荀氏注》三卷,孙堂《汉魏二十一家易注》辑有荀氏《周易注》一卷。惠栋撰《易汉学》,张惠言撰《周易荀氏九家义》等对荀氏易学皆有阐发。

③ 参见高怀民:《两汉易学史》,第143—150页,广西师范大学出版社,2007年。

另一体例，但其实质是为了扩大取象范围，其方法皆可归为取象法。

2. 宋代象数学

汉代象数学虽经过魏晋王弼的冲击，但并未衰落[①]，至宋代得以发展。宋代象数学的特点是以河图、洛书、先天图等图式解说《周易》原义，偏向于解《易》之“道”，不太关注解《易》之“文”，这一点与汉代象数派相反，将象数学进一步琐碎化、学理化。因其注重于河图洛书、先天图等图式，故宋代象数学又被称为“图书学”“河洛学”或“先天象数学”。从中又分化为数学派、象学派、易图派等，该派主要代表为陈抟、周敦颐、邵雍、刘牧、朱震、朱熹、蔡元定等人。

邵雍数学派 邵雍(1012—1077)，字尧夫，谥号康节，自号安乐先生，北宋五子之一。著有《伊川击壤集》《皇极经世书》等。他认为以乾、坤、坎、离为四正卦的图式乃伏羲氏所画，故称此类图式为“先天图”，称其学为“先天学”。汉易中以坎、离、震、兑为四正卦的图式乃文王之易，是对伏羲氏的推演，称其为“后天学”。邵雍对两类图都有解说，但更推崇后者。他还常用奇偶之数讲卦的变化和形成过程，认为太极为一，分出一奇一偶阴阳两画，阴阳之上各加一奇一偶，则为太阳、少阴、少阳、太阴之象；其上再各加一奇一偶，则为乾、兑、离、震、巽、坎、艮、坤八卦。这就是《系辞下》所说的“易有太极，是生两仪，两仪生四象，四象生八卦”。如右图所示。

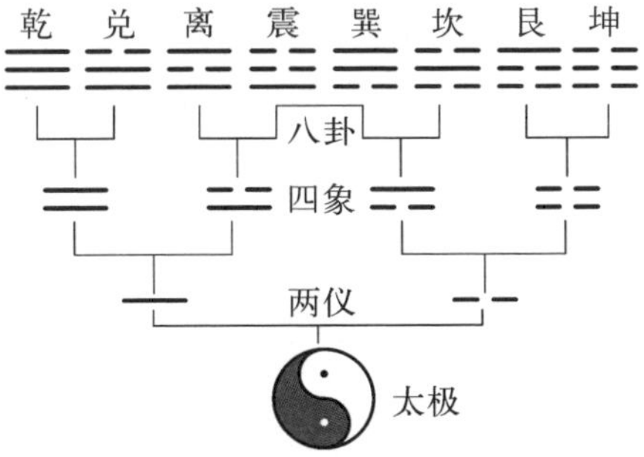

太极演变图

此过程是一分为二、二分为四、四分为八的过程。继续推演下去，即“八分为十六，六分为三十二，三十二分为六十四”，如此便导出六十四卦。像这样再逐次各加一奇一偶，可以得到七画卦一百二十八，八画卦二百五十六，以至无穷。实际上二卦生六十四卦之说，完全是邵雍师心自用所作，前人有所批评，此不赘言[②]。但邵雍的学说，既排斥了王弼的以无生有说，又排斥了汉唐的取象说，创立了以数学解

---

① 晋唐时期象数派代表还有郭璞、干宝、陆绩、侯果、卫元嵩、李淳风、袁天罡、崔憬、麻衣道者等人。

② 清初黄宗羲在《易学象数论》卷一《先天图》中针对邵雍此一观点批判了“伏羲八卦次序”及“伏羲六十四卦次序”两图的谬误，说：“‘《易》有太极，是生两仪’，所谓一阴一阳者是也。其一阳也，已括一百九十二爻之奇；其一阴也，已括一百九十二爻之偶。以三百八十四画为两仪，非以两画为两仪也。”“‘两仪生四象’，所谓老阳、老阴、少阳、少阴是也。乾为老阳，坤为老阴。震、坎、艮为少阳，巽、离、兑为少阴。三奇者，老阳之象；三偶者，老阴之象；一奇二偶者，少阳之象；一偶二奇者，少阴之象。是三画八卦，即四象也。故曰‘八卦成列，象在其中矣’，‘八卦以象告’。此质之经文而无疑也。”

易的新流派。通过象数以说明一年四季阴阳二气消长过程,在《皇极经世》中,把天地从始至终的过程区分为元、会、运、世,以此为宇宙历史的周期。邵雍断定,世界的历史以此为周期,由兴盛到衰亡,周而复始,循环不已。

周敦颐与太极图 周敦颐(1017—1073),字茂叔,号濂溪,道州营道(湖南道县)人,北宋著名易学家,理学开山鼻祖。《宋史·道学传》称:"千有余载,至宋中叶,周敦颐出于舂陵[①],乃得圣贤不传之学,作《太极图说》《通书》,推明阴阳五行之理,命于天而性于人者,了若指掌。"其最重要的易学著作即《太极图说》,朱熹将其整理并作了解释,将其纳入理学哲学体系,全文共249字,兹录于下:

> 无极而太极。太极动而生阳,动极而静,静而生阴,静极复动。一动一静,互为其根。分阴分阳,两仪立焉。阳变阴合,而生水、火、木、金、土。五气顺布,四时行焉。五行一阴阳也,阴阳一太极也,太极本无极也。
>
> 五行之生也,各一其性。无极之真,二五之精,妙合而凝。乾道成男,坤道成女。二气交感,化生万物。万物生生而变化无穷焉。惟人也得其秀而最灵。形既生矣,神发知矣。五性感动而善恶分,万事出矣。圣人定之以中正仁义而主静,立人极焉。
>
> 故圣人"与天地合其德,日月合其明,四时合其序,鬼神合其吉凶",君子修之吉,小人悖之凶。故曰:"立天之道,曰阴与阳。立地之道,曰柔与刚。立人之道,曰仁与义。"又曰:"原始反终,故知死生之说。"大哉易也,斯其至矣!

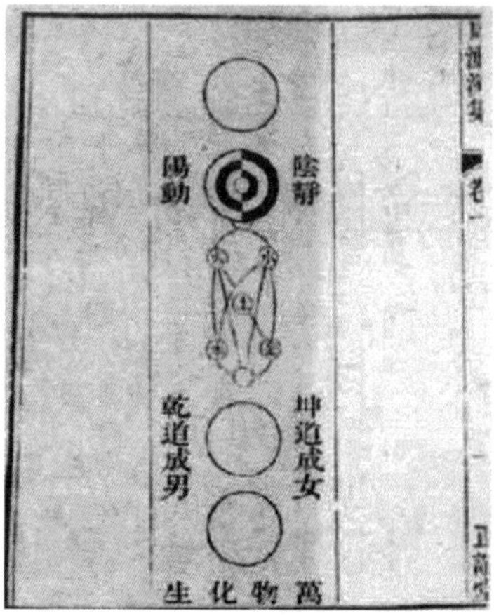

周敦颐太极图

《太极图说》以《周易》为主线,将儒家"中正仁义""立人之道曰仁与义"的思想和佛老二氏"无欲""主静""无极"的思想巧妙地融合在一起,开创了宋明理学的先声,奠定宋明理学的理论基础。建构了宋儒理学世界观"无极—太极—人极"的生成演进图式。其丰富的内涵在宋代便引起朱熹与陆九渊两大学者关于"无极而太极"之辩,影响颇为深远。其《太极图》更是广为流传。

关于此图的来源有很大争议。朱震认为出自陈抟,直到清代,毛奇龄、黄宗炎、朱彝尊等学者依然坚持此说。今人李申经过详细考证,最终确

① 舂陵在秦汉时称舂陵,唐宋时称道州,即今湖南省道县。

定为周敦颐所作，与陈抟无关①。其图在元明清经后人不断推演，产生了数以千计的太极图，是公认的宋以后“太极图”大盛的嚆矢。

朱震象学派 朱震(1072—1138)，字子发，世称汉上先生，湖北荆门人，两宋之际易学家。与邵雍数学派主张“有数而后有象”不同，主张“有象而后有数”，成为象学派的代表人物。他针对两汉以来易学流派的发展进行深入分析，尤其是对汉易和北宋的象数之学作了一次总结，为象数派的易学提供了一套理论体系。朱震将汉代以来的象数之学解易的体例概括为五种，即动爻、卦变、互体、五行和纳甲等说，尤其推崇卦变和互体两说，在朱震看来，一卦之象乃一卦之体，《周易》就是以卦象为其结构。伏羲设卦本来是教人观察卦象，用来推测吉凶，后来的圣人如文王，忧虑一般人的智力不足以观卦象而知吉凶，于是不得已系之以卦爻辞，用来说明卦象的吉凶。《易传》的《象传》和《彖传》也都是解释卦象的，《大象》是对《象传》的补充。象分为卦象和所取之物象，即奇偶爻位之象和天、地、水、火、雷、风、山、泽等物象，此两者都不能废弃。据此，朱震又对《说卦》中的取象说详加注释和考证，并以此为出发点展开其易学哲学，充分体现了象数学派解易的特色。

蔡元定河洛学 蔡元定(1135—1198)，字季通，学者称西山先生。建阳(今属福建)人，南宋吕律学家，易学家，著有《律吕新书》《皇极经世指要》等十四种书。其子蔡渊、蔡沉亦皆通易学，蔡渊有《周易经传训解》，蔡沉继承其父象数易学而著《洪范皇极》。元定继汉宋象数学的传统，对有关河洛图书的问题及邵雍的易学加以阐发，他的河洛之学见于与朱熹合作的《易学启蒙》中②。蔡元定、朱熹以十数图为河图，九数图为洛书。十数图为五行生成图，九数图为九宫图，以对抗刘牧的“河九洛十”说。《易学启蒙》认为河图之数为十，数至十而全，为数之常，数之体；洛书之数为九，数之变始于一而终于九，为数之变，数之用。河图象天，为圆形，其数为三，为奇；洛书象地，为方形，其数为二，为偶。以此解释《说卦传》中“参天两地而倚数”之意。在朱、蔡的宣传下，“河十洛九”说遂成了被后世信奉的定论。其子蔡沉又进一步在其《洪范皇极》中提出“河偶洛奇”“河静洛动”“河象洛数”等学说。

3. 元明清象数学

元朝时，象数学方面在宋易的基础上，或作先后天图争论，或谈“河”“洛”规律。总体来说，延宋人讨论之余绪，创获不多。正如杭辛斋先生所说：

---

① 李申：《易图考》，北京大学出版社，2001年。

② 该著共四蒙，即《本图书第一》《原卦画第二》《明蓍策第三》《考变占第四》，是关于图书象数学的代表作。

元明两代之言易学,无甚发明,著录者大抵盘旋于程朱脚下为多。元之熊与可、胡一桂、熊良辅、王申之、董真卿,明之黄道周、乔中和,皆其杰出者也,然皆有所依傍,不能成一家之言。黄道周之《易象正》《三易洞玑》,虽以天象历数阐明易理,而艰深奥衍,流传不广。①

来知德错综说 来知德(1525—1604),字矣鲜,别号瞿塘,明夔州府梁山(今重庆市梁平区)人,易学家,积二十九年心血著《周易集注》。该书以阴阳错综说体系为根据,诠释卦象逻辑结构和邵雍提出的先天图与后天图,以错综、爻变、中爻等解卦法诠释六十四卦的卦爻象及卦爻辞,继承和发展了易学中的取象说。从学术角度而言,其书自成体系,当时被推为“绝学”。尤其是错综说,来氏据《系辞下》“参五以变,错综其数:通其变,遂成天地之文;极其数,遂定天下之象”的说法,参考《序卦》之旨,以论《周易》取象,在《周易集注》中独创“卦综”“卦错”诸说。“卦综”,又称反卦和覆卦,即两卦的卦画互相颠倒而成,在六十四卦卦序中,大部分都为两个卦一对偶,即相覆而得,如需䷄卦,倒过来即讼䷅卦、师䷆卦倒过来即比䷇卦,正如孔颖达在《周易正义》总结的:“二二相耦,非覆即变。”“卦错”,指两卦卦画完全相反者,亦即汉代的“旁通”。如乾䷀卦与坤䷁卦即是相错。来知德论“卦错”有四正“错”、四隅“错”,论“卦综”有四正“综”、四隅“综”。有的卦以正“综”隅,有的卦以隅“综”正。六十四卦之间复杂的“错”“综”之旨,极尽穷索之功。

来知德错综图

此图在揭示今本《周易》六十四卦的排列顺序及其卦体之间的变化关系上,有启发意义,确有汉、宋人未发之处。

方孔炤父子象数学 方孔炤(1590—1655),字潜夫,号仁植,安徽桐城人,明末易学家;方以智(1611—1671),字密之,号曼公,明末思想家,方孔炤之子。方孔炤、方以智父子在其家传易学的基础上著《周易时论合编》,对北宋以来象数学的发展作了一次总结。此书有《图象几表》八卷,列各种图式一百多幅,并作解说,是明代易图学解易的重要著作。方氏父子提出了“虚空皆象数”的命题,以一切皆有象数作为其易学的基本观点。其《周易时论合编》对八卦所取之物象作了大量补充,如坤卦补四十、震卦补四十二、坎卦补六十三,共补三百多条。在方氏父子看来,象

① 杭辛斋:《杭氏易学七种》,周易工作室点校,九州出版社,2005年。

数理气是融为一体的，象数是气化的形式，理作为气化的本因，即存在于阴阳二气、天地之象和奇偶之数中。讨论了先天与后天、河图与洛书、太极与有极、阴阳五行之气同个体事物的关系等，建立了象数学派的本体论体系，标志象数学发展的高峰。

清代易图考据学　明清之际，掀起了一轮关于易图讨论的热潮。由于实学风气的盛行，清代学术界兴起一股疑古之风。在这种情况下，清初学者从文献考证和文字训诂方面抨击图式之学和邵雍象数派，代表人物有黄宗羲、黄宗炎、毛奇龄、李塨和胡渭等人。他们的易学观并不尽同，黄氏兄弟为一派，毛、李、胡为一派。其中黄宗羲著《易学象数论》、黄宗炎著《图学辩惑》、毛奇龄著《仲氏易》、李塨著《周易传注》、胡渭著《易图明辨》，这些著作都评论了宋易中的象数学。黄宗羲兄弟是从义理学派的立场抨击宋易中的象数学；毛奇龄和胡渭则依汉易对《周易》经传的解释，批判宋易中的图式学和邵雍的先天易学。黄宗羲兄弟和毛胡二人的易学观虽不同，但他们都利用文献考据的知识，斥责刘牧和邵雍两派的易学不合《周易》经传的本义。就此而言，他们又成为易学考据学批判图式学的代表。毛奇龄和胡渭的易学研究成为清代汉学家研究汉易的先驱。

焦循天元术　焦循(1763—1820)，字理堂，清朝乾嘉时期著名易学家，著有《易通释》《易章句》《易图略》，称“易学三书”。他采用实测、天元术以及转注、假借等方法、原理解易，认为《周易》六十四卦三百八十四爻是运动的，这个运动正如天体的运动一样，可以由实测找到它的规律。天元术——列代数方程中正负相消法即是《易》之“齐同”术。运用六书中转注假借去考释经文。发明“旁通”“相错”“时行”三条体例，并依此体例对《周易》卦爻象、卦爻辞作了全面解释，并对象数派进行了批判。焦氏属于朴学易中的象数创新派，与朴学派汉易家其他人相比，焦氏颇有发明。从焦氏对《周易》卦爻象和卦爻辞的抽象化、符号化、形式化的解读中，既可以看出古代易学中逻辑思维、辩证思维的发展，也不可否认是对汉易、宋易中象数学的扬弃。宋易象数学经过清初的冲击和批判，已告衰落。汉易象数学虽经惠栋、张惠言等人的拯救，亦未能复兴。因此可以说焦循易学标志着我国古代象数学的终结。

4. 小结

纵观两千多年义理《周易》学的历程我们可以发现，孔门义理之学在孔子时或许有些孤寂，但在孔子之后却最受后世中央集权政府青睐。自汉代以来一直为儒门易学正宗而长盛不衰。即使是王弼的义理之学虽是“别子为宗”，采取了否定儒家义理《周易》的形式，但实际上也向先秦易学具有的“尚变、重自然之道”精神靠拢，故仍然博得后世儒者的肯定。

汉代以后,义理易学代表了易学的主流。尤其是孔门易学,实际上成为汉代以来历代王朝的官学。由于义理易学自魏晋隋唐以来的再度兴起,巫史象数易学逐渐退居民间。两千年间虽然有京房、邵雍等的革新创造,但整体来说日渐式微,先秦易学几乎不见踪影。义理易学与天道性命之学结合,一方面赋予其宇宙论本体论贯穿的哲学架构、拓展其丰富的哲学意涵;另一方面又偏离知识论本质,忽视了对超验知识与现实生活的内在衔接,逐渐陷入虚无缥缈而无法体察人事,背离了“极高明而道中庸”“通神明而类万物”的核心经义,造成了自明清起义理界万马齐喑的局面。与此同时,民间的象数学虽有所发展,但一些江湖术士为利益驱使,大肆渲染其迷信谶纬灾异之说,蛊惑人心,混淆视听,也导致了人们对《周易》学象数理论的质疑与误解。

三、现代易学的概念与发展

易学研究的历史表明,易学研究正在将易经的注译推向新的广度和深度。当前易学的研究方向面临着一个艰难的选择,这种战略性的选择对易经的研究、应用的影响非常深远。因为易学研究本身具有多重文化特征,一方面易学研究在当代中西学术交流中碰撞融合,另一方面又与古老的中国文化传统如占卜和迷信有着密切的关系,因此,现代易学研究面对两种选择:非规范、非系统、复杂化、分散化、烦琐化的玄学研究道路和系统化、综合化、规范化、简明化、实用化的科学研究道路。现代易学研究的任务是把易学引到后者这条道路上来,通过研究和探讨提出现代易经预测、阐释和决策的原理并运用于实践,构建科学、简明、实用的现代应用易学。

现代易学的应用研究目前已涉及很多领域。这些领域的理论基础来源于传统易学的基本学说或《周易》的符号和经文。应用易学的操作模式或基础原理,是这些学说和符号的具体运用或发挥。就这一点而言,应用易学的发展,还没有形成完善的理论体系,仍然需要在大量应用研究的实践中积累更丰富的经验和资料,在对经验和资料的归纳和总结的基础上形成更为成熟的理论,而不是单纯地停留在将某些易学思维的理念与具体科学理论和内容的对应、配合和沟通上。易学如何与现代科学对话、融合成为现代易学十分重要的课题。

1. 现代易学的概念

现代应用易学简称现代易学,现代易学是一门以《易经》特有的概念、范畴为基础,研究人和客观世界变化趋势、现象、规律和应对策略的交叉性学科。换句话说,现代易学就是以《易传》为基础,以《易经》为核心,以现代人惯用的符号、数字、图形、语言等为手段，提出现代《易经》预测原理、现代《易经》阐释原理、现代《易经》决策原理，在传统易学的基础上吸收现代科学理念，通过《演绎》、推理、归纳，以新模式、新框架、新体系对《易经》的文字、符号进行系统、规范的改造、创新，从应变原理、变化信息、变化趋势、应变策略等四个层次构建现代《易经》(新《易经》)的经文系统，从哲学的高度对现代社会的诸多问题提供分析变化现象、预测变化趋势、控制变化进程的方法和手段。现代易学是科学化、系统化、应用化的现代《易经》，是经过整理、改造、补充、创造、完善了的实用《易经》，是中国传统文化精粹与现代生活的结合。

现代易学研究的核心问题，就是通过科学化的手段对未来变化的规律、现象和应对策略进行全时空、全过程、规范化、系统化的模拟分析和科学表述，系统地提出现代《易经》阐释原理、现代《易经》预测原理、现代《易经》决策原理，并对《易经》的结构系统、图谱(表)、经文的模拟分析和科学阐释。

2. 现代易学的发展

历史上，易学就是应用学科。《易经》本就来源于生活，其内容和基本素材来自占卜。在易学史上，占卜即使在以卦象规范后的学理化时代以后仍然保留着很强烈的操作性，《易经》具有复杂的形式和内容，离开了它的操作系统，我们就不能完整地理解《易经》及其基本范畴，如太极、八卦、阴阳、五行、道、气等，这些基本范畴很多都运用于我们的生活，这些不仅是基本的理论概念，也是一套与现实生活有关联的思维图式。这些概念和图式反过来对许多具体的、新提供的经验和知识内容进行综合。从历史上看，易学在中国古代天文、历算、农学、医学、音律、军事学等方面就已经取得了相当大的成就。

汉朝是中国上古学术的总结时代，开启了中国古代应用易学的基础。这种应用研究以上古丰富的思想渊源和实践经验为依据，从而形成了汉代应用易学的不同学术派别和知识门类。东汉魏伯阳的道家早期经典《周易参同契》是现知最早的包含早期系统的外丹理论的著作，其中人体与宇宙同构互动的模型是中国古典应用易学中最早的“范式”。到唐宋时期，《易经》的应用研究流行，天文学家僧一行、医学家孙思邈、命理学家李虚中、养生学家陈抟、博物学家沈括、数学家秦九韶等人，都是深谙易理之人，他们都为易学走出神秘和迷信，进一步向实际应用发展做出了贡献。

晚清时，学术渐趋没落，《易经》也概莫能外。其应用性研究没有实质的进展，仅沿袭唐宋的余绪而已。到了近现代，西学东渐，易学也接受了来自西方学术的新的影响，应用易学的学术性质和范畴发生了变化，易学汇入近代科学的潮流之中，必然使古典的应用易学的“范式”朝现代转变。20 世纪中国发生了翻天覆地的变化,作为反映时代风貌的易学也随之改变,被深深地打上了时代的烙印。"五四"运动宣告了新民主主义革命的开始,中国社会进入了一个新的历史时期。而从晚清开始,爱国的知识分子就在不断地寻找救国之路;在思想理论界,中国知识分子开始接受并用马克思主义的新方法、新观点重新研究《周易》,形成了现代易学的雏形。因此,现代易学是适应我国社会发展的产物,并反映当时中国社会的精神面貌。

按照其发展的线索和研究的内容,现代易学大致可划分三个时期:1919—1949 年是现代易学兴起的时期。这一时期以顾颉刚、钱玄同等创始人为主要代表的古史辨派,用马克思主义的辩证法和唯物史观重新审视易学,并对《周易》的成书年代、作者及《周易》思想作了考察和分辨。1949—1978 年是现代易学的发展时期,经历了从学术研究到低谷的发展历程。这一时期除了延续古史辨派的传统外,更多地探讨了《周易》的思想、哲学性质及研究方法。1978 年至今是现代易学的鼎盛时期。这一时期以哲理化研究为主题,对《周易》展开多层次、多学科、多角度的研究。

"现代易学"指的是研究方法和研究成果的表现形式是全新的,同时并不否定古代易学或者割断古代易学和现代易学的联系。现代易学是继承古代易学而发展的,现代易学仍然是以《周易》为研究对象,并且大量地吸收了古代易学家的研究成果,尤其是在诠释经文等方面,除了极少数参照新出土的文物而有所发展外,更多的是继承前人的研究成果。

回顾从 19 世纪中叶至 20 世纪中叶的《周易》研究史,《周易》的研究著作之多仍足以称道,并且在学理上有相当程度的发展;但《周易》的应用研究却停滞不前,现代易学中应用研究较大规模地开展还是 21 世纪以来的事情。从更深的意义上说,这也是一种文化自觉。

从 20 世纪 70 年代至今,国际学术界对《周易》的多学科研究一直是一股新的学术潮流。其中有许多西方学术界第一流的科学家、心理学家和哲学家,如玻尔、荣格、巴姆、墨菲等人涉足这一研究,这显然有利于易学研究与当代学术思想相沟通以及易学研究成果的推广。近几十年来,国际易学研究的范围已由纯理论走向应用科学的诸多领域。把古老的知识与当代科学技术活动相连接,古树发新芽,使之获得更多新的价值和意义。

现代易学研究使人类古老的智慧与现代的知识探究活动相沟通,从而克服了科学领域中根深蒂固的"西方中心主义",使东方的智慧赢得了一席之地。种种迹象表明,易学应用研究在人体科学、预测学等某些特定的学科领域里,已经取得了令人瞩目的成绩。传统易学在当代获得了强劲的生命力,显示出普世的文化价值和时代意义。

英国当代著名的历史学家汤恩比看到了西方社会面临的空前危机，极力推崇东方古代文明，并自信地以"国际智慧学者"的身份预言，在下一个人类历史的发展阶段，东亚将重新执掌西欧曾经拥有的权柄。在西方学者看来，中国传统文化显示出与西方文化迥然不同的生动景象，在几千年的文化发展中，中国传统文化融汇儒、法、道学于一体，保持政治、经济、文化的"大一统"理念。由此，中国传统文化在世界现代化的进程中，其影响力不容低估，将直接作用于世界现代化的进程。我们又一次面临着让世界了解中国文化，让中国文化走向世界的契机。

"《易》与天地准，故能弥伦天地之道。"现代易学是符合现代社会发展需要的重要的思想和方法，随着社会的发展和人类文明的进步，相信现代易学将会发挥出越来越重要的作用，在人类发展史上必将留下浓墨重彩的一笔。

3. 现代易学的特点

作为中国古代特有的学问，易学自诞生之日起，承前启后，继往开来，经历了几千年的发展和演变，已积淀成为既具有鲜明时代气息又博大精深的易学文化。审视当今易学丰富的内涵和各种表现形式，我们可以发现它有几个鲜明的特点。

(1) 创新性

现代易学源于古代易学又高于古代易学，在继承古代易学思想的基础上融入了时代的元素，发展了易学的思想，这就是现代易学的一个重要特点。

社会需要发展，发展需要在继承的基础上创新，创新需要适应社会发展的需要，为社会的发展服务。因此，构建一个以传统易学为体、以现代科技为用、体用结合的现代易学体系，更好地为社会的发展提供动力，成为现代易学迫切需要研究的课题。所谓的以传统易学为体，就是要求构建的现代易学体系必须是建立在传统易学的基本领域里，用其基本范畴和概念解释世界，尤其是易学特有的基本原理、方法论、宇宙本体观等。也就是说，现代易学必须在全面继承传统易学的基础上进行一次大的变革，是传统易学在新的历史阶段中的大发展。另一方面，现代易学又必须以现代科技为用，这就要求构建现代易学体系的方式、方法与基本原则必须运用和借鉴现代科技，现代易学作为对传统易学的大发展和大变革，必须是在现代科技的帮助下才得以完成。

上述所谓的体用之辩，归结为一点，就是要继承谁并以谁为变革的动力问题。从根本上说，现代易学继承传统易学并借鉴现代科技，进行自我变革的具有逻辑统一性的理论体系。就其继承传统易学而言，传统易学的天人合一的有机整体世界观和阴阳爻变原理、宇宙本体观等象数逻辑基本模型等，都是必不可少的继承对象，否则就失去了易学体系的核心与内涵。而就其变革与发展来说，最根本的则是要引入现代科技中的科学态度与精神、科学实验的理念与机制、因果分析的方法以及用以推演理论体系的公理、定理的思想等。

谈到科学体系的简单原则时,爱因斯坦曾说:科学是这样一种企图,它要把我们的杂乱无章的感觉经验,同一种逻辑上贯彻一致的思想体系对应起来。牛顿在谈论欧氏几何的优越性时也曾指出:几何学的辉煌之处,就在于只用很少的公理,而能得到如此之多的结果。我们用这种方法反观传统易学,尽管它并不缺乏一些独立的公理和基本概念,却缺乏一种贯彻始终的思想体系,使传统易学的各个部分只有一些概念,作为一个理论体系,始终只是互相矛盾的体系。因此,正由于传统易学的这个缺憾,传统易学便从根本上被限定了,无法取得同现代科技一样的辉煌成就。

(2) 多元化

首先体现在现代易学应用的广度方面。现代易学的应用涉及范围广泛,既涉及哲学、伦理、文学、史学、艺术、管理学、逻辑学、民俗学、文艺学、美学、宗教学等人文社会科学,又涉及中医、天文、数学、物理、历法、化学、生物等自然科学。

易学的应用经历了一个过程。在20世纪上半叶,西方自然科学和新的思想传入中国,易学家们受这些思想的影响,开始从不同的角度研究易学。他们或运用现代考据方法对传统易学问题进行分析、考辨;或引自然科学入易学,相互印证;除此之外,也有仍然沿着传统的思路以象数治《易》者。这初步形成了易学多元化的特点。时至今日,易学研究者的专业日益丰富,专业化研究日益增多,仅就易学与人文社会科学而言,所涉及的学科几乎无一遗漏,而易学与自然科学的关系研究更是超出20世纪前叶几倍,甚至十几倍。多元化的易学应用成为现代易学一个显著的特点。

其次,现代易学充分吸取近现代象数、新术数、义理、数理科学等各派易学大家的优秀成果,利用哲学、文化学、信息学、管理学、预测学、未来学等现代科学理念对《周易》中的消极观念进行适当改造、补充和提高。

易学多元化的特点使它直接与当代人类的精神创造活动相互联系和沟通,互为补充,从而使易学研究在当代世界学术之林中占据了一个十分独特的位置。在现代学术潮流的推动下,易学的应用领域也在不断扩展,正在逐渐形成一个现代易学的应用学科群,在医学、管理学、艺术等领域都有涉及。在国内科研院所和一些高等院校,都有一些这方面的专门课程和有待进一步展开研究的科研课题。

(3) 实用性

现代易学研究还具有很强的实用性。其一,通过现代《易经》预测和决策原理研究,提出现代《易经》预测、决策的应用模式和具体的实施手段,使现代《易经》在预测、管理、咨询、决策等领域得到更加广泛的应用。从而使《易经》继续为现代社会的发展发挥作用。其二，通过现代《易经》阐释原理研究，构建现代《易经》(新《易经》)经文和体系，这是复兴中华文化、弘扬易学精神、加速中国哲学发展的现实需要。

现代易学既是方法论又是思想论，汇聚了中华民族的集体智慧，通过对易学的研究，可以更好地把握事物的规律。由此总结出来的方法是我们利用自然、适应自然的法宝，根据这些方法指导我们的生活和工作，指引我们如何面对激荡的社会，克服社会进步过程中面临的种种难题。大道至简，现代易学为我们指出了一条利用自然的光明之路，用最简单的语言和最容易的方法解决各种问题，从而把我们带出困惑的丛林，进入更高的人生境界。

(4) 国际化

与传统应用易学相比，现代易学的研究已经走出国门，走向世界，具有了国际化的特点。就易学研究的地域而言，现代易学已不仅是中国的文化，而是超越了地域性，具有了世界的眼光，成为世界文化的一个重要组成部分，当代易学已经不再是中国的特有专利，已经成为世界性的学术课题。

从目前来看，易学已经成为世界学界关注的焦点和研究的对象。许多国家的研究者从不同的文化背景和思维方式，以不同的语言对《周易》这一中国古老文化加以研究，从自己的角度对之进行阐发并赋予其新的内容，使今天的易学成为人类共同拥有的、具有现代意义的思想宝库。我们知道，在西方，《周易》不仅仅被看作是理解中国文化和思想的向导，通过创造性的解释，《周易》与《老子》等其他典籍一样，越来越被外国人所接受，并在某种程度上成为发展某种学派或某种理论的新的理论来源和知识信息。因此，《周易》这部古老的经书，正处于世界最具有进取性的学术思潮中，对其所作的各种研究就成为当代最具有前沿性的课题。

易学在国外广泛传播，以及现代易学融进西方科学知识和思想文化是易学研究国际化的前提。自 17 世纪以来，《周易》便被法国的传教士金尼阁、白晋、马若瑟和英国的传教士麦格基、理雅各，以及德国传教士卫礼贤等先后译成拉丁文、法文、英文、德文在西方广泛流传，并受到西方人的青睐。他们纷纷著书立说，阐发易道，并视《周易》为中国科学和哲学。德国著名数学家莱布尼兹从古老的易图中发现其中包含的二进制算术。法国传教士白晋认为《周易》"是一种纯粹的、健全的哲学"，又是一种"更牢固、更完美的哲学"。德国的古典哲学大师黑格尔则视"《易经》包含着中国人的智慧"，是"最深邃的、最普遍的东西与极其外在、完全偶然的东西之间的对比"。西方人对《周易》的了解和研究，为易学研究的国际化奠定了基础。20 世纪初，中国接受了西方科学的新思想、新观念，从而赋予《周易》现代的科学、哲学等种种含义，这种思维模式非常容易为西方人所接受，所以它能够与今天的国际学科潮流相呼应、融合和沟通。换言之，现代易学引进的西方科学新的思想，为现代易学的国际化奠定了基础。

易学研究的国际化,从某种程度来说,也是易学研究的世界化和未来化。易学研究的国际化,是世界文化发展的趋势所致,其结果必然导致形成具有普遍意义的理论,并尽量运用于现代化的实际。从社会实践的意义讲,这种国际化的研究,极大地满足了人类精神文明和现代世界经济发展的需要,其现实意义是不言而喻的。国际化对易学本身而言,则有利于自己的发展和完善。只有将易学研究国际化,吸引更多的学者来研究易学,易学才能成为一门超民族、跨地域的世界性文化,才能永葆青春活力,走向未来。

第二部分

方法篇

融摄于五行生克变易基础上的
中国式方法

第一章　易图学

易图学是宋代开始兴起的《周易》象数学的分支学说。易图学具有逻辑思维和形象思维相结合的特点，由此衍生了易学界的一次重大革命，即“仰观俯察”说转化为“卦起于数”说，然而我们却要刨除一些非理性的迷信偏见，不能仅仅依据“河出图，洛出书，圣人则之”之类的话便臆断出先有“图书”后有《周易》，实际上当代学界已逐渐在这一问题上达成了共识，即“易图是为解易而作，而不是先有易图而后才有易”①。了解清楚这个背景更有利于我们抱有科学的态度研究易图。易图学兴起于宋代，我们现在所了解的三大图系：先后天图类、太极图类和《河图》《洛书》，大多数皆出自宋代，仅有太极图类中的《阴阳鱼太极图》问世于明代，而其起源则还要追溯到宋代，故称宋代是易图学的一个奠基和完成时代恰如其分。不过我们要了解到，虽然易图学正式登上易学舞台是在宋代，然此前数千年亦有萌蘖。《尚书·顾命》载：“大玉、夷玉、天球河图在东序。”汉代以后，又有了进一步的发展，如伪古文《尚书》曰：“天与禹，洛出书，神龟负文而出，列于背，有数至于九，禹遂因而第之，以成九类，常道所以次叙。”②《汉书·五行志》曰：“河图命庖，洛书赐禹，八卦成列，九畴逌叙。”③郑玄注《系辞》称有“河图”九篇，“洛书”五篇，此处亦能发现汉代人认定的“河图”“洛书”其实是一种书籍，与后世的黑白点不同。据《隋书·经籍志》记载，“梁有《周易乾坤三象》《周易新图》各一卷，乂《周易普玄图》八卷”。又据《新唐书·艺文志》记载有“《大衍玄图》一卷”。除此还有孔安国、刘歆、郑玄、扬雄、班固等谈及，《礼记》《淮南子》《易纬·乾凿度》《论衡》《白虎通义》等书也提到“河图”“洛书”。可惜这些图书著作和他们所记载的易图早已失传。汉代易学流行象数学，是以《周易》中的象和数解释气候的变化过程，形成了卦气说，并用卦气说解释《周易》所说五十之大衍之数。易图说是汉易卦气说的新发展。

① 郭彧：《周易图象集解》，中国文联出版社，2000年。
② 文渊阁本《四库全书·尚书·洪范》。
③ 文渊阁本《四库全书·汉书·五行志》。

一、易图学的奠基

五代末北宋初年，易图学开始形成，逐渐发展、兴盛，成为象数学中独具特色的专门学说。陈抟是宋代易图学承前启后的关键人物。据说他归纳推演，制成了河图、洛书、先天图、太极图等易图，用以形象地发挥《周易》的象数学。据《四库全书总目·经部易类》记载，这些奇妙的易图不但与《易经》的“卦爻反复研究，无不符合”，而且其阴阳奇偶也“一一与易相应”。陈抟(871—989)，字图南，号扶摇子，赐号希夷先生，亳州真源(今河南鹿邑)人。长久以来对他的定位一直是道教中人，直到当代学者李申等人考证，其当为儒教中人无疑。《太华希夷志》载：

> 先生负经济才，初，五代间自晋汉之际，每闻一朝革命辄颦蹙数日，人有问者，瞪目不答。先生揽镜自照曰：“非仙而即帝，其自任如此。”

从负“经济才”到关心天下大事，明显带有儒者经世致用、心系苍生的气度；其后因遇乱世不得已而避居华山潜心修行，但也伺机而出，故宋朝建立之后，受皇帝征诏两次出山，即《宋史》所载其“幸天下太平，故来朝觐”，来了之后，便发一段儒士之言：

> ……因遣中使送至中书，琪等从容问曰：“先生得玄默修养之道，可以教人乎?”对曰：“抟山野之人，于时无用，亦不知神仙黄白之事，吐纳养生之理，非有方术可传。假令白日冲天，亦何益于世? 今圣上龙颜秀异，有天人之表，博达古今，深究治乱，真有道仁圣之主也。正君臣协心同德，兴化致治之秋，勤行修炼，无出于此。”琪等称善，以其语白上。上益重之……①

这段话中也看出陈抟告诫君臣与其妄听黄白道术还不如去兴勤政爱民之事，这正是贯彻儒家修齐治平之道。在《闻见前录》里亦载：“帝初问以伐河东之事，不答。后师出果无功。还华山数年，再召见，谓帝曰：‘河东之事，今可矣。’遂克太原。”这完全是一派儒者的作风，且娴熟运用《周易》卜测的结果，故将陈抟定为一位隐居的儒士较为妥当。故朱震的“传经表”将三大易图来源皆归之于陈抟正是对这位隐居儒士的赞扬与推崇，而后代将陈抟定为“易图之祖”也皆本于此，兹录于下：

---

① 文渊阁本《四库全书·宋史·陈抟传》。

陈抟以《先天图》传种放，放传穆修，穆修传李之才，之才传邵雍。

放以《河图》《洛书》传李溉，溉传许坚，许坚传范谔昌，谔昌传刘牧。

穆修以《太极图》传周敦颐，敦颐传程颢、程颐。

是时，张载讲学于二程、邵雍之间。故雍著《皇极经世书》，牧陈天地五十有五之数，敦颐作《通书》，程颐著《易传》，载造《太和》《参两篇》。

臣今以《易传》为宗，和会雍、载之论，上采汉魏吴晋，下逮有唐及今，包括异同，庶几道离而复合。①

朱震的“传经表”一直为后人质疑，但其将易图的地位大大提高的功绩却不容抹杀。查检朱震《进周易表》载：

臣闻商瞿学于夫子，自丁宽而下，其流为孟喜、京房。喜书见于唐人者，犹可考也。一行所集房之《易传》，论卦气、纳甲、五行之类。两人之言，同出于《周易》“系辞”“说卦”，而费直亦以夫子“十翼”解说上、下经，故前代号“系辞”“说卦”为《周易大传》。尔后马、郑、荀、虞各自名家，说虽不同，要之去象数之源犹未远也。独魏王弼与钟会同学，尽去旧说，杂之以庄老之言，于是儒者专尚文辞，不复推原《大传》。天人之道自是分裂而不合者，七百余年矣。

这就是说，从孔子到汉代的象数易学，一直是儒门易学的正宗，直到王弼、钟会等人“杂以庄老之言”，才使得《周易》所注重的“天人之道”的结合自此断了七八百年。朱震(1072—1138)，两宋理学名臣，精通儒典《易》《春秋》，曾任孝宗老师。这样一位儒门重臣，是不会将易学传承拱手让与别教的，故亦可资证。朱震对易图在宋代的流传影响极大，是自北宋易图创始诸贤到南宋朱熹的一个最为重要的过渡人物，其在《汉上易传卦图》中说了这么一句重要的话：

卦图，所以解剥《彖》《象》、推广《说卦》，断古今之疑，发不尽之意，弥缝《易传》之缺者也。

这里他明确提出了易图的出现帮助学者接续了自汉代以来失传的“天人之道”大义，通过这些易图使人们得以拨开数百年的迷雾，以“弥缝《易传》之缺”，诚哉斯言。其后，朱震《汉上易传》、朱熹《周易本义》《易学启蒙》，对易图进一步肯定、推演、传播，使宋代的易图学逐步兴盛，最终形成融象、数、理为一体的图书之学。元、

---

① 文渊阁本《四库全书·宋史·朱震传》。

明、清三代的图书学又有了进一步发展,以图解易的著作越来越多,涉及领域也越来越广。

易图的渊源、原理和作用,历来是图书学派与疑古学派(反易图学派)争论的重点。图书学派认为,易图包含了天地之间的道理。如北宋邵雍说:“图虽无文,吾终日而未尝离乎是,盖天地万物之理,尽在其中矣。”(《观外物篇》)明代来知德说:“太极中分一气旋,两仪四象五行全,先天八卦浑沦具,万物何尝出此圆。”都是讲易图包含了《周易》博大精深的思想内容。疑古学派认为,由于《周易》的文辞不足以表达事理,所以后人补做易图。如宋欧阳修说:“河图之出也,八卦之文已具乎,则伏羲授之而已,复何所为也?八卦之文不具,必须人力为之,则不足为河图也。”(《易童子问》卷三)疑古派在清初开始兴盛,一些学者批评宋明理学,认为宋明理学曲解儒学,甚至用佛教、道教的学说来曲解儒家经典。疑古派代表人物是明末清初黄宗羲和清代胡渭、毛奇龄等,以及后继者所形成的著名“乾嘉学派”。胡渭与毛奇龄等人致力于考据易图的起源。他们指出黑白点的河图、洛书是宋代才出现的,宋儒所谓河图、洛书都是袭用陈抟之说;先天图也是宋代的作品,根本不是伏羲所作;易图是根据《周易》创作,而不是《周易》根据易图创作的,至今为大部分学人所采纳。但同时乾嘉学派认为宋代的易图绝大多数取自道教道士(指陈抟)创制的图式,有背叛儒门的味道,是对圣贤的亵渎,所以乾嘉学派完全否定易图,通过我们对陈抟身份的考证,可以说明这是清儒的误解,不符合实际情况。

二、“先后天”易图

象数易图学中颇为典型且影响至为深远的图式,即托始于伏羲的“先天四图”及托始于周文王的“后天二图”,这里合称为“先后天图”,或《先天图》类。谓之“先天”“后天”者,乃以伏羲为作《易》八卦、六十四卦之始,故其图称“先天图”;而以文王为演《易》于八卦、六十四卦既创之后,故其图称“后天图”。最为著名的“先天四图”与“后天二图”,皆以探讨八卦、六十四卦的次序、方位为主,而朱熹《周易本义》卷首并为载录。二者皆为邵雍所创。

1. 先后天易的渊源及内涵

邵雍是宋代先后天易的创始人,也是“数学”派的领军人物,前已有论述。邵雍胸怀大志,刻苦好学。“慷慨欲树功名。于书无所不读,始为学,即坚苦刻厉,寒不炉,暑不扇,夜不就席者数年。”(《宋史·邵雍传》)后又得到时摄共城令的易学家李之才的赏识:

乃事之才，受《河图》、《洛书》、宓羲八卦六十四卦图像。之才之传，远有端绪（指其先天之学传自穆修，穆修传自种放，种放传自陈抟），而雍探赜索隐，妙悟神契，洞彻蕴奥，汪洋浩博，多其所自得者。及其学益老，德益卲，玩心高明，以观天地之运化，阴阳之消长，远而古今世变，微而走飞草木之性情，深造曲畅，庶几所谓不惑，而非依仿象类、亿则屡中者。遂衍宓羲先天之旨，著书十余万言行于世。①

宓羲即伏羲，这里说邵雍受《先天图》于李之才，然程颢在为邵雍作的《邵尧夫先生墓志铭》中说：

今穆、李之言及其行事，概可见矣。而先生醇一不杂，汪洋浩大，乃其所自得者多矣。

明确说穆修、李之才二人之才远远不如邵雍，而邵康节之学多“所自得”。邵伯温在《易学辨惑》中亦曰：

先君之学，虽有传授，而微妙变通，盖其所自得也。

此言很是公允。故《先天图》为邵雍所作当无疑，又《梅花易数》亦为邵雍所作，其文曰：

……乾一、兑二、离三、震四、巽五、坎六、艮七、坤八。此先天横图八卦之定数也。乾西北属金，坎北属水，艮东北属土，震东属木，巽东南属木，离南属火，坤西南属土，兑西属金。此为后天之方位也。有先天之数未得卦先得数，以数起卦，故曰：先天。有后天之数未得数先得卦，以卦起数，故曰：后天。先天之数，谓物之所生气之，所置事之所遇，皆有年、月、日、时，年以子年起一数……

不管怎么说，此说为其“梅花易数”占卦法的基本原则应属无疑。故朱熹在《答袁机仲书》中肯定道：

据邵氏说，先天者，伏羲所画之《易》也；后天者，文王所演之《易》也。伏羲

① 文渊阁本《四库全书·宋史·邵雍传》。

之《易》,初无文字,只有一图以寓其象数,而天地万物之理、阴阳始终之变具焉。文王之《易》,即今之《周易》,而孔子所为作传者也。

先天易又称为“伏羲易”,此说却并不始于邵雍,晋干宝说:“伏羲之易小成,为先天;神农之易中成,为中天;黄帝之易大成,为后天。”[①]邵雍以伏羲之卦为先天,可能受了干宝的影响。邵雍认为伏羲易先天地而生,反映自然的本然规律,先天“乃所以立体而明法象之妙”[②],并传有伏羲先天图十四种,朱熹《周易本义》《易学启蒙》将其归结为四种,即伏羲八卦次序图、伏羲八卦方位图、伏羲六十四卦次序图、伏羲六十四卦方位图。近人伍剑禅等学者认为“连山者,即伏羲之先天易也”。认为上古三易之一连山易即伏羲易,先天易为邵雍的核心学说。后天易又称“文王易”,邵雍认为文王八卦为人道,是从伏羲八卦中发展而来,反映人利用自然而有所作为的规律。后天乃“所以致用而著随时变易之道”[③]。它是由先天八卦含四方、四时、五行、八节,反映万物生成变化规律,是时空合一的象数结构模式。

先天易讲自然本然规律,后天易讲人为利用自然而有所作为的规律;先天讲天道,后天讲人道。《皇极经世·观物外篇》曰:“先天易为易之本,后天易为易之用;先天之学心也,后天之学迹也。”[④]先天、后天之说,宋以后十分流行。明代以后,尤其是清代乾嘉学派对此有许多非议,但由于士子们走仕途之路,仍需按朱熹的四书五经备考,才能在科举中取得功名;加上清李光地的《周易折中》一书,为康熙御纂《四库全书》所收,皇上崇信易图,故易图亦随之有了进一步的发展。据《四库全书》记载,清初一百多年里,有关易图的著作几乎相当于宋明之和。另按易图画卦的时间来看,先有“后天八卦”,宋代以后才有“先天八卦”。故我们按时间顺序先介绍“后天八卦”,具体内容分叙如下。

2. 后天易图

后天八卦即“文王八卦图”。据说是周文王所作,包括“文王八卦次序图”和“文王八卦方位图”两个图式,为邵雍所传,乃邵雍后天之学的主要内容。首见于朱熹《周易本义》,“文王八卦次序图”本于《说卦》第十章“乾坤父母”一节,“文王八卦方位图”用以解释《说卦》第五章“帝出乎震”一节所说的八卦方位。后天易图据传画于先秦时期,一般认为,文王八卦图是最早的八卦图。

---

① [明]何楷:《周易订诂》引干宝语,台湾商务印书馆,1986年。
② 文渊阁本《四库全书·皇极经世·心易发微》。
③ 同上。
④ 文渊阁本《四库全书·皇极经世·观物外篇》。

（1）文王八卦次序图

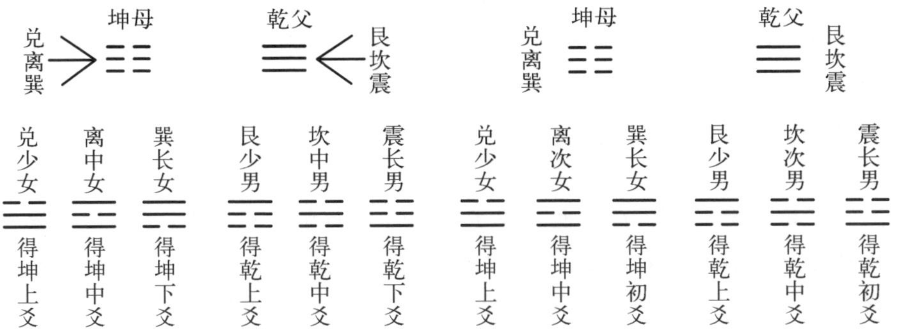

文王八卦次序图

《说卦》第十章曰：

> 乾，天也，故称乎父。坤，地也，故称乎母。震一索而得男，故谓之长男。巽一索而得女，故谓之长女。坎再索而得男，故谓之中男。离再索而得女，故谓之中女。艮三索而得男，故谓之少男。兑三索而得女，故谓之少女。

文王八卦次序图根据上述《说卦》的人伦关系取象画卦，乾代表天，坤代表地，天施地生，创立万物，用以象征人伦的父母。坤☷卦作为母亲，向作为父亲的乾☰卦索取阳爻“—”，生下三男，代表男孩的阳爻依次由下往上变化，首先索取得到的是长男震卦☳、然后是次男坎卦☵，最后是少男艮卦☶；接下来，乾☰卦作为父亲，向作为母亲的坤☷卦索取阴爻“- -”，生下三女，代表女孩的阴爻依次由下往上变化，首先得到的是长女巽卦☴、然后是次女离卦☲，第三是少女兑卦☱，合起来共八人，用八卦乾☰、坤☷、艮☶、兑☱、坎☵、离☲、震☳、巽☴表示。邵雍在《观物外篇》中这样解释道：

> 乾坤合而生六子，三男皆阳也，三女皆阴也。兑分一阳以与艮，坎分一阴以奉离，震巽以二相易。合而言之，阴阳各半，是以水火相生而相克，然后既成万物也。

这里所说的“三男皆阳”“三女皆阴”，即取自《说卦》“阳卦多阴”“阴卦多阳”之旨。“阴阳各半”，乃指兑、坎、震合为三阳六阴，兑、离、巽合为三阴六阳，阴阳各占其半而相对待；犹如水火既相对立又相和谐，在生克矛盾运动中而生成万物。邵氏以此八卦次序归之于“文王”，旨在映衬“伏羲八卦次序图”乃出于“先天”心法，而乾坤六子的次序属于文王“后天”所推演,体现了邵雍的理论取向。后天八卦的次序体现了男女媾精、万物化生的义理,说明了乾道生男,坤道生女;得父气者为男,得母气者为女;三男皆以坤母为体,乾父为用;三女皆以乾父为体,坤母为用等内涵。

(2) 文王八卦方位图

本自《说卦》第五章:

> 万物出乎震,震,东方也。齐乎巽,巽,东南也。齐也者,言万物之絜齐也。离也者,明也,万物皆相见,南方之卦也。圣人南面而听天下,向明而治,盖取诸此也。坤也者,地也。万物皆致养焉,故曰:致役乎坤。兑,正秋也,万物之所说也,故曰:说言乎兑。战乎乾,乾,西北之卦也,言阴阳相薄也。坎者,水也,正北方之卦也,劳卦也。万物之所归也,故曰:劳乎坎。艮,东北之卦也,万物之所成,终而所成始也。故曰:成言乎艮。

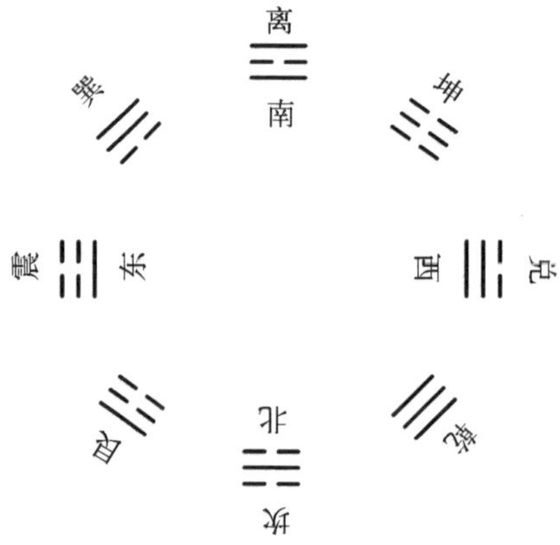

文王八卦方位图

据此解释,兑秋是正西,余下坤只能处于西南。文王八卦方位图根据上述《说卦》解说,以天、地、山、泽、雷、风、水、火相互交错的自然现象排列作为主体;按顺时针方向依方位与季节排列是其应用。又因其图以离居南,坎居北,亦称“离南坎北图”。朱熹于《周易本义》卷首录此图。

邵雍在《观物外篇》中解释道:

> 至哉,文王之作《易》也!其得天地之用乎?故乾坤交为《泰》,坎离交而为《既济》也。乾生于子,坤生于午,坎终于寅,离终于申,以应天之时也。置乾于西北,退坤于西南,长子用事而长女代母,坎、离得位,兑、艮为偶,以应地之方也。王者之法,其尽于是矣。

“文王八卦”即与“伏羲八卦”相对,为地道,从“先天八卦”衍化,故曰“后天”。“后天八卦”方位是坎北、离南、震东、兑西,这种安排符合五行学说的需要①。五行方位中,水北、火南、木东、金西、土中。八卦的卦德、卦义中,坎为水,离为火,震为木,兑为金,所以文王八卦中此四卦被安排在北南东西的正位。这里顺便介绍一

① 中国古代方位的表达方式与现在上北、下南、左西、右东的表达方式正好相反。

下：后天八卦是后天易的组成部分，为什么古代人在标注方位时的习惯总是上南、下北、左东、右西呢？要回答这个问题我们必须了解北斗七星在古人心中的重要地位，这和我国的社会文化历史有关。中国是农耕社会，高度依赖大自然，一旦错过了栽种的时间就可能颗粒无收，所以在很早以前就根据天象来判断播种和收获的时间。通过长期的观察，古人发现，当斗柄指向正左时正好是春分，北斗七星的斗柄摇光指向正下方时正好位于一年的冬至，当斗柄指向正上方时正好是夏至，而当斗柄指向最右边时正好是秋分时节，所以北斗七星成为人们了解时差的一个方法。中国人把包括方位在内的世间万物都归类为五行来区别，东方春季五行为木，南方夏季五行为火，西方秋季五行为金，北方冬季五行为水，这就是为什么古人习惯上南、下北、左东、右西的由来。这些自然知识一直指导着我们民族的生存和发展。

后天八卦实际上是从万物的生长、四时的推移、八节的变化规律而创造的一个平面的方形卦图，为古代的大地坐标图。后天八卦代表了一种规定性，每周天三百六十日有奇，万物的春生、夏长、秋收、冬藏，八卦各主四十五日，其转换点就在四正四偶的八节上，这就构成了按顺时针方向运转的后天八卦图。每卦有三爻，三八二十四，即指一年的二十四个节气，于此可见这些卦图的实质了。后天八卦如象征节气，则震为春分，巽为立夏，离为夏至，坤为立秋，兑为秋分，乾为立冬，坎为冬至，艮为立春。后天八卦的次序怎么来的呢？实际上是由四时、八节卦象变化而来。震卦中的一阳由下爻初动，冲破二阴的压迫，代表着春日之生发，故位于东方（木）；巽卦二阳位于一阴之上，有流动风行之象。震位于东方，为生发之动，生发之动必流行起来（巽），流行的结果就是万物蓬勃，繁盛欣荣，离为繁盛（位于南方），故巽卦位于震卦与离卦之中（东南）；离卦为二阳布于一阴之外，象征夏日之长，万物竞相繁荣绽放，故位于南方（火）；兑卦二阳收于一阴之下，象征秋日之收，故位于西方（金）；坎卦为一阳藏于二阴之中，象征冬日之藏，万物内敛收藏，故位于北方（水）；艮卦一阳止于二阴之上，二阴重叠，安止静极，坎为纳藏（位于北方），纳藏必然安止，止（艮）极必动，震位居东方，为动为生发，故艮卦位于坎卦与震卦之间（东北）；乾坤为偏阴偏阳之卦，故处于偏位，坤卦偏阴故处于偏南方（西南），乾卦偏阳故处于偏北方（西北），万物生长繁盛之后复归收敛，故坤居西南；万物收敛之后还要经天阳之历练（乾之战）才能收藏，故乾居西北。如以后天八卦来说明万物气化运行，将整个宇宙纳入卦象体系中，浑然无碍。

由此可见，后天八卦反映了两个重要规律：其一是描述生物生命发展的规律，生、长、壮、老的过程。春天，万物都开始萌芽、生长，夏天逐渐壮大，秋天成熟、收获，冬天贮藏、休息。一年周天三百六十日有奇，八卦每卦各主四十五日，这些顺时针运行的后天八卦图象与古人观察到的太阳的运转方向一致。太阳是万物生长之源，所以太阳光强弱的规律与万物生长发展的规律相一致。其二是说明五行与四时五方的密切关系。儒家认为宇宙间的万物都可归类于金、木、水、火、土。五行构成了人体和万物的基本元素。后天八卦的核心是中和与平衡之道，这和五行系统有内在的对应关系，它实际上是一种观察者处在其中位的时空状态。后天八卦强调以坎离为用，即中和为根本大用(离卦为阳中用阴，坎卦为阴中用阳)，故坎离居上下(南北)之正位。

但是，此卦位安排有许多不合理之处。第一，从卦德上看，离卦虽是火，但不是纯阳，南方应该是纯阳盛的乾卦；坎卦虽是水，但不是纯阴，北方的水应该是纯阴盛的坤。第二，从引申人事需要的角度，乾是天，代表君王，坤是地，代表帝后，都应是处于正位，而不应该偏置。

3. 先天易图

"先天易"又称"伏羲易"，邵雍为了解决上述文王八卦和六十四卦不合理的问题，创制了伏羲八卦图。朱熹《周易本义》将其列于卷首，包括四个图式，即："伏羲八卦次序图""伏羲八卦方位图""伏羲六十四卦次序图""伏羲六十四卦方位图"。邵雍继承了其帅李之才的"卦变"说，又突破性地开创伏羲之易，所谓伏羲之易，即以乾坤坎离四正卦为内容的图式，邵氏认为此类图式，才符合《周易》的基本原理，先《周易》而有，故称先天易；又说其先天图式非人力有意编造出来，而是自然而有的，故称先天，并写了一首《天意吟》道："天意无佗只自然，自然之外更无天。"与后天易相较，他十分推崇先天易，故其学又被称为先天学。他曾说："先天者伏羲所画之易也，后天者文王所演之易也。伏羲之易，初无文字，只有一图以寓其象数，而天地万物之理，阴阳终始之变具焉。"且有赖于先天八卦序列，邵雍还创设了新的占筮方法——梅花易数，一直流传至今。

(1) 伏羲八卦次序图

此图也称为"先天八卦次序图"或"三横图""小横图"。其本自《系辞上》第十一章：

> 是故，《易》有太极，是生两仪，两仪生四象，四象生八卦，八卦定吉凶，吉凶生大业。

邵雍由此创设伏羲八卦次序说明"太极生两仪"的宇宙生成过程与世界的形成过程，以建构自己的哲学体系，具有世界观和宇宙论意义。其《观物外篇》说：

> ……由下而上谓之升，自上而下谓之降。升者生也，降者消也，故阳生

于下，阴生于上，是以万物皆反生。阴生阳，阳生阴，阴复生阳，阳复生阴，是以循环而无穷也。阴阳生而分二仪，二仪交而生四象，四象交而生八卦，八卦交而生万物，故二仪生天地之类，四象定天地之体。四象生日月之类，八卦定日月之体。八卦生万物之类，重卦定万物之体。类者，生之序也；体者，象之交也。推类者必本乎生，观体者必由乎象。生则未来而逆推，象则既成而顺观。是故日月一类也，同出而异处也，异处而同象也。推此以往，物焉逃哉。

此处邵雍虽未明确说明从太极到八卦的具体生成过程，但发明了一分为二的原则，于是构建成"伏羲八卦次序图"。

邵雍称此规律为"一分为二，二分为四，四分为八也"。程颐称为"加一倍法"，朱熹叫作"一分为二法"。朱熹《周易本义》又云："《说卦传》曰：'《易》，逆数也。'邵子曰：'乾一，兑二，离三，震四，巽五，坎六，艮七，坤八。自乾至坤，皆得未生之卦，若逆推四时之比也。'"一分为二，成倍增殖，表明宇宙万物无限可分，又"生则未来而逆推"，层层收合，统归于一，表明宇宙的本体为"一"（太极），阴仪分阳趋阴，阳仪分阴趋阳，表明对立面之间交相感应，异性相吸；虽层层分殖，但两极不变，表明阴阳的永恒性、权威性。

视此图的格式，乃以黑白横格组成，黑为阴，白为阳，黑白格之外的下方为阴阳未分之前的"太极"。图中所展示的四层形态，正是表明伏羲画八卦之时，因循太极、两仪、四象、八卦的程序而画卦的四道步骤：一是先有混沌空濛的"太极"，阴阳尚未判然，即"《易》有太极"之时；二是画阳"⚊"和阴"⚋"两画，为"两仪"，图中以最底层黑白横格表示，即"太极生两仪"；三是将阴阳两画交互重叠递升，成太阳⚌、少阳⚎、少阴⚍、太阴⚏，为"四象"，图中以第二层黑白横格表示，即"两仪生四象"；四是在"四象"符号上依次加入阳画和阴画而使之递升，乃成八卦乾☰、坤☷、艮☶、兑☱、坎☵、离☲、震☳、巽☴。图中以第三层黑白横格自右至左，表示八卦从"乾一"到"坤八"的先后次序，即"四象生八卦"。朱熹曾对邵雍所传"伏羲八卦次序图"排列程式之所以然作过较为详细的解释，他指出：

太极之义，正谓理之极致耳。有是理即有是物，无先后次序之可言，故曰"《易》有太极"，则是太极乃在阴阳之中，而非在阴阳之外也。……有是理即有是气，气则无不两者，故《易》曰"太极生两仪"。……妄意二仪只可谓之阴阳，"四象"乃可各加以"太""少"之别，而其序亦当以太阳⚌、少阳⚎、少阴⚍、太阴⚏为次。盖所谓递升而倍之者，不得越⚎与⚍而先为⚏也。此序既定，又递升而倍之，适得乾一、兑二、离三、震四、巽五、坎六、艮七、坤八之序也，与邵氏先天图合。此乃伏羲画八卦自然次序，非人私智所能安排，学《易》者不可不知也。①

朱熹之说，乃指明《系辞上》的太极、两仪、四象、八卦诸语，正是在揭示伏羲画卦次第。邵雍所传“伏羲八卦次序图”只是用横图的形式展示了这一次序，其说实已道出此图的最基本的宗旨。

(2) 伏羲八卦方位图

此图又称为“先天八卦方位图”或“乾南坤北图”。其本于《说卦》第三章：

> 天地定位，山泽通气，雷风相薄，水火不相射，八卦相错。数往者顺，知来者逆。

由此邵雍定为“乾南，坤北、离东、坎西、震东北、兑东南、巽西南、艮西北。自震至乾为顺，自巽至坤为逆”。又于《观物外篇》作了详细解释：

> “天地定位”一节，明伏羲八卦也。八卦相错者，明交相错而成六十四也。数往者顺，若顺天而行，是左旋也，皆已生之卦也，故云数往也。知来者逆，若逆天而行，是右旋也，皆未生之卦也，故云知来也。夫《易》之数由逆而成矣。

这里指明了八卦居位的顺行与逆行问题，朱熹《周易本义》中录有此图。

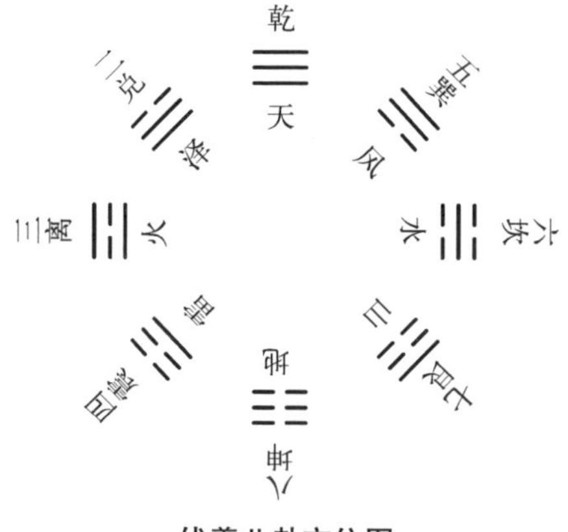

伏羲八卦方位图

据图所示，左半圈乾至震四卦皆为阳卦，左向而旋，犹如顺天而行，即《说卦传》所言“数往者顺”，谓之“已生之卦”；而右半圈巽至坤四卦皆为阴卦，右向而转，犹如逆天而行，即《说卦传》所言“知来者逆”，谓之“未生之卦”，今多从此说。邵雍《观物外篇》曰：

> 震始交阴而阳生，巽始消阳而阴生。兑，阳长也；艮，阴长也。震兑，在天之阴也；巽艮，在地之阳也，故震兑

① [宋]朱熹：《答程可久第三书》，《朱子全书》卷三十七，朱杰人、严佐之等编，上海古籍出版社，2010年。

> 上阴而下阳，巽艮上阳而下阴。天以始生言之，故阴上而阳下，交泰之义也。地以既成言之，故阳上而阴下，尊卑之位也。乾坤定上下之位，离坎列左右之门，天地之所阖辟，日月之所出入。是以春夏秋冬、晦朔弦望、昼夜长短、行度盈缩，莫不由乎此矣。

此又进一步道出“先天八卦方位图”反映了自然运行的规律，描述了一年四季、一月盈亏、一日长短的变化规律。且这一图式，与前述“伏羲八卦次序图”相得益彰。此图将八卦依八个方位列成圆形，其左行、右行之序，皆与“伏羲八卦次序图”的次序相合，若将前图的第三层卦式从中部拆断，各拗成两个半圆拼合在一起，便成为这一圆形的八卦方位圆。

其实“伏羲图”盖远古而来，其说未必就出自邵雍，朱熹便称其来自《参同契》，其与蔡元定皆认为“《先天图》与纳甲相应”，并称“《先天图》直是精微，不起于康节，魏伯阳之《参同契》与之有些意思相似”①。尚秉和先生说：“先天方位，乾南坤北，离东坎西，一阴一阳，相耦相对，乃自然之法象。”②又引《左传》曰：“艮与乾同位西北，巽与坤同位西南，坎兑同位西，震离同位东，左氏已备言之。故荀爽、郑玄资以注经。他若《乾凿度》，言先天义尤多也。”④故其说必源远流长。今有学者就先天八卦方位图由内向外周期进行分析，认为第一周期（即最内一圈卦的初爻排列）为左阳右阴，表示日月运行，一寒一暑，为太阳在一年的周期运动；第二周期（即中间一粗，卦的中爻排列）上半为阳，下半为阴，表示太阳昼夜起落，运行一日的周期；第三周期（即最外一圈，卦的上爻排列）其四隅位之爻象为左阴右阳，代表月亮（晦）朔、上弦、望、下弦（晦）

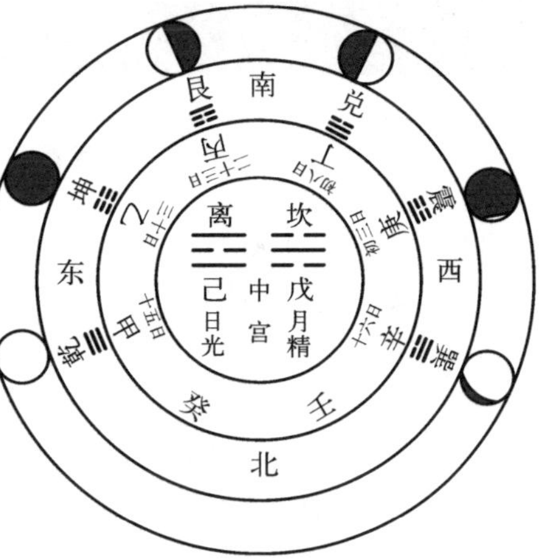

参同契纳甲图③

---

① ［宋］黎靖德编：《朱子语类》卷六十五，王星贤点校，中华书局，1986 年。

② ［清］尚秉和：《周易尚氏学》，中华书局，1980 年。

③ 参同契纳甲图，又称魏氏纳甲、月体纳甲，东汉魏伯阳《周易参同契》的易学炼丹术学说。以坎离两卦代表日月，其他六卦代表月亮的盈亏过程，八卦各配以干支。以八卦显示月相，以月亮盈亏说明一月之中用火程序。其纳甲次序本于京房，魏伯阳的月体纳甲与当前天文学对月相的观察基本一致。

④ 同上。

之象,为月亮在天空中运行一月的周期,其四正位之爻象为左阳右阴,代表太阳在春夏秋冬四时的经天运动周期,整个图象是古天文家用以记录年、月、日、时周期的符号。①

(3) 伏羲六十四卦次序图

此图又称“先天六十四卦次序图”,因其作六层横式排列,又称“六横图”“大横图”或“六十四卦横图”。朱熹《周易本义》卷首录入。

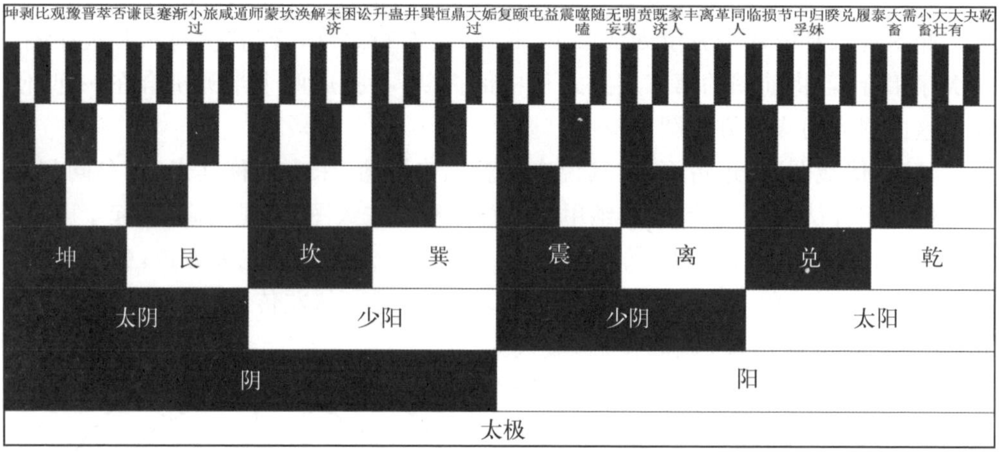

伏羲六十四卦次序图

此图在太极之上共有六个层次,一变为二,为两仪层次;二变为四,为四象层次;三变为八,为八卦层次;四变为十六,为十六卦层次;五变为三十二,为三十二卦层次;六变为六十四,为六十四卦层次。“遵循加一倍法”或“一分为二法”“四分法”把奇偶二数的演变置于第一位,是对先天八卦的推演扩展。

“伏羲六十四卦次序图”是对“八卦次序图”的进一步扩展,即“八卦次序”中已经预示了“六十四卦次序”的规律,而“六十四卦次序”也完全囊括了“八卦次序”的整体内容。

(4) 伏羲六十四卦方位图

此图亦称“先天六十四卦方位图”。其又有两种画法,一种是称“伏羲六十四卦圆图”“大圆图”,或叫“先天六十四卦圆图”;一种称为“伏羲六十四卦方图”“方图”或“先天六十四卦方图”,朱熹在《周易本义》中将二者合二为一,组成“伏羲六十四卦方位图”,或称“先天六十四卦方圆合图”。

将方圆两种次序结合起来有其内在规律,《周易本义》这样解释:

① 参见邹学熹:《易学十讲》,四川科学技术出版社,1986年。

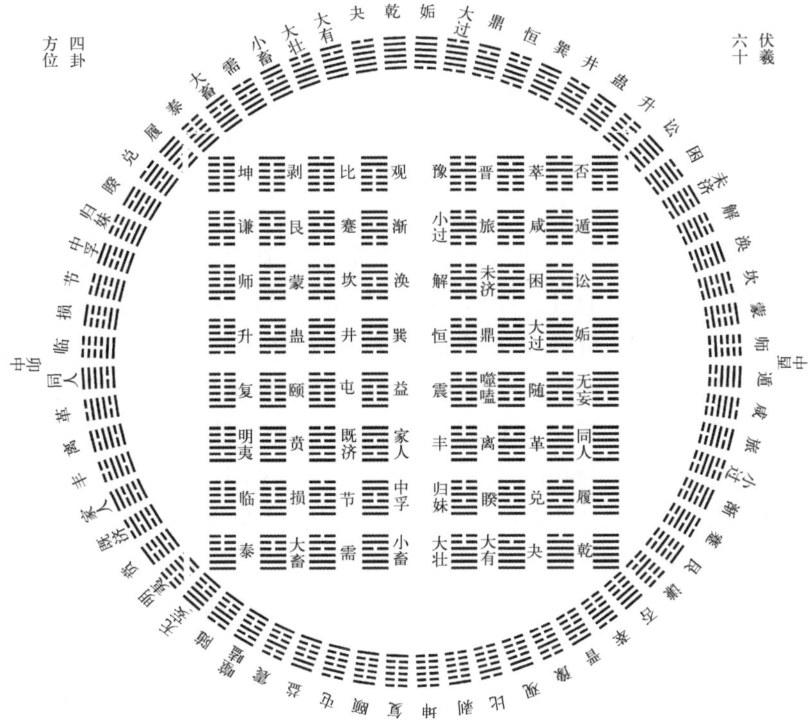

伏羲六十四卦方位图

> 此图圆布者，乾尽午中，坤尽子中，离尽卯中，坎尽酉中；阳生于子中、极于午中，阴生于午中、极于子中；其阳在南，其阴在北。方布者，乾始于西北，坤尽于东南；其阳在北，其阴在南。此二者，阴阳对待之数，圆于外者为阳，方于中者为阴；圆者动而为天，方者静而为地者也。

据图所示，外圆、内方各分六十四卦为阴阳两类，复至乾为阳，三十二卦；姤至坤为阴，亦三十二卦。六十四卦阴阳爻各一百九十二，杂居两类而运行。方、圆图阴阳之行皆始于中，即阳卦始于复，极于乾；阴卦始于姤，极于坤：阴阳循环消长，生息不已。

至于方圆图的关系，朱熹解释："圆图象天，一顺一逆，流行中有对待，为震八卦对巽八卦之类；方图象地，有逆无顺，定位中有对待，四角相对，如乾八卦对坤八卦之类。此方圆图之辨也。"①

外圈的大圆图重点讲阴阳流行，以时间为准线。其圆形结构，剥、复、姤、夬的转化，复、乾、姤、坤的消长，反映了宇宙变化，物极必反，阴阳盛衰，循环推

① ［清］黄宗羲：《宋元学案·百源学案下》引，中华书局，1960 年。

移的规律,表明社会人事治生于乱,乱生于治的过程。邵雍更以"天根月窟"说作为譬喻而进一步阐释其旨。其《观物吟》[①]曰:"耳目聪明男子身,洪钧赋予不为贫。因探月窟方知物,未蹑天根岂识人?乾遇巽时观月窟,地逢雷处看天根。天根月窟闲来往,三十六宫都是春。"所谓"天根",即处于正南子中的复卦,为一阳复生之时,其卦上坤为地、下震为雷,故曰"地逢雷处看天根";"月窟",即处于正北午中的姤卦,为一阴始生之时,其卦上乾为天,下巽为风,故曰"乾遇巽时观月窟";所谓"三十六宫",就"先天八卦"之数言之,指乾一、兑二、离三、震四、巽五、坎六、艮七、坤八,总数共为三十六;又就"先天六十四卦圆图"言之,则谓六十四卦可约为八个正反不变之卦(乾、坤、坎、离、颐、中孚、小过、大过),及其余二十八个正反变易之卦,其总数亦为三十六卦。在大圆图中,犹如"天根"的复卦,于一年四季可代表阳气将生的冬至;犹如"月窟"的姤卦,则可代表阴气将萌的夏至;而大圆图三百八十四个阴阳爻乃周流运行于八卦、六十四卦的"三十六宫"之间,恰似四季寒暑流转不息,严冬终尽,春日必来,故曰:"天根月窟闲来往,三十六宫总是春。"

至于方图,还是对《说卦》"天地定位"一章的解释,邵雍《大易吟》曰:

> 天地定位,否泰反类。山泽通气,损咸见义。雷风相薄,恒益起意。水火相射,既济未济。四象相交,成十六事。八卦相荡,为六十四。

方图由四个层次组成。中间四卦,即巽、震、恒、益,为第一层;其外十二卦以坎、离、未济、既济为四隅,为第二层;其外二十卦以艮、兑、咸、损四隅为第三层;最外二十八卦以乾、坤、泰、否为四隅,为第四层。

从方图可以看出,四层对角之卦卦象相反。从西北角斜行至东南角,为"子午线""经线""太阳线"。为乾、兑、离、震、巽、坎、艮、坤八卦,其顺序为乾一至坤八。从西南角斜行至东北角,为"卯酉线""纬线""少阳线"。为否、咸、未济、恒、益、既济、损、泰八卦。四象相交,为六十四卦。从下横行向上横行看,共八横行,依次为乾一宫八卦至坤八宫八卦,每行下卦皆为该宫卦,第一横行与第八横行下卦分别为乾与坤,表"天地定位",不过其乾坤方位与圆图形恰好相反,表天地正反交接;第二横行与第七横行下卦分别为兑与艮,表"山泽通气";第三横行与第六横行下卦分别为离与坎,表示"水火相射";第四横行与第五横行下卦分别为震与巽,表示"雷风相薄"。此方图与大圆图及六十四卦次序大横图是相通的。方图从乾开始依自下而上的排列层次相连接成圈形即为大回圈,排成一字形、即为

① [宋]邵雍:《邵雍集》卷十六,中华书局,2010年。

大圆图，将圆图或横图分为八段，自下而上成八横行，即为大方图。“伏羲六十四卦方图”强调了阴阳对待，即阴阳定位，主要就空间来讲。方圆合图将时间和空间的过程归之于阴阳配合，以变化为阴阳推移，以方位为阴阳对峙，体现了一分为二的宇宙思想和时空统一的宇宙模式，描绘了一套以《周易》来解说世界的哲学体系，颇具创见。

4. 综论:“先后天”易的区别与联系

“先天”与“后天”出自《周易・乾・文言》:“先天而天弗违，后天而奉天时。”先天为体，后天为用，先天易是一个五行相生的过程，揭示的是自然的内在规律性法则，是一切运化的原则；后天易是讲阴阳变化的运动规律，揭示的是人类实践运动的行为准则，是后天所以维系的原则。

易学中先天、后天学的区别来自八卦的方位之别。《易经》中三爻卦共有八个：乾为天，坤为地，艮为山，兑为泽，震为雷，巽为风，坎为水，离为火。八卦分别代表世界上最常见的八种物象。二者所本分别是《说卦》中的两段话，最主要的区别在于方位不同。

先天八卦为体，后天八卦为用，所谓体就是不变的根本，所谓用就是因之以为用的方式；先天八卦讲天道，后天八卦论人道，所谓天道就是自然的规律，所谓人道就是人伦规范的法则；周期循环，如水流行，先天八卦和后天八卦表示阴阳的依存与互根，五行的母子相生。

先天八卦讲对待关系，即将八卦代表的天、地、山、泽、雷、风、水、火八类物象分为四对，以说明它们之间的对待关系。《说卦传》中将乾坤两卦相对待，称为“天地定位”；艮兑两卦相对，称为“山泽通气”；震巽两卦对待，称为“雷风相薄”；坎离两卦相对，称为“水火不相射”；以表示这些不同事物之间对立的关系。先天八卦可分为三个周期，第一个周期：从坤卦左行，意思是冬至一阳初生，起于北方；从乾卦右行，意思是夏至一阴初生，起于南方，这个周期指的先天八卦图的最内圈，即由卦的初爻组成。第二个周期：由卦之中爻组成，半圈阳爻表示的是白昼太阳从东方升起，经南天而到西方；半圈阴爻表示的是太阳落山后的黑夜，这是记太阳运行一日的周期图象。第三周期：由卦的上爻组成，半圈阴爻表示的是月亮运行的上半月，即朔；半圈阳爻表示的是月亮运行的下半月，即弦。

先天易揭示的是万物生成阶段五行运化的规律，万言千语其实概括的就是一个字——生。《系辞》说乾“以大生”，坤“以广生”，“天地絪缊，万物化醇；男女构精，万物化生”，“原始反终，故知死生之说”，并说，“天地之大德曰生”，“生生之谓易”。《序卦》说:“有天地，然后有万物；有万物，然后有男女；有男女，然后有夫妇；有夫妇，然后有父子……”由此可知，《周易》是一部谈论生死的生命之书。《老子》说：

"道生一,一生二,二生三,三生万物。万物负阴而抱阳,中气以为和。"①万物由此而生化。即是《系辞》所说的"阴阳合德"而"刚柔有体"。由此可知,每一个物体都有阴和阳,即都由阴和阳建构而成形,然而阴阳看不见又摸不着,玄而又玄,所以《黄帝内经》只能推说:"水火者,阴阳之征兆也。"②阴阳之征兆是为水火,就是说,火是阳的象征,水是阴的象征,按照这一理论,万物是由水火建构成的。那么水火如何"合体"呢? 老子说"中气以为和"。中气就是土气,土可以吸纳水和火,水、火、土和合为一,就是"三生万物"。重点在"阴阳"相"和",光有水和火,没有土是无法生万物的。水、火和合而为气,气动则为风,故佛家倡言水、火、土、风(中国以木代之)四物生成万物说。可是中国却在四物基础上加一金,构成五行学说。这一要素如何解释?《白虎通义· 五行》说:"金者,少阴,有中和之性。"③由此可知,关键是"中和之性"和"西方之性",西方为秋,秋天万物成熟而结实,实则结子,犹胎也,即水、火、土三家合一之胎物——籽实就是这里所说的金,非金属之金。所以只有五行才是万物完整的演生律,即说明了建构万物的规律。

《系辞上》说:"易有太极,是生两仪,两仪生四象,四象生八卦",这是宇宙形成的过程。太极就是道,是天地未分时的混沌元气。太极静而生阴,动而生阳,是生一阴一阳的两仪,故《系辞》说:"一阴一阳之谓道",古人观天下万物之变化,不外乎由太极而生阴阳,故画一奇以象阳,用"━"表示,就是阳爻,单为阳之数;画一偶以象阴,用"--"表示,就是阴爻,双为阴之数。这就是构成八卦最基本的符号。

一阴一阳这两爻又各生一阴一阳之象,也就是生出四象,即少阴、太阴、少阳、太阳,这就是所谓的"两仪生四象"。四象再一分为二,各自生阴生阳,就出现了八卦。即四象生八卦,也就是在少阴、太阴、少阳、太阳这四象上,分别各加一阴爻或阳爻,使其"叠之为三"从而产生八种新的符号,如在少阴上加一阴爻,生成震卦;加一阳爻,生成离卦;依次类推生成乾一、兑二、离三、震四、巽五、坎六、艮七、坤八八卦,这种八卦排列次序及其卦数,就是所谓的先天八卦之数,由左至右,称为先天八卦横图。之所以称为先天八卦,是因为万物源于混沌太极,无形无象亦无定位,只是一气相生,阴阳次第相加,自然变化而已,故谓"先天"。先天八卦又称为天地对待(天和地对、男和女对)。以"否极泰来"的说法而言,即事物走到终点(极端)则变成反面,所以夏至一阴生,冬至一阳生,既对立又包容,充满辩证思维。而后天易注重"用",先天是一个自然孕育的过程,当一个细胞发展成生命呱呱坠地,来到这个

① [三国魏] 王弼:《老子道德经注》,中华书局,2011 年。
② 《黄帝内经·素问·阴阳应象大论》,王冰注释,中医古籍出版社,2003 年。
③ [清] 陈立:《新编诸子集成·白虎通疏证》,中华书局,1994 年。

现实世界就必须接受大自然的洗礼和社会的磨炼，必须改变自己以适应环境，玉不琢不成器，人不琢不成材，而雕琢本身就是一个不断磨炼自己以适应社会的过程，这是一个五行相克的过程，顺生逆克，洛书中的五行逆行相克，亦反映了事物后天进化的规律。

三、河图、洛书

1. 河图、洛书的渊源

一代有一代之学术特色，在易学发展史上，宋代被后世公认为是一个“图书时代”，这里的“图”“书”其实就是指河图、洛书，然而河图、洛书却不是宋代人创造的，而始自远古，如同天赐的祥瑞一般。最早记载见于《尚书・顾命》，讲周成王死，康王继位。在继位大典上，陈列着各种器物：

> 越玉五重。陈宝、赤刀、大训、弘璧、琬琰，在西序；大玉、夷玉、天球、河图，在东序。

屈万里先生在《尚书今注今译》中认为河图是“一种带花纹的玉”①。《论语・子罕》：“子曰：‘凤鸟不至，河不出图，吾已矣夫。’”何晏在《论语集解》中引孔安国注曰：“圣人受命，则凤鸟至、河出图。今天无此瑞……河图，八卦是也。”②此处即把其解释为圣人受命时的祥瑞。《管子・小臣》曰：“昔人之受命者，龙龟假，河出图，洛出书，地出乘黄，今三祥未见有者。”《系辞上》曰：“河出图，洛出书，圣人则之。”这句话为汉代《纬书》所利用，产生出很多荒诞不经的传说，如《春秋纬・运斗枢》记载：

> 舜以太尉受号即位为天子，五年二月，东巡狩……与三公诸侯，临观河、洛，有黄龙五采，负图出，置舜前……图以黄玉为匣，如柜，长三尺，广八寸，厚一寸。四合而有户，白玉检，黄金绳，芝为泥，封两端。章曰“天黄帝符玺”五字，广袤各三寸，深四分，鸟文。舜与大司空禹……三十人集发图。玄色而绨状，可舒卷，长三十二尺……有七十二帝地形之制，天文位度之差。

类似的记载在汉代纬书里有很多，不仅描述成地图，更是天文图。河图、洛书

---

① 屈万里：《尚书今注今译》，新世界出版社，2011 年。

② 文渊阁本《四库全书・论语集解》。

的接受者也不一样,有伏羲,也有黄帝、禹、汤等。河、洛出世的方式也不相同,如相传伏羲时黄河中有龙马背负河图;夏禹时洛水中有神龟背负“洛书”,以对应《周易·系辞上》:“河出图,洛出书,圣人则之。”西汉扬雄《覈灵赋》亦曰:“河序龙马,洛负龟书。”《汉书·五行志》《尚书·顾命》伪孔安国传皆主此说。他们所认定河图都是有地形图、天文图,并附有文字说明的文献。

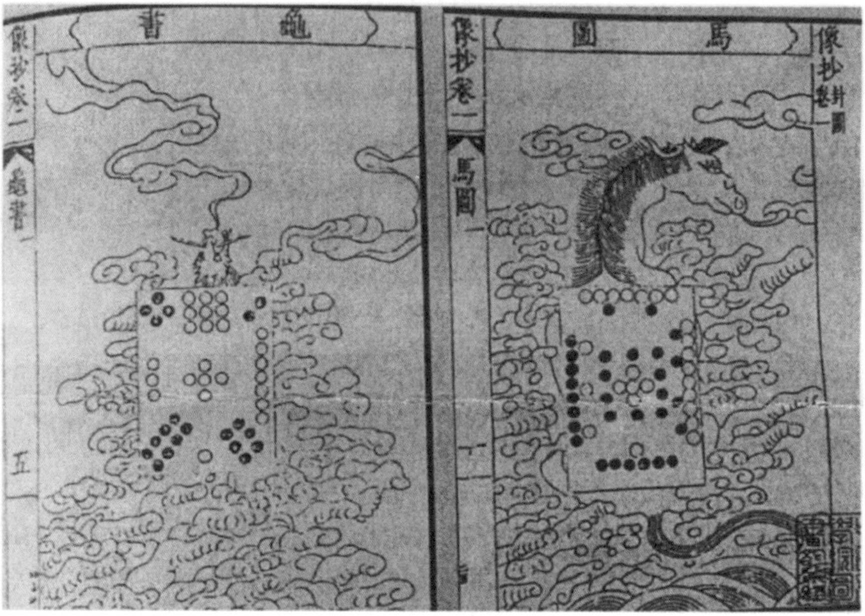

河图、洛书

至于洛书,郑玄注《系辞上》“河出图,洛出书”时说:

> 《春秋纬》云:“河以通乾出天苞,洛以流坤吐地符。河龙图发,洛龟书成。”《河图》有九篇,《洛书》有六篇。

说明汉人认为的河图、洛书是作为文字的书籍,并有篇章数量。以九、六附会河洛之数,促成了宋代初期“龙图易”的形成。孔颖达《尚书正义》对伪孔安国“天与禹,洛出书,神龟负文而出,列于背,有数至于九,禹遂因而第之,以成九类,常道所以次叙”加疏道:

> 《易·系辞》云:“河出图,洛出书,圣人则之。”九类各有文字,即是书也,而云“天乃锡禹”,知此“天与禹”者,即是《洛书》也。

这里就表明直到唐孔颖达时洛书都被认为是有文字的书。其实“河”“洛”，应该就是先秦文献中常出现的一种“绿图”。最早见于《墨子·非攻下》：

赤乌衔珪，降周之岐社，曰：“天命周文王伐殷有国。”泰颠来宾，河出绿图，地出乘黄。①

讲的是天命周伐商纣时赐予的信物。“绿”，孙诒让《墨子间诂》曰：“绿、箓通”。因此，“绿”就是“箓”。“箓”和符一样，都是古代帝王发布命令时的信物。符不必有字，如虎符。箓则一定有字。因此，所谓“绿图”，就是一种带文字的图。《吕氏春秋·恃君览》载：

圣人上知千岁，下知千岁，非意之也，盖有自云也。绿图幡薄，从此生矣。

陈奇猷注解道：“‘绿图’即‘箓图’，为预言之书无疑……书预言于竹高筐中，谓之箓矣……示祸福之图书锻于铁物之中谓之图尔（图不必皆是图形，亦可有文字……大抵所谓图者，既有图形，亦有文字也）。观上所引诸书，箓与图皆出自水中（秦王所挟绿图，系卢生入海还时所奏，则亦出自水中也）。可推知箓之所以制为高筐，图之所以锻作铁物，盖取其易于保存，将以传之其人。”②但这些都是推知，实际上自秦汉以后这些河、洛并没有保留下来，一直是众说纷纭，直到宋太平兴国年间，由陈抟将“河图”“洛书”再度公之于众，创“龙图易”，吸收汉唐九宫说与五行生成数，提出一个新图式叫龙图，并传承下来，其传经表被朱震《进易传表》中保留下来：

放以《河图》《洛书》传李溉，溉传许坚，许坚传范谔昌，谔昌传刘牧。

放即种放，陈抟的弟子。黄宗羲于《易学象数论》中亦从此说，但真正使现在流传的河图、洛书为人所熟知，还是要推刘牧。刘牧（1011—1064），字先子，号长民。杭州人，著《易数钩隐图》，宋代“河洛”之学的奠基人。前面说陈抟创龙图易，可变出两个图式，即五行生成图和九宫图，皆称之为龙图。而刘牧加以区别，称五行生成图为洛书，九宫图为河图，提出图九书十说，并对这两个图式作了理论解说，在宋

① 文渊阁本《四库全书·墨子》。
② 陈奇猷：《吕氏春秋校释》，学林出版社，1990年。

代易图史上产生重大影响。《四库全书总目提要》说:“汉儒言易多主象数,至宋而象数之中复歧出图书一派。牧在邵子之前,其首倡者也……”现将其河洛之学作一简述。

2. 刘牧的河洛之学

刘牧的“河洛”之学载于《易数钩隐图》中,当时曾进献给朝廷,影响颇大,书中序言写道:

> 夫《易》者,阴阳气交之谓也。若夫阴阳未交,则四象未立,八卦未分,则万物安从而生哉?是故两仪变易而生四象,四象变易而生八卦、重卦、六十四卦,于是乎天下之能事毕矣。

此表明其创作意图,他说:“象者,形上之应。原其本则形由象生,象由数设。舍其数则无以见四象所由之宗矣。”明确提出了“象由数设”的观点,这是易学理论的一个重大转向。在此基础上,抛出了其“图九书十说”。所谓图九,指九宫图,刘牧以其为河图,故其说被称为图九;所谓书十,指五行生成图,其中天奇之数五个,地偶之数五个,共十个数,刘牧以其为洛书,故其说被称为书十。刘牧的河图和洛书说,是对陈抟龙图易的进一步发展。《易数钩隐图》论“河图”说:

> 昔者宓羲氏之有天下,感龙马之瑞,负天地之数,出于河,是为龙图者也。戴九履一,左三右七,二与四为肩,六与八为足,五为腹心,纵横数之,皆十五。盖《易系》所谓“参伍以变,错综其数”者也。太皞乃则而象之,遂因四正,定五行之数。以阳气肇于建子,为发生之源;阴气萌于建午,为肃杀之基。二气交通,然后变化,所以生万物焉,杀万物焉。

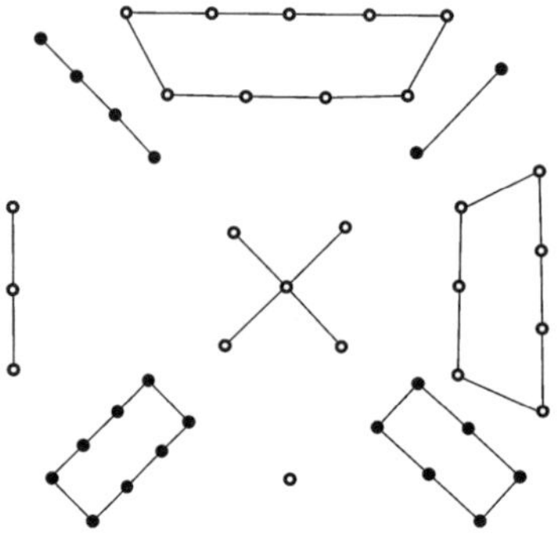
刘牧河图

此是以河图为龙马所负之图,即龙图,认为此图式亦负有天地自然之数。其排列是,龙马之头戴九,其足履一,其左部为三,其右部为七,其肩为二与四,其膝为六与八,其腹心为五(又作“以五为主”),此龙马所表现的数,纵横数之,皆为十五,此即《系辞上》所说:“参伍以变,错综其数。”道藏本《易数钩隐图》载其图式。

图中白点为奇数,黑点为偶数。奇数之和25,偶数之和20。纵、横、斜相加皆15,共45。刘牧认为此数合于大衍之数和天地之数五十，减去五为隐而不显。刘牧将五行生成说同九宫说加以调和，以说明河图为八卦之源。

《易数钩隐图》论“洛书”说：

书之九畴，惟五行是包天地自然之数，余八法皆是禹参酌天时人事类之耳，非龟所负之文也。今详洪范五行传，凡言灾异，必推五行为之宗。又若鲧无圣德，汩陈五行，是以彝伦攸斁。则知五行足天垂自然之数，其文负于神龟，余八法皆大禹引而伸之。

此本刘歆以《尚书·洪范》为洛书，认为该书中的五行文字，包括“天地之数”，即《系辞》中的“五十有五”，而五行生成图即为洛书，即《洪范》曰：“一曰水，二曰火，三曰木，四曰金，五曰土。”其数即五行生数，且包括五行成数。

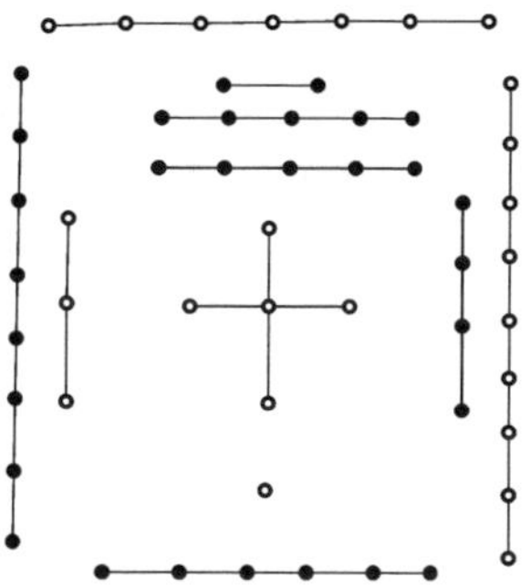
刘牧洛书

刘牧说：“夫洛书九畴惟出于五行之数，故先陈其已交之生数，然后以土数足之，乃可见其成数也。”[①]以此解释龙图易中第二变的图式和《系辞》天地之数五十有五，认为天象和地象二图式相合即为洛书。南宋朱震《汉上易传·卦图说》载相合图（即洛书图式），并说道：

洛书，刘牧传之。一与五合而为六，二与五合而为七，三与五合而为八，四与五合而为九，五与五合而为十。一六为水，二七为火，三八为木，四九为金，五十为土，十即五五也。

此是说中宫之五数与下一数相加为地六之数，与左三相合得地八之数，与右四相合得天九之数，与五相合得地十之数。“五与五合”，指中宫五的倍数为十。此正是认为洛书体现了天地之数中阳奇和阴偶相配合的法则：“此乃五行生成之数也。天一生水，地二生火，天三生木，地四生金，天五生土。此其生数也，如此。则阳无匹，阴无偶，故地六成水，天七成火，地八成木，天九成金，地十成土。于是阴阳各有匹偶，而物薄成矣，故谓之成数也。”刘牧洛书说是对“天地之数”郑玄注和孔颖达疏的发展。

① 文渊阁本《四库全书·易数钩隐图》。

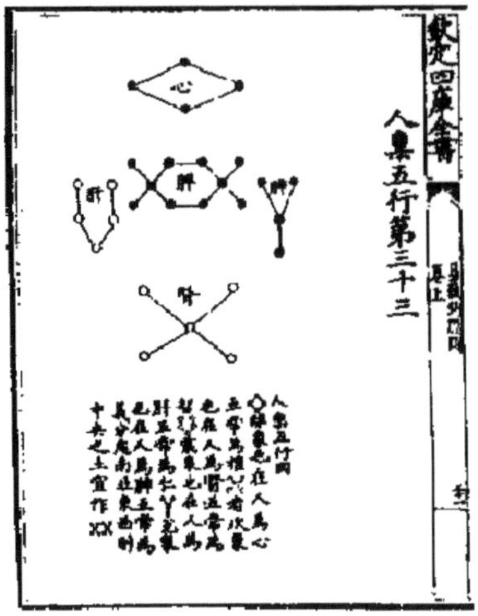

刘牧“人禀五行图”

刘牧《易数钩隐图》在列出天地数生成图、四象八卦图之后,还画了一张“人秉五行图”,这张图实为刘牧洛书的雏形,图上方为四黑点,为“离象也,在人为心,五常为礼”;下方为五白点,为“坎象也,在人为肾,五常为智”;左边为五白点,为“震象也,在人为肝,五常为仁”;右边为四黑点,为“兑象也,在人为肺,五常为义”;中央为十黑点,“分处南北东西则中央之土”,在人为脾,在五常为信。认为人具有五行之性:“至于人之生也,外济五行之利,内具五行之性”,五行之性为“木性仁,火性礼,土性信,金性义,水性智”。五行生成数图为龟负的洛书,龟为“圆首方足最灵于天地之间者,蕴是性也。人虽至愚,其于外也,日知由五行之用;其于内也,或蒙其性。而不循五常之教者,可不哀哉?”强调人应当遵循洛书五行——仁义礼智信五常之教。刘牧对《易》六画而成卦作了解释,认为六爻卦含天地人三才之道,《易传》所谓上二爻为阴与阳的天之道、下二爻为柔与刚的地之道、中二爻为仁与义的人之道,实则上下二爻亦含人之理,圣人作《易》目的即顺性命之理,“六爻皆有人事者,为人伦则天法地之象,故初上皆包人事之义耳”。

河图、洛书不仅是刘牧用来表述阴阳二气、五行生成、时空过程、天地运行的图式,而且也是他阐述人事变化、人伦之德的图式。如:“书之九畴,惟五行是包天地自然之数,余八法皆是禹参酌天时人事类之耳。”“至于通神明之德,与天地之理应如影响。”天道与人事如形与影、声与响的关系,“圣人之无心与天地一者也”。由此可见,刘牧虽然很少直接论人道、人事的文字,但从其对天道的论述中不难推出人道、人事。

3. 朱熹、蔡元定的河洛之学

朱、蔡二人所主又称为“图十书九”说,与刘牧的说法完全相反。最早源于朱熹的《易学启蒙》,此书虽为朱熹署名,实是出自蔡元定之手。蔡元定(1135—1198),字季通,学者称西山先生,建宁府建阳(今福建南平建阳区)人。南宋著名易图学家,师从朱熹,被誉为“朱门领袖”,朱熹与之亦师亦友,曾说“此吾老友也,不在弟子之列”。《宋史·蔡元定传》载:“熹疏释《四书》及为《易》《诗》传、《通鉴纲目》,皆与元定往复参定。《启蒙》一书,则属元定起稿。”

可见《易学启蒙》实草创于蔡元定,经朱熹审正后刊印行世。“图十书九”中“图十”是指河图有十组数字，数字之和为五十五；“书九”是指洛书有九组数字，数字之和是四十五。此一主张，成为后世公认的“河图”“洛书”的标准。不过要说明的是，朱熹与蔡氏父子尽管与刘牧“图九书十”的观点不同，但以河洛为天道与人道共同图式的基本认识却是完全相同的。

朱熹在《周易本义·图说》中曰：

> 《系辞》曰：天一，地二；天三，地四；天五，地六；天七，地八；天九，地十。天数五，地数五，五位相得而各有合。天数二十有五，地数三十，凡天地之数，五十有五，此所以成变化而行鬼神也。

朱熹进一步解释说，一与六共宗，二与七为朋，三与八同道，四与九为友，五与十相守。他还说，河图中，天一、地二、天三直到天地之数五十有五，表示了五行生成的顺序，其中天数二十五，地数三十，合天地之数共五十五，也就是河图全数，河图以这些数生成八卦。

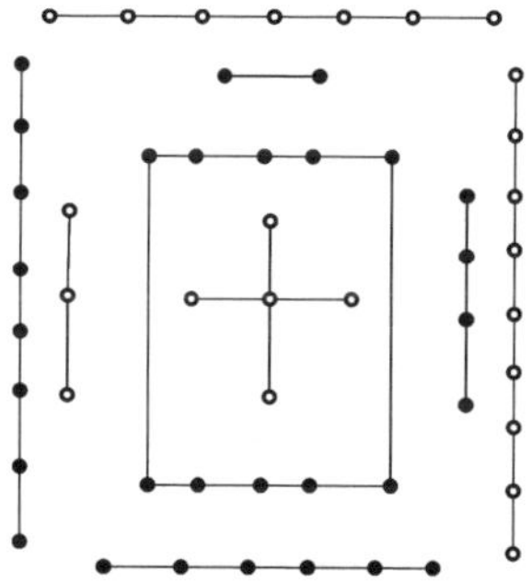

蔡元定河图

这些黑白点，白点表示奇数(阳)，即“天数”；黑点表示偶数(阴)，即“地数”。从一到十的“天地数”中，奇数一、三、五、七、九为“天数”，偶数二、四、六、八、十为“地数”。上图即以天地之数一至十排成“一六居下，二七居上，三八居左，四九居右，五十居中”的方位。此外，蔡元定“河图”还体现了五行相生的顺序，始东次南、次中、次西、次北，左旋一周而又始于东。由东始左旋，东到南为木生火，由南到中为火生土，由中到西为土生金，由西到北为金生水。他认为河图之数以生数为主，即以一二三四五，统率六七八九十，生数居于内，成数成于外，中者为主，外者为容。其方位：一六为水居北方，二七为火居南方，三八为木居东方，四九为金居西方，五十为土居中央，反映了一年之中阴阳五行之气相为终始的过程。以卦气说解释五行生成图，意图从此图中直接引出八卦之象，进而说明卦象来源于天地之数、河洛之数。

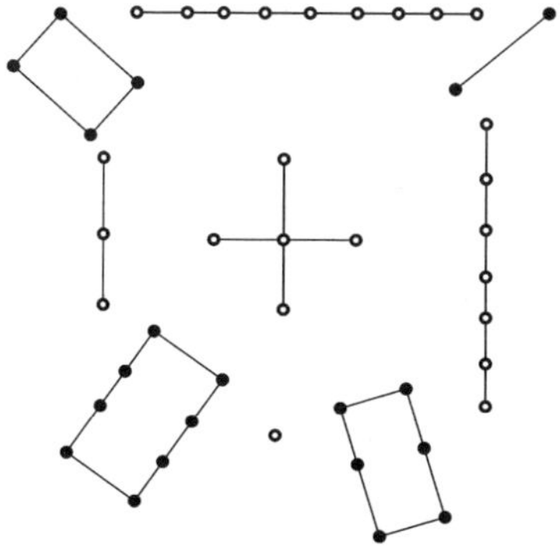

蔡元定洛书

洛书又称为“九宫图”“九数图”。《周易本义·图说》曰：“《洛书》盖取龟象，故其数：戴九履一，左三右七，二四为肩，六八为足。五居中央，龟背之象也。”洛书的总数为四十五，正是天数之和,三个横向,三个纵向,两个斜向,数字相加皆为十五。

“洛书”以奇数为主,居四正之位;而偶数则居四维之位,受制于奇数。正者为君,侧者为臣,体现了阳主阴辅之理及五行相胜的顺序。“水克火,火克金,金克木,木克土,右旋一周,而土复克水也。”北面一六为水,西面二七为火,南面四九为金,东面三八为木,中央五为土,从北始右旋为相克关系,而方位四正四角相对,又表示五行相生的道理。在“洛书”中,奇数为阳,象征天道运行规律,阳气由北开始,顺时针方向旋转,经东方;到南方的九,表示阳气达到最盛;然后,到西方的七,表示阳气逐渐减弱。以偶数为阴,象征地道运行规律,阴气由西南的二开始,逆时针旋转,经东南角四;达到东北的八,表示阴气的积累;然后到达西北的六,表示阴气开始衰退。五居中央,为三天两地之和。一与九相对,六与四相对,四九金生一六水;二与八相对,三与一七相对,三八木生二七火。故在“洛书”中,旋转的方向和对应的方位,显示了五行相生相克的关系,克中有生,寓克于生。中央五为土,有调和、平衡、稳定的作用,使横竖斜各方向的数字之和都是十五,体现了生机藏于中的天机。河图、洛书与古代的天文学、数学等有密切的关系。如清人胡渭据此在《易图明辨》中画出此图。

巽四	离九	坤二
震三	中五	兑七
艮八	坎一	乾六

九宫图

其纵横正斜三位相加皆为十五,其实,这种数列即我国古代传之已久的“九宫数”。《大戴礼·明堂》即有叙及,《易图明辨》中载的《明堂九宫室》,就合乎《周易》的七八九六之变,一阴一阳之道。

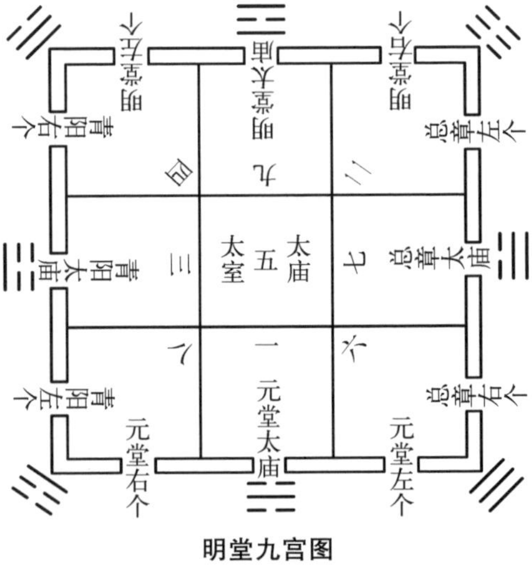

明堂九宫图

徐岳《术数记遗》所载古算法亦曾述之。故后世排斥“洛书”之说的学者,谓此图当称为“太乙下行九宫图”①。关于旧传古圣人效法“河图”作八卦、效法“洛书”制《洪范》“九畴”之说,《易学启蒙》这样说道:

> 圣人则“河图”者虚其中,则“洛书”者总其实也。“河图”之虚

① 太乙即太一,“太乙下行九宫”之说,见《易纬·乾凿度》及郑玄注。

> 五与十者，太极也；奇数二十、偶数二十者，两仪也；以一、二、三、四为六、七、八、九者，四象也；析四方之合以为乾、坤、离、坎，补四隅之空以为兑、震、巽、艮者，八卦也。“洛书”之实，其一为五行，其二为五事，其三为八政，其四为五纪，其五为皇极，其六为三德，其七为稽疑，其八为庶征，其九为福极：其位与数尤晓然也。

此因《系辞上》“河出图，洛出书，圣人则之”之语，揭明“河图”中含有太极、两仪、四象、八卦之义，故“圣人”则之以作《易》；“洛书”中的一至九数，即“九畴”之旨，故“圣人”曾则之以作《尚书·洪范》“九畴”。这样一作辨析，“河出图，洛出书”之所以然便有了一种较为圆通的解说，而上述两图便成为远古时代《周易》与《尚书·洪范》“九畴”得以诞生之媒介物了。此一说亦比较恰当，故为后人所赞同。

4. 河图、洛书之间的关系

《易学启蒙》以十数“河图”为五行生成图，体现五行相生序；以九数“洛书”为九宫图，体现五行相胜序。认为河洛之数是八卦的来源，包含天地之理，“其实天地之理一而已矣。虽时有古今先后之不同，而其理则不容于有二也”。故认为河图与洛书是体与用、全与变的关系。《易学启蒙》曰：“河图以五生数统五成数，而同处其方，盖揭其全以示人而道其常，数之体也。洛书以五奇数统四偶数，而各居其所，盖主于阳以统阴而整其变，数之用也。”“河图主全，故极于十，而奇偶之位均，论其积实，然后见其偶赢而奇乏也；洛书主变，故极于九，而其位与实皆奇赢而偶乏也。必皆成虚中也，然后阴阳之数均于二十而无偏耳。”朱熹也曾比较清晰地讲到：

> “河图”六、七、八、九，既附于生数之外矣，此阴阳老少、进退饶乏之正也。其九者，生数一、三、五之积也，故自北而东，自东而西，以成于四之外；其六者，生数二、四之积也，故自南而西，自西而北，以成于一之外；七，则九之自西而南者也；八，则六之自北而东者也。此又阴阳老少，互藏其宅之变也。“洛书”之纵横十五，而七、八、九、六，迭为消长；虚五分十，而一含九，二含八，三含七，四含六，则参伍错综，无适而不遇其合焉。此变化无穷之所以为妙也。

这里指出居于“河图”外圈的成数六、七、八、九，即为阴阳老少之象；“洛书”的次序排列，亦属阴阳老少之象。对于“河”“洛”的关系，除了朱、蔡之外，蔡元定之子蔡沉亦有不少独到见解，他曾继承家学撰《洪范皇极》一书，在《内篇》中说：

> “河图”体圆而用方,圣人以之而画卦;“洛书”体方而用圆,圣人以之而叙畴。卦者,阴阳之象也;畴者,五行之数也。象非偶不立,数非奇不行。奇偶之分,象数之始也。

提纲挈领地将二者的关系很清晰地表达出来,并点明了河图、洛书与九畴的关系。但此处似乎并没有将“河图”放到体的本体论位置,而是将二者视为互为体用的矛盾的两个方面,在价值观上采取折衷的态度,亦值得注意。

5. 河图、洛书与星象学的关系

河图、洛书在古代中国影响很大,是以象数论宇宙万物,进而建构起以人伦、人生、人性为中心的社会模式和以时间、空间为中心的宇宙模式的典范。同时,它其实又与《周易》密不可分,并属于与先后天易相结合的产物。清人任铁樵在注评《滴天髓·贞元》时说:

> 贞元之理,河洛图书之旨也;河洛图书之旨,即先后天卦位之易也;先天之卦,乾南坤北,故西北多山,昆仑为山之祖;东南多水,大海为水之归,是以水从山出,山见水止。夫九河泻地,极汪洋澎湃之势,溯其源,皆星宿也;夫五岳插天,极崇隆峻险之形,穷其本,皆昆仑也。惟人有祖父亦然,虽支分派衍,莫不皆出于一脉。故一阴生于坤之初,一阳生于乾之始,所以离为日体,坎为月体。而贞元之理,原于纳甲,纳甲之象,出于八卦。故父乾而母坤,震为长男,继乾父之体,因坤母之兆,故太阴自每月二十八至初二,继魄纯黑而为坤象。坤者,犹贞之意也。初三光明三分,一阳初生,震之象也。震者,元之兆也。初八上弦,光明六分,兑之象也,兑者,犹亨之理也。十八日,月盈而亏缺三分,巽之象也,犹利之义也。是以贞元之道,循环之理,盛极而衰,否极而泰,亦此意也。

此段话把河洛、先后天以及乾坤八卦之间的关系精辟地表达出来,虽讲的是“贞元之理”,却附带地将整个《周易》的主要意象作一链接与梳理,并将星象学亦纳入《周易》之源。邹学熹在《中国医易学》中认为:“河图乃据五星出没于天象时节绘制而成的。”①五星古称五纬,是天上五颗行星,木曰岁星,火曰荧惑星,土曰镇星,金曰太白星,水曰辰星。五星运行,以二十八宿为区划。由于它的轨道据日道不远,古人用以纪日。五星出没各有节候,一般按木、火、土、金、水的次序,相继出现在北极天空,每星各行 72 天,五星合周天 360 度,木、火、土三星轨道大而在外,恰

---

① 邹学熹:《中国医易学》,四川科学技术出版社,1989 年。

合乾策216之数；金、水二星轨道小而在内，恰合坤策144之数。五星若按时中天，名曰胜。可测其相对不见之星以印证，这颗相对不见之星，名曰负。如水星当位，可测其相对位的火星为印证，则水星为胜，火星为负，余仿此。五星出没的规律构成河图图式：水星于每天一时辰（子时）和六时辰（巳时）见于北方；每月一、六（初一、初六、十一、十六、二十一、二十六）日月会水星于北方；每年十一月、六月夕见于北方，故曰一六合水，或天一生水，地六成之。火星每天二时辰（丑时）和七时辰（午时）见于南方；每月逢二、七，日月会火星于南方；每年二月、七月夕见于南方，故曰二七合火，或地二生火，天七成之。木星每天三时辰（寅时）和八时辰（未时）见于东方；每月逢三、八，日月会木星于东方，故曰三八合木，或天三生木，地八成之。金星每天四时辰（卯时）和九时辰（申时）见于西方，每月逢四、九，日月会金星于西方；每年四、九月夕见于西方，故曰四九合金，或地四生金，天九成之。土星每天五时辰（辰时）和十时辰（酉时）见于中央；每月逢五、十，日月会上星于天中；每年五、十月夕见于天中，故曰"天五生土，地十成之"（文中的每一时辰相当于二小时）。邹氏在此书中还认为：洛书乃据北斗所指的九颗最明亮的星而绘成。中宫五星，称五帝座，为帝星（北极星）之座；正下方为北极一星，恒居北方，以此定位。正北方为天纪九星，正东方为河北三星，正西方为七公七星，天纪之左是四辅四星，天纪之右是虎贲二星，北极之左是华盖八星，华盖之右是天后六星。先有（总五十五数）河图，后有（总四十五数）洛书。

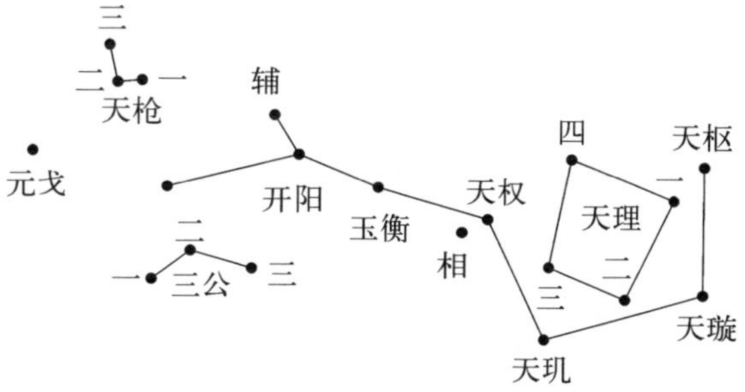

北斗图（紫薇垣图）

河图为圆图，与天文图基本相似；洛书为方图，是后人依据"天圆地方"的观点，参照天球圆图而分野，即依天象而分地理，而作的地理分野图。曾祥委认为河图、洛书是新石器时代的星图，河图由联机的黑点和圆圈组成，奇偶数分别由内圈上下端向外发散，形成有两条旋臂的左旋旋涡图案，中圈一、二、三、四和外圈六、七、八、九联机分别是"8"字形，合为同轴的"8"字形，这与银河系旋涡正视图有惊人的相似，其符号、旋臂数量及旋转方向都一致。在仰韶文化大河村出土的彩陶残片上发现用联机的黑点表示的北斗柄三星。江苏连云港将军崖太阳与星辰崇拜岩画，也用联机圈点表示星座，由此可推测河图、洛书的联机圈就是某些特点意义的星宿。经与宋代苏颂的古星象图（横图）对照，可见宋代二至二分点星宿的星数及排列形象与河图、洛书的偶数相合。

苏颂古星象图载于《新仪象法要》，共14幅，是历史上流传下来的全天星图中

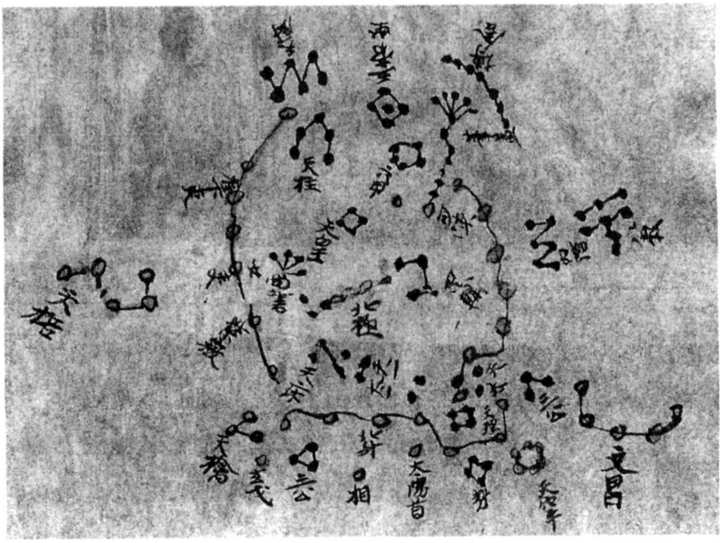

古星象图

保存在国内的最早星象图。苏颂为了星象图绘制精确,采取了圆横结合的画法。横图分成两段:东北方中外官星象图是从秋分到春分,西南方中外官星象图是从春分到秋分。另外,他还采用了把天球循赤道一分为二,再分别以北极和南极为中心画两个圆图的方法,从而减少了失真,这是星象图绘制中的一项新成就。

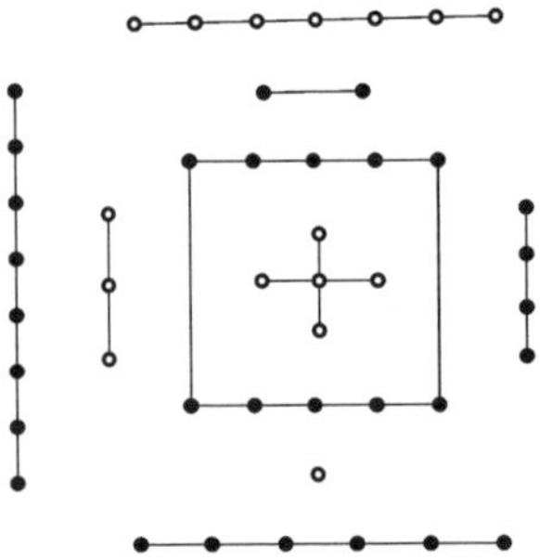

河图顺生模型图

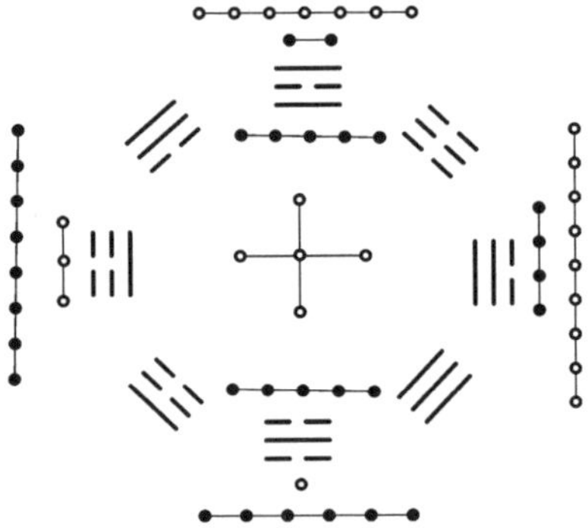

后天八卦配洛书模型图

河图模型揭示的是宇宙生成的状态,它的五行轨迹是顺时针转动的,从中央土开始生金,金生水,水生木,木生火,火生土。完成一个闭环运行轨迹模型,其数之和为 55。天数为奇数,即 1、3、5、7、9;地数为偶数,即 2、4、6、8、10。天数和地数相加即 55,故 55 为天地之数。天地之数为成物之数,即天一生水,地六成之;地二生火,天七成之;天三成木,地八成之;地四生金,天九成之;天五生土,地十成之。成物之数是体数不是用数,五行数即一、二、三、四、五,也称小衍之数,以小衍大,一至五数为生数，六至十为成数。

后天八卦和古星象图也是密不可分的，洛书以四十五数演星斗之象。古人上观天象，以北极星（古称太乙）为中心定八方位。据北斗斗柄所指，以天体中九个方位上最明亮的星为标志，配合斗柄以辨方位，准确定位，发现九星的数目及方位，即洛书方位与数目。如九宫八风图正是洛书九宫与八卦、八风、节气、方位相结合的理论，以北极星作为定位的标准，以北极里围绕其旋转的位置为指针，按季节依次移行。从冬至日开始指向正北方叶蛰宫，主冬至、小寒、大寒三个节气，计四十六天；期满之后下一天交立春，移居东北方天留宫，主立春、雨水、惊蛰三个节气，计四十六天，余类推。《太一游九宫》共计三百六十六日，为一年三百六十五日有奇的概数。古时据太一徙于中宫，朝八风，以占吉凶。

九宫八风图是洛书九宫与八风、八卦、节气、方位相结合的学说。《黄帝内经》载其图式，《灵枢·九宫八风》曰："此八风皆从其虚之乡来，乃能病人。"并具体介绍八风能伤人的具体情况。

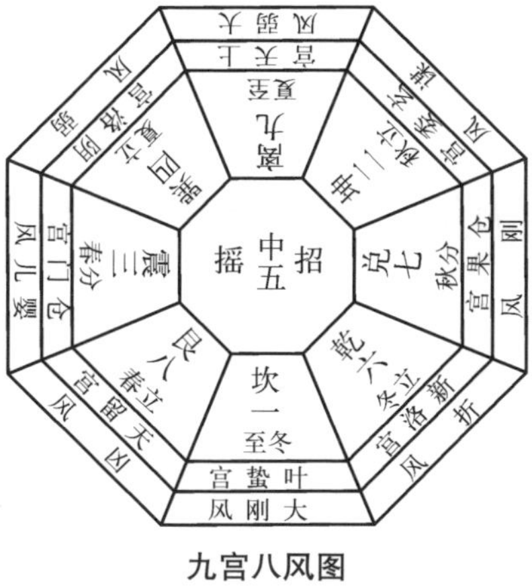

九宫八风图

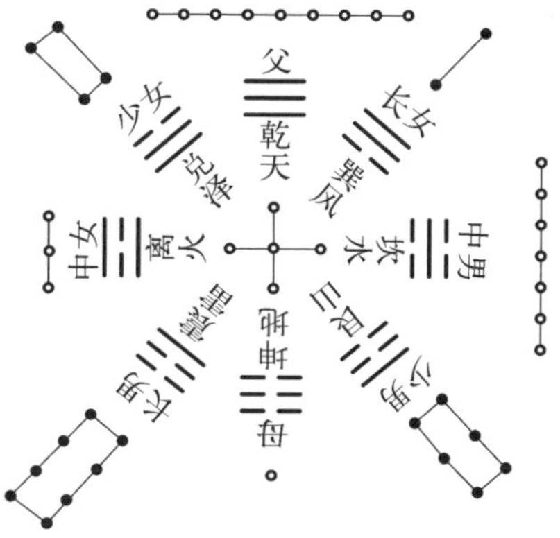
先天八卦配洛书列卦图

洛书还对应先天八卦，除了对应方位以外还和季节紧密相关，并结合河图，形成一个具有先天性质且符合地数要求，从而使地道与地数有效结合起来，达到数与象的统一体系，亦十分具有哲学价值。

洛书反映的是"逆行"理论，洛书以奇数为主，居四正之位，从北始右旋为相克关系。在"洛书"中，以偶数为阴，象征地道运行规律，阴气由西南的二开始，逆时针旋转，经东南角四，达到东北的八，表示阴气的积累；然后到达西北的六，表示阴气开始衰退；五居中央，为三天两地之和。一与九相对，六与四相对，四九金生一六水；二与八相对，三与七相对，三八木生二七火。故在"洛书"中，旋转的方向和对应的方位，显示了五行相生克的关系。如图所示：

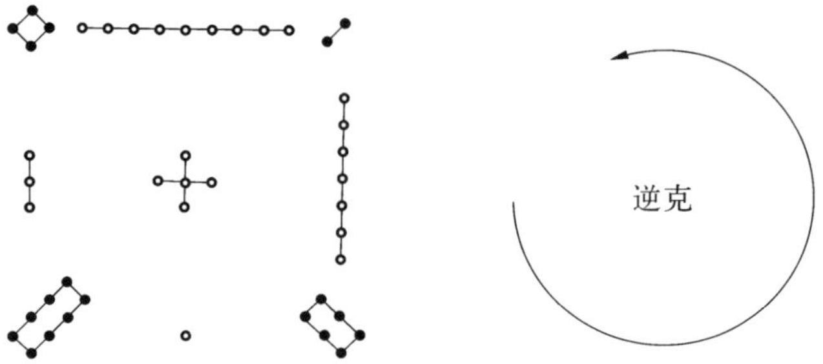

洛书逆克模型图

洛书模型说明的是宇宙生成后万物之间相生相克、互相制衡的关系,从中央水克火(2,7),土克水(1,6),火克金(4,8),木克土(8,5),金克木(3,8),完成一个彼此相克的循环。其数为45。9为阳极之数,5为中数,45是九五至尊的象征,也就是阳性世界的用数,因此被称为洛书之数。先天为体,后天为用,先天为阴,后天为阳,周而复始,死而更生,这就是宇宙运行的法则,也就是我们常称的“道”。这个道是从自然而来,也就是所谓道法自然的由来。

洛书所对应的后天易注重“用”,先天是一个孕育的过程,当一个生命呱呱坠地就必须开始接受自然的洗礼和社会的雕琢,必须去改变自己适应环境,这是一个五行相克的过程。玉不雕琢不足以成器,人不雕琢不足以成才,而雕琢本身就是一个克制和锻造的过程,顺生逆克,洛书中的五行逆行相克,反映的正是事物后天运化的规律。

四、太 极 图

宋代还有一种著名易图式便是太极图。关于太极图,历来众说纷纭,所传大致有二:周氏太极图和阴阳鱼太极图。最早的太极图在刘牧的《易数钩隐图》中就已经出现,在这幅图里他用一个圆圈来表示太极,而圈上有十个黑白相间的点,白点表示阳,黑点表示阴,这是他惯用的做法,全图以此表示太极中包含阴阳。

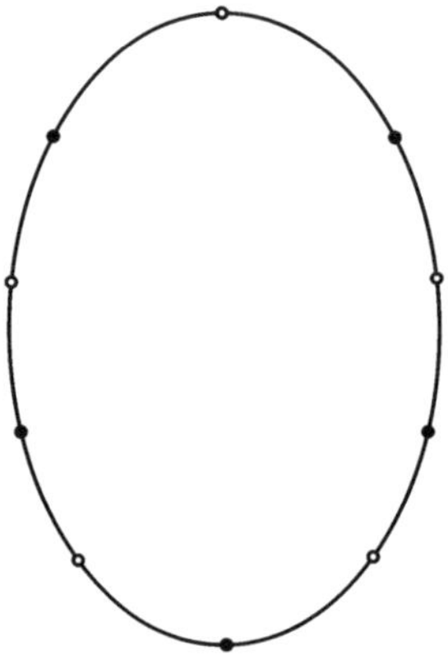

太极图

刘牧之后,许多学者都画制一个空心圆圈,根据自己的理解对太极进行解释,出现了许多太极图。

1. 周氏太极图

周敦颐的太极图载于其代表作《太极图说》中,试图从宇宙演化的角度解释社会现象,通过太极、阴阳、五行

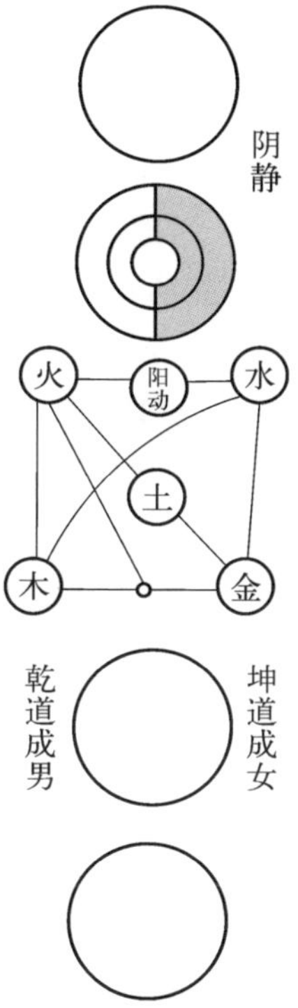

周氏太极图

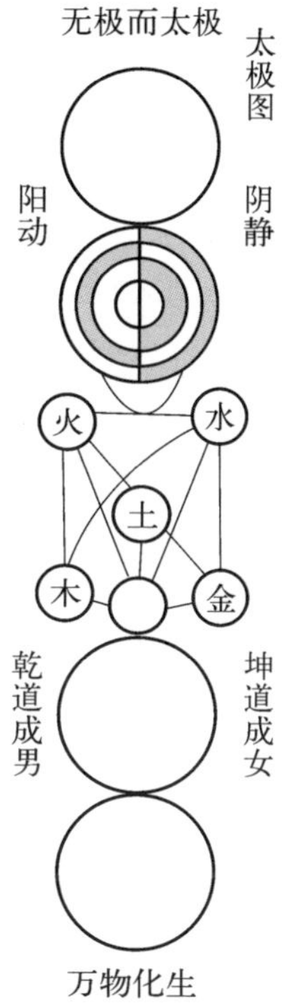

朱熹太极图

学说，将宇宙生成论与发展论结合起来，依文字为《太极图说》，依图象为“太极图”。朱熹注解其说，并对太极图作了调整。

“周氏太极图”为朱震给孝宗讲易时所进“太极图”，见于朱震《易卦图》上卷，与朱熹修订“太极图”相较，阴静在上，阳动在下，黑中有白，而白中无黑。清毛奇龄认为朱震所进之图是太极图原貌①。南宋杨甲作《六经图》、元张理《大易象数钩深图》，其引太极图均作此图式。对此朱熹曾在《答胡广仲书》中说：“然既以第一圈为阴静，第二圈为阳动，则夫所谓太极者，果安在耶？”亦不符合《太极图说》中所说的“动极而静，静而生阴，静极复动。一动一静，互为其根”的这一解说。周敦颐在《太极图说》中用下面这段文字说明了“太极图”想要建构的宇宙模式图景：

> 无极而太极。太极动而生阳，动极而静，静而生阴，静极复动。一动一静，互为其根。分阴分阳，两仪立焉。阳变阴合，而生水、火、木、金、土。五气顺布，四时行焉。五行一阴阳也，阴阳一太极也，太极本无极也。五行之生也，各

① ［清］毛奇龄：《毛奇龄易著四种》，郑万耕点校，中华书局，2010 年。

一其性。无极之真,二五之精,妙合而凝。乾道成男,坤道成女。二气交感,化生万物。万物生生而变化无穷焉。惟人也得其秀而最灵。形既生矣,神发知矣。五性感动而善恶分,万事出矣。圣人定之以中正仁义而主静,立人极焉。故圣人"与天地合其德,日月合其明,四时合其序,鬼神合其吉凶",君子修之吉,小人悖之凶。故曰:"立天之道,曰阴与阳。立地之道,曰柔与刚。立人之道,曰仁与义。"又曰:"原始反终,故知死生之说。"大哉易也,斯其至矣!

全文249字,却内涵丰富,极具张力,以"太极"为理,以"阴阳五行"为气,据以解释大自然和人类社会的发展规律,将生生不息的宇宙万物的生成变化、人居天地之间的神明变化清晰地表达出来,故朱熹称其为北宋最重要的著作,甚至说《太极图说》和《西铭》是"自孟子以后,方见有此两篇文章"①。正因为其深厚的理学思辨,开创了宋代理学的先声。《宋史》列其传于《道学传》之首,称其"得圣贤不传之学,作《太极图说》《通书》,推明阴阳五行之理。"后人尊为"理学开山"。

关于"周氏太极图"的源流,历来争议不断,很多人据《宋史·朱震传》那段话而断定周敦颐"太极图"来自陈抟:

震经学深醇,有《汉上易解》,云:"陈抟以《先天图》传种放,放传穆修,穆修传李之才,之才传邵雍。……穆修以《太极图》传周敦颐,敦颐传程颢、程颐。"

然而朱震此说却有欠斟酌。周敦颐生于1017年、卒于1073年,而穆修生于979年、卒于1032年,穆修死时周氏年仅十五岁,何来传授之理?且比周敦颐大六岁的少年成名的邵雍(1011—1077)仅是穆修的再传弟子,所以朱震此说不合情理。今有很多学者称太极图源于陈抟刻于华山石壁上的无极图,所本源于《宋史·陈抟传》,今便检全文,并无出处,可见虚妄。潘兴嗣在其为周敦颐撰写的《濂溪先生墓志铭》中明确说:"(周敦颐)尤善谈名理,深于易学,作《太极图》《易说》《易通》数十篇……"此处明确说《太极图》为周敦颐"作",故朱熹亦断定:"及得志文考之,然后知其果先生之所自作,而非有所受于人者。"清人胡渭、黄宗羲、黄宗炎、毛奇龄等人对周敦颐所作"太极图"的怀疑,不足为训。

另还有文义之争,最著名的就是朱熹和陆九渊的"无极太极之辨"。陆九渊认为《太极图说》首句"无极而太极"所本老子,不应视为儒门正统之学,又训极为"中",可见周氏理论于理不通;朱熹认为"极"并不训为"中",极只是至极,描摹"太极"之理深邃广大之情状,且老子讲"有无"是以有无为二,周子讲有无是以有无为

① 文渊阁本《四库全书·朱子语类》卷九十四。

一,不可望文生义,此争辩余韵留今,至今莫衷一是。

2. 阴阳鱼太极图

阴阳鱼太极图又称“太极真图”“天地自然河图”,又简称“先天图”“太极图”。最早出现于明赵㧑谦所作的《六书本义》中,并认为此图便是河图。伏羲时期,龙马从黄河中出来,背负的就是这张图,将其命名为“天地自然河图”,并说此图:“世传蔡元定得于蜀之隐者,秘而不传,虽朱子亦莫之见。今得之陈伯敷氏。尝熟玩之,有太极含阴阳,阴阳含八卦之妙。”张宇初《先天图》也描述了蔡元定得图这件事:“……《河图》于蔡季通,得于蜀隐者。其象如车轮,白黑交错,而八分之以为八卦。白者,纯阳象乾;黑者,纯阴象坤。黑白以渐杂之,而为余卦。谢枋得谓尝传《河图》于异人,其状仿八卦为体,坎离中画而相交,类于丹道坎离之术。”故早在宋代此图可能已经流传。

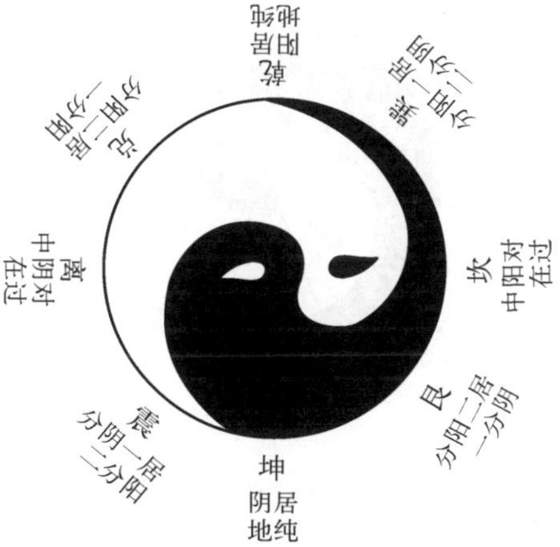

阴阳鱼太极图

此图长期以来在民间的传播最为广泛,几乎与八卦图并列而家喻户晓,有时直接称“双鱼图”。此图外呈圆形,内为黑白“双鱼”合抱状。图中以白代表阳,以黑代表阴,黑白环抱以象征“太极”生阴阳两仪。胡渭在《易图明辨》中曾释大意曰:

> 其环中为太极,两边黑白回互,白为阳,黑为阴,阴盛于北而阳起而薄之。故邵子曰:“震始交阴而阳生。”自震而离、而兑以至于乾,而阳斯盛焉。震东北,白一分,黑二分,是为一奇二偶;兑东南,白二分,黑一分,是为二奇一偶;乾正南,全白,是为三奇纯阳;离正东,取西之白中黑点,为二奇含一偶,故云“对过阴在中”也。阳盛于南,而阴来迎之。故邵子曰:巽始消阳而阴生。自巽而坎、而艮以至于坤,而阴斯盛焉。巽西南,黑一分,白二分,是为一偶二奇;艮西北,黑二分,白一分,是为二偶一奇;坤正北,全黑,是为三偶纯阴;坎正西,取东之黑中白点,为二偶含一奇,故云“对过阳在中”也。坎、离为日、月,升降于乾、坤之间,而无定位,纳甲寄中宫之戊、己,故东西交易与六卦异也。

就是说:此图外圆周环包裹的一圈,为“太极”之象,两边黑白回互之体,白为阳,黑为阴,为“阴阳”之象。其中阴起于南,盛于北;阳始于北,盛于南。阳极生阴,阴极生阳,故盛阳之中有一黑点,盛阴之中有一白点。

黑白回互的“双鱼”体中,包含着八卦形状:东北阳一分、阴二分,为震☳卦;东南阳二分、阴一分,为兑☱卦;南方纯阳,为乾☰卦;东方阳一分、阴一分,合一白点,为离☲卦;西南阴一分,阳二分,为巽☴卦;西北阴二分、阳一分,为艮☶卦;北方纯阴,为坤☷卦;西方阴一分、阳一分,合一黑点,为坎☵卦。如果把此图按八个方位用圆直径将其平均分为八块,则图中所含八卦形状就更加清晰了。

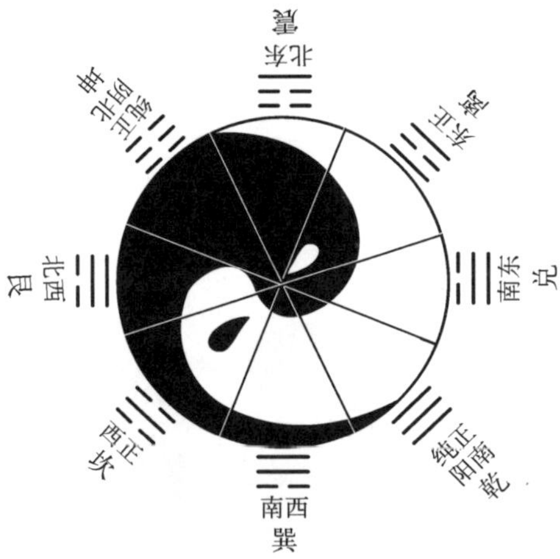

阴阳鱼图八分之八卦图

胡渭在《易图明辨》中引赵仲全《道学正宗》说:“古太极图,阳生于东而盛于南,阴生于西而盛于北;阳中有阴,阴中有阳,而两仪、而四象、而八卦,皆自然而然者也。”遂据此制成图,并命之曰“古太极图”。其实与“先天太极图”无异,只是将黑白回环之形等分为八块,令所含八卦之象更加显明。

阴阳鱼图避免了在此之前的易图中,太极、阴阳、八卦分离不足的问题。图的整体,就是太极;一黑一白,就是两仪;黑白的多少,就是阴阳消长。分成八份,乾坤定于上下,坎离并列东西,震巽艮兑,随着阴影升降,分布于四角。这样,八卦已经齐备。而且,由复卦开始,之后阴阳此消彼长的趋势也明确地表现在阴阳鱼图中。一张图包含了宇宙间阴阳互动、互补,事物均衡与和谐发展的规律,故甫一问世便受到极大的欢迎。明著名易图学家章潢撰《图书编》时便将此图置首,并作数篇论文给予高度评价:

> 是图也,将以为沦于无邪?两仪、四象、八卦与夫万象森罗者已具在矣。抑以为滞于有邪?凡仪象、卦画与夫群分类聚、森然不可纪者,曾何形迹之可拘乎?是故天一也。无声无臭,何其隐也;成象成形,何其显也!然四时行,百物生,莫非其于穆之精。神无方、易无体,不离乎象形之外。自一而万,自万而一,即此图是也。默识此图,而太极生生之妙,完具胸中。①
>
> 太极,不过阴阳之浑沦者耳。原非先有太极,而后两仪生;既有两仪,而后四象、八卦生也。又岂两仪生而太极遁,四象生而两仪亡,八卦生而四象隐,两

① 文渊阁本《四库全书·古太极图叙》。

仪、四象、八卦各为一物，而别有太极宰其中、统其外哉。①

这就是说太极图将宇宙整体结合起来，而不是以往的一事一论，把太极与两仪、四象、八卦相分离。此图还表达了《易传》的中心思想，甚至可能就是夫子作《易传》的依据之一：

> 尝读《易·系辞》首章，若与此图相发明。《说卦》“天地定位”数章，即阐明此图者也。何也？总图即太极也，黑白即阴阳两仪、天地卑高、贵贱动静刚柔之定位也。黑白之多寡，即阴阳之消长。太阴、太阳、少阴、少阳，群分类聚、成象成形、寒暑往来、乾男坤女，悉于此乎见也。②

这样的说法也并不能说无的放矢，虽然现存文献记载“黑白点阴阳图”出现在明代，然而其所传似乎确实极为悠远。前面多部文献都记载到宋蔡元定可能收藏过此图。《道藏》辑录的唐以前的资料中，就载有类似的图形。杭辛斋先生认为：“此图流传甚古，蕴蓄宏深，绝非所能臆造。”“要之三代以上之故物。”③此说值得我们注意。李约瑟曾盛赞其为“宇宙间最文明的曲线”，也因为它积累的巨大生命，以至于逐渐替代了太极图，后人误认为太极图就是阴阳鱼图，而不知道其实宋明时代所说的“太极图”应该指的是“周氏太极图”。后世流行的还有下面这几种：

① 伏羲太极之图：收录到清高雪君著的《易经来注图解》中，认为阴阳鱼图为伏羲所作。

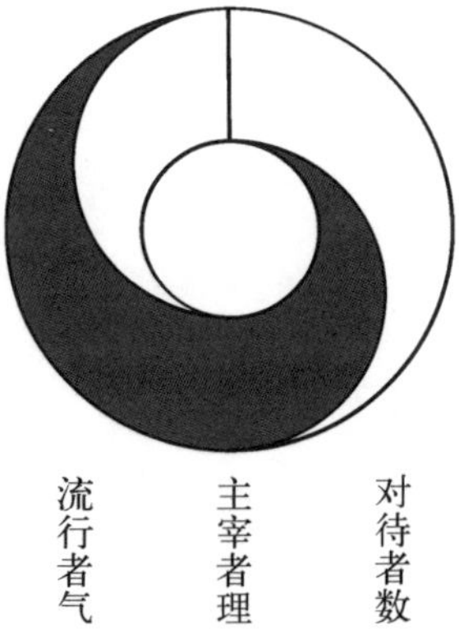

来知德太极图

伏羲八卦太极图

① 文渊阁本《四库全书·古太极图说》一。

② 同上。

③ 杭辛斋：《杭氏易学七种》，周易工作室点校，九州出版社，2005年。

② 明来知德太极图：白者为阳仪，黑者为阴仪，黑白二路，阳极生阴，阴极生阳，其图说明气机生生不息、循环不绝之理。

③ 伏羲八卦太极图：明来知德以太极图解释伏羲八卦方位的图式。其图中空，以圆象征太极，白线居于黑中，黑线居于白中，说明阴中有阳，阳中有阴。

第二章　卜筮命理系统举要

一、周易决策中必不可少的思维方式——象思维

《周易》是阐发世界象数本质的百科全书，是一部充满以“象”解构世界和处理人类实践的智慧之书。《周易》是一部奇书无需赘言，而其中最重要的精神内核便是“象”，其重要性甚至使之成为“易”的代名词，这一点先秦文献中已有论及，如前文所述，《左传・昭公二年》记载：“观书于大史氏，见《易象》与《鲁春秋》，曰：‘周礼尽在鲁矣’。”其中的“易象”就是指《周易》，孔颖达在此句下疏曰：“《易》文推演爻卦，象物而为之辞……是故谓之《易象》。”又《系辞下》：“八卦成列，象在其中矣。”象征宇宙万物的八卦的实质本体便是“象”；又说：“是故《易》者，象也；象也者，像也。”“圣人有以见天下之赜，而拟诸其形容，象其物宜，是故谓之象。”圣人“诸其形容，象其物宜”的真髓今人已难窥其真迹，但象思维却永久地保留于华夏民族的灵魂深处。早在新石器时代后期，中华民族的先人就已经通过观天察地发现了构成万物的两个基本符号“阴爻(--)和阳爻(—)”，又发现通过阴阳二爻成三排列类象自然和宇宙的八个符号，这是在文字出现之前就存在的符号，这八个符号将世界万物归纳到了里面，通过物象转化为意象，通过意象提取出物象，这就是三生万物的由来。这样的易象形成了中国人“博学约己”“仰观俯察”“推天道以明人事”“敬天畏民”等意象。另一方面，以太极、阴阳、四象、八卦化生万物的能动性思维又促生灵活圆融的民族特质，以及“时中”“经权”“中庸”“逍遥”“恬淡”等民族性格。这样的“象”是造化永恒的杰作，亦是《周易》带给我们最宝贵的精神财富，同时也是《周易》预测学的本质与前提。

象思维，指运用带有直观、形象、感性的图像、符号等工具来揭示认知世界的本质规律，通过类比、象征等手段把握认知世界的联系，从而构建宇宙统一模式的思维方式。象思维将宇宙自然的规律看成是合一的、相应的、类似的、互动的，借助太极图、阴阳五行、八卦、六十四卦、河图洛书、天乾地支等象数符号、图式构建万事万物的宇宙模型，具有鲜明的整体性、全息性。象思维以物象为基础，从意象出发类

推事物规律，以“象”为思维模型解说、推衍、模拟宇宙万物的存在形式、结构形态、运动变化规律，对宇宙、生命做宏观的、整合的、动态的研究，具有很大的普适性、包容性。象思维是中华文化的主导思维，是原创性的源泉、原创性的母体，是提出和发现问题的思维。

1. 象思维的内涵及本质

《周易》的象一般说来有三层含义：一是自然界的存在物，即意象，如《系辞上》所言“圣人设卦，观象系辞焉”，正如王夫之所说：“天下有象，而圣人有《易》，故神物兴而民用前矣。”“法皆其法，象皆其象，故曰大也。”（《周易外传》）自然界的物质存在永远是人类实践与思维的第一来源。《系辞上》又曰：“立象以尽意，设卦以尽情伪”，这里“易”就是“象”，“象”是通过卦来表示的，卦象“可通神明之德，可类万物之情”，而圣人正是通过“仰观俯察”这些现象才得出某种规律性的总结。第二层含义是存在物的本质特征和内在联系，模仿是人类进步的基础，人类的每一次进步无一不是在模仿观照后理性把握这些事物背后的本质以实现的。《系辞下》曰：“象也者，像此者也。”“像”应该是后起字，古字本作“象”，蒋伯潜先生认为象为“相”之同音假借：“借‘象’作‘相’，今象棋子，红棋之‘相’，蓝棋作‘象’，即其证。《说文》曰：‘相，省视也，从目、从木。’……一切事物之自然的人为的静态或动态，凡为人目省视之对象者，皆‘现象’也。”①此外，《周易》中“天垂象，见吉凶，圣人象之”（《系辞上》），“在天成象，在地成形”等都是指现象而言。第三层含义即为意象，哲学上称主体离开具体事物后在思维中留下的迹象。又分记忆意象和创见意象，前人有人称为“印象”，有人称为“想象”，蒋伯潜先生称“印象、想象，皆‘意象’”②。《韩非子·解老篇》有：“人希见生象也，而得死象之骨，而案其图以想其生也，故诸人之所以意想者皆谓之象也。”简言之，在人的思维中过滤之后，便成为一种思辨的抽象凝结物，用王夫之的话来说，就是“在天而为象，在物而有数，在人心而为理”③。而这里象、数、理一也，船山先生说“万物皆有固然之用，万事皆有当然之则，所谓‘理’也”④。这里的理是“于象数而得理”，这里的“象”就是阴阳五行之象。故此超言绝象不可以一般现象统而涵括，故章学诚《文史通义》称：

有天地自然之象，有人心营构之象。天地自然之象，《说卦》为天、为圜诸

---

① 蒋伯潜：《十三经概论》，上海古籍出版社，2010 年。
② 同上。
③ ［清］王夫之：《船山思问录》，上海古籍出版社，2000 年。
④ ［清］王夫之：《四书训义》，岳麓书社，2011 年。

条，约略足以尽之。人心营构之象，睽车之载鬼，翰音之登天，意之所至，无不可也。然而心虚用灵，人累于天地之间，不能不受阴阳之消息；心之营构，则情之变易为之也。情之变易，感于人世之接构，而乘于阴阳倚伏为之也。是则人心营构之象，亦出天地自然之象也。

易象的性质，又决定了《周易》的文辞，易辞与他经明显不同，他经上下文多相连属，易辞由象而生，观某爻而得甲象，又观某爻而得乙象，故易辞各有所指，往往可以不相关联。易学大家尚秉和曾说："易辞皆观象而生，象之所有，每为事之所无，故不能执其解。"①另外，就象数来说，象早于数，有象然后有数，数从象生，象生数。《左传・僖公十五年》中韩简曰："龟，象也；筮，数也。物生而后有象，象而后有滋，滋而后有数。"西汉易学大师京房主张象生数，他认为："奇偶之数取之于乾坤。乾坤者阴阳之根本。"(《京房易传》)在他看来，连易数也是一种象，他将数分为奇偶两类："一三五七九，阳之数；二四六八十，阴之数。"这两类数，其实就是阴跟阳、乾与坤，他认为卦爻策数"定天地万物之情状，故吉凶之气顺六爻，上下次之，八九六七之数，内外承乘之象，故曰'兼三才而两之'"。六十四卦、三百八十四爻、一万一千五百二十策，既是数，也是象；既来源于"八九六七之数"，又代表了"内外承乘之象"。魏荔彤《大易通解》亦称：

《易》之义理本自象数出，未有系辞以前，为无文字之《易》，则义理体也，象数用也；既有系辞以后，象数反为体，义理因辞无着，又为用矣。今之学者全求义理于文字，非有用无体之学乎？②

的确，未有系辞时，占筮者即于卦爻内能辨吉凶，如果不从象中求理，那么吉凶又怎么断定呢？魏氏之言一语中的。故虽然在宋代曾有过象学派与数学派之争，但整体上来看，象学派是一贯的正统与主流。以"象"为宇宙本体也是象学派通过对"象"的解读完成的，使之上升到哲学象本论上。程颐说："理无形也，故假象以显义。乾以龙为象，龙之为物，灵变不测。故以象乾道变化，阳气消息，圣人进退。"③从现象与本质的显与隐的关系上来阐明易象，可备一说。

"十翼"作为全面诠释《周易》象数的一部分，经统计，全篇"象"共出现了485次，而"数"仅出现15次，列表如下：

---

① 尚秉和：《周易尚氏学》，中华书局，1980年。
② [清] 魏荔彤：《大易通解》，见文渊阁本《四库全书・大易通解卷首》。
③ [宋] 程颐：《伊川易传》，见文渊阁本《四库全书・伊川外传卷一》。

易传	象传	象传	文言	系辞	说卦	序卦	杂卦	合计
象	3	443	0	39	0	0	0	485
数	0	1	0	11	3	0	0	15

现在科学实验亦总结出，人类思维规律是先有物的形象思维，尔后才有数的抽象思维。另将六十四卦各自所代表的“象”列于后，以使我们有个直观系统的把握：

象传象传中之卦象备查表

八卦	卦　　象	见　于　某　卦
乾	天	象传见乾、履、泰、否。象传见乾、泰、无妄。
	天、比朝廷	象传见于大畜。象传见小畜、需、大畜、遁、大壮、夬。
	天、比其他	象传见讼。
	君	象传见泰、否。象传见履、否、同人、大有、姤。
	君子	象传见泰、否。
	阳气	象传见泰、否。
	刚健	象传见需、讼、小畜、泰、否、同人、大有、无妄、大畜、大壮、夬。
坤	地	象传见坤、泰、否、晋、明夷。象传见师、比、泰、豫、临、观、复、晋、明夷、萃。
	地、比人	象传见升。
	民或臣民	象传见泰、否。象传见否、谦、剥。
	小人	象传见泰、否。
	阴气	象传见泰、否。
	柔顺	象传见师、泰、否、豫、临、观、剥、复、晋、明夷、萃、升。
	雷	象传见屯、噬嗑、恒、解、震。象传见豫、随、复、无妄、归妹。
震	雷、比刑	象传见屯、噬嗑、颐、恒、大壮、解、益、震、丰、小过。
	鹄	象传见小过。
	刚	象传见随、噬嗑、恒、益。
	动	象传见屯、豫、随、噬嗑、复、无妄、恒、大壮、解、益、归妹、丰。
巽	风	象传见恒。
	风，比教令	象传见巽。象传见小畜、蛊、观、恒、家人、益、姤、巽、涣、中孚。
	木	象传见井、鼎、涣、中孚。象传见井、鼎。
	木、比其他	象传见大过、升、渐。

续 表

八卦	卦 象	见 于 某 卦
巽	柔	彖传见于蛊、恒、益。
	巽(逊)	彖传见小畜、蛊、观、大过、恒、益、鼎、升、渐、中孚。
	入	彖传见蛊、恒。
坎	水	彖传见坎、井、涣。象传见井。
	水、比民众	象传见师、比、涣、节。
	水、比美德	象传见蒙、坎、蹇。
	水、比其他	象传见讼、困、既济、未济。
	雨	彖传见屯、解。
	雨、比恩赏	象传见解。
	云、比恩赏	象传见屯、需。
	刚	彖传见节。
	险	彖传见屯、蒙、需、讼、师、坎、蹇、解、困、节。
离	火	彖传见睽、革。象传见睽、革、鼎。
	火、比明察	彖传见噬嗑、离、睽、鼎、丰、旅。象传见同人。 大有贲、离、家人、丰、旅。
	火、比其他	象传见既济、未济。
	日、比明德	彖传见晋、明夷。象传见晋、明夷。
	电、比明察	彖传见噬嗑。象传见噬嗑。
	女	彖传见革、睽。
	柔	彖传见噬嗑、贲。
	文与文明	彖传见同人、天有、贲、明夷、革。
	丽	彖传见离、晋、睽、旅。
艮	山	彖传见蒙、小过。
	山、比贵族	彖传见损。象传见谦、剥、颐。
	山、比贤人	彖传见大畜。象传见蛊、大畜、咸、遁、蹇、渐、小过。
	山、比其他	彖传见大畜、象传见蒙、贲、损、艮、旅。
	男	彖传见咸。
	阳气	彖传见咸。

续 表

八卦	卦　象	见于某卦
艮	刚	彖传见蛊、贲、咸。
	止	彖传见蒙、蛊、贲、剥、大畜、咸、蹇、艮、渐、旅。
兑	泽	彖传见睽、革、中孚。象传见随、睽、革、归妹。
	泽、比民	彖传见损。象传见履、临、大过、损、夬、萃、中孚。
	泽、比其他	象传见咸、困、兑、节。
	女	彖传见咸、睽、革。
	阴气	彖传见咸。
	柔	彖传见随、咸、节。
	说(悦)	彖传见履、随、临、大过、咸、睽、夬、萃、困、革、归妹、兑、节、中孚。

2. 象思维的应用

具有一定的象思维能力是学习中国周易文化的先决条件,我们在区分事物性质和情状时运用的是归纳法,在推演事物发展趋势和未来结果的时候运用的是演绎法,所以就体用论而言,归纳法属于体,演绎法属于用的范畴。两者互不矛盾,彼此依托。六十四卦爻变化生出四千零九十六种结果,无论是从卦辞、爻辞、卦理上去分析,还是用纳甲筮法、阴阳五行的生克制化理论分析,都需要具备象思维能力才能获得。这种能力除了与生俱来的民族文化基因外,通过一定时间的象思维训练也是可以达到的。下面我们在具体的象数运用中会进一步谈到这种"象"包涵万事万物的实质和具体表现。

我们知道,易卦表面上是一些线段的组合,其实是将作为万物之魂的"数"符号化,先是将数字归类为天奇地偶"二数";二数再借助蓍草的直与折,转化为两个"卦画";两个卦画再组建成"六画卦",六画卦就是对天下万事万物的抽象模拟之象。但"卦"仅是一个符号组,它是"寂然不动""无思无为"的,这就需要我们通过筮法来求得一个确定的"易"卦,以匹配我们所求之象,即可"感而遂通"。解读其间所附载的"神明"意向时,必须再将符号还原为实物,使符号间的关系,转化为实物之象间的碰撞与较量,从而显现出吉、凶、悔、吝与无咎等各种得失忧虞之象。《周易》的设象在《系辞下》中是这样说的:" 古者包牺氏之王天下也,仰则观象于天,俯则观法于地,观鸟兽之文与地之宜,近取诸身,远取诸物;于是始作八卦,以通神明之德,以类万物之情。"具体说来,设象就是为八经卦提供"假设",原则上取象越巧妙,设象就越少,且前后尽可能地保持一致,这是智者用《周易》之道。

其实八卦设象早在春秋时代或者更早就被人们运用到解说《周易》上了。譬如《左传·庄公二十二年》:"陈侯使筮之,曰:'坤,土也。巽,风也。乾,天也。'"《左传·昭公五年》:"庄叔以《周易》筮之……曰:'离,火也,艮,山也。'"而系统地谈论"八卦设象"的,就是《说卦》:

> 乾,健也;坤,顺也;震,动也;巽,入也;坎,陷也;离,丽也,艮,止也;兑,说也。(以上为本象)乾为马,坤为牛,震为龙,巽为鸡,坎为豕,离为雉,艮为狗,兑为羊。乾为首,坤为腹,震为足,巽为股,坎为耳,离为目,艮为手,兑为口。乾,天也,故称乎父;坤,地也,故称乎母;震一索而得男,故谓之长男;巽一索而得女,故谓之长女;坎再索而得男,故谓之中男;离再索而得女,故谓之中女;艮三索而得男,故谓之少男;兑三索而得女,故谓之少女。乾为天、为圜、为君、为父、为玉、为金、为寒、为冰、为大赤、为良马、为老马、为瘠马、为驳马、为木果;坤为地、为母、为布、为釜、为吝啬、为均、为子母牛、为大舆、为文、为众、为柄,其于地也为黑。震为雷、为龙、为玄黄、为旉、为大涂、为长子、为决躁、为苍筤竹、为萑苇,其于马也为善鸣、为馵足、为作足、为的颡,其于稼也为反生,其究为健、为蕃鲜。巽为木、为风、为长女、为绳直、为工、为白、为长、为高、为进退、为不果、为臭,其于人也为寡发、为广颡、为多白眼、为近利市三倍,其究为躁卦。坎为水、为沟渎、为隐伏、为矫輮、为弓轮,其于人也为加忧、为心病、为耳痛、为血卦、为赤,其于马也为美脊、为亟心、为下首、为薄蹄、为曳,其于舆也为多眚、为通、为月、为盗,其于木也为坚多心。离为火、为日、为电、为中女、为甲胄、为戈兵,其于人也为大腹、为乾卦、为鳖、为蟹、为蠃、为蚌、为龟,其于木也为科上槁。艮为山、为径路、为小石、为门阙、为果蓏、为阍寺、为指、为狗、为鼠、为黔喙之属,其于木也为坚多节。兑为泽、为少女、为巫、为口舌、为毁折、为附决,其于地也为刚卤、为妾、为羊。(以上为广象)

上面这些也被称为"逸象",即采用"取象比类"的方法,"引而伸之,触类而长之",类推得来,以尽述天下之事。如乾卦卦象《说卦传》中归纳为:健、马、首、天、圜、君、父、玉、金、寒、冰、大赤、良马、老马、瘠马、驳马、木果。后世易学家对其进一步发挥,如汉代虞翻的逸象说,据王新春《周易虞氏学》归纳乾卦逸象达 100 余种之多。乾为天,《象》曰:"天行,健。君子以自强不息。"所以说乾为健;与动物马性为健,所以说乾为马;天是圆的,所以说乾为圜;天在上,而在人头之上,所以说乾为首;在国君为首,所以说乾为君;在家父为首,所以说乾为父;君为有德之人,故又引申为君子。乾方位上居西北,季节对应为秋;乾五行属金,金是凉的,所以乾又为寒。其他逸象无不是由基本卦象或卦爻辞类推得来的。这种类推方法对中国传统思维方式影响至深,如吕不韦的“类同相召”(《吕氏春秋·应用》)、王充的“揆端推类”(《论衡·实知》)、朱熹的“以类而推”(《朱子语录》卷十八),说的都是类推的原则,成语“触类旁通”即由此而来。除此之外,《说卦》中还有一段是八卦设象与方位的关系,兹录于下:

> 帝出乎(震),齐乎巽,相见乎离,致役乎坤,说言乎兑,战乎乾,劳乎坎,成言乎艮。万物出乎(震),(震),东方也。齐乎(巽),(巽),东南也。齐也者,言万物之絜齐也。离也者,明也,万物皆相见,南方之卦也;圣人南面而听天下,向明而治,盖取诸此也。(坤)也者,地也,…(兑),正秋也…(乾),西北之卦也,言阴阳相薄也。(坎)者,水也,正北方之卦也。(艮),东北之卦也。……

此即后天八卦图的由来,其余还有天乾纪日与八卦的关系,如蛊䷑卦卦辞:“利涉大川,先甲三日,后甲三日。”巽䷸卦爻辞:“先庚三日,后庚三日,吉。”革䷰卦卦辞:“巳日乃孚。”等等,不一而足。此外,《荀九家易》有八卦逸象,共三十一,自言出自河内女子献《说卦》,实际上是由本经《彖》《象》得来;又有孟氏逸象四百四十余条等,余不一一,可参见《杭氏易学七种》所载。至于取象,因为一个六画卦是由两个三画卦、经卦组成,故有多种不同的排序选取方式。

互体之象,又叫“互象”“互体”“互卦”,一般指一个六爻卦的卦体中,二、三、四爻与三、四、五爻又构成的连体卦形,叫“互体之象”。即将一个六爻卦上下两头的初爻和上爻去掉,剩下中间四个爻构成的联合卦体,它是由相邻的两个二爻卦连体构成的。其中,二、三、四爻组成“下互体”,三、四、五爻组成“上互体”(京房称之为“约象”),这样一个六画卦其实分成四个三画卦(连上本来的内外卦),这种化整为零的方式颇有“还原式思维”的味道。“互体”由来已久,《左传·庄公二十二年》“陈侯使筮之”的结果正是“遇观䷓之否䷋”,周史解此二卦时说:“坤,土也,巽,风;乾,天也,风为天,于土上,山也。”此便是以互体释卦最早之例。例如天泽履䷉卦,去掉下面的初九爻和最上面的上九爻,在中间四个爻组成的卦中,上部三个爻组成巽☴卦,下边三个爻组成离☲卦,两者上下连体(中间有两个共用爻),说明两者有很多的共性。“同声相应,同气相求”,两者发生共鸣、谐振,故而互相依靠,连手共体,这四个爻之间,实际内含着一个六爻的风火家人䷤卦。在古人看来,上卦代表的是事物的外部,下卦代表的事物的内部。在互体之象中,本来的内外卦通归表示外部,而以中间四个爻形成的“互体”即为内在核心。在这个天泽履䷉卦中,乾☰兑☱两卦代表现在的情况,互体中的巽☴离☲两卦代表的是未来发展的趋势。

那么有人可能会问,这个互体到底有什么作用呢?其实,它可以表述我们前面曾讲过的“比合”之意。代表一种亲信、亲近、亲密的,互相依靠、紧密相连的一种特殊关系。两者之间从属性上讲有一定的共性关系，互相离不开，又互相制约。这是为什么呢？因为它们互为“互卦”的两“经卦”之间，共用了两个爻。因此，这两个“经卦”之间有很多的共性存在。所以说，这两个“经卦”间有紧密的联系。两个“经卦”实际可以看成是两个或两类事物，故“互卦”就是表示两个紧密相连的事物相互之间的关系。

反覆之象，又称反对之象，一般说来包涵“反象”“覆象”两种情况。应该与孔颖达所说的“二二相耦，非覆即变”有某种类似之处。“二二相耦”皆是以相反为义的，即反象。最早的“反象”隐存于《序卦》《杂卦》的卦偶中。反象是在我们用“正象”不足以解读卦义时，圣人想出用“反象”来诠释世界，这“反象”似乎是“正象”通过一面特殊的镜子所构成的反对称关系，对于卦体通过这面镜子两边的爻性正好相反，所以或可称之为“变爻镜”。在八经卦中，乾☰与坤☷；坎☵跟离☲两对卦偶，上下、左右皆互成“反象”；而震☳的上下反象为兑☱，左右反象为巽☴；艮☶的上下反象为巽☴，左右反象为兑☱。关于左右反象，东汉虞翻称之为“旁通”。综上述取象规则，一个别卦可以分解为八个经卦。首先分解为两个“明象”，即上下体的经卦（正象），加上“明象”的“隐象”，即上下互体，得到四个经卦（正象加互象）；四个经卦再加上“明象”的“暗象”，即倒象与反象，最终可得到八个经卦（含正象、互象、倒象、反象）。例如睽䷥卦：

明象	上体（☲）	下体（☱）	正象
隐象	上互体（☵）	下互体（☲）	互象
暗象	☲	☴	倒象
暗象	☵	☳	反象

对这种化整为零的取象方法，圣人是这样解释的：“‘易’有太极，是生两仪，两仪生四象，四象生八卦，八卦定吉凶，吉凶生大业。”一个简单的取象规则，竟然包涵了宇宙万事的“大业”，易道广大，令人感佩！

“覆象”，又称倒象，就像在镜子里或水中的影子与人相对称，互为倒象一般。最早的倒象也在《序卦》《杂卦》中有所显露，倒象就是当正面让我们无法识别时，不妨从背面来更好地认识它。圣人取象，变化莫测。八经卦中，震☳的倒象为艮☶，巽☴的倒象为兑☱。而乾☰与坤☷、坎☵跟离☲的倒象仍为本身，即实物与镜影是同一的。

补象，当取明象（正、互象）、隐象（互象）与暗象（倒、反象）难以取得有用信息时，不妨将其中失位之爻补正，与此爻相关的经卦因此而卦变，所得之新卦，就是“补象”。它是失位之爻，爻变后所得之象。刚爻居柔位，柔爻居刚位，都属“失位”，即居位“不当”，也称“失正”。失位本有咎，即有“过失”，通过爻变补正，便可无咎。所以《系辞上》说：“无咎者，善补过也。”需要指出的是，此处的“爻变”与筮法中的“变爻”不是一回事，在《周易》的筮法中，得“易”数九六、七八、九六变，七八不变。原筮时，未变爻的卦称“本卦”，变爻后的卦称“变卦”。在春秋古筮法例中，所谓“遇甲卦之乙卦”，这甲卦就是“本卦”，乙卦就是“变卦”，其间隐含着九和六互变时，所导致的爻性的变化。这爻性变化之爻，称之为“变爻”。春秋时代筮占时，除了用卦辞、卦象解释卦之外，也用“变爻”爻辞来释卦。正是由于“变爻”的出现，使原本的一卦（本卦）变成了两卦（本卦、变卦），大大拓展了诠释空间，也体现了《周易》“时中”“时变”的原则，“爻变”与“变爻”，异源而同功。所以《系辞下》说：“变动不居，周流六虚，上下无常，刚柔相易，不可为典要，唯变所适。”刚柔相易，就是“爻变”。

3. 中华象思维与西方思维的关系

“象”思维是中华民族的基本思维，我们在接受西方文化时，忽略了原创性的本源，西方的思维是建立在实证科学基础上的线性思维，没有兼容性和放射性，这也解释了为什么西方国家在宗教方面会发动十字军东征，在经济方面会殖民世界，在思想意识方面会推行西方的所谓普世价值而不顾其他民族文化和宗教信仰。在西方工业革命带来物质进步的同时，人类和动物的区别表现了出来，人类需要更深层次的精神关怀以及和物质发展相匹配的思想境界，这些西方文化或者说西方思维方式都无法解决，一些智慧的西方学者把目光投向了代表东方文化的民族——中华民族。中华民族特有的象思维方式和西方思维是一种互补的关系，如同周易文化中倡导的“一阴一阳之谓道”。“象”思维最显著的一个特点就是变通，这种特点通过一个民族的文字便可以发现，中华民族使用的是象形文字，文字本身除了字义和音声外，更具有形的意象和功能，而这恰恰是西方文字没有的，形具有图画的意义，能多维反映字的信息，更丰富了文字的信息量和外观美感，这也就是中国有书法的原因。

事实上，我们能清楚地看到，东西方文化是有相似之处的。西方近代哲学的集大成者、欧洲古典哲学的终结者康德有一个核心命题便是“先验理性”或“先验统觉”，即我们认识任何事物，都是以人类已有的概念范畴去整理知觉材料的结果，如果没有“先验理性”，这种认知运转是无法进行下去的。康德未必知道，在遥远的东方，还有一种不需要概念范畴但也同样能达到对事物的认识的思维方法，这就是中国的“象”思维。如果套用康德的提法，那我们可以说，古代中国人对任何事物的认识，都是“象”与知觉材料结合的结果。中国人依据这种“象”思维，不仅建立了古代的医学、天文、地理等一系列具体科学，而且也建立了中国古代的形而上学、文学、历史、政治等人文学。

20世纪的哲学取得了两个重要的进展：一是人们认识到，我们周围的客观世界是与人的活动联系在一起的，是“人化自然”，因此，不能离开人的活动来谈论“纯客观的存在”；二是系统科学已经揭示出，世界本质上是非线性的、有机的。任何新的形而上学的方法都必须满足这两个条件，传统的语言和逻辑分析方法不能表达这样的世界关系。而“象”思维却可以同时满足这两个条件，《周易》中的象显示的就是各要素之间的结构和非线性的关系，同时它还以阴阳与八卦、八卦与六十四卦的对应统一，显示了主体与客体之间的关系。

《系辞上》言：“易，无思也，无为也，寂然不动，感而遂通天下之故”，这句话竟成为日后宋明理学掀起一场理学革命最重要的思想源泉之一。本初之意正是指运用“象”思维将万象通纳于卦象之中，又用这些常态的数字衍生诠释世界万象。将天下变化莫测、变动不居的万物抽象归纳为六十四个符号化的数模，解读这些符号时，必然意味着将这些符号还原为实物，使卦象与现象的接触转化为符号之间的碰撞与较量，由此产生了吉凶、悔吝、无咎等，即《系辞上》所言：“吉凶者，言乎其得失也；悔吝者，言乎其小疵也；无咎者，善补过也。”将卦象还原为实象，就是为八经卦设置“先验假设”，犹如为电脑输入了指令程序，于是有“感而遂通天下之故”；这种引入“假设”作为推演的出发点，运用推演规则，推演出一系列的程序，在完成推演后，“假设”便自动退出，而推论则独立于假设之外而存在。这种思维方式，简直就是后世自然演绎逻辑思维的雏形。在古希腊辉煌的城邦时代之前的数千年，古代的中国人就能展现出如此伟大的智慧，实在令人惊叹！爱因斯坦曾在1953年感慨道：西方科学的发展是以两个伟大的成就为基础的，那就是古希腊哲学家发明的形式逻辑体系（在欧几里得几何学中），以及通过系统的实验发现有可能找出的因果关系（在文艺复兴时期）。在我看来，中国的圣哲没有走上这两步那是用不着惊奇的；令人惊奇的倒是，这些发现（在中国）全都做出来了。①

二、卜筮应用的立象系统——干支系统

数字概念和时间概念的出现，是人类由野蛮走向文明的两大标志。历法是对时间流逝规律的数字化摹写，是一种量化的对时间的总结与把握。我国的干支系统作为世界上运行时间最长、最为精确的历法之一，其规律是通过对天上日月星辰的运行变化与鸟兽草木的往复更替的整体把握来实现的②，正好与《周易》取象“仰

① 出自爱因斯坦于1953年给美国加利福尼亚州圣马托的J. E.斯威策的复信。李约瑟在1961年发表的论文《中国科学传统的贫乏和胜利》中全文引用了这封信。

② 具体可参看冯昭仁：《周易象数学》，第9—15页，华龄出版社，2010年。

则观象于天,俯则观法于地,观鸟兽之文,与地之宜。近取诸身,远取诸物"的原则不谋而合,故两者于后世渐渐结合,成为中国象数易学发展最重要的一环,故将天支系统作一介绍。

1. 干支起源和基本内容

干支系统的使用在中国十分悠久,由殷墟出土的甲骨卜辞我们可以看出,商朝(公元前16世纪—前11世纪)已普遍使用"天干""地支"等来纪日。这是一种六十位制的记数方式,为的是体现"日"是天地之道的反映。而据《渊海子平》记载,天干地支为上天给黄帝的恩赐:

> 黄帝时有蚩尤神扰乱,当是之时,黄帝甚忧民之苦,遂战蚩尤于涿鹿之野。流血百里,不能治之。黄帝于是斋戒筑坛祀天,方丘礼地。天乃降十干(甲、乙、丙、丁、戊、己、庚、辛、壬、癸),十二支(子、丑、寅、卯、辰、巳、午、未、申、酉、戌、亥)。帝乃将十干圆布象天形;十二支方布象地支。始以干为天,支为地,合光仰职门放之,然后乃能治也。①

这一故事告诉我们干支系统为上天降给百姓的福祉,《文献通考·经籍考》中亦说:"黄帝命大挠作甲子,则甲子纪年自黄帝始。"这里明确说六十甲子为大挠氏所作,由此也可看出干支系统历史是多么悠久。至于为何称天干地支,宋释昙莹《珞琭子赋注》中这样解释:"干,犹木之干也,干强为阳;支,犹木之枝也,枝弱为阴。十干之禄寄于十二支中,阳道顺行,阴道逆运,阳禄自生而顺数,阴禄自死而逆数,皆遇本音临官以寓焉。"所以有阳干阴支的说法,不过到实际的术数运用中,支比干重要得多,且干支各有阴阳,十分协调。历法用天干、地支编排年号和日期,天干共十个字,因此又称为"十干",其排列顺序为:甲、乙、丙、丁、戊、己、庚、辛、壬、癸;地支共十二个字,排列顺序为:子、丑、寅、卯、辰、巳、午、未、申、酉、戌、亥。其中甲、丙、戊、庚、壬为阳干,乙、丁、己、辛、癸为阴干;子、寅、辰、午、申、戌为阳支,丑、卯、巳、未、酉、亥为阴支。各"天干""地支"的含义,在《史记》《汉书》中均有部分记载,十"天干"含义分别是:

甲是拆的意思,指万物剖符甲而出。

乙是轧的意思,指万物出生,抽轧而出。

丙是炳的意思,指万物炳然著见。

丁是强的意思,指万物丁壮。

---

① 《渊海子平·新刊合并官板音义评注》,徐大升编著,海南出版社,2002年。

戊是茂的意思，指万物茂盛。

己是纪的意思，指万物有形可纪识。

庚是更的意思，指万物收敛有实。

辛是新的意思，指万物初新皆收成。

壬是任的意思，指阳气任养万物之下。

癸是揆的意思，指万物可揆度。

十二“地支”含义分别是：

子是兹的意思，指万物兹萌于既动之阳气下。

丑是纽，阳气在上未降。

寅是移、引的意思，指万物始生寅然。

卯是茂，言万物茂也。

辰是震的意思，物经震动而长。

巳是起，指阳气之盛。

午是仵的意思，万物丰满长大，阴阳交相愕而仵，阳气充盛，阴气开始萌生。

未是味，万物皆成有滋味。

申是身的意思，指万物的身体都已成就。

酉是老的意思，万物之老也。

戌是灭的意思，万物尽灭。

亥是核的意思，万物收藏。

以一个天干和一个地支相配，排列起来，天干在前，地支在后，天干由甲起，地支由子起，得到六十年一周期的甲子回圈，称为“六十甲子”或“花甲子”。十天干实际上就是十进位制，十二地支实际上就是十二进位制，以十天干配十二地支以得六十甲子，从此我国进入六十进位的计时时代。六十甲子最初用于纪时，后来逐渐被术数家用来占卜，“夫甲子者，始成于大挠氏，而纳音成之于鬼谷子，象成于东方曼倩子(东方朔)。时曼倩子既成其象，因号曰‘花甲子’”①。唐以后的八字推命、李虚中术、子平术、四柱八字都依此为本。我国古代数千年来就是以六十甲子循环来纪年、纪月、纪日、纪时的，时至今日，从未差错。六十甲子如下列表所示：

六十甲子详表

01. 甲子	02. 乙丑	03. 丙寅	04. 丁卯	05. 戊辰	06. 己巳	07. 庚午	08. 辛未	09. 壬申	10. 癸酉
11. 甲戌	12. 乙亥	13. 丙子	14. 丁丑	15. 戊寅	16. 己卯	17. 庚辰	18. 辛巳	19. 壬午	20. 癸未

① 《渊海子平·新刊合并官板音义评注》，徐大升编著，海南出版社，2002年。

续 表

21. 甲申	22. 乙酉	23. 丙戌	24. 丁亥	25. 戊子	26. 己丑	27. 庚寅	28. 辛卯	29. 壬辰	30. 癸巳
31. 甲午	32. 乙未	33. 丙申	34. 丁酉	35. 戊戌	36. 己亥	37. 庚子	38. 辛丑	39. 壬寅	40. 癸卯
41. 甲辰	42. 乙巳	43. 丙午	44. 丁未	45. 戊申	46. 己酉	47. 庚戌	48. 辛亥	49. 壬子	50. 癸丑
51. 甲寅	52. 乙卯	53. 丙辰	54. 丁巳	55. 戊午	56. 己未	57. 庚申	58. 辛酉	59. 壬戌	60. 癸亥

公元干支换算对应表

天干	甲	乙	丙	丁	戊	己	庚	辛	壬	癸		
数字	4	5	6	7	8	9	0	1	2	3		
地支	子	丑	寅	卯	辰	巳	午	未	申	酉	戌	亥
数字	4	5	6	7	8	9	10	11	0	1	2	3

首先将天干、地支编号,如要将公元纪年换算成干支纪年,以公元年的尾数在天干中找出相对应。然后,将公元纪年除以 12,用余数在地支中找出所对应的地支。这样,公元纪年就换算成了干支纪年。如 2013 年,尾数是 3,在天干中找出对应天干为癸;2013 除以 12 余 9,找出对应地支为巳,所以 2013 年即为癸巳年。天干地支共二十二个的符号错综有序,充满圆融性与规律性。它显示了大自然运行的规律,表现了时(时间)空(方位)互动、阴阳互补的奇妙组合。干支历法又分为干支纪年、纪月、纪日、纪时法,分别是:

年:每个干支为一年,六十年后,又从头算起,周而复始,循环不息。由甲子开始,满六十年称一甲子或一花甲子。称为干支纪年法。

月:正月是由寅开始,每个月的地支固定不变,然后依次与天干组合;由第一年的正月丙寅月、二月是丁卯月、三月是戊辰。从甲子月到癸亥月,共六十甲子,刚好五年。

日:由甲子日开始,按顺序先后排列,六十日刚好是一个干支的周期。

时:由甲子时开始,但计时的地支固定不变,每天十二个时辰。除此之外,由此还衍生了十二生肖的传统,就是按着干支演化而来,配合一天的十二时辰。

十二时辰对应表

时　辰		所　指　时　间	
子时	夜半	23—1	鼠
丑时	鸡鸣	1—3	牛

续 表

时辰		所指时间	
寅时	昧旦	3—5	虎
卯时	日出	5—7	兔
辰时	食时	7—9	龙
巳时	隅时	9—11	蛇
午时	日中	11—13	马
未时	日昳	13—15	羊
申时	晡时	15—17	猴
酉时	日入	17—19	鸡
戌时	黄昏	19—21	狗
亥时	人定	21—23	猪

前面我们了解如何将公元纪年换算成干支纪年，那我们怎么推算这一年具体月份的干支呢？古人也有个总结，即五虎遁元，就是通过年的天干来推出月的干支，口诀如下：

甲己之年丙作首，
乙庚之岁戊为头。
丙辛必定寻庚起，
丁壬壬位顺行流。
若问戊癸何方发，
甲寅之上好追求。

如要查2013年四月的干支，我们上文已算出2013年的干支为癸巳，年干是癸，根据“若问戊癸何方发，甲寅之上好追求”，可知戊癸年的月干支，由正月甲寅推遁，因此二月遁起乙卯月，故四月份为乙卯月。参考月干支表如下所示：

月干支表

年　干	甲己	乙庚	丙辛	丁壬	戊癸
正　月	丙寅	戊寅	庚寅	壬寅	甲寅
二　月	丁卯	己卯	辛卯	癸卯	乙卯

续 表

年 干	甲己	乙庚	丙辛	丁壬	戊癸
三 月	戊辰	庚辰	壬辰	甲辰	丙辰
四 月	己巳	辛巳	癸巳	乙巳	丁巳
五 月	庚午	壬午	甲午	丙午	戊午
六 月	辛未	癸未	乙未	丁未	己未
七 月	壬申	甲申	丙申	戊申	庚申
八 月	癸酉	乙酉	丁酉	己酉	辛酉
九 月	甲戌	丙戌	戊戌	庚戌	壬戌
十 月	乙亥	丁亥	己亥	辛亥	癸亥
十一月	丙子	戊子	庚子	壬子	甲子
十二月	丁丑	己丑	辛丑	癸丑	乙丑

2. 干支五行方位及生克

象数易学的理论基础是阴阳五行理论，而代表阴阳五行的符号系统就是干支系统。谈到干支我们就要介绍各自所属的五行，从《增删卜易》可以总结道：

天干所属五行方位

东方甲乙木，南方丙丁火，西方庚辛金，北方壬癸水，中央戊己土。

地支所属五行方位

子水，丑土，寅木，卯木，辰土，巳火，午火，未土，申金，酉金，戌土，亥水。(即亥子水、寅卯木、巳午火、辰戌丑未土、申酉金)

寅卯辰司春，为东方木；
申酉戌司秋，为西方金；
巳午未司夏，为南方火；
亥子丑司冬，为北方水。

试论述如下：

干支之间的生克方式有八种，即：生、克、会、合、刑、冲、破、害。

生：指五行中的某一行对另一行给予扶持性的施与。生有给养、生育、庇护、支持和文饰等意象。受生之五行增力，主生之五行减力。同性相生力小，异性相生力大。

克：指五行中的某一行对另一行给予压迫性的制约。克有管束、压制、牵制、打击、剥夺、攻伐、摧残和杀戮等意象。其中受克者减力大，主克者也减力小。

地支五行对应表

地支	亥	子	丑	寅	卯	辰	巳	午	未	申	酉	戌
月建	十	十一	十二	一	二	三	四	五	六	七	八	九
五行	水		土	木		土	火		土	金		土
方位	北方水			东方木			南方火			西方金		
季节	冬			春			夏			秋		

会：指五行中的某一行汇聚一方之气，组成强大阵营，所谓物以类聚，以此来增强自己的实力。这也是生的一种特殊形式。会有同类相聚、同气相求、会合、聚会、荟萃等意象，包括寅卯辰会东方木局、巳午未会南方火局、申酉戌会西方金局、亥卯未会北方水局。

合：指五行中的两种或三种五行串通一气，组成联合团体，以此来增强自己的实力，也是生的一种特殊形式。合有合伙、合作、和好、结合、合住等意象。合的具体方式又分为干五合、支三合、支半三合、支六合、支拱合、支暗合、干支合等七种。相合的双方，如果彼此力量相差不大，是为合住；如果力量相差悬殊，则弱的一方被强的一方合伤，强的一方被弱的一方合动。

刑：指一种或两三种五行施行自我折磨或相互折磨、相互制约。也是克的一种特殊表现形式。刑有刑罚、刑伤、折磨、虐待和阻滞等意象。

冲：它指两种方位对立的五行相互冲战，是五行之间一种猛烈的交流形式。冲有冲击、冲撞、冲突、冲动、冲开、冲散、冲破、冲掉、冲走、冲出、冲进等意象。

破：指两种五行的藏干之间相互破坏。它也是克的一种特殊表现形式。破有破开、破坏、破败、破损、破散、破伤等意象。干支五行之间的生克关系，是和人与人之间的关系同等复杂的，因为干支五行就是模拟世间万事的符号。

害：指两种五行之间相互妨害，也是克的一种表现形式，又叫相穿。害有妨害、损害、迫害、陷害、谋害、残害、杀害等意象。

具体划分如下表所示：

干支刑冲克害表

天干五合	甲己合土	乙庚合金	丙辛合水	丁壬合木	戊癸合火	
天干相冲	甲庚相冲	乙辛相冲	丙壬相冲	丁癸相冲	戊己相冲	
天干相克	甲克戊己克癸	乙克己庚克甲	丙克庚辛克乙	丁克辛壬克丙	戊克壬癸克丁	
地支相会	寅卯辰东方木	巳午未南方火	申酉戌西方金	亥子丑北方水	辰戌丑未会土	
地支三合	亥卯未三合木	寅午戌三合火	巳酉丑三合金	申子辰三合水		
前半合	亥卯半合木	寅午半合火	巳酉半合金	申子半合水		
后半合	卯未半合木	午戌半合火	酉丑半合金	子辰半合水		
地支六合	子丑合土	寅亥合木	卯戌合火	辰酉合金	巳申合水	午未合火
地支六冲	子午冲	丑未冲	寅申冲	卯酉冲	辰戌冲	巳亥冲
地支相刑	寅刑巳	巳刑申	申刑寅	(寅申巳)无恩之刑		
	未刑丑	丑刑戌	戌刑未	(丑未戌)恃之刑		
	子刑卯	卯刑子		(子卯)无礼之刑		
地支自刑	辰辰刑	午午刑	酉酉刑	亥亥刑		
地支相破	子酉破	午卯破	申巳破	寅亥破	辰丑破	戌未破
地支相害	子未害	丑午害	寅巳害	卯辰害	申亥害	酉戌害

(1) 天干相合相克

天干和合：十天干的化合是由二十八宿位于天体上的方位来决定的。即甲己化合土，乙庚化合金，庚辛化合水，丁壬化合木，戊癸化合火。十干化合是阳与阴合，阴与阳合，如男女夫妻之道，阴阳和合。正所谓“一阴一阳谓之道”。

甲	乙	丙	丁	戊
己	庚	辛	壬	癸

具体和合之道，可以参看如下口诀：

甲己合，一六共宗水；乙庚合，二七同道火；丙辛合，三八为朋木；丁壬合，四九为友金；戊癸合，五十同途土。

天干相冲相克：

甲庚相冲，乙辛相冲，丙壬相冲，丁癸相冲；庚金克甲木，辛金克乙木，甲木克戊土，乙木克己土，戊土克壬水，己土克癸水，壬水克丙火，癸水克丁火，丙火克庚金，丁火克辛金。

(2) 十二地支生克

十二地支之间的关系在卜筮法中是一个十分重要的概念，它除了具有阴阳、五行属性外，还存在冲、合、刑、害、破、会等内在关系。因为在纳甲筮法中“三合”“三刑”“六冲”“六合”是比较重要的意象，故作一重点介绍：

三合：又称“三合局”，它们是：

申子辰合成水局；
亥卯未合成木局；
寅午戌合成火局；
巳酉丑合成金局。

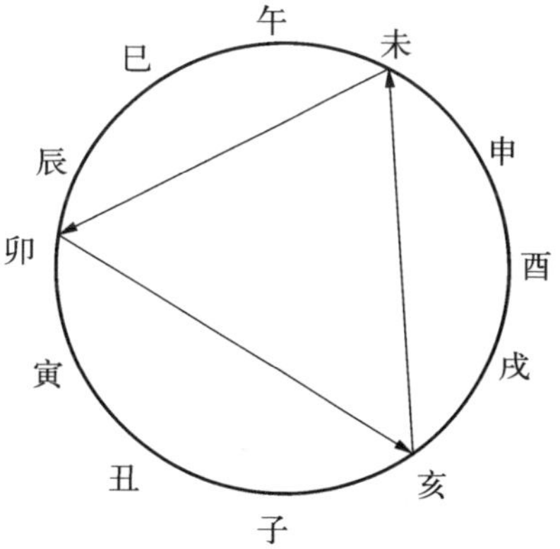

亥卯未合木局

从中我们得出这么几点结论：首先，三合局均为三地支合为一局，故名三合局。第二，每局中地支之间的间隔均为三位。如水局中申隔地支酉、戌、亥三位而至子，子隔地支丑、寅、卯三位而至辰。第三，每局地支均严格按生、旺、墓三段合为一局。如木局生在亥、旺在卯、墓在未。火局生在寅、旺在午、墓在戌。第四，每局三地支中均有属性为土的地支。如水局的辰，木局的未，火局的戌，金局的丑。可谓“无土不成局”。三合局需由动爻或动爻与日辰、月建组成。三合化局，有吉有凶。一般地说，化生者为吉，化克者为凶。

地支三合局合图

地支三合局：共四组。申子辰、亥卯未、寅午戌、巳酉丑等四局。

三刑：又称“地支相刑”。指地支之间互相刑杀。子卯一刑也，子刑卯，卯刑子，称无礼之刑，属双向刑；寅巳申二刑也，寅刑巳，巳刑申，申刑寅，称恃势之刑；丑未戌三刑也，丑刑未，未刑戌，戌刑丑，称无恩之刑。后两者属单向刑。另外辰、午、酉、亥四地支辰刑辰,午刑午,酉刑酉,亥刑亥,称自刑,就是可以自身刑自身。卦中犯刑为不利之兆。

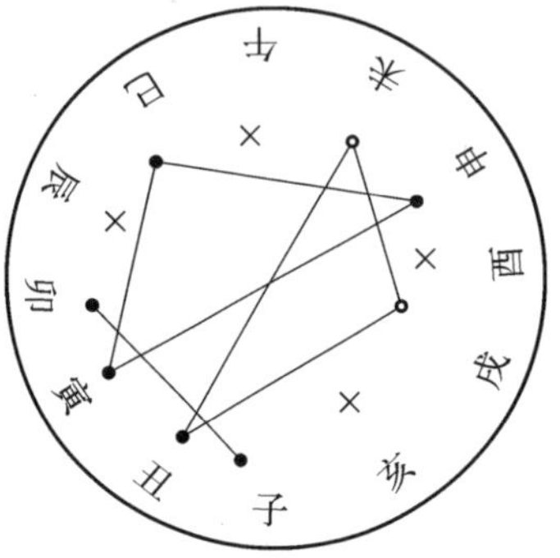

地支相刑合图

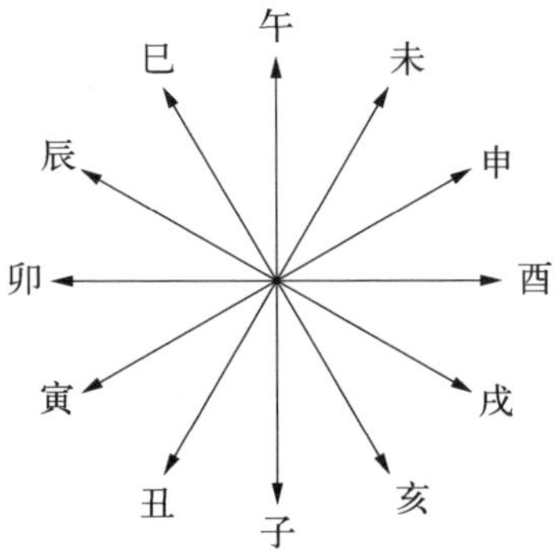

地支六冲图

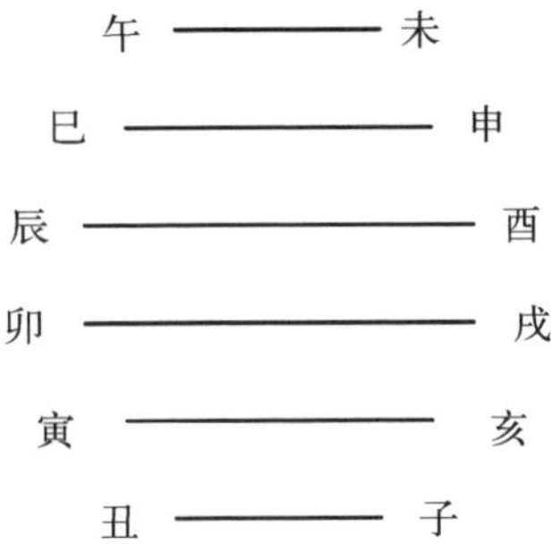

地支六合图

六冲:指十二地支中两两对冲,故又称“地支对冲”。它们是子与午相冲,丑与未相冲,寅与申相冲,卯与酉相冲,辰与戌相冲,巳与亥相冲。若将其绘成圆图,可发现对峙者相冲。卦之遇冲,有本卦冲、变卦冲及合处逢冲之别。冲即冲散,所以卦遇冲,谋事难遂人愿。合处逢冲亦先合而后散,唯事遇伏神被冲散化解,可视为吉。

六合:又称“地支六合”,指十二地支中有两两相合者。他们分别是:子与丑合,寅与亥合,卯与戌化合,辰与酉化合,巳与申化合,午与未化合。卦中地支相合一般为吉,冲中逢合亦是先悖而后合。

地支口诀要义:

十二地支和合:子与丑化合土,寅与亥化合木,卯与戌化合火,辰与酉化合金,巳与申化合水,午与未化合土。

十二地支相冲:子午相冲,丑未相冲,寅申相冲,卯酉相冲,辰戌相冲,巳亥相冲。

十二地支三合局:申子辰化合为水局,亥卯未化合为木局,寅午戌化合为火局,巳酉丑化合为金局。

十二地支三会局:寅卯辰会东方木,巳午未会南方火,申酉戌会西方金,亥子丑会北方

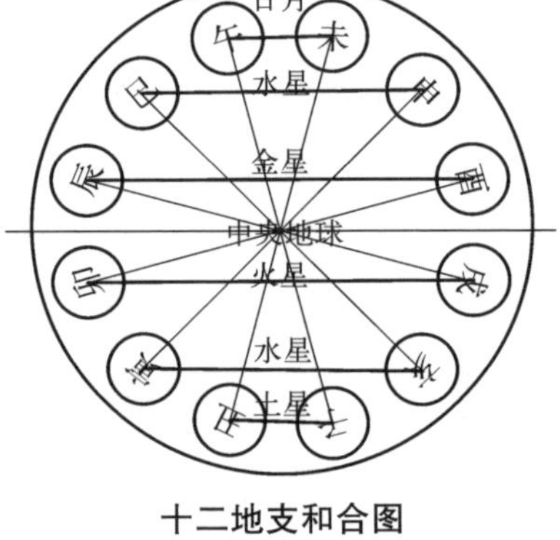

十二地支和合图

水。三会局因会一方之气，所以其力量大于三合局。

十二地支相害：子未相害，丑午相害，寅巳相害，卯辰相害，申亥相害，酉戌相害。

十二地支相破：子酉相破、寅亥相破、辰丑相破、午卯相破、申巳相破、戌未相破。

十二地支相刑：寅申巳三刑、丑未戌三刑、子卯刑、辰午酉亥自刑。

十二地支四时衰旺：春木旺，秋金旺，夏火旺，冬水旺。当生者旺，所生者相，生我者休，克我者囚，我克者死。

春：寅卯木旺，巳午火相，辰戌丑未土死，申酉金囚，亥子水休；

夏：巳午火旺，辰戌丑未土相，申酉金死，亥子水囚，寅卯木休；

秋：申酉金旺，亥子水相，寅卯木死，巳午火囚，辰戌丑未土休；

冬：亥子水旺，寅卯木相，巳午火死，辰戌丑未土囚，申酉金休。

3. 六甲旬空

"旬空"是纳甲筮法里最重要的概念之一，故在这里作简要说明。我们知道干支纪年的一轮是六十年，是根据十天干和十二地支的两两组合而得，古人以十数为一旬，从下面六十甲子表中可以看出，六十甲子共有六旬，即甲子旬、甲戌旬、甲申旬、甲午旬、甲辰旬、甲寅旬。在甲子旬中天干自甲至癸排完十日之后，地支尚有戌亥两日轮空；甲戌一旬十日中，又有申酉两地支轮空；这样每一旬都有两个地支轮空，反复六次，前人将这种轮空，称之为"旬空"，如图所示：

六十甲子旬空表

六甲（六旬）	六十花甲子										旬空地支
甲子	甲子	乙丑	丙寅	丁卯	戊辰	己巳	庚午	辛未	壬申	癸酉	戌亥
甲戌	甲戌	乙亥	丙子	丁丑	戊寅	己卯	庚辰	辛巳	壬午	癸未	申酉
甲申	甲申	乙酉	丙戌	丁亥	戊子	己丑	庚寅	辛卯	壬辰	癸巳	午未
甲午	甲午	乙未	丙申	丁酉	戊戌	己亥	庚子	辛丑	壬寅	癸卯	辰巳
甲辰	甲辰	乙巳	丙午	丁未	戊申	己酉	庚戌	辛亥	壬子	癸丑	寅卯
甲寅	甲寅	乙卯	丙辰	丁巳	戊午	己未	庚申	辛酉	壬戌	癸亥	子丑

为了便于何日逢“旬空”,前人便作了一歌诀:

> 甲子旬中戌亥空,甲戌旬中申酉空,甲申旬中午未空,
> 甲午旬中辰巳空,甲辰旬中寅卯空,甲寅旬中子丑空。

在纳甲筮法中,将落空的这两日看得很重要,称这两日为“空亡”,又简称“空”。一般来讲,忌神遇空则吉,用神逢空则凶。如遇四时生旺,则不作空论。如春月甲子旬占卦,空戌亥,戌为土,土空则陷,是真空;如春月甲申旬占卦,空午未,午为火,春天火相,则不为空论。具体在纳甲筮法中详述。

三、纳音系统揭秘

讲到六十甲子干支系统,就不得不提到纳音了,六十甲子有纳音十分重要,直接由“纳甲筮法”衍化而来。万民英在《三命通会》中即说道:“纳音与《易》纳甲同法。乾纳甲,坤纳癸,始于乾而终于坤,纳音始于金。”①钱大昕在《纳音说》亦这样说道:

> 盖纳音之原,实出于纳甲。纳甲者以十干配八卦,乾纳甲壬,坤纳乙癸,震长男而纳庚,巽长女而纳辛,坎中男而纳戊,离中女而纳己,艮少男而纳丙,兑少女而纳丁。又以十二支配八卦,乾纳甲子壬午,坤纳乙未癸丑,震纳庚子午,巽纳辛丑未,坎纳戊寅申,离纳己卯酉,艮纳丙辰戌,兑纳丁巳亥。京君明、干令升之徒用以说易。……则布干支于八卦,古法已有之矣。

纳音实际上是在术数预测中广为应用的一种取“数”的方法,它对应的数理已经被“六十甲子纳音”大致的规定下来,其基本的意义还是用“五行”来阐述的。“纳音”的“纳”即加入的意思;“音”,就是我国古人根据不同音阶确定的五音,即一般称作“宫商角徵羽”的五个音阶,而所用的器乐在我国古代被称为律吕。后代统指有一定音高标准和相应名称的我国特有的音律体系。《孟子·离娄上》即说:“不以六律,不能正五音。”律吕是十二律的又称,语源出于“三分损益律”的六律、六吕。②《伶州鸠论律》中将十二律按次序分为单数、双数排列。称单数各律为“六”,称双数各律为“六间”。单数的六个律即六律,后世又称为六阳律;双数的六个律即六吕,

---

① [明]万民英:《三命通会》,中医古籍出版社,2008年。
② 《吕氏春秋·音律》篇称:“三分所生,益之一分,以上生;三分所生,去其一分,以下生。”王光祈先生在《中国音乐史》中称为“三分损益法”。(《中国音乐史》,团结出版社,2007年。)

后世又称为六阴律或六同。即黄钟、大吕、太簇、夹钟、古洗、仲吕、蕤宾、林钟、夷则、南吕、无射、应钟等。其中奇数各律（黄钟、太簇、古洗、蕤宾、夷则、无射）称“六阳律”或“六律”；偶数各律称“六阴吕”或“六吕”“六间”。

六律

黄钟	大吕	太簇	夹钟	姑洗	仲吕	蕤宾	林钟	夷则	南吕	无射	应钟

六吕(六间)

十二律吕表

《周易》追求的是“天人合一”“阴阳协和”的境界，而音乐最能体现这种自然律动的和谐状态，古人以天地阴阳之气在升降浮沉中所发之音为天籁、地籁，人处于天地之间薄厚精粗为人籁。天地人三籁的交响和鸣正是律吕的和谐，而这也是乾坤八卦三爻的主要意涵。《吕氏春秋·大乐》篇就说：

> 音乐之所由来者远矣，生于度量，本于太一。太一出两仪，两仪出阴阳。阴阳变化，一上一下，合而成章……凡乐，天地之和，阴阳之调也。

故《周易》象数之学与音乐结合是很自然的事，但“纳音”又不仅限于律吕之音，它是包涵深刻的五行思想与阴阳本位思想的。讲到纳音，先简单谈谈纳音的历史渊源。

1. 纳音溯源

中国的音乐音律源远流长，根据古代文献记载，在伏羲氏时期，已经有了五十弦的瑟，“瑟，《世本》云：‘庖牺氏作五十弦。’”（杜佑《通典》）“昔葛天氏之乐，三人操牛尾，投足以歌八阕。”（《吕氏春秋·古乐》）葛天氏在伏羲到神农氏时期，又说黄帝令伶伦作律，已有十二律的记载。传说在帝舜时代已有“六律、五声、八音”，即：匏、土、革、木、石、金、丝、竹八种。《国语》中有：“金石以动之，丝竹以行之，诗以道之，歌以咏之，匏以宣之，瓦以赞之，草木以节之。”从而达到美妙和谐、神人以合的理想境界，即《尚书·虞书·益稷》所说的“八音克谐”，可见其悠久。关于律吕《周礼·春官·大师》中就有“大师掌六律、六同，以合阴阳之声”，对此郑玄注：

> 黄钟，初九也，下生林钟之初六。林钟又上生太簇之九二，太簇又下生南吕之六二，南吕又上生姑洗之九三，姑洗又下生应钟之六三，应钟又上生蕤宾之九四，蕤宾又上生大吕之六四，大吕又下生夷则之九五，夷则又上生夹钟之六五，夹钟又下生无射之上九，无射又上生中吕之上六。同位者象夫妻，异位者象子母，所谓律取妻而吕生子也。①

① ［唐］贾公彦：《周礼注疏》，《十三经注疏》，中华书局，1980 年。

韦昭对《国语·周语下》中“王将铸无射,问律于伶州鸠”所作注可与此相得益彰:

十一月,黄钟,乾初九也。正月,太簇,乾九二也。三月,姑洗,乾九三也。五月,蕤宾,乾九四也。七月,夷则,乾九五也。九月,无射,乾上九也。十二月,大吕,坤六四也。二月,夹钟,坤六五也。四月,仲吕,坤上六也。六月,林钟,坤初六也。八月,南吕,坤六二也。十月,应钟,坤六三也。①

根据以上郑玄与韦昭的注文,可以得出律吕与六十四卦之六爻的关系十分密切,并且与郑玄的“爻辰”说紧密相关。清人张惠言就说:“爻辰者,乾坤六爻生十二律之位也。”②郑玄爻辰以乾坤十二爻合律,然而最早相涉者似应为焦赣、京房师徒。京房精于音律,“本姓李,推律自定为京氏”。京房是否曾以卦爻象合律,后世无传,但《后汉书·律历志》中却有其用六十律相生的记载:

郎中京房(房字君明)知五声之音,六律之数。上使太子太傅(韦)玄成(字少翁)、谏议大夫章,杂试问房于乐府。房对:“受学故小黄令焦延寿。六十律相生之法:以上生下,皆三生二;以下生上,皆三生四。阳下生阴,阴上生阳,终于中吕,而十二律毕矣。中吕上生执始,执始下生去灭,上下相生,终于南事,六十律毕矣。夫十二律之变至于六十,犹八卦之变至于六十四也。”

这里的六十律,就是古乐十二律,每律有宫、商、角、徵、羽五音,合六十律。京房的六十律相生法,传自其师焦延寿,焦、京均精于易学与音律,以卦爻象合律。京房以六十律相生之法,一律生五音,十二律生六十音,大部分只是用来配合时令、节气,来占风雨、霜雪等自然现象。而于人事方面纳音术的起源古人常常归结于战国隐士鬼谷子,但此说渐渐遭到质疑,③今人多从唐人李虚中所撰。世传李虚中(761—813)著《李虚中命书》,署名“鬼谷子撰,虚中注”。古人多有附会前人以宣传自己的著作的习惯,故说鬼谷子所作不足信。

在中国历法里,每个月对应一个音律,用来做天文历法,且用来做全国度量衡标准,故史书中有“律历”章节。每个音律对应一个地支和五行,因而,所谓“纳音”,就是按照五行规则把地支(音律对应)纳入天干轨道,形成阴阳合历,这就是“纳音”名称的主要来历。纳音术应该说还是八字术的一个分支,即“四象术”,是用四个象

① [三国吴]韦昭:《国语注》,金良年导读,上海古籍出版社,1995年。
② [清]张惠言:《周易郑氏义》,新文丰出版公司,1983年。
③ 洪丕谟、姜玉珍编著:《中国古代算命术》,上海人民出版社,1989年。

之间的相生相克关系来判定人事吉凶的；象也就是柱，就是其最小的分析单位，所以也可以称之为“四柱术”。可以说，纳音术到中古时代的发展可以说就是古人利用阴阳五行与律吕结合的“推天地以察人籁”的方法。故《汉制考·汉艺文志考证》中引张文饶的话曰：“五运六气，天之五行也；五音六律，地之五行也；纳音，人之五行也。”①在纳音术的初创阶段，纳音推命的方法比较简单，唐代吕才(605—665)在《叙禄命》中记载了早期纳音仅以人出生年五行旺衰作为依据的方法：

鲁桓公六年七月，鲁庄公生。今检长历，庄公生当乙亥之岁，建申之月，以此推之，庄公乃当禄之空亡。依禄命书，法合贫贱，又犯句绞六害，背驿马生，身克驿马，驿马三刑，当此生者，并无官爵。火命，七月生，当病乡，为人尫弱，身合挫陋。②

鲁庄公生于乙亥年，纳音是山头火，火灾秋天处于“病”地，这象征命主怯弱、挫陋。到李虚中创立纳音五行之后，渐渐以年月日时为判命依据，纳音术进入古法时代。到南宋又经过徐子平的发挥创造，创立了子平命术，由此进入今法时代。③

2. 纳音及六十甲子的内涵

六十甲子与纳音之说结合，形成后来命理象数学最大的方法原则之一，至于二者之结合，学界称之为“谜”。中国古史上，许多学者试图破解此“谜”，结果是越解越糊涂。譬如沈括在《梦溪笔谈》里说：

六十甲子有纳音，鲜原其意。盖六十律，旋相为宫，法也；一律含五音，十二律纳六十音也。凡气，始于东方而右行，音起于西方而左行，阴阳相错而生变化。所谓“气始于东方”者，四时始于木，右行传于火，火传于土，土传于金，金传于水。所谓“音始于西方”者，五音始于金，左旋传于火，火传于木，木传于水，水传于土。纳音之法，同类娶妻，隔八生子，此律吕相生之法也。④

沈括是望文生义从律吕角度破解，结果得出结论说：“甲子、乙丑金，与甲午、乙未金虽同，然甲子、乙丑为阳律，阳律皆下生；甲午、乙未为阳吕，阳吕皆上生。六十

① ［宋］王应麟：《汉制考·汉艺文志考证》，中华书局，2011年。
② ［五代］刘昫：《旧唐书卷七十九·叙禄命》，中华书局，1975年。
③ 陆致极将李虚中术盛行的时期称为古法时期，子平术盛行时期称为今法时期。参见陆致极著《中国命理学史论》，上海人民出版社，2008年。
④ ［宋］沈括：《梦溪笔谈》，重庆出版集团重庆出版社，2007年。

律相反,所以分为一纪也。”那个说明和结论等于什么也没说,不过是用自己的话重复了一遍口诀,口诀是什么意思,到底是干什么用的,还是没说明白。又比如《三命通会·论纳音取象》中说:

> 昔者,黄帝将甲子分轻重而配成六十,号曰花甲子,其花字诚为奥妙,圣人借意而喻之,不可着意执泥。夫自子至亥十二宫,各有金、木、水、火、土之属,始起于子为一阳,终于亥为六阴,其五行所属金、木、水、火、土,在天为五星,于地为五岳,于德为五常,于人为五脏,其于命也为五行。是故甲子之属乃应之于命,命则一世之事。故甲子纳音象,圣人喻之,亦如人一世之事也。何言乎?

这里将纳音取象赋予人伦道德的意义而含糊其辞地反问读者“何言乎?”实在不得其要。相比之下,廖中的《五行精纪·论六甲纳音法》还比较客观些:

> 《六微指论》云:天气始于甲,地气始于子,子甲相合,命曰岁,以十干配十二支,周而复始,则六甲成矣。凡欲知纳音者,谓子午数至庚,丑未数至辛,寅申数至戊,卯酉数至己,辰戌数至丙,己亥数至丁,得七者,西方素皇之气,纳音属金也;得三者,南方丹天之气,纳音属火也;得九者,东方阳九之气,纳音属木也;得一者,中央总统之气,纳音属土也;得五者,北方玄极之气,纳音属水也。故颂曰:“七金三是火,九木一中央,得五皆为水,纳音宜审详。”

假如甲子甲午,从甲至庚,乙丑乙未,从乙至辛,其数皆七,所以纳音俱属金也。丙寅丙申,从丙至戊,丁卯丁酉,从丁至己,其数皆三,所以纳音属火也。戊辰戊戌,从戊至丙,己巳己亥,从己至丁,其数皆九,所以纳音属木也。庚子庚午辛未辛丑,其数皆一,所以纳音属土也。丙子丙午,从丙至庚,丁未丁丑,从丁至辛,其数皆五,所以纳音属水也。余皆仿此。以上只数其干,不数其支,假令从丙至庚,即丙丁戊己庚,是其数五也。又如从甲至庚,即甲乙丙丁戊己庚,是其数七也。①

但这里仍有“倒果为因”的意思,对于纳音取象的由来亦是“不证自明”的肯定。当今,有些学者研究出了公式,计算而得到甲子排列对应的五行,可他们也没说明“甲子纳音”到底是干什么用的,也没能说明五行对应的各个数字又是什么意义。

其实,纳音方法是中国古代天文历法里的一部分,代表作之一是宋初道家陈希夷的《紫微斗数》。六十甲子最初用于纪时,后来逐渐被术数家用来占卜,《渊海子

① 廖中:《五行精纪——命理通考五行渊微》,郑同点校,华龄出版社,2010年。

平》中曰：

夫甲子者，始成于大挠氏，而纳音成之于鬼谷子，象成于东方曼倩子（东方朔）。时曼倩子既成其象，因号曰“花甲子”。①

鬼谷子和东方朔都被术数家称为象数学的鼻祖，象数家根据天干地支的五行属性，结合律吕之学，用纳音法给每组天干地支起了一个生动的名字，即“六十花甲子”。《理气溯源》说：“盖纳音者，以干支分配五行，而本音所生之五行，即为其干支所纳之音也。”②

六十花甲子表

甲子乙丑海中金	丙寅丁卯炉中火	戊辰己巳大林木	庚午辛未路旁土	壬申癸酉剑锋金
甲戌乙亥山头火	丙子丁丑涧下水	戊寅己卯城头土	庚辰辛巳白腊金	壬午癸未杨柳木
甲申乙酉泉中水	丙戌丁亥屋上土	戊子己丑霹雳火	庚寅辛卯松柏木	壬辰癸巳长流水
甲午乙未沙中金	丙申丁酉山下火	戊戌己亥平地木	庚子辛丑壁上土	壬寅癸卯金箔金
甲辰乙巳佛灯火	丙午丁未天河水	戊申己酉大驿土	庚戌辛亥钗钏金	壬子癸丑桑枝木
甲寅乙卯大溪水	丙辰丁巳沙中土	戊午己未天上火	庚申辛酉石榴木	壬戌癸亥大海水

从表中可以看出，每组干支都对应着一种纳音五行。故钱大昕《纳音说》这样总结：“纳音者又以六十甲子配五音，三元运转，还相为宫，而实以震巽坎离艮兑六子所纳之干支为本，五音始于宫。”纳音术的六十甲子所属五行应本自唐李虚中的《李虚中命书》，且该书还对其作了性质上的分析，如说甲子“是子旺母衰之金，溺于水下而韬光。须假火革，有旺盛之气，方可以扬名显用”，乙丑“乃库墓守财之金”。此后《渊海子平》和《三命通会》中才有所谓“海中金”的象出现。该书又说，戊辰己巳分别为“华实兼荣之木”和“气胜体刚之木”。在《渊海子平》和《三命通会》中把戊辰己巳称为“大林木”之象，意思都是一致的，而后者显然是从前者引申而来的，其他与此都差不多。其实这些意象自从“出生”就被历代术数家赋予太多诠释和新意，它本身所具有的含义可能并没有那么复杂深奥。如明朱载堉在其《律历融通》中就一语道破天机，他说：“斯乃术士俚语编成歌，括便于记忆耳，元无别义，不必强解也。”比如甲子乙丑合成金，是因为甲子日和乙丑日夜晚在西方会出现金星，庚辰日和辛巳日夜晚西方也会出现金星，并不是什么海中金或者沙中金，金就是金。有

① 《渊海子平·新刊合并官板音义评注》，徐大升编著，海南出版社，2002年。
② 陈启沅：《理气溯源》，商务印书馆，1922年。

人说丙午合成水,丙是火,午也是火,为什么合起来就变成水了呢,原来是丙午日的夜晚在北方会出现水星的缘故。这就是六十甲子纳音由来的奥秘,希望大家在学习中国传统文化的同时不要被所谓的规定蒙蔽,"大道至简,衍化至繁",纳音被附会上了一层神秘的色彩,究其本质只是天干地支与五行组合后形成的一种纳音形式。

纳音五行表

	金		水		火		土		木
金	乙丑	水	丁丑	火	己丑	土	辛丑	木	癸丑
水	乙卯	火	丁卯	土	己卯	木	辛卯	金	癸卯
火	乙巳	土	丁巳	木	己巳	金	辛巳	水	癸巳
金	乙未	水	丁未	火	己未	土	辛未	木	癸未
水	乙酉	火	丁酉	土	己酉	木	辛酉	金	癸酉
火	乙亥	土	丁亥	木	己亥	金	辛亥	水	癸亥
	金		水		火		土		木
金	甲子	水	丙子	火	戊子	土	庚子	木	壬子
水	甲寅	火	丙寅	土	戊寅	木	庚寅	金	壬寅
火	甲辰	土	丙辰	木	戊辰	金	庚辰	水	壬辰
金	甲午	水	丙午	火	戊午	土	庚午	木	壬午
水	甲申	火	丙申	土	戊申	木	庚申	金	壬申
火	甲戌	土	丙戌	木	戊戌	金	庚戌	水	壬戌

这个纳音五行表是简化后的图表,其中有明显的几个规律:从纵向上看,天干所匹配的阳支或阴支都呈现三个五行的简单反复,且后一组的前两个五行是接续前一组的后两个五行的,依次类推;从横向上看,总的呈现出"金—水—火—土—木—金"的变化规律,这个顺序是永远不变的。在纳音系统中,阳干、阴干都遵守这个规律,这正是纳音系统的神秘所在,在一般的筮法中永远都不重视天干的情况下,纳音五行却有着其内在的对天干重要作用的发扬,实在是伟大的创造与突破。

下面我们通过列举介绍纳音与干支五行的关系来加深对六十甲子有纳音的认识。

阴阳:单数为阳,双数为阴。天干阳干:甲、丙、戊、庚、壬;天干阴干:乙、丁、己、辛、癸。地支阳支:子、寅、辰、午、申、戌;地支阴支:丑、卯、巳、未、酉、亥。

天干:甲、乙、丙、丁、戊、己、庚、辛、壬、癸。说明:天干表示"天球",从天看地有“地以五为制”；与五行结合，表示年岁方位。根据《吕氏春秋》《史记》《汉书》《淮南子》等典籍的记载，十天干之纳音对应关系如下图所示：

天干纳音对应表

	甲、乙	丙、丁	戊、己	庚、辛	壬、癸
五音	角	徵	宫	商	羽
五行	木	火	土	金	水
时令	春	夏	四季	秋	冬
方位	东	南	中	西	北
律数	六十四	五十四	八十一	七十二	四十八
河图之数	三、八	二、七	五、十	四、九	一、六

地支：子、丑、寅、卯、辰、巳、午、未、申、酉、戌、亥。说明：地支表示“地球”，从地看天有“天以六为节”。与五行结合，表示时辰方位。十二地支之纳音对应关系如图所示：

地支纳音对应表

	子	丑	寅	卯	辰	巳	午	未	申	酉	戌	亥
律吕	黄钟	大吕	太簇	夹钟	姑洗	中吕	蕤宾	林钟	夷则	南吕	无射	应钟
五行	水	土	木	木	土	火	火	土	金	金	土	水
月令	十一月	十二月	正月	二月	三月	四月	五月	六月	七月	八月	九月	十月
方位	北	东北	东北	东	东南	东南	南	西南	西南	西	西北	西北
律数	八十一	七十六	七十二	六十八	六十四	六十	五十七	五十四	五十一	四十八	四十五	四十二

五音十二律：五音（七律），即宫、商、角、（变徵）、徵、羽、（变宫）。十二律，即黄钟、大吕、太簇、夹钟、姑洗、仲吕、蕤宾、林钟、夷则、南吕、无射、应钟。具体与地支的对应如下图所示：

十二律吕表

律吕	阴阳二气交感	日月交会	星次交会	节气
黄钟	子	丑	星纪	冬至
大吕	丑	子	玄枵	大寒
太簇	寅	亥	娵訾	雨水

续 表

律吕	阴阳二气交感	日月交会	星次交会	节气
夹钟	卯	戌	降娄	春分
姑冼	辰	酉	大梁	谷雨
仲吕	巳	申	实沈	小满
蕤宾	午	未	鹑首	夏至
林钟	未	午	鹑火	大暑
夷则	申	巳	鹑尾	处暑
南吕	酉	辰	寿星	秋分
无射	戌	卯	大火	霜降
应钟	亥	寅	析木	小寒

据此我们也能推知沈括所谓"六十甲子有纳音"中的"纳音",其内涵就是"盖六十律旋相为宫法也。一律含五音,十二律纳六十音也"。在这里,沈括指出了"六十甲子有纳音"中的"纳音",是一种以天干、地支的六十个组合与五行的显性结合来隐现十二律与五音的旋宫生律情况。其中,与十天干结合的十二地支为显,十二律为隐;五行为显,五音为隐。"六十甲子纳音"的形态由十天干与十二地支按单数配单数、双数配双数的方式组合排列而成,并与金、水、火、土、木五行顺次排列而成,从中又体现了阴阳的结构功能。在这一整体形态之中,从纵向层次的角度说,干支与五行这两要素的双重身份表现出"六十甲子纳音"是一种两层结构体,即表层是由干支与五行两要素所组成的外显形态,里层是由体现了阴阳的干支代言的十二律与由五行代言的五音所组成的内隐形态。一外一内,一显一隐,合成了"六十甲子纳音"形态结构的整体。

3. 纳音术的历史衍变

谈到纳音,便不可避免地涉及象数命理,它是以中国古代的阴阳五行为核心形成的自然生态模式为依据,来探索揭示人的出生时间和他的生命潜质及人生命运轨迹的对应关系的生命预测术。象数命理术发轫于东汉后期经魏晋南北朝及隋代,在早期近千年"星占学"的基础上,于唐代中期形成后世所称的"李虚中术"。李虚中术盛行于两宋,一直持续发展至南宋灭亡。南宋后期,在李虚中术发展的基础上,又形成了"专主五行,不主纳音"的"子平术"。随着子平术的出现,李虚中术走向衰落,而渐被子平术取代。但这是一个长期的过程,这个过程从南宋后期开始,一直持续到明代中后期。明代中期《兰台妙选》面世后,以纳音五行生克关系为推命工具的李虚中术不再有命理专著出现，后人论命也只提子平术，因此我们基本可以认定彼时的李虚中术真正为子平术所取代，并彻底退出了历史舞台。所以，我国有数千年民间象数学传承的历史，而具体的每个阶段盛行的又各有侧重。

（1）古法时期形成前的中国象数命理学

从商纣王于衰亡前痛心疾首地呼喊："呜呼！我生不有命在天？"《尚书·西伯戡黎》到《诗经·大雅·烝民》中肯定道："民之秉彝，好是懿德。"中国人的天命观源远流长，直到南北朝无神论巨匠范缜依然有所谓命运的"偶然论"的思想出现，宿命论思想在中国文化中根深蒂固，而这种天命观也就成为象数命理学的一个重要基石。无论是夏商的巫觋、周代的儒生，还是战国时代的方士，他们扮演的角色大部分都是"推天道以明人事"的职责。我们从现存的甲骨文史料中可以发现，古代的数术与军事、战争、祭祀、礼仪、政治、农耕等息息相关，今天可能认为"荒诞不经"的占卜，在当时是"绝地天通"的特定阶级才能享受的权利。邹衍的阴阳五行论加快了远古巫筮术理论化的速度，到《吕氏春秋》时，已经有一套严整系统的理论体系。发展到汉代由于秦始皇焚书未远，阴阳之术因未在禁书之列而大行其道，故术数学各家各派纷至沓来，如《史记·日者列传》中有段记载：

"孝武帝时，聚会占家问之，某日可以取妇乎？五行家曰可，堪舆家曰不可，建除家曰不吉，丛辰家曰大凶，历家曰小凶，天人家曰小吉，太一家曰大吉。辩讼不决，以状闻。制曰：'避诸死忌，以五行为主'。"人取五行者也。

文中的这些家都是这段时间产生的，他们各以其术解说吉凶灾异，遂导致了灾异思想的流行；而此时思想界还有一主张尤为值得注意，便是董仲舒的"天人感应"之说，他提出"人副天数"的理念，将天与人连接起来，人的一言一行无不受到天的赏罚鞭策，这种思想又直接催生谶纬思想的流行①。所谓"谶纬"，其实是谶和纬的合称；"谶"是秦汉间巫师、方术编造的预言吉凶的隐语，向人们昭示未来的吉凶祸福、治乱兴衰，谶有谶言、图谶等形式；"纬"即纬书，是汉代儒生附会儒家经义的著作。但与"天人感应"说相比，谶纬学已经不再将重点放在天地万物的五行属性划分之上，而是主要阐述五行特性、干支符号理论。例如，《诗》纬书《诗·推灾度》便对天干、地支的五行属性作了生动、详细的阐述：

寅者，演也；卯者，茂也，其日甲乙。甲者，万物孚甲也。乙者，物蓄屈有节欲出。时为春四月，阴中阳。故太阳见于巳。巳者，物必起，状盛于午。午者，

① 参见周桂钿：《董学探微》，北京师范大学出版社，2008年。

物满长。衰于未,未,昧也,其日丙丁。丙者,万物炳明;丁者,强也。时为夏七月,少阴见于申。申者,伸也。壮于酉,酉者老,物收敛。衰于戌,戌者灭也其日庚辛。庚者物更也,辛者阴始成,时为秋。十月太阳见于亥,亥者仰也。壮于子,子者滋也,衰于丑,丑者纽也。其日壬癸,壬者阴时任,癸者揆,度也。时为冬,土为中宫。其日戊己,戊者茂也,己者抑屈起也。①

谶纬学说对五行特性、干支符号理论的完善直接推动了纳音理论的萌芽。象数命理学的最初形态——“三命术”就来源于谶纬之学。《礼纬稽命征》云:

按《后汉书》黄帝命大挠正甲子、探五行之情而定之纳音,后释之以致其用,而三命行矣。

可见,东汉谶纬学是纳音术最直接的理论基础。到魏晋时,以干支五行来推测寿命、命运的纳音雏形开始出现,如管辂(209—256)精通术数,相传曾用卜筮推出了钟毓的出生日期,又推算出自己的寿命:

……辂长叹曰:“吾自知有分直耳,然天与我才明,不与我年寿,恐四十七八间,不见女嫁儿娶妇也。若得免此,欲作洛阳令,可使路不拾遗,枹鼓不鸣。但恐至太山治鬼,不得治生人,如何!”辰问其故,辂曰:“吾额上无生骨,眼中无守精,鼻无梁柱,脚无天根,背无三甲,腹无三壬,此皆不寿之验。又吾本命在寅,加月食夜生。天有常数,不可得讳,但人不知耳。吾前后相当死者过百人,略无错也。”是岁八月,为少府丞。明年二月卒,年四十八。②

管辂从相学的角度认为自己寿命比较短,而后又说自己出生在寅年,出生那天夜里有月食,所以活不过四十八岁,后来果然应验了。从管辂的推命记录可以看出,以人出生时间推算命运的传统象数命理已经在三国初见端倪,但这种推命还只是以年命为本。进入南北朝时期后,已经有人开始采用人出生的年和月推算禄命,北齐的魏宁就是其中的代表。

“魏宁,巨鹿人。以善推禄命征为馆客。武成亲试之,皆中。乃以己生年月托为异人而问之,宁曰:‘极富贵,今年入墓。’武成惊曰:‘是我!’宁变辞曰:‘若帝王自

① 文渊阁本《四库全书·古微书》卷二十八。
② 文渊阁本《四库全书·三国志·魏书·方技传》。

有法。'……既而武成崩,年三十二也。"①北齐的武成皇帝为了试探魏宁算命是否准确,便用自己的出生年月给魏宁算,并托词说是别人的。魏宁说这个命极富贵,但寿命是三十二岁。后来武成皇帝确实死于三十二岁。但由于史料茫昧,我们很难考证南北朝时期禄命的详细方法和过程。目前能见到的详细论述推禄命方法的最早文献,应属隋萧吉著的《五行大义》,《五行大义》吸收了许多谶纬学说,对五行特征以及干支关系作了全面、系统的总结。其中的五行特性与干支关系理论已经十分完备,其中包括:五行名、支干名、五行体性、五行及生成数、支干数、支干纳音、五行四时休旺、干支的合德刑克害破关系等。可以说,《五行大义》所蕴含的五行干支理论奏响了古法时期的先声。据《隋书·艺术列传》记载,萧吉还曾用五行与干支关系为隋文帝和皇后算命:

> 开皇十四年上书曰:"今年岁在甲寅,十一月朔旦,以辛酉为冬至。来年乙卯,正月朔旦,以庚申为元日,冬至之日,即在朔旦。《乐汁图征》云:'天元十一月朔旦冬至,圣王受享祚。'今圣主在位,居天元之首而朔旦冬至,此庆一也。辛酉之日即是至尊本命,辛德在丙,此十一月建丙子,酉德在寅,正月建寅,为本命与月德合而居元朔之首,此庆二也。庚申之日,即是行年,乙德在庚,卯德在申,来年乙卯,是行年与岁合德而在元旦之朝,此庆三也。……所以《灵宝经》云:'角音龙精,其祚日强。'来岁年命纳音俱角,历之与经,如合符契。又甲寅、乙卯,天地合也,甲寅之年以辛酉冬至,来年乙卯以甲子夏至。冬至阳始,效天之日,即是至尊本命,此庆四也。夏至阴始,祀地之辰,即是皇后本命,此庆五也。至尊德并乾之覆育,皇后仁同地之载养,所以二仪元气并会本辰。"上览之大悦,赐物五百段。②

萧吉为隋文帝算命使用的是"本命"(人出生的年份),其理论依据主要来自天干之间的德合关系、干支纳音与经年(流年)关系。可见,在魏晋南北朝时期乃至隋朝,命理学的理论模型并不稳定,既有以年命推算禄命的方法(隋代萧吉),也有以年月干支推算禄命的方法(北齐魏宁)。而象数命理尤其是纳音术的广泛应用,要到中唐时期的李虚中了。

(2) 纳音五行与古法时期

初唐时期的纳音术还停留在蒙昧时代,经过一百多年的积累,到中唐时期的李虚中将禄命术加以改进,以人出生的年月日时来算命,以纳音五行为占命原则,标

① 《北齐书·方伎列传》。

② [唐]魏徵等著:《隋书·艺术·萧吉列传》,中华书局,2012年。

志着象数命理学进入古法时期。然而需要说明的是,彼时象数命理的“显学”并非“李虚中术”,而应是“星命术”,韩愈虽然曾为李虚中作过墓志铭,并盛赞其“学无所不通,最深于五行书”①,但其在《三星行》谈本人命数时却用的是“占星术”:

> 我生之辰,月宿南斗。牛奋其角,箕张其口。牛不见服箱,斗不挹酒浆。箕独有神灵,无时停簸扬。②

不仅韩愈是这样,当时以“占星术”度命蔚然成风,如杜牧自作墓志铭曰:“予生于角,星昴毕于角为第八宫,曰病厄宫,亦曰八杀宫,土星在焉,火星继木。”此法即以人出生时的日月五星以及二十八星宿的位置推断命运。李虚中术肇始于中唐,其真正盛行于世已到宋代了。

李虚中(761—813),字常容,唐魏州(今河北大名)人,祖籍陇西狄道(今甘肃临洮),北魏侍中李冲的八世孙。贞元十一年进士及第,曾任殿中侍御史。李虚中病逝后,李贺邀韩愈为李虚中撰写墓志铭:

> (李虚中)年少长,喜学,学无所不通,最深于五行书。以人之始生年月日所直日辰,支干相生,胜衰死王相斟酌,推人寿夭贵贱利不利,辄先处其年时,百不失一二。其说汪洋奥美,关节开解,万端千绪,参错重出。学者就传其法,初若可取,卒然失之。星官历翁,莫能与其校得失。③

可见,韩愈对“李虚中术”的准确率和理论体系亦大加赞赏,所谓“李虚中术”是以人出生的年干支为主,以月日时干支为辅,斟酌年干支纳音五行的旺衰,进而推算禄命:

> 元命胜负三元者干禄支命,纳音身各分衰旺之地。三元各分生旺库之地而为九命,是主禄主三会也。干主名禄贵权,为衣食受用之基;支主金珠积富,为得失荣枯之本;纳音主材能器识,为人伦亲属之宗。④

这段话勾勒出了“李虚中术”的理论框架。元命指的是人出生的年干支,出生年天干称之为“禄”,出生年地支称之为“命”,出生年纳音称之为“身”。“禄”代表的

---

① 文渊阁本《四库全书·东雅堂昌黎集注·殿中侍御史李君墓志铭》。
② 文渊阁本《四库全书·东雅堂昌黎集注·三星行》。
③ 文渊阁本《四库全书·东雅堂昌黎集注·殿中侍御史李君墓志铭》。
④ 文渊阁本《四库全书·李虚中命书》中卷。

是权势,“命”代表的是财富,“身”代表的是才能,根据“三元”的旺衰就能够推算一个人的权势、财富、才能。“李虚中术”唐代并未流行,到宋代后于人出生年月日时四组干支中又加入“胎元”,所谓“胎元”,就是受胎的年份,通常以十月怀胎来推算,胎元就是出生月份之前的第九个月,这显然受了王充“凡人受命,在父母施气之时,已得吉凶矣”①的影响。年干支为元命,胎月日时干支为四柱,观察“三元”和“四柱”之间的关系,就可以推算命运。其模型如下:

年干	胎元天干	月干	日干	时干
年支	胎元地支	月支	日支	时支
元命	四柱			

由此,“李虚中术”在两宋得到极大发展而占据象数命理术的领导地位,具体到宋代文献而言,除了南宋末年《渊海子平》等极少数著作属子平术著作外,绝大部分命理文献皆为李虚中术这一古法模型时期的著作。其中尤以《李虚中命书》《玉照定真经》以及《五行精纪》所收录的五十余种著作为代表。《五行精纪》成书于 1218 年,共引用了当时流行的五十多种禄命书。现在这些禄命书原著多已失传,有赖于斯书,才使后人得以一睹当时风采。将《五行精纪》与《李虚中命书》对比可发现,其理论框架是一致的:先论六十甲子,次论五行生克、神煞。但《五行精纪》比《李虚中命书》更为繁杂,这主要表现为增设了名目繁多的格局和神煞。命理学古法模型自其创立之始就十分复杂,韩愈称其“汪洋奥美,关节开解,万端千绪,参错重出。学者就传其法,初若可取,卒然失之。星官历翁,莫能与其校得失”。千头万绪的“李虚中术”经后人不断的增设神煞、格局,变得愈加繁杂。针对这种情况,北宋初的徐子平将“李虚中术”作了化繁为简的改进,开创了象数命理学的今法模型。

(3) 今法时期与正五行

徐子平,名居易,字子平,生平事迹不详,别号沙涤先生,北宋人。传闻他在五代末年与陈抟一起隐居华山。徐子平的著作传有《珞琭子三命消息赋注》。《珞琭子三命消息赋》形成于唐宋时期,在宋代十分流行。宋代的王廷光、李仝、释昙莹、徐子平四家都对《珞琭子三命消息赋》有注解。徐子平在《珞琭子三命消息赋注》一文中,详细阐述了“子平术”:

干者是生日天元也,看干下有何支,支内有何人元而与生日天元为禄或有

① 文渊阁本《四库全书·论衡》卷二。

禄印或有财帛。

“子平术”以“生日天元”为本，这与“李虚中术”以人出生年干支为本是截然不同的。在确定了“生日天元”为本的原则后，徐子平吸纳了京房易中的纳甲六亲①法，用家庭社会关系来类象五行生克，并命名为“十神”：以克日干的五行为官杀，以生日干的五行为印绶，以日干所克之五行为妻财，以日干所生之五行为食伤，以与日干五行相同者为比劫。需要说明的是，“十神”确立依据的是正五行，而非“李虚中术”的纳音五行。徐子平在《珞琭子三命消息赋注》中举例说道：

假令六甲生日人，甲子生旺、甲寅建禄、甲辰为财库、甲午为妻财、甲申为官印、甲戌为财官。

这段话就是“十神”的具体应用：对于甲子日来说，天干甲的坐支为子水，子水能生甲木，所以“甲子生旺”；对于甲辰日来说，天干甲的坐支是辰土，辰土中库藏着戊土，甲木能克戊土。根据我克者为财的原则，辰土就是甲木的财库，所以“甲辰为财库”。我们知道，“子平术”对“李虚中术”作了全面的改进：以人出生的日干为本，根据正五行的生克关系确立“十神”。在“十神”中，“财官印食”为吉，“杀伤枭劫”为凶。“子平术”根据吉神要得到生扶，凶神要得到克制的原则推算禄命，而很少使用“李虚中术”中名目繁杂的神煞。这样一来，就克服了“李虚中术”千头万绪、滥立神煞、自相矛盾的缺点。虽然“子平术”与“李虚中术”相比具有很大的进步，但在宋代一直处于“隐秘相传”的状态，即“师徒相授”，到明清时期才得以盛行，逐渐取代了“李虚中术”，而其中有个关键的人物就是徐大升。

根据《濯缨亭笔记》的记载，徐大升号东斋，宋理宗宝祐(1253—1258)年间人。徐大升获僧人道洪秘授“子平术”。在获真传后，徐大升开始系统地整理“子平术”，写有《渊海》《渊源》两本系统论述“子平术”的书籍。由于《渊海》《渊源》重复的内容较多，明代编撰官将《渊海》《渊源》合二为一，并加入当时流行的一些命学歌赋，编成《渊海子平》一书。现代有些学者认为《渊海子平》只是一本命理学的初级书，而并不去下功夫好好研究，那一定是受到了清朝后期出现的“日主平衡强弱旺衰理论”的影响，不摆脱这些错误的理论就难以进入象数命理学的高层次。《渊海子平》可以说是命理学最基础的书籍，也可以说是最高层次的典籍。书中论及的十神、六

---

① 京房易的“纳音六亲”为：克我者为官鬼、我克者为妻财、生我者为父母、我生者为子孙、与我同类者为兄弟。

亲、财官、格局以及论命古赋文都是子平命学最高深的理论。即使最基础的知识如十干体象诀、十二地支咏、五行生克赋、十二长生诗诀、建候诗诀也是需要深入研究学习的。

需要指出的是在明代还有一部书集两种象数命理术之大成，形成了独特的禄命理念，即《三命通会》。《三命通会》为明代万民英(1521—1603)所著，与《渊海子平》处于同一时期。该书在子平命理学历史上拥有非常高的官方地位，《四库全书》将其收录在内。总编撰官纪昀在《三命通会·提要》中写道：

> 自明以来谈星命者，皆以此书为总汇，几于家有其书。中间所载仕宦八字，往往及明季之人，盖后来坊刻所搀入，亦已非原本之旧。特以其阐发子平之遗法，于官印财禄食伤之名义，用神之轻重，诸神煞所录之吉凶，皆能采撮群言，得其精要，故为术家所恒用。

《三命通会》阐发子平之遗法，不但术家采用其说，在民间甚至是家家都有。《三命通会》在当时之影响力可见一斑。

此外，明清时期，阐发子平术今法的作品越来越多，其代表作品包括明代张楠的《神峰通考》、清代任铁樵的《滴天髓》、沈孝瞻的《子平真诠》、陈素庵的《命理约言》等。

(4) 正五行的内涵及两种命理思想的区别

古法模型用纳音五行推算禄命时是以出生的年干支为本的，同时辅助胎元、月柱、日柱、时柱。

四柱三元表

年干(禄)	胎元天干	月干	日干	时干
年支(命)	胎元地支	月支	日支	时支
年纳音(身)	胎元纳音	月纳音	日纳音	时纳音

《李虚中命书》中将“六十花甲子”的喜好和忌讳都作了详细的说明，好比一本可以查阅的字典。譬如一个人出生于甲子年，据《李虚中命书》载：“甲子天官藏，是子旺母衰之金，溺于水下而韬光须假火革，有旺盛之气，方可以扬名显用。”这句话的意思是，甲子的类象是海中金，金子藏在大海里面，必须得有火相克才能够发出光芒。对于出生在甲子年的人，就需要看其胎、月、日、时干支中有没有纳音为火的五行，有的话就是好命。除此之外，利用纳音五行推算禄命时，还需要考虑纳音五行之间的尊卑生克关系。《李虚中命书》中曰：

大抵年为本则日为主,月为使则时为辅。年为日之本日为命主,如君之有臣,父之有子,夫之有妇,国之有王,是胎月生时为主本之扶援,欲得以序相承顺也。主本保合未有贫戏之人,时日乖违岂有久荣之理。主本保和相育为贵,年克日减力也,日克年虽主贵气,亦多迪剥,况日时俱克于年,乖离尤甚也。①

上面的话意在说明年、胎、月、日、时柱的尊卑关系:年为本日为主,月为使时为辅,如同年月为皇帝,日时为大臣。正因为这样的尊卑关系,年日相生为贵,相克就"乖离"。由于"李虚中术"渐渐衰落,以纳音五行推禄命之法亦渐渐退出舞台,取而代之的是日益风靡的"子平术"所采用的正五行推算。十天干、十二地支的正五行属性如下所示:

干支五行表

天干	甲	乙	丙	丁	戊	己	庚	辛	壬	癸
五行	阳木	阴木	阳火	阴火	阳土	阴土	阳金	阴金	阳水	阴水

地支	子	丑	寅	卯	辰	巳	午	未	申	酉	戌	亥
五行	阳水	阴土	阳木	阴木	阳土	阴火	阳火	阴土	阳金	阴金	阳土	阴水

正五行与纳音五行推命相比,发生了很大的变化。两者最大的区别在于,纳音五行是以年干支为本;而正五行论命是以人出生的日干为主。可以说,纳音五行是从"听觉"的角度来分析阴阳五行关系;而正五行是从"视觉"的角度来分析阴阳五行关系。为了形象地辨认天干地支的属性,古人将天干地支作了类象如下:

甲阳木代表参天大树,乙阴木是小树苗;
丙阳火代表太阳的光辉,丁阴火代表荧光星点;
戊阳土代表高山之土,己阴土代表田园泥土;
庚阳金代表矿产金属,辛阴金代表珠宝首饰;
壬阳水代表江河之水,癸阴水代表雨露之水。

在将十天干赋予了类象的同时,古人也为十二地支赋予了意象。《渊海子平·

① 文渊阁本《四库全书·李虚中命书》中卷。

十二支体象》详细阐述了十二地支的类象，以子水为例：

月支子水占魁名，溪涧汪洋不尽情，天道阳回行土旺，人间水暖寄金生。若逢午破应无定，纵遇卯刑还有情，柱内申辰来合局，即成江海发涛声。①

其实，正五行由来已久，《淮南子·天文训》云："甲乙寅卯，木也；丙丁巳午，火也；戊己四季，土也；庚辛申酉，金也；壬癸亥子，水也。"②这里首次规定了十天干和十二地支的五行所属，为后世的正五行分析奠定了基础。这种说法在宋代也得到了广泛承认，宋代民间日用百科书《事林广记》续集卷上"定干支所属法"条曰："甲乙寅卯木，丙丁巳午火，戊己辰戌丑未土，庚辛申酉金，壬癸亥子水。"③该书几乎原封不动照搬了《淮南子》中的说法，可以推知此说自汉以来影响甚巨。在现存文献中，有关正五行推命的记载最早应出现在东晋。《晋书·戴洋传》载："王导遇病，召洋问之。洋曰：'君侯本命在申，金为土使之主，而于申上石头立冶，火光照天，此为金火相烁，水火相煎，以故受害耳。'导即移居东府，病遂差。"④与萧吉、吕才等不同，戴洋在分析王导本命时没有用纳音五行丙申山下火，而代之以正五行申金，故有"君侯本命在申，金为土使之主"之说。当时王导任丹阳太守，住在冶城，戴洋认为该地以火冶金，危及王导本命。故致其病："而于申上石头立冶，火光照天，此为金火相烁，水火相煎，以故受害耳。"

此后经过近千年的流播，正五行终在明清时期因"子平术"大兴而声名鹊起，正五行在"子平术"中确实占有举足轻重的位置。当时的命理学著作《渊海子平》《滴天髓》《穷通宝鉴》都对其作了阐述和发挥。在上述的著作中，象数家们把每一个天干的喜好和忌讳都作了详细的阐述。这里以甲木为例来说明干支类象体系推算禄命的过程。《渊海子平·十干体象》中这样描述甲木：

甲木天干作首排，原无枝叶与根荄。
欲存天地千年久，直向沙泥万丈埋。
断就栋梁金得用，化成灰炭火为灾。
蠢然块物无机事，一任春秋自往来。⑤

---

① 《渊海子平·新刊合并官板音义评注》，徐大升编著，海南出版社，2002年。
② 何宁：《淮南子集释·天文训》，中华书局，1998年。
③ ［宋］陈元靓：《事林广记》，中华书局，1999年。
④ ［唐］房玄龄等撰：《晋书·戴洋传》，中华书局，1974年。
⑤ 《渊海子平·新刊合并官板音义评注》，徐大升编著，海南出版社，2002年。

这段诗歌十分形象地说明了天干甲的性格,甲木是阳木,体坚身固,如同强壮的参天大树(甲木天干作首排,原无枝叶与根荄)。所以要甲木保存得久就要在八字中见到土(欲存天地千年久,直向沙泥万丈埋)。要成为栋梁之材必须有斧子等金器(庚金)的雕琢,四柱里面火太多,甲木就被烧成炭(断就栋梁金得用,化成灰炭火为灾)。如果没有金的雕刻,那甲木就无所作为,但是生命力很强(蠢然块物无机事,一任春秋自往来)。《滴天髓》更是详细地阐述了甲木的喜好:

> 甲木参天,脱胎要火,春不容金,秋不容土。火炽乘龙,水荡骑虎,地润天和,植立万古。任氏曰:甲为纯阳之木,体本坚固,参天之势,又极雄壮。生于春初,木嫩气寒,得火而发荣;生于仲春,旺极之势,宣泄其菁英。所谓强木得火,方化其顽。克之者金,然金属休囚,以衰金而克旺木,木坚金缺,势所必然,故春不容金也。生于秋,失时就衰,但枝叶虽凋落渐稀,根气却收敛下达,受克者土。秋土生金泄气,最为虚薄。以虚气之土,遇下攻之木,不能培木之根,必反遭其倾陷,故秋不容土也。柱中寅午戌全,又透丙丁,不惟泄气太过,而木且被焚,宜坐辰,辰为水库,其土湿,湿土能生木泄火,所谓火炽乘龙也。申子辰全又透壬癸,水泛木浮,宜坐寅,寅乃火土生地,木之禄旺,能纳水气,不致浮泛,所谓水宕骑虎也。如果金不锐,土不燥,火不烈,水不狂,非植立千古而得长生者哉!①

《滴天髓》将甲木在四季的喜好作了说明,我们可以将其通俗地理解如下:甲木好比一棵参天大树,春天的时候要有太阳(丙火)的照耀才能生长。而在夏天天气十分炎热,就需要有水(辰为龙,代表水)来滋润甲木,要是发起了洪水,甲木就需要得到强有力的根(寅为虎,代表甲木的根)才不至于被冲走。然而《滴天髓》仅仅是说明了甲木的四季喜好,而在明代的命理学著作《穷通宝鉴》中,更是详细阐述了甲木在十二个月的喜忌:正月用丙癸(雨水后用庚丁),二月用庚戊丁,三月用庚壬,四月用癸丁庚,五月用庚癸,六月七月用丁庚,八月用丙丁,九月用癸丁,十月用庚戊丁,十一月用丙庚,十二月用丙丁庚。在推算禄命的时候,就可以用上面的类象来作为标准了。十天干的正五行属性取象于自然景象,其对命运的推论也是以自然景象隐喻人生。例如,甲木代表参天大树,生于春天喜欢阳光,这是树木的自然属性。而如果甲木日主之人生于春天,四柱中见到代表太阳的丙火,那就预示着该人的命运和沐浴阳光的树木一样茁壮成长。

今法模型中的干支类象系统以日干正五行为主,用自然事物类象十天干,这与

① [明]刘基:《滴天髓征义》,中医古籍出版社,2012年。

采用年干支纳音论命的古法模型相比更容易为人理解和掌握。命理学今法模型中的干支类象已经从古法模型中的听觉系统向视觉系统转化，使得命理学今法模型的受众更广。

综上，李虚中术和子平术这两种命理术的区别主要在于：前者是以出生年干支为本，运用纳音五行生克关系、神煞系统等推命；后者则以出生日干为本，运用正五行生克关系来推命，神煞系统则逐渐被舍弃。可以说，“子平术”克服了“李虚中术”难学难精、千头万绪的缺点。纳音五行：以五音匹配五行，以上下干支组合为一体的“柱”为基本构成单位，即将天地干支作为一个整体来以为命局分析的基本单位；正五行：以干、支分别所属五行为基本构成单位，即将天干地支分开来看，并以此为基本单位分析命局。可以看出，纳音五行与正五行是这两种命理术的主要区别，纳音五行向正五行的转变，实质上也就是命局的分析对象由干支一体的年、月、日、时、胎柱向干支分离的年干、年支、月干、月支、日干、日支、时干、时支的转变。但两者又不能截然分开，事实上在李虚中术中也是有不少正五行论命的痕迹的，也就是说在李虚中术盛行的时代，其实术数家们就已经有意识地吸收正五行的部分内容。

纳音五行与正五行的根本区别在于，纳音五行是将天干地支作为一个整体来看，而正五行是将天干地支分开来看。例如，甲子按照正五行来看，甲为阳木、子为阳水；而纳音五行指的是从甲子到癸亥的六十组干支的五行类象。比如，甲子乙丑纳音为海中金，那么出生在甲子乙丑年的人，五行为金，就是金命。正五行与纳音五行是完全不同的。

最后为了引出纳甲，还是要再引用一段杭辛斋先生的话来说明纳音与纳甲“相表里”之重要性：

> 纳音纳甲，与天干地支，皆始于黄帝。盖自伏羲画卦，利用宜民，至神农黄帝，文明日进，变化益繁。非单纯八卦之象数所能济用，故益之以阴阳五行。天五地六，迎日推历，布算测地，以尽八卦之用。所谓“穷则变，变则通，通则久”。纳甲取先天合后天，取数于阴阳十二消息，以布五行，俯以察于地理也。故京孟之《易》，悉本于此……①

① 杭辛斋：《杭氏易学七种》上册，周易工作室点校，九州出版社，2010 年。

第三章　象数易学预测法的应用

近代象数易学的殿军人物尚秉和先生曾在总结自己的治易经验时说："未学易，先学筮。"《周易》本为卜筮之书，我们不管附会它多少哲理，若不真正应用筮法去占卜未来，那终究还是在外围打圈圈，难有建树，且易学也最终会逐渐因脱离时代、远离生活而被淘汰。

这样一部因无数圣贤"仰观俯察""弥纶天地之道"的预测箴言书怎么会被"淘汰"呢？董向慧先生在《中国人的命理信仰》中这样写道："自宋代以来，命理信仰与儒释道三教互相融合，形塑了中国人'乐天知命、福善祸淫'的天命观，直到今天依然对中国民众具有重要的影响"；"以天命为基础，兼容儒释道是华人社会的共同文化基因，是包括海峡两岸中国人，以及生活在世界各地的华人的文化认同标志之一。这一共同的文化基因，对于维系中华民族的文化纽带、建设中华民族的共同精神家园，已经发挥了重要作用。"①在港台地区，这一现象尤为明显。我们只有将其放在一个大的中华文化圈下，才能发现《周易》象数命理非但没有过时，反而深深地烙在中华儿女的血脉里。系统地了解占筮，认真地学习筮法，剔除邪魔外道的干扰与破坏，重树正统的《周易》预测学，是一件刻不容缓的事情。宋程颐曰："直入塔中，上寻相轮。"只有真正地进入预测的大门，才能真实地体会《周易》远久的智慧在自己心灵深处跌宕出的脉动，这实在是人生最妙不可言的事情。具体来说，从古至今，以《周易》象数为理论基础的预测方法，主要有"大衍之数"预测法、纳甲筮法、梅花易数，以及与风水河洛之数有关的三式，即奇门遁甲预测法、"六壬"预测法、"太乙"预测法。除此之外则不能认为是正统易学筮法，如流行广泛的四柱命理术、面相手相等皆在此列，四柱算命术充其量只是易学预测的衍生术数，而面相手相就是一种民间巫蛊之术的衍化，与《周易》无涉。故本书就大衍之数、纳甲筮法以及梅花易数作一系统介绍。

一、大衍之数

"大衍之数"占筮法是唯一一个明确出现在《易传》中的占筮法，而且在先秦古

---

① 董向慧：《中国人的命理信仰》，上海人民出版社，2011年。

籍中的占筮法也很大可能出自此种占法，十分重要，故作介绍。占筮由来已久，《尚书·洪范》就有："择建立卜筮人，乃命卜筮。"我们前面也讲过，三代时自"绝地天通"之后，巫觋作为专职祭祀职官，地位很高。夏商周三代对祭祀都十分看重，如《礼记·表记》曰："夏道尊命，事鬼敬神而远之……殷人尊神，率民以事神，先鬼而后礼……周人尊礼尚施，事鬼敬神而远之……"宗庙社稷与祭祀巫史息息相关，故占筮是一件十分神圣庄严的事情。商代一般用龟卜来占筮，周代以后占筮法以蓍草演算，如周代便专门设置占筮的房间称"蓍室"，故《说文》曰："筮，《易》卦用蓍也。"蓍草，为多年生草本植物，高二三尺，张华《博物志》载："蓍千岁而三百茎其本，以老故知吉凶。"《易纬·乾凿度》引古《经》说："蓍生地，于殷凋殒一千岁。一百岁方生四十九茎，足承天地数，五百岁形渐干实，七百岁无枝叶也，九百岁色紫如铁色，一千岁上有紫气，下有灵龙神龟伏于下。"古人认为蓍草与龟甲一样具有预知未来的灵性，蓍草虽难寻觅，却极富生命张力，故还因所占地位不同而分等级：天子之蓍九尺，诸侯七尺，大夫五尺，士三尺。

1. "大衍筮法"的由来与内涵

通行本《周易·系辞》中有关大衍之数的文字兹录于下：

大衍之数五十，其用四十有九。分而为二以象两，挂一以象三，揲之以四以象四时，归奇于扐以象闰，五岁再闰，故再扐而后挂。天数五，地数五，五位相得，而各有合。天数二十有五，地数三十，凡天地之数五十有五，此所以成变化而行乎鬼神也。

乾之策，二百一十有六；坤之策，一百四十有四。凡三百有六十，当期之日。二篇之策，万有一千五百二十，当万物之数也。是故四营而成《易》，十有八变而成卦，八卦而小成。引而伸之，触类而长之，天下之能事毕矣。

……天一，地二，天三，地四，天五，地六，天七，地八，天九，地十。

这段话在帛书本《周易》中仅存最后一段，而其具体顺序一直众说纷纭，张载、程颐、朱熹等都提出过异议，如朱熹就认为"天一，地二，天三，地四……"这段话应放到"大衍之数五十"之前①，程颐认为此系"简编失其次"②，当作更移。此处从宋儒之说，理应置前。

所谓大衍之数是何意，崔憬曰："《说卦》云：'昔者圣人之作易也，幽赞于神明而

---

① ［宋］朱熹：《周易本义》，廖名春点校，中华书局，2009年。
② 文渊阁本《四库全书·程氏经说》。

生蓍,三天两地而倚数。'既言'蓍数',则是说'大衍之数'也。"①至于这个"大衍之数五十",古往今来很多学者都对此提出自己的解释,马融曰:"《易》有太极谓北辰也,太极生两仪,两仪生日月,日月生四时,四时生五行,五行生十二月,十二月生二十四气,北辰居位不动,其余四十九转运而用也。"以这么多五行节气来附会大衍之数,明显能看出是汉代的风格。崔憬认为是由八卦数之"艮三、坎五、震七、乾九;兑二、离十、巽八、坤六"得来,而"天数一地数四者,此数八卦之外,大衍所不管也"。亦略显牵强。大部分学者赞成后面当脱"有五"二字,天数二十五、地数三十,合起来正是大衍之数五十有五。郑玄即说:

> 天一生水于北,地二生火于南,天三生木于东,地四生金于西,天五生土于中。阳无耦,阴无配,未得相成。地六成水于北,与天一并;天七成火于南,与地二并;地八成木于东,与天三并;天九成金于西,与地四并;地十成土于中,与天五并。大衍之数五十有五。

金景芳说:"'衍'者,推演。'大衍'者,言其涵盖一切,示其与基数之十个数字有别,盖数之奇偶,分天分地,犹卦之两仪,有⚊有⚋。衍成基数,犹《乾》《坤》等之八卦,只属小成,而不足以应用者也。迨'参天两地'而成'五十有五',则可应用之以'求数','定爻','成卦'乃'成变化而行鬼神',因以大衍名之。不然,则此处'五十'为无据,而下文'五十有五'为剩语,'洁静精微'(《礼记·经解》)之教,断无此种文例也。"②高亨先生也以此说为是。但若这样理解,那下一句"其用四十有九",为何舍弃六根、只用四十九根呢?若是舍弃一根,王弼讲得很不错:"演天地之数,所赖者五十,其用四十有九,其一不用也。不用而用之以通,非数而数之以成,斯《易》之太极也……"③但这个明显带有魏晋玄学的色彩,让人不禁想起老子《道德经》里所倡的"天得一以清,地得一以宁……万物得一以生,侯王得一以为天下贞"④。这并不符合《周易》的本意,相比之下,姚信、董遇诸公以五行入手,解释别出心裁。"扬子《太玄》曰:'一六为水,二七为火,三八为木,四九为金,五五为土。'天地之数,五十有五,而五在地之中,故'大衍之数五十',五为虚也。其用四十有九,更减以一,并五,备设六爻之位者,天地之数五十有五,用四十有九,则减五分之一,以并五十所余之五,而为六爻之位。故云'蓍卦两兼终极天地之五十五之数也'。"⑤以六

---

① [清]李道平:《周易集解纂疏》,中华书局,1994年。
② 金景芳:《易通》,商务印书馆,1945年。
③ [三国魏]王弼:《周易注》,楼宇烈校释,中华书局,2011年。
④ [三国魏]王弼:《老子道德经注·第三十九章》,中华书局,2011年。
⑤ 文渊阁本《四库全书·周易集解·系辞》。

根蓍草以明六爻之画，还可以标明方位，每一爻产生，由卦者自下到上依次在六根蓍草的相应位置记六爻，确实言之有理。至于为何用四十九根，很好理解，因为六十四卦已法“长阴八八六十四之数”，故占蓍必法“长阳七七四十九之数”了，其实四十九根奥妙万端，也只有用四十九根才能得出六、七、八、九这四个阴阳之数。

2. 装卦步骤

解释完“大衍之数”之后，开始讲讲具体行卦步骤。《系辞上》说：“天地变化圣人则之”，天地变化规律的数字模拟就是历法。爻在卦中可周期性地上下往来变动，如历法中年月日的轮回变化。在“大衍筮法”中，一变，“归奇于扐”，象征“三岁一闰”；二变，“再扐”，象征“五岁再闰”，三变。这就是说，易卦系统也是对天地变化规律的概括，所以《系辞下》又说：“爻也者，效天下之动者也”，“爻者，言乎变者也。”“感而遂通天下”，正是这种对宇宙万物的模拟而得来。故古人有“四营而成易，三变成一爻，十有八变而成卦”的谚语，兹列于下：

(1) 四营以成易

所谓“四营以成易”，就是“四营成一变”。陆绩曰：“分而为二以象两，一营也；挂一以象三，二营也；揲之以四，以象四时，三营也；归奇于扐以象闰，四营也。谓四度营为，方成易之一爻者也。”①“营”，是经营的意思。四营是指分二、挂一、揲四、归奇四个步骤。“易”，是变的意思，完成这四个步骤为一变。

第一营：分而为二以象两。就是将四十九根蓍草任意分为两部分(不过不要少于四根)，分握左右两手，象征太极生两仪。从此天地生成，阴阳始分，孔颖达《周易正义》曰：“既分天地，天于左手，地于右手。”左象天，右象地。

第二营：挂一以象三。此处宋邵雍与朱熹意见有分歧，今采纳朱子意见，《易学启蒙·明蓍策》曰：“蓍凡四十九，信手中分，各置一手，以象两仪，而挂右手一策于左手小指之间，以象三才。”②从右边取一根蓍草夹在左手的小指与无名指之间，取象即“地生人”之说，叫作“挂一以象三”，即象征天、地、人三才。

第三营：揲之以四以象四时。揲即更迭数之的意思。就是将左、右手中所剩下的四十八根蓍草分别以四根一组，四四数之，数完一半再数另一半，“揲四”也相当于除以四，这样每一半都可能有余数，即不出于一、二、三，三个数，若无可以视作四，这种“揲之以四”以象征一年春夏秋冬四季。

第四营：归奇于扐以象闰。五岁再闰，故再扐而后挂。奇，此处是余的意思。扐就是将手中之蓍草四四数之的余数夹在左手手指间。闰，指闰月。先将左手之

① 文渊阁本《四库全书·周易集解·系辞》。
② 文渊阁本《四库全书·易学启蒙·明蓍策》。

蓍草四四数之,余数夹在左手中指与无名指之间,表示闰年的闰月;再将右手之蓍草四四数之,余数夹在左手中指与食指之问,视为五年中的第二个闰月。因四十九挂一后还剩四十八,四十八可被四整除,所以左余一,右必余三;左余二,右必余二;左余三,右必余一;左余四,右必余四。四营之后,夹在左手手指间的策数(蓍草)非五即九。此为一变。还是朱熹说得明白:

> ……归其余数于左手第四指间,以象闰;又以四揲右手之策,而再归其余数于左手第三指间,以象再闰五岁之象,挂一,一也;揲左,二也;扐左,三也;揲右,四也;扐右,五也。是谓一变,其挂扐之数,不五即九。

这种方法一般称之为"挂扐法",即指用扐于左手指间的蓍草余数,来定阴阳老少之数。其实这里面也有争议,此为朱熹所创,前人恐不从此说,如根据《蓍卦辨疑》记载,张载曰:"'奇'所挂之一也,'扐'左右手之余也。""归奇于扐"其实是把挂的"一"再归到左右手上,利用两手揲余蓍草数被四除,然后得出少阴、少阳、老阴、老阳,这样进行二次运算,在数学运算上,总积数就会增加,从而影响概率,故称之为"过揲法"。此恐怕确为汉唐古法,但失之烦琐,且结果其实相差不大,故此处仍从朱熹。这样经过分二、挂一、揲四、归奇这四个步骤之后,一易即告完成,这叫作"四营而成易"。

(2) 三变成一爻

经过第一次的四营之后,剩下的蓍草数非四十四根就是四十根,因为不管余多少,结果总是 $1+3=4$,或 $2+2=4$,或 $4+4=8$,再加上那根挂一之数,故朱熹说"挂扐之数,不五即九"。在四十或四十四的基础上,又经"分二""揲四""归奇""归奇"四营步骤,夹在手指尖的数非四即八,这样第二次的余数又有三种可能性:

$$44-8=36(\text{和 } 40-4=36)$$
$$44-4=40$$
$$40-8=32$$

紧接着再进行第三变,经第二变后,无论余数是四十、三十六或三十二,再经四营步骤,这便是第三变。三变后余数有三十六、三十二、二十八、二十四 4 种可能。即:

$$40-8=32$$
$$40-4=36$$
$$36-8=28$$
$$32-8=24$$

用所剩之策数除以四，结果或九、或八、或七、或六。其公式为：

$$36\div4=9$$
$$32\div4=8$$
$$28\div4=7$$
$$24\div4=6$$

若是九、七，属阳性，定为阳爻。九是老阳，为变爻；七是少阳，为不变爻。若是八、六，属阴性，定为阴爻；八为少阴，是不变爻；六是老阴，是变爻。所以说三变成一爻。

(3) 十有八变而成一卦

每三变画一爻，自下往上画之。《周易》六十四卦，每卦六爻。因此十八变才能画六爻，成一卦。故曰“十有八变而成卦”。

为什么九、六为变爻，七、八为不变爻呢？这是由《周易》阴、阳观所决定的，即以奇数象阳，以偶数象阴。而筮法是以四营象四时的。春、夏阳气当令，故以七象春、以九象夏。秋、冬阴气当令，故以八象秋、以六象冬。春天万物复苏，阳气始升，故谓之少阳。夏天植物茂盛，阳气极盛，故谓之老阳。秋天阴气始升，故谓之少阴。冬天阴气极盛，故谓之老阴。由七至九即由春至夏，阳气逐渐上升，是由阳至阳，故七不变。由九至八即由夏至秋，由阳变阴，故九变。由八至六即由秋至冬，是由阴至阴，故八不变。由六至七即由冬至夏，是由阴变阳，故六变。①

到此，我们也就比较容易理解《系辞下》的这段话了：“乾之策二百一十有六，坤之策百四十有四。凡三百有六十，当期之日。”古人称蓍草根数曰“策”，一根蓍草叫一策。如前所述，三变之后所余蓍草若为三十六策，则出老阳一爻。乾卦以老阳的策数计算，一卦为六爻，以三十六策乘六，得二百一十六策，故曰“乾之策二百一十有六”。同样道理，若三变之后余二十四策，则出老阴一爻，以二十四策乘六，得一百四十四策，坤卦以老阴的策数计算，故曰：“坤之策，百四十有四。”合乾坤两卦之策共得三百六十，当一年三百六十天之数。故曰：“凡三百有六十，当期之日。”至于“二篇之策，万有一千五百二十，当万物之数也”。《周易》上下两篇共六十四卦，三百八十四爻。其中阳爻一百九十二，阴爻一百九十二。老阳每爻为三十六策，一百九十二爻就是 6 912 策；同样，老阴每爻二十四策，一百九十二爻的策数就是 4 608 策，二者相加即 11 520 策。以少阴、少阳相加亦是如此，两种方法得数一致，圣人即利用这个策数作为代表世界万象的基数来辐射出去。

---

① 高亨：《周易古经今注》，中华书局，1984 年。

经过这么一整套繁密的推算,就是为了保证能使占筮人撇除一切主观因素而达到高度客观和准确,所以"大衍之数"是有其独特的科学道理的。《九章算术》说:"大衍求一术云:置厅右上,定居右下,立天元一于左上。先以右上除右下,所得商数与左上一相生入左下。然后乃以右行上下以少除多,递互除之,所得商数随即递互累乘,归左行。上下须使右上末后奇一而止,乃验左上所得,以为乘率。"这是首次把整数论与"大衍之数"联系起来,创立了"大衍求一术",即术解一次同余方程组的算法。这种推演法有两个值得注意的地方:

其一,这种演绎从一开始就有不确定性,带有模糊性。四十九根蓍草一分为二,左右各是多少是不确定的;之后,抽出一根,或左或右,也是不确定的。但它们的余数却是一、二、三、四其中的一个,其结果是六、七、八、九中的一个。这就好像抛铜钱一样,一个铜钱抛下去,不是"字"就是"背",它的概率是百分之五十。这种推演方法,其实也是概率法,经过"十有八变"后,它的精确率就更高了。

其二,在演变过程中,体现了"天地人"的思想。"分而为二而象两",就是把一个事物一分为二,一阴一阳,阳代表天,阴代表地。"挂一以象三",就是抽出一根代表人,这样大、地、人就齐备。当第二变时,将代表人的这一根也加进去,用"天地人合一"的方法进行演绎,这反映了《系辞下》所说的"有天道焉,有人道焉,有地道焉。兼三才而两之"的主旨,反映了《周易》将宇宙中天地人贯彻始终的天人合一的宇宙模式和世界模式,具有很深的哲学意涵。

3. 解卦

这一方法十分古老,且于信史有记,但却十分烦琐,一般严格按照正常程序,需要五六个小时甚至更多是很普遍的,十分不利于立时占卜与运用。通过上面的探讨,我们明白了用蓍草占筮的方法。但紧接着遇到的一个问题是:由蓍草演算,三变定一爻,十八变而出一卦,但这一卦六爻的筮数不见得一样,可能有的爻得老阳之数九,有的爻得老阳之数六。有的爻为少阴少阳之数八、七等,各不相同。然而《系辞》的作者,并没有讲"十有八变而成卦"后,怎样根据所得卦的变爻和不变爻来考定和推断占事的吉凶。现在流传下来的汉唐人著作中都未细谈,一直到南宋朱熹才得以解决,这就是他在《易学启蒙》卷四讲的"变占"法:

凡卦六爻皆不变,则占本卦彖辞。而以内卦为贞,外卦为悔。

一爻变,则以本卦变爻辞占。

二爻变,则以本卦二变爻辞占,仍以上爻为主。

三爻变,则占本卦及之卦之彖辞,而以本卦为贞,之卦为悔。前十卦主贞,后十卦主悔气。[1]

四爻变，则以之卦二不变爻占，仍以下爻为主。

五爻变，则以之卦不变爻占。

六爻变，则乾，坤占“二用”，余卦占之卦象辞。

这就是所谓“变占”法。因为一卦演成之后，无论有无变爻，无非是如下七种情况里的一种：六爻皆不变，一个爻变，二个爻变，三个爻变，四个爻变，五个爻变，六爻全变。不会再有第八种情况出现。

其实统观先秦史料《左传》《国语》等中涉及占卜的事例，有的跟朱熹讲的并不相符，如“一爻变”“三爻变”等，朱子讲的不确；另一种史籍无载，如剩下的二、四、五、六爻皆变，属于朱熹凭空捏造。刘大钧先生遍查《左传》《国语》，由此提出一个大胆结论：人们用《周易》蓍草之法，并无一定的公式可循。[2] 古人对所占卦爻之辞的讲解，全随解卦者自己的理解作出解释，如《左传・襄公九年》穆姜占卦之例：

> 穆姜薨于东宫，始往而筮之，遇艮䷳之八，史曰：“是谓艮䷳之随䷐。随䷐，其出也。君必速出！”姜曰：“亡，是于《周易》曰：‘随，元亨利贞，无咎。’元，体之长也；亨，嘉之会也；利，义之和也；贞，事之干也。体仁足以长人，嘉德足以合礼，利物足以和义，贞固足以干事，然故不可诬也，是以虽随无咎。今我妇人而与于乱，固在下位而有不仁，不可谓元。不靖国家，不可谓亨。作而害身，不可谓利。弃位而姣，不可谓贞。有四德者，随而无咎，我皆无之，岂随也哉？我则取恶，能无咎乎？必死于此，弗得出矣。”

她所得卦为随卦，其辞“元亨利贞，无咎”，这就应是吉辞了，但穆姜却说：“有四德者，随而无咎。我皆无之，岂随也哉？我则取恶，能无咎乎？必死于此，弗得出矣。”穆姜的解释认为占卦还得依问卦者的品行而断，品行好的人虽占得凶，亦得好报；反之亦然。这样说来，古人占卦其实与解占卦者自己没有多大关系，解卦之人愿说吉，就可以找到吉的理由，若愿说凶，就可以检索出凶的原因。而且吉凶还有实际环境条件有关，如《论衡・卜筮篇》中鲁伐越占卜得“鼎折足”，子贡认为凶，而孔子却从实际角度出发，认为越国水居行舟，不必要足，故可谓“吉”，果然克之。这也就是我们常讲的“筮无定法”。所以因史料的阙疑与随意性过大，再加上烦琐的程序，故其实用性并不强。

---

① 凡三爻变者，每卦能变出二十卦，其“前十卦”，指初爻不变者“后十卦”为初爻变者。若变卦在前十卦中，则以两卦之《彖》辞解占，以本卦《彖》辞为主。若变卦在后十卦中，则以变卦《彖》辞为主。然朱子所言，于史无证。

② 刘大钧：《周易概论》，巴蜀书社，2004 年。

二、梅 花 易 数

梅花易数相传有两个派系。第一为古派传统梅花易数,起源于汉易,后由邵康节先生推广开来,以体用为基础,成像规律为定像的核心,十应作为旺衰辅助,通过五行相克最终断吉凶的一套纯古派真传绝学的梅花易数预测系统。另一个派系则是后人通过研究梅花易数得出的太极点理论,将一卦多断发挥,以读像法为主,灵感为辅。将太极点随心所欲的变化在其中,活学活用,熟能生巧,后引申出象数预测法则。但我们此处重点介绍的仍是以邵雍为代表的第一种梅花易数。邵雍(1012—1077),北宋哲学家、易学家。字尧夫,谥号康节,自号安乐先生、伊川翁,后人称百源先生。其先考范阳人,幼随父迁共城(今河南辉县)。仁宗嘉祐及神宗熙宁中,邵雍先后被召授官,皆不赴。富弼、司马光、吕公著等时贤推崇备至,且为其斥巨资购买宅园,士大夫家闻其车声便争相迎候,甚至有"好事者别作屋如雍所居,以候其至,名曰'行窝'"(《宋史·邵雍传》)之说,有内圣外王之誉。著有《观物篇》《先天图》《伊川击壤集》《皇极经世》等,是"北宋五子"之一、易学"数学派"的奠基人。相传《梅花易数》正是邵康节所著,《梅花易数》是一部以易学中的数学为基础,结合易学中的象学进行占卜的书,梅花易数依先天八卦数理,即乾一,兑二,离三,震四,巽五,坎六,艮七,坤八,随时随地皆可起卦,取卦方式多种多样。因在梅园观梅而得名。

推例演数,谓其人曰:汝父存日,有白金置睡床西北窖中,可以营葬事。其家如言,果得金。先生受书以归,后观梅,以雀争胜,布算,知次晚有邻人女折花,堕伤其股。其卜盖始于此,后世相传,遂名《观梅数》。① ……明季本曰:《梅花数》一名《观梅数》,本题曰《康节梅花数》,故附邵图之后,梅花者先春而蓓蕾,生意之早动也,占于几动之初,思虑方起而鬼神可知之时,故数以梅花名焉。

纳甲筮法以其逻辑的严密、游移性小,当然亦因其预测"准确"率高,而备受历代占筮家的欢迎,并在实际运用中不断给予总结、发挥,使之愈加完善,遂成易学史上"卜筮正宗"。然而"梅花易数"又因其简单易行,又十分"灵验"而得以迅速蔓延,故作介绍。

1. 起卦法

(1) 起卦的基本原则

因伏羲《易》亦是经卦为八,别卦六十四,别卦爻数为六。所以起卦的基本原

---

① [宋]邵雍:《故宫珍藏善本·梅花易数》,九州出版社,2012年。

则便是“卦以八除”，“爻以六除”。所谓“卦以八除”，邵雍解释说：“凡起卦不问数多少，即以八作卦数，过八数即以八数递除。一八除不尽，再除二八、三八，直至除尽，以余数作卦。如得八数整，即坤卦。更不必除也。”意思即凡所取的数字小于八，以伏羲八卦卦序为准，(乾一，兑二，离三，震四，巽五，坎六，艮七，坤八)直取该卦；凡数大于八则除以八，其余数即为所得之卦；无余数，即可以除尽则为坤卦。如任取两数 2 014 和 1 989 起卦，2 014÷8＝251 余 6，6 为坎作上卦。1 989÷8＝248余 5，5 为巽作下卦，得成卦水风井卦；若以 1、6 起卦，则得天水讼卦。

所谓“爻以六除”，是取动爻之法。邵雍解释说：“凡起动爻，以重卦总数除六，以余数作动爻。如不满六，止用此数为动爻，不必再除。如过六数，则除之一六，不尽再除二六、三六，直至除尽，以余数作动爻。若一爻动，则看此一爻，是阳爻则变阴爻，阴爻则变阳爻。取爻当以时加之。”就是说一卦成后，要确定哪一爻为动爻则以六除。凡所取之数小于六则直接以此爻为动爻，大于六则除以六，余数为动爻。等于六，即可除尽以上爻为动爻。仍以 2 014 与 1 989 两数为例，方法是：(2 014＋1 989)÷6＝667 余 1，则井卦初六爻动，下卦巽变乾，变卦为水天需卦。但必须注意，邵雍特别交代“取爻当以时加之”。为方便起见，我们假定起卦时为子时(23—1 点)，这样定动爻的方法便是(2 014＋1 989＋1)÷6＝ 667 余 2，则井卦九二爻变阴爻，水风井卦成水山蹇卦，这是特别强调时空的作用。

一卦形成后，有时需看互卦。所谓“互卦”，是指将所得的卦去其初、上爻，取中间四爻组合而成的卦。其方法是用二、三、四爻和三、四、五爻分别组成二经卦，以二、三、四爻组成的卦为内卦，三、四、五爻组成的卦为外卦，两者重合而成的卦就是互卦。但在梅花易数中互卦只用经卦。邵雍指出：“互卦只用八卦，不必取六十四卦名。”又说：“乾坤无互，互其变卦。”就是说若得乾卦或坤卦，因两者无互卦，故在其变卦中取互卦。

概而言之，邵雍“梅花易数”起卦的基本原则有三条：卦以八除，爻以六除，取爻当加时辰数。

(2) 起卦的主要方式

“梅花易数”的起卦方式从总体上来说大致分为两类：即象和数，先天数起卦和后天卦起数。如《宋史・邵雍传》就作了介绍：

> 乾一、兑二、离三、震四、巽五、坎六、艮七、坤八。此先天横图八卦之定数也；乾西北属金，坎北属水，艮东北属土，震东属木，巽东南属木，离南属火，坤西南属土，兑西属金，此为后天之方位也。有先天之数未得卦先得数，以数起

卦，故曰：先天；有后天之数未得数先得卦，以卦起数，故曰：后天。

所谓象就是后天卦象，以洛书为用的后天八卦方位以及八卦类象为取卦对象，如物品、人物、天翔、方位、声音、色彩等外象作为成卦要素；所谓数即先天八卦数，即乾一、兑二、离三、震四、巽五、坎六、艮七、坤八。即用数字对应先天八卦数作为成卦要素。具体来说，先天数起卦的方法主要有：① 时间起卦法；② 文字起卦法；③ 数字起卦法；④ 声音起卦法；⑤ 长度起卦法。具体介绍如下：

① 时间起卦法：是通过对当时阴历年月日时的计算得出的卦象。邵雍说得很清楚："年月日为上卦，年月日加时总数为下卦。"[①]又以年月日时总数取变爻。年数取年干支的地支数，子年为1、丑年为2……亥年为12。月数依月序直取之，正月为1、二月为2……十二月为12。日数依日期直取，初一为1、初二为2……三十为30。年月日数之和除以8，余数作上卦。时数按十二时辰直取之，子时为1、丑时为2……亥时为12。以年月日时四者之和除以8，余数为下卦，除以6余数取动爻。[②]

上卦＝（年数＋月数＋日数）÷8　　　余数即为卦象
下卦＝（年数＋月数＋日数＋时数）÷8　　　余数即为卦象
动爻＝（年数＋月数＋日数＋时数）÷6　　　余数即为动爻位置

例：

在辰年十二月十七日申时的一天，邵康节先生偶然观梅花，见两只鸟雀争占一枝而双双坠地，很以为奇怪，因此占了一卦：辰年五数，十二月十二数，十七日十七数，共计三十四数，除八，得四余二，二数为兑，为上卦。三十四数加申时九数，计四十三数，除八，得五余三，三数为离，为下卦。上下卦总数四十三除六，得七余一，初爻动，得卦为泽火革，初九爻动，变艮。如下所示：

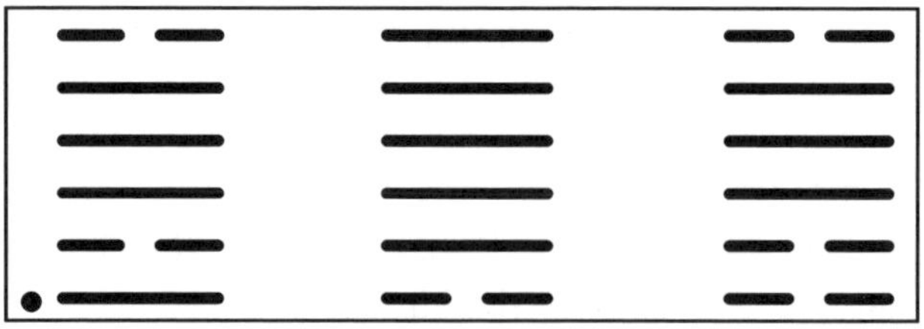

从左到右依次为：本卦(革卦)、互卦(天风姤卦)、变卦(咸卦)

① 引文出自《梅花易数》，余不一一。

② 数字代表先天八卦，月份按阴历而非公历。

互卦见有乾巽，康节先生断卦说，时天晚上，当有女子折此梅花，园丁不知原因，追逐女子，女子手足摔倒在地，伤了右边大腿。在泽火革卦中，上卦兑属金，为体卦，下卦离火为用卦，克制兑金。六二五爻至九三爻、互卦为巽为木，生离火。这样一来，克体兑金之卦气旺盛。兑为少女。所以知道少女被伤，而用互巽木又被体互乾金所克伤。巽为大腿，所以有伤大腿之应。所幸初九爻动后，变卦为艮，艮为土，土使兑金体卦得以生扶，但艮又为止，所以知道女子虽然受伤，但不至于有危险。

② 文字起卦法：文字起卦法是通过求测人当时随意书写的文字，对该组文字的笔画数计算得出的卦象。一般以二字为宜。

上卦＝第一字的笔画数÷8　　余数即为卦象
下卦＝第二字的笔画数÷8　　余数即为卦象
动爻＝两个卦的卦数之和加上时辰数÷6　　余数即为动爻位置

不过若实在是单字也可以，少一画为上卦，取天清轻之义。多一画为下卦，取地浊沉之义。两者之和为动爻，若大于6除以6余数为动爻。不过也要视情况而定，若是“一”字为“太极未判”不可得卦。若是草书，为“混沌不明”，亦不可得卦。若是楷书，则取其笔画数。以左为阳画，取其笔画数为上卦。以右为阴画，取其笔画数为下卦。又以一字之阴阳全画取爻，方法仍以6除。另外，4至10个字又可用平、上、去、入四声调取，不一而足。

③ 数字起卦法：是通过求测人当时随意书写的两个数字而得出的卦象。

上卦＝第一个数字　即为卦象，以8为公倍数，如9则为1，如0则为8
下卦＝第二个数字　即为卦象，以8为公倍数，如9则为1，如0则为8
动爻＝(第一数字＋第二数字＋时数)÷6　　余数即为动爻位置

④ 声音起卦法：是通过对当时发出声音的次数计算得出的卦象。

上卦＝第一次声音次数÷8　　余数即为卦象
下卦＝ 第二次声音次数÷8　　余数即为卦象
动爻＝(第一次声音次数＋第二次声音次数＋时数)÷6　　余数即为动爻位置

例：

冬季黄昏。酉时左右，康节先生正拥火炉而坐，听到有人叩门。起初敲一下，继而又敲五下，而且说要借东西。以前一声属乾作上卦。后五声属巽，为下卦。酉时十数动爻为(1＋5＋10)/6＝2余4，整个大成之卦天风姤，九四爻动。变卦为巽卦为木，互卦见重乾卦。

用卦又为乾，卦象中三个乾卦属金。两个巽卦属木。因此，所借的东西不过是

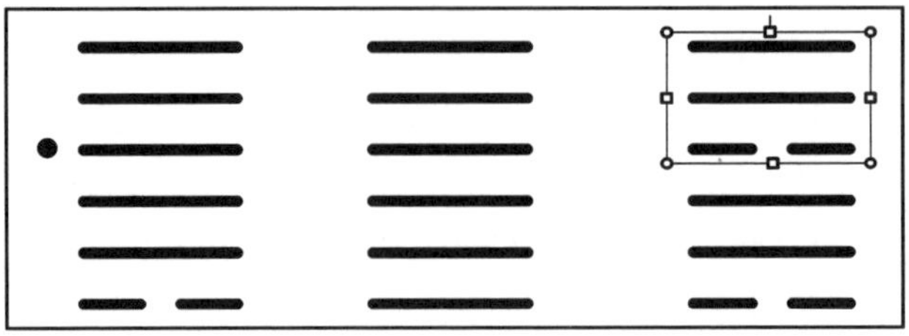

从左到右依次是：本卦(姤卦)、互卦(乾卦)、变卦(巽卦)

金属木器罢了。又因为卦理金属物一般较短，而木制物一般较长，因而断为所借之物应为斧头。邵雍的儿子则推断为金短木长的器物，所借之物应锄头。康节先生回答说："不是锄头，必是斧头无疑。"儿子问原因。邵先生解释说："起卦预测者应当明了卦理。以卦象推测为斧或锄都可以；但以卦理推测，冬季昏夜要锄头干什么呢？当然是借斧头了。"因为斧头切合劈柴之用的具体时空条件。

⑤ 长度起卦法：即凡是可以丈量的事物以长度起卦。若以丈尺起卦，"以丈数为上卦，尺数为下卦。合尺丈之数取爻。寸数不用"。若用尺寸取卦，"以尺数为上卦，寸数为下卦。合尺寸之数加时取爻，分数不用"。

梅花易数的第二种起卦方法，是用后天方位及万物类象直接取卦的，称为后天卦法。以洛书为依据的后天八卦方位以及八卦类象为取卦对象起卦的方法有：① 人物占；② 动物占；③ 事物占。

① 人物占：根据人物的年龄或阶层对应八卦类象作为上卦，将对象所处的方位作为下卦，把上下卦数加时数除 6 得出动爻位置，以爻辞和体用来判断吉凶，定应期。以人起卦，方式很活，体例不拘一格。前面说的都是由数得卦，而根据人起卦，不仅可由数起，亦可直接由象得卦。如：

听其语声起卦。若是一句，可仿前以一句字数分之起卦。两句则以上句为上卦，后一句为下卦。语多者仅取初听一句，或最后一句，其余不用；

观其品貌特征取卦。老人为乾，少女为兑，少男为艮；

观其举止起卦。"取诸其身"，头动为乾，足动为震，目动为离等；

观其手执何物起卦。"取诸其物"，如该人手握金玉及圆物之类为乾，执土瓦及方物之类为坤等；

观其服装颜色起卦。大红为乾，紫色为离，黑为坎等；

根据起卦时的背景，触见外物起卦。如起卦之时，见水为坎，见火为离等；

根据年月日时起卦，同前据时起卦；

根据"书写来意"起卦，同以字占；

……

例：

在己丑日这一天卯时，邵康节先生在路上行走，看见一老人由巽卦所主东南方向走来，脸带忧郁神色。先生问老人为什么忧郁，老人回说："没有"，邵雍心中自然奇怪；就占卦预测以老人属乾、作上卦，巽方作下卦，得天风姤卦。又以乾一数，巽五数卯时四数，总计十数，除六余四，九四爻发动。

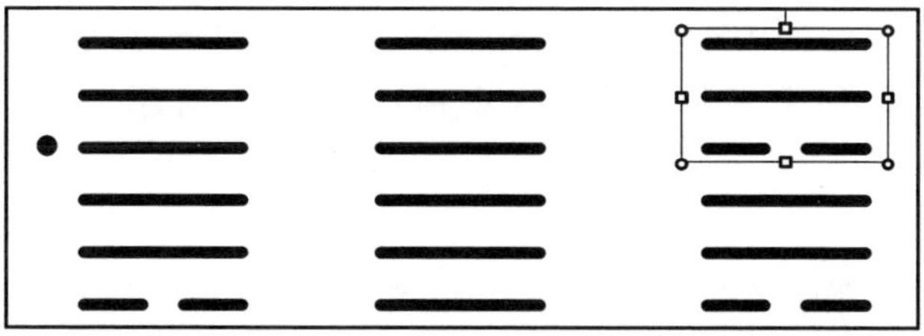

从左到右依次是：本卦（姤卦）、互卦（乾卦）、变卦（巽卦）

姤卦卦九四爻上曰："包无鱼，起凶"，这一爻辞不吉利。以卦象而论，姤卦巽木。巽体，用卦乾金克之。互卦又见二乾，都是克体之金，体卦又无相扶之气，而且预测的人是行走在路上，应当很快地验应成卦之数。成卦之数为十，平分而取其半，当在五天之内应势。于是邵先生对老人说您老五天之内应当谨慎从事，恐怕有大祸临身，老人不以为然，果然第五天老人因赴宴鱼刺卡喉而死。

② 动物占：根据动物的种类对应八卦类象作为上卦，将对象所处的方位作为下卦，把上下卦数加时数除 6 得出动爻位置，以爻辞和体用来判断吉凶，定应期。不过邵雍同时指出见一群动物不能起卦。对于家畜，又可以其鸣叫声、出生之年月日时或购买之时推之。

例：

癸卯日午时，邵雍先生听到牛在坎所主之北文鸣叫，声音极悲凉，因而起卦占测。以牛在卦象中属坤为上卦，坎方为下卦。坎数六。坤数八，加午时七数，共得二十一数、除六得三余三。第三爻发动。得卦为地水师卦，六三爻动，变为地风升。

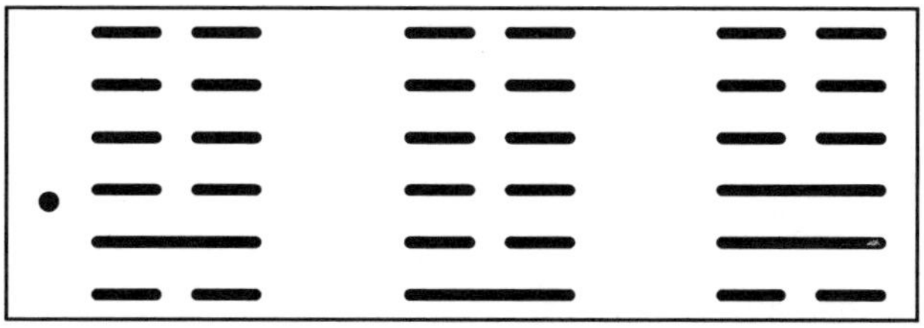

依次是：本卦（师卦）、互卦（地雷复卦）、变卦（升卦）

师卦六三爻辞说:“师或舆尸,凶”,地水师六三爻动,变为地风升师卦的上互为坤,下互为震,坤卦为体卦,下互震木与变卦巽木都克制体卦坤土,坤未得他卦生扶之气。于是邵先生说:这头牛二十一日之内,必遭杀戮,到第二十天,果然有人买下这头牛杀了。

③ 事物占:根据事物的种类对应八卦类象作为上卦,将对象所处的方位作为下卦,把上下卦数加时数除 6 得出动爻位置,以爻辞和体用来判断吉凶,定应期。邵雍认为大凡江河山石不可起卦。屋宅、树木、桌椅之类均可起卦。屋宅以建成之时,树木以种下或移栽之时,桌椅以购置之时起卦。其余则“无故不占”等。

例:

戊子日辰时。邵康节先偶然行走在路途,见路旁有棵树长得枝叶繁茂,天无风、却有一根枯枝从树上坠落到兑卦所主的西方,于是邵雍起卦预测。以枯枝为离卦(象中离为枯枝)作为上卦,兑为下卦,得卦为火泽睽。以兑二数,离三数,加时辰五数共十数除六余四,九四爻动,变为山泽损。

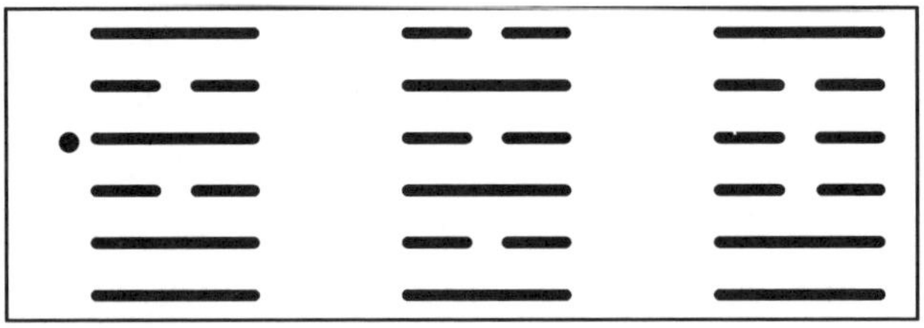

依次为:本卦(睽卦)、互卦(既济卦)、变卦(损卦)

睽卦九四爻辞:“睽孤,遇元夫。”主卦火泽睽,变卦山泽损,互卦见坎、离,兑为金为体卦,离火相克,并且睽卦和损卦都有伤残的意思,断:此树十日当伐。果然第十天被一个名字叫元夫的人砍伐做了木料。

由此可见,梅花易数起卦方式虽然多种多样,但简单明了,易于掌握。一般以物之数或象为上卦,以时或物之方位为下卦,两者之和取动爻。因此,掌握世间万物类象十分重要,否则就无法确定某物该为何卦。为方便查阅物象之八卦属性,邵雍列出“八卦类象”三表,并在“断占总决篇”多次提及。

(3) 八卦象意

(依《梅花易数》中“八卦万物属类”)

乾卦(一、金)

[天时] 天、水、雹、霰;

[地理] 西北方、京都、大郡、形胜之地、高亢之所;

[人物] 君父、大人、老人、长者、官宦、名人、公门人；
[人事] 刚健武勇、果决、多动少静、高上下屈；
[身体] 首、骨、肺；
[时序] 秋、九十月之交、戌亥年月日时、金年月日时；
[动物] 马、天鹅、狮、象；
[静物] 金玉、宝珠、圆物、水果、刚物、冠镜；
[屋舍] 公廨、楼台、高堂、大厦、驿舍，西北向之居；
[家宅] 秋占宅兴隆，夏占有祸，冬占冷落，春占吉利；
[婚姻] 贵官之眷，有声名之家；秋占宜成，冬夏占不利；
[饮食] 马肉、珍味、多骨、肝肺、干肉、水果、诸物之首、圆物、辛辣之物；
[生产] 易生，秋占生贵子，夏占有损，坐易向西北；
[求名] 有名，宜随朝内任，刑官、武职、掌权，宜西北方之任，天使、驿官；
[谋望] 有成，利公门，宜动中有财，夏占不成、冬占多谋少遂；
[交易] 宜金玉珍宝珠贵货，易成，夏占不利；
[求利] 有财，金玉之利，公门中得财；秋占大利，夏占损财，冬占无财；
[出行] 利于出行，宜入京师，利西北之行，夏占不利；
[谒见] 利见大人、有德行之人，宜见官贵，可见；
[疾病] 头面之疾、肺疾、筋骨疾、上焦病，夏占不安；
[官讼] 健讼，有贵人助；秋占得胜，夏占失理；
[坟墓] 宜向西北，宜干山气脉，宜天穴，宜高。秋占出贵，夏占大凶；
[方道] 西北；
[五色] 大赤、玄；
[姓字] 带金旁者，商音，行一四九；
[数目] 一、四、九；
[五味] 辛、辣；

坤卦(八、土)
[天时] 云阴、雾气；
[地理] 田野、乡里、平地、西南方；
[人物] 老母、后母、农夫、乡人、众人、大腹人；
[人事] 吝啬、柔顺、懦弱、众多；
[身体] 腹、脾、胃、肉；
[时序] 辰戌丑未月、未申年月日时、八五十月日；
[静物] 方物、柔物、布帛、丝绵、五谷、舆、釜、瓦器；

［动物］牛、百兽、牝马；

［屋舍］西南向、村居、田舍、矮屋、土阶、仓库；

［家宅］安稳、多阴气，春占宅舍不安；

［饮食］牛肉、土中之物、甘味、野味、五谷之味、芋笋之物、腹脏之物；

［婚姻］利于婚姻、宜税产之家、乡村之家、或寡妇之家，春占不利；

［生产］易产、春占难产、有损、或不利于母，坐宜西南方；

［求名］有名，宜西南方，或教官、农官守土之职，春占虚名；

［交易］宜利交易，宜田土交易、宜五谷、利贱货、重物、布帛、静中有财，春占不利；

［求利］有利，宜土中之利，贱货重物之利，静中得财，春占无财，多中取利；

［谋望］利求谋，乡里求谋、静中求谋，春占少遂，或谋于妇人；

［出行］可行，宜西南行、宜往乡里行、宜陆行，春占不宜行；

［谒见］可见，利见乡人、宜见亲朋或阴人，春不易见；

［疾病］腹疾、脾胃之病、饮食停伤、谷食不化；

［官讼］顺理，得众情，讼当解散；

［坟墓］宜向西南之穴、平阳之地，近田野，宜低葬，春不可葬；

［姓字］宫音，带土姓人，行位八五十；

［数目］八、五、十；

［方道］西南；

［五味］甘；

［五色］黄、黑；

震卦(四、木)

［天时］雷；

［地理］东方、树木、闹市、大连、竹林草木茂盛之所；

［身体］足、肝、发、声音；

［人事］起动、怒、虚惊、鼓噪、多动；

［人物］长男；

［时序］春三月、卯年月日时、四三八月日；

［静物］木竹、萑苇、竹木乐器、花草繁鲜之物；

［动物］龙蛇；

［屋舍］东向之居、山林之处、楼阁；

［家宅］宅中不时有虚惊，春占吉，秋占不安；

［饮食］蹄肉、山林野火、鲜肉、果酸味、菜蔬；

［婚姻］可有成声名之家，利长男之婚，秋占不宜婚；
［求利］山林木竹之财、动处求财，或山林竹木茶货之利；
［求名］有名、宜东方之任、施号发令之职，掌刑狱之官；有茶竹木税课之任，或闹市司货之职；
［生产］虚惊，胎动不安，头胎必生男。坐宜东向，秋占必有损；
［疾病］足疾、肝经之疾、惊恐不安；
［谋望］可望、可求，宜动中谋，秋占不遂；
［交易］利于成交，秋占难成，动而可成，山林木竹茶货之利；
［官讼］健讼，有虚惊，行移取勘反复；
［谒见］可见山林之人，利见宜有声名之人；
［出行］宜向利于东方，利山林之人；秋占不宜行，但恐虚惊；
［坟墓］利于东向，山林中穴，秋不利；
［姓字］角音，带木姓氏，行位四八三；
［数目］四、八、三；
［方道］东；
［五味］酸；
［五色］青、绿、碧；

巽卦（五、木）
［天时］风；
［地理］东南方之地、草木茂秀之所、花果菜园；
［人物］长女、秀士、寡妇之人、山林仙道之人；
［人事］柔和不定、鼓舞、利市三倍、进退不果；
［身体］肱股、气、风疾；
［时序］春夏之交、三五八之月日时、辰巳年月日时；
［静物］木香、绳、直物、长物、竹木、工巧之器；
［动物］鸡、百禽、山林中之禽虫；
［屋舍］东南向之居、寺观楼园、山林之居；
［家宅］安稳利市；春占吉，秋占不安；
［饮食］鸡肉、山林之味、蔬果、酸味；
［婚姻］可成，宜长女之婚、秋占不利；
［生产］易生，头胎产女；秋占损胎，宜向东南坐；
［求名］有名，宜文职，有风宪之力；宜入风宪，宜茶课竹木税货之职，宜东南之任；

[求利] 有利三倍,宜山林之利;秋占不吉;竹茶木货之利;

[交易] 可成,进退不一;利山林交易,山林木茶之类;

[谋望] 可谋望,有财,可成;秋占多谋少遂;

[出行] 可行,有出入之利;宜向东南行;秋占不利;

[谒见] 可见,利见山林之人,利见文人秀士;

[疾病] 股肱之疾、风疾、肠疾、中风、寒邪、气疾;

[姓字] 角音,草木旁姓氏,行位五三八;

[官讼] 宜和,恐遭风宪之责;

[坟墓] 宜东南方向,山林之穴,多树木;秋占不利;

[数目] 五、三、八;

[方道] 东南;

[五味] 酸;

[五色] 青绿碧、洁白;

坎卦(六、水)

[天时] 月、雨、雪、霜、露;

[地理] 北方、江湖、溪间、泉井、卑湿之地(沟渎池沼,凡有水处);

[人物] 中男、江湖之人、舟人、盗贼;

[人事] 险陷卑下;外示以柔,内序以利;漂泊不定,随波;

[身体] 耳、血、肾;

[时序] 冬十一月、子年月日时、一六之月日;

[静物] 水带子带核之物、弓轮矫揉之物、酒器水具;

[动物] 豕、鱼、水中之物;

[屋舍] 向北之居、近水、水阁、江楼、茶酒肆、宅中湿地;

[家宅] 不安、暗昧、防盗;

[饮食] 豕肉、酒、冷味、海味、羹汤酸味、宿、食鱼、带血、腌物、带核之物、水中之物、多骨之物;

[婚姻] 利中男之婚,宜北方之姻,辰戌丑未月不可婚;

[生产] 难产有险,宜次胎,中男;辰戌丑未月有损,宜北向;

[求名] 艰难,恐有灾陷;宜北方之任,鱼盐河泊之职;

[求利] 有财失,宜水边财,恐有失陷;宜鱼盐酒货之利,防阴失,防盗;

[交易] 不利成交,恐防失陷;宜水边交易,宜鱼盐酒货之交易,或点水人之交易;

[谋望] 不宜谋望,不能成就;秋冬占可谋望;

［出行］不宜远行，宜涉舟，宜北方之行；防盗，恐遇险阻陷溺之事；
［谒见］难见，宜见江湖之人，或有水旁姓氏之人；
［疾病］耳疼、心疾、感寒、肾疾、胃冷水泻、痼冷之病、血病；
［官讼］不利，有阴险，有失，困讼失陷；
［坟墓］宜北向之穴、近水旁之墓，不利葬；
［姓字］羽音、点水旁之姓氏、行位一六；
［数目］一、六；
［方道］北；
［五味］咸、酸；
［五色］黑；

离卦（三、火）
［天时］日、电、虹、霓、霞；
［地理］南方、干亢之地、窑灶、炉冶之所、刚燥厥地、其地面阳；
［人物］中女、文人、大腹、目疾人、甲胄之士；
［人事］文画之所、聪明才学、相见虚心、书事；
［身体］目、心、上焦；
［时序］夏五月，午火年月日时，三二七日；
［静物］火、书、文、甲胄、干戈、槁衣、干燥之物、赤色之物；
［动物］雉、龟、鳖、蟹、螺、蚌；
［屋舍］南舍之居、阳明之居、明窗、虚室；
［家宅］安稳、平善，冬占不安；克体，主火灾；
［饮食］雉肉、煎炒、烧炙之物、干脯之类、热肉；
［婚姻］不成，利中女之婚；夏占可成，冬占不利；
［生产］易生；产中女；冬占有损，坐易向南；
［求名］有名，宜南方之职、文官之任，宜炉冶坑场之职；
［求利］有财，宜南方求，有文书之财；冬占有失；
［交易］可成，宜有文书之交易；
［谋望］可以谋望，宜文书之事；
［出行］可行，宜向南方就文书之行；冬占不宜行，不宜行舟；
［谒见］可见南方人；冬占不顺，秋见文书考案之事；
［官讼］易散，文书动，辞讼明辨；
［疾病］目疾、心疾、上焦、热病、夏占伏暑时疫；
［坟墓］南向之墓，无树木之所，阳穴；夏占出文人，冬占不利；

[姓字] 征音,立人旁姓氏,行位三二七;
[数目] 三、二、七;
[方道] 南;
[五色] 赤、紫、红;
[五味] 苦;

艮卦(七、土)
[天时] 云、雾、山、岚;
[地理] 山径路、近山城、丘陵、坟墓、东北方;
[人物] 少男、闲人、山中人;
[人事] 阻隔、守静、进退不决、反背、止住、不见;
[身体] 手指、骨、鼻、背;
[时序] 冬春之月、十二月、丑寅年月日时、七五十数月日;
[静物] 土石、瓜果、黄物、土中之物;
[动物] 虎、狗、鼠、百兽、黔喙之物;
[家宅] 安稳、诸事有阻,家人不睦;春占不安;
[屋舍] 东北方之居、山居近石、近路之宅;
[饮食] 土中物味、诸兽之肉、墓畔竹笋之属、野味;
[婚姻] 阻隔难成,成亦迟,利少男之婚;春占不利,宜对乡里婚;
[求名] 阻隔无名,宜东北方之任,宜土官山城之职;
[求利] 求财阻隔,宜山林中取财;春占不利,有损失;
[生产] 难生,有险阻之厄;宜向东北,春占有损;
[交易] 难成,利山林田土之交易;春占有失;
[谋望] 阻隔难成,进退不决;
[出行] 不宜远行,有阻,宜近陆行;
[谒见] 不可见,有阻,宜见山林之人;
[疾病] 手指之疾、脾胃之疾;
[官讼] 贵人阻滞、未讼未解、牵连不决;
[坟墓] 东北之穴,山中之穴;春占不利,近路边,有石;
[姓字] 宫音,带土字旁姓氏,行位五七十;
[数目] 五、七、十;
[方道] 东北;
[五色] 黄;
[五味] 甘;

兑卦(二、金)

[天时] 雨泽、新月、星;

[地理] 泽、水际、缺池、废井、山崩破裂之地,其地为刚卤;

[人物] 少女、妾、歌妓、伶人、译人、巫师;

[人事] 喜悦、口舌、谗毁、谤说、饮食;

[身体] 舌、口、肺、痰涎;

[时序] 秋八月、金年月日时、二四九数月;

[静物] 金刃、金类、乐器、废物、缺器;

[动物] 羊、泽中之物;

[屋舍] 西向之居、近泽之居、败墙壁宅、户有损;

[家宅] 不安、防口舌;秋占喜悦,夏占家宅有祸;

[饮食] 羊肉、泽中之物、宿味、辛辣之味;

[婚姻] 不成,秋占可成;又喜主成婚之吉,利婚少女,夏占不利;

[生产] 不利,恐有损胎、或则生女;夏占不利,坐宜向西;

[求名] 难成,因名有损;利西之任,宜刑官、武职、伶官、译官;

[求利] 无利,有损财利,主口舌;秋占有财喜,夏占破财;

[出行] 不宜远行,防口舌或损失;宜西行,秋占易行,有利;

[交易] 难利,防口舌,有竞争;夏占不利,秋占有交易之财喜;

[谋望] 难成,谋中有损;秋占有喜,夏占不遂;

[谒见] 宜行西方见,有诅咒;

[疾病] 口舌咽喉之疾、气逆喘疾、饮食不飧;

[坟墓] 宜西向,防穴中有水,近泽之墓;夏占不宜,或葬废穴;

[官讼] 争讼不已,曲直未决,因公有损,防刑;秋占为体得理;胜讼;

[姓字] 商音,带金字旁姓氏,行位二四九;

[数目] 二、四、九;

[方道] 西;

[五色] 白;

表中开列的各类物象一般可作上卦,因八卦六十四卦采用的正是“取象比类”的方法,“引而伸之,触类而长之”,尽述天下之事。故也不必过于拘泥,只要掌握八卦的根本属性,便可举一反三,触类旁通。如廖墨香先生的《周易与现代经济预测》,王良才的《周易股市实战》一书中关于“八卦股票属类”的论述,在周文王或邵雍那个时代是不可能述及的。但诸公因掌握了八卦取象的规律,便也就运用自如了。

表中还有断卦用语。如“乾卦·家宅”类“秋占宅兴隆,夏占有祸,冬占冷落,春占吉利”,就是解占用语,是就五行旺相休囚死而论之的。因乾卦属金,金旺在秋,故“秋占宅兴隆”;死在夏,故“夏占有祸”;休在冬,故“冬占冷落”;“春占吉利”似为“不吉”误,因金囚在春。此类情况,涉及体用生克论和体用旺衰等概念。体用旺衰以月令为主。卦旺即:春季木旺、夏季火旺、秋季金旺、冬季水旺、四季土旺;卦衰则:春季土衰、夏季金衰、秋季木衰、冬季火衰、四季水衰。体用生克即以体为主,用为事,静为体,动为用,用生体,体克用,体用比和,均为吉祥;体生用及用克体,为凶。生体之卦多为吉,克体之卦多为凶。体用互变之用对体卦而言,用卦的作用最大,其次是互卦,再次是变卦;互卦又分体卦的互卦和用卦的互卦,体卦的互卦对体卦的作用大,用卦的互卦对体卦的作用小。

2. 解卦法

邵雍在《占卜总诀》中说明了解卦的四个步骤,其实合其《占卜论理诀》及《卦断遗论》的说明应分五个步骤:

(1) 先看《周易》爻辞,以断吉凶。邵雍《梅花易数》说:“成卦之后先看《周易》爻辞,以断吉凶。如乾初九‘潜龙勿用’,则诸事未可为,宜隐伏之类;九二‘见龙在田,利见大人’,则宜谒见贵人之类。余皆仿此。”那么《周易》六十四卦,每卦六爻,应看哪一爻的爻辞呢?即看本卦变爻爻辞。如卦例“少年有喜色占”谓:

> 壬申日午时,有少年从离方来,喜形于色,问有何喜,曰无。遂占之,以少年属艮为上卦,离为下卦,得山火贲。以艮七离三加午时七,总十七数,除十二,余五为动爻。贲之六五爻曰:“贲于丘园,束帛戋戋,吝,终吉。”易辞已吉矣。卦则贲之家人,互见震、坎,离为体,互变俱生之。断曰:子于十七内内必有聘币之喜。

这就是以爻辞断吉凶的,因为爻辞已有“终吉”,小象解释说:“六五之吉,有喜也。”所以以吉断。并进而以体卦与用、变的关系说明之,因所起之卦为贲之家人,互见震、坎。贲的内卦离为体。体为火,而变卦家人属木,本卦为木,用互震也为木,故曰“互变俱生之”。愈加证其有喜。估计邵雍是立见少年有喜色,故以成卦之数十七定为应期。

(2) 次看卦之体用生克。邵雍指出:“次看卦之体用,以论五行生克。体用即动静之说。体为主,用为事。应用生体及比和,则吉;体生用及克体,则不吉。”“体、用”是中国哲学史上一对基本范畴,“体”指本体,“用”为作用。一般认为体是根本的、内在的；用是体的外在表现形式。邵雍将其运用于易占，并赋予其新的含义和功用。以“体”代表所测事物；“用”代表其他因素，对体有生克比和的作用。两者是对立统一的。用生体及比和，则吉；体生用及用克体，则凶。一般说来起卦后便得本卦、互卦、变卦。也就是说每一占可得六个经卦：本卦上、下卦，上互、下互卦及变卦上、下卦。那么怎样在这六个经卦中确定体、用呢？其方法有二：一是以本卦的内卦（下卦）为体，外卦（上卦）为用。二是根据动爻决定，即本卦中有动爻的经卦为用，无则为体。就是说若动爻在上卦，则上卦为用，下卦为体；动爻在下卦，则下卦为用，上卦为体。这是从狭义上说的。即邵雍所说的“一体一用”。从广义上说，凡体外之互、变均可视作“用”，“此内之体用也”；甚至外部的征兆也可视作用卦的因素，即“所谓体一用百也”。根据六经卦的五行属性，便可得出体、用间的生克比和。“生体多者愈吉，克体多者愈凶。然此卦生体，诸卦有克此卦者，彼灭其吉。此卦克体，诸卦又有克此卦者，稍解其穷。”邵雍十分重视体用生克。他自称自己初学易占时，“如以蠡测海，茫然无涯。后得智人见授体用心易之诀，而后占事之诀，疑始有定。据验则验。如繇基射的，百发百中。其要在于分体用之卦，察其五行生克、比和之理，而明乎吉凶悔吝之机也。于是《易》数之妙始见，而《易》道之卦义备矣”，认为“得体用以为至术”。

（3）三看外应断卦。邵雍指出：“又次看克应。如闻吉说见吉兆，则吉；闻凶说见凶兆，则凶。见圆物，事易成；见缺物，事终毁之类。”这里说的“克应”是外克、外应，也就是邵雍所说的“万用”之外用，亦即卦外之各种预兆。这是根据卦之爻辞，或卦内体用生克比和初步得出吉凶判断的基础上，再根据外应，即起卦时的各种预兆进一步研判，以求得出更加准确无误的结论。如“少年有喜色占”例，爻辞中已说明是吉，而其面“有喜色”之兆象更加肯定其吉了。

（4）观己身之动静定应期。这是从时间上说明所预测事物应验的迟、缓、速。邵雍指出：“复验己身之动静。坐则事应迟，行则事应速，走则愈速，卧则愈迟。”就是说要了解所测事物应验的准确时间，可根据筮者起卦时的状态来决定。坐着起卦，所预测的事兑现迟缓；行走时成卦，所预测的事会较快兑现；若以跑步的姿势成卦，事情会来得更快；若是睡着起卦，所预测的事会来得更慢。

（5）以合理为最终断卦依据。邵雍认为断卦的最终原则是以理论之，即要合乎道理、事理，合乎事物的发展规律。他指出：“数说当也，必以理论之而后备。苟论数而不论理，则拘其一见而不验也。”梅花易数成卦法是观物取象，由象得数，由数成卦，最后据卦断之。尽管取象、得数、成卦是恰当的，最后断卦还是要以合乎道理为准，并举例说：如占饮食得震卦，而震卦象为龙，按理说，龙是不可能得到的，所以应当以鲤鱼之类取而代之。占天时得震卦，当有雷声，但若冬季占得震卦，按理说,冬季怎么会有雷声呢?应当是风吹震撼摇动之声,颇似“知人论世”之古传学风。

此外,断卦时还需要做到“三要八应”。

三要——耳、目、心。耳:为断卦之时所听到的声音,如听到笑声代表吉祥,听到哭声代表凶事等。目:为断卦之时所看到周围的情况,如看到圆形物体代表乾卦,看到有缺口的东西为兑卦,然后看和体卦的生克关系定吉凶。心:为心易,也就是悟性,对周围发生的事件如何取用,这是断卦的高级境界。

八应——人物应、动物应、天时应、时令应、方位应、声应、物应、色应。人物应:老人属乾、老妇属坤、艮为少男等,看其和体卦的生克关系断吉凶。动物应:乾为马、坤为牛、蚌龟之类为离等,看其和体卦的生克关系。天时应:如万里无云,意象为乾;晴日当头为离;看到雨雪为坎;听到雷声或风声为震、巽等,观其与体卦的生克关系。时令应:卦气和月日的关系,如寅卯月日木旺,巳午月日则火旺,辰戌丑未月日则土旺等。方位应:看求测之人在哪个方位,在南面为离,在东面为震等,以此和体卦论吉凶。声应:耳朵听到的声音论卦象,如听到钟声,铃声属金,则为乾、对;听见流水声为坎等;以此和体卦论吉凶。再有听见欢笑的声音为吉,悲号声音为凶,争吵声为纷争等。物应:见水是坎,见火是离等,和体卦论吉凶。又有看到圆形之物,事易成;看到损缺之物,事易败等。色应:绿色属木,红色属火等,和体卦论吉凶。

总之,“梅花易数”预测法以其方法简明,易于掌握且比较“灵验”,迅速风靡筮术界。

三、纳 甲 筮 法

在将近两千年周易预测中,最主流的方法就是纳甲筮法。纳甲筮法,俗称“六爻法”“六爻预测法”,或也有人叫“火珠林法”,是我国古代术数预测的大宗之法,其预测范围之广、项目之细,居诸术之首。它也是目前流传最广、影响最大的一种周易预测术。所谓纳甲筮法,尚秉和先生在《周易古筮考》中作了一个简要的定义:“‘纳甲’者,将干支排纳于六爻中,而以干支所属之五行及筮时时日,视其生克以断吉凶。”朱震《汉上易传》自序中说:“圣人观阴阳之变而立卦,效天下之动而生爻。变动之别,其传有五:曰动爻、曰卦变、曰互理、曰五行、曰纳甲。”简言之,就是将十天干纳入八宫六十四卦,与卦爻相配。因天干以甲为首,举甲该遍十日,故称纳甲。纳甲筮法是周易预测方法的一次伟大的变革,它将干支体系第一次纳入了六爻预测体系之中,使得六爻纳甲筮法真正体现出了万物因五行相生而成,因五行相克而亡的自然规律,纳甲筮法的贡献在于将易经六十四卦置于阴阳五行和天干地支的框架内，通过生克制化，刑冲合害及生旺墓绝等关系进行逻辑性推理来明辨吉凶，定出应期，克服了先秦时期易理断卦的模糊性，是推动易学发展的革命性创新，并且第一次将反应人伦关系的六亲以及对应主次关系的世应形象地运用到推演世间人事的各种兴衰沉沦、吉凶祸福，寿夭穷通。故本书作一详细阐释。

1. 纳甲筮法的传承及内涵

纳甲筮法由来已久，据传有三位先贤对其创造起了举足轻重的作用，即：鬼谷子、京房、麻衣道者。其中以京房为真正缔造者。相传纳甲筮法为鬼谷子所作，如王宏《周易筮术》曰："蓍变而有之卦者，宜画两卦：一为本卦，一为之卦，若爻、重、单、拆，三代未闻，或谓出于鬼谷子，今火珠林诸家多用之……"① 李文辉在《增删卜易》自序中亦说："迨鬼谷之后，诸名贤继起，别为五行生克、世应向背之理……"②鬼谷子，生卒年不详，相传曾授孙膑、庞涓等人兵法，又传苏秦、张仪等人纵横之术，隐于山林，为百家之祖。据明代杜光庭《求异记》记载，鬼谷子生于轩辕时期，历经夏商周三代。按它的意思，鬼谷子在公元前两千多年前就生活在黄帝时代，直至周朝末年，寿命达一千多岁。故古人假托鬼谷子之名以宣扬自己学说的比比皆是，如中唐"李虚中术"的创始人李虚中就将自己的著作托名给鬼谷子，此处亦有托名古人以言其志之嫌，不足为信。

麻衣道者相传创立"火珠林"占筮法，其术脱胎于京房。麻衣道者，晚唐五代易学高人，北宋象数易学开山祖师陈抟老祖的老师，《改良校正麻衣先生神相编》云："麻衣，古之异人，隐其姓名，以此为号。"麻衣道者的生平事迹只见于一些零星的材料。宋邵伯温《邵氏闻见录》卷七载："钱若水为举子时，见陈希夷于华山。希夷曰：'明日当再来。'若水如期往，见有一老僧与希夷拥地炉坐。僧熟视若水，久之不语，以火著画灰作'做不得'三字，徐曰：'急流中勇退人也。'若水辞去，希夷不复留。后若水登科为枢密副使，年才四十致政。希夷初谓若水有仙风道骨，意未决，命老僧者观之。僧云'做不得'，故不复留。然急流中勇退，去神仙不远矣。老僧者，麻衣道者也。"邵伯温为宋哲宗时人，其言颇为可信。麻衣道者相传著《火珠林》，是流传下来的第一部系统地介绍纳甲筮法的作品，《火珠林》提出了"卦定根源，六亲为主"，主张用五行生克刑害、合墓旺空等进行断卦，继承了京房易的理论，为后来卜筮的传播打下了坚实的基础。后人称这种筮法为"火珠林"法，原因就在于此。又《京房易传》曰：

---

① 文渊阁本《四库全书·周易筮术》。
② ［清］李文辉编：《增删卜易》，中医古籍出版社，2012 年。

分天地乾坤之象，益之以甲乙壬癸。震巽之象配庚辛，坎离之象配戊己，艮兑之象配丙丁。

此明言纳甲之说。

《火珠林》纳甲表

乾☰	震☳	坎☵	艮☶
金	木	水	土
壬戌土	庚戌土	戊子水	丙寅木
壬申金	庚申金	戊戌土	丙子水
壬午火	庚午火	戊申金	丙戌土
甲辰土	庚辰土	戊午火	丙申金
甲寅木	庚寅木	戊辰土	丙午火
甲子水	庚子水	戊寅木	丙辰土

坤☷	巽☴	离☲	兑☱
土	木	火	金
癸酉金	辛卯木	己巳火	丁未土
癸亥水	辛巳土	己未土	丁酉金
癸丑土	辛未土	己酉金	丁亥水
乙卯木	辛酉金	己亥水	丁丑土
乙巳火	辛亥水	己丑土	丁卯水
乙未土	辛丑土	己卯木	丁巳火

从此表可看出，《火珠林》纳甲图即本《京氏易传》推演而得。纳甲就是以乾内卦纳甲，甲为十干之首，故名之以例其余，加上爻等。父母、兄弟、妻财、官鬼、子孙与世应，而以钱代蓍，以卜人之吉凶祸福，其法皆祖《京氏易传》，故张行成《元包数总义》曰："《火珠林》之用，祖于京房。"王应麟《困学纪闻》曰："纳甲之法，朱文公谓今所传京房占法，见于《火珠林》，是其遗说。"总而言之，火珠林法其实就是纳甲筮法，只是京房易在象数易中最为繁复，包罗万象，名目多，牵涉广，常人难以识察，麻衣道者拈出纳甲筮法作为单独占筮术来加以传播。与京房时的"纳甲筮法"相比，削减了汉代所特有的天人感应和谶纬的色彩，进一步贴近现实生活，与"人"密切结

合起来，故自成型之后，短时间内蔚然成风，迅速占据了古代象数命理界的头把交椅，成为流传最广、影响最大的一种预测术。不过需要指出的是，“纳甲筮法”起卦之法依然源自早期的蓍草占，只是根据现实的需要一步一步演变为铜钱占，故占卜最终的依据仍是“大衍之数”。如《京房易传》曰：

> 奇偶之数，取之于乾坤。乾坤者，阴阳之根本；坎离者，阴阳之性命。四营而成易，十有八变而成卦。卦象定吉凶明得失，降五行，分四象，顺则吉，逆则凶。失《易》者，象也；爻者，效也。圣人所以仰观俯察，象天地日月星辰草木。万物顺之则和，逆之则乱。夫细不可穷，深不可极，故揲蓍布爻，用之于下。筮分六十四卦。配三百八十四爻，序一万一千五百二十策，定天地万物之情状。故吉凶之气，顺六爻上下次之，八九六七之数，内外承乘之象。

从上述议论看，《京氏易传》与《系辞》揲蓍起卦之法完全相同。若以钱代蓍，便用不着分二、挂一、揲四、归奇之四营以成一次变易，三变而得一爻，只需三钱掷一次便可得一爻。揲蓍布爻需十有八变方可成卦，而以钱代蓍只需掷钱六次便可得一卦。《京氏易传》明白无误地称“揲蓍布爻”可以“定天地万物之情状”，可见《京氏易传》尚恪守《系辞》揲蓍布爻之法，并未改用以钱代蓍以遇卦。尚秉和《周易占筮考》云：

> 揲蓍为占，其法太繁，有不能用于仓促之时者，故古人以金钱代之，盖自京（房）、郭（璞）而已然矣。

此说似尚秉和先生还是受项安世的误导而作。自“火珠林”后，历代都有纳甲的著作问世，如《易林补遗》《阐奥歌章》《洞林秘诀》《卜筮全书》《卜筮元龟》《易冒》《断易天机》《海底眼》《黄金策》《卜筮正宗》《增删卜易》《易隐》等，其中尤以刘伯温的《黄金策》影响最大。在诸书中，《卜筮正宗》和《增删卜易》当为学习纳甲者所必须细读的两部书。《卜筮正宗》拨乱反正，且有对“黄金策”的详细注释；而清末的《增删卜易》以大量的卦例和丰富的实践经验，赢得了“天下第一卜书”的美称。《易隐》一书则为集大成者，为进阶者所必读。

2. 京房易学及纳甲筮法要义

不管纳甲筮法有多少附会，西汉京房是实际创立者是无疑的，前面我们已经在易学研究史中对京房生平作了简要概括，他师承焦延寿，创立了京房易学，成为汉四家易博士之一，其弟子东海殷嘉、河东姚平、河南乘弘皆为郎、博士。一直到东汉，学习者甚众，只是后来古文费氏《易》兴起，京房《易》逐渐衰落。京房著述颇多，《汉志》载《易京氏》凡三种八十九篇，《隋书·经籍志》载《京氏章句》十卷，又有《占候》十种七十三卷。现仅存《京氏易传》三卷，京氏著述之存留十不及一。但仅就现存来看，他并没有因循其师辈孟喜、焦赣之以卦气解《易》，而是创建了另一套崭新的占术，以八宫卦为根本，系以世应、爻辰、飞伏、六亲、纳甲等名目，从重重叠叠的关系中提纲挈领、断决人事，蔚然成为一大体系。《四库全书总目提要·京氏易传》这样说道：

> 其书虽以《易传》为名，而绝不诠释经文，亦绝不附和易义。上卷、中卷以八卦分八宫，每宫一纯卦统七变卦，而注其世应、飞伏、游魂、归魂诸例。下卷首论圣人作易揲蓍布卦，次论纳甲法，次论二十四气候配卦，与夫天、地、人、鬼四易，父母、兄弟、妻子、官鬼等爻，龙德、虎形、天官、地官与五行生死所寓之类。盖后来钱卜之法，实出于此。

实际上，京房的以纳甲筮法为中心的一系列象数易，既以干支计时，又以干支代表所属五行及其不同方位，这种以阴阳五行生克为框架，集时空于干支一身，并以此为坐标按一定图式进行复杂的生克运算，其目的在于以这套五行六位的卦象图式求解事物本质，以预测世间万象吉凶祸福的发展规律。故京房的这套运算机制，又称之为“积算”，《京房易传·乾》曰：“积算起己巳火，至戊辰土，周而复始。”晁公武《京氏易传》后序云：“终之始之，极乎数而不可穷以纪日者谓之积。”此运算机制也正与《系辞下》“八卦以象告，爻象以情言。刚柔杂居，而吉凶可见矣”相符。

(1) 纳干支

前面已经提到，京氏易的纳甲法，就是将天干地支纳于各卦的六爻上，先说天干，天干为十，八纯卦为八，两者的对应关系是：

> 乾卦内三爻纳甲，外三爻纳壬。
> 坤卦内三爻纳乙，外三爻纳癸。①
> 艮卦内外卦皆纳丙。
> 兑卦内外卦皆纳丁。
> 坎卦内外卦皆纳戊。

---

① 陆绩注《京氏易传》曰：“乾坤二分，天地阴阳之本，故分甲乙壬癸，阴阳之终始。”

离卦内外卦皆纳己。
震卦内外卦皆纳庚。
巽卦内外卦皆纳辛。

如图所示：

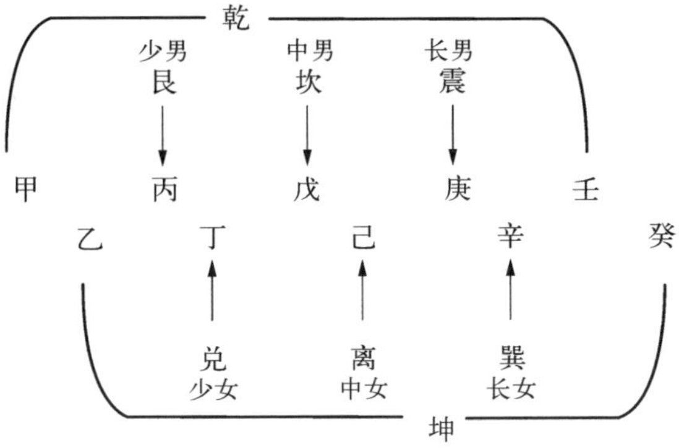

八卦纳甲图

这样就将十天干圆融地纳入八纯卦之中，内外卦的天干有所不同，故其余五十六卦亦可由八纯卦内外相荡构成，其纳甲就是各从八纯卦的内外卦衍变而来，为接下来的占卜变化奠定了基础。以“甲”居干支之首，故名此法为纳甲法。纳完天干之后，接下来再将十二地支纳入八卦，事实上，十二地支纳入八卦比十天干重要复杂得多，而且定六亲时每爻的五行定位只依据地支而不看天干，故常常有人将其名为“纳支法”。说到纳地支，我们先谈谈京房的“八宫图”，我们在前面卦序一节中已经提到过，其说本源自《易传·说卦》：

乾，天也，故称乎父；坤，地也，故称乎母；震一索而得男，故谓之长男；巽一索而得女，故谓之长女；坎再索而得男，故谓之中男；离再索而得女，故谓之中女；艮三索而得男，故谓之少男；兑三索而得女，故谓之少女。

京房正是由《说卦》中流传下来的乾坤生六子的思想确定了八宫卦的次序。《京氏易传·大有》曰：“乾生三男，次入震宫八卦。”又《京氏易传·比》曰：“坤生三女巽、离、兑，分长、中、下（少），以阳求阴，乾之巽为长女。”陆绩注说：“乾生三男，坤生三女，阳以阳，阴以阴，求奇偶定数之象也。”所谓“阳以阳”，即乾领三子震、坎、艮；“阴以阴”，即坤领三女巽、离、兑。按阳极则阴生的规律，求取奇偶定数之象，以定八宫之序。

(乾父)	(震长男)	(坎中男)	(艮少男)	
子	子	寅	辰	
	丑	卯	巳	未
	(巽长女)	(离中女)	(兑少女)	(坤母)

八卦纳支图

了解了这个背景,八卦纳地支时,即仿照了这个规律,《乾》卦由初爻起至上爻止,每爻按十二地支先后顺序,由“子”起,隔一地支而纳。也可以说是乾、震、坎、艮等纯阳卦的每一爻纳阳支:子、寅、辰、午、申、戌;而坤、巽、离、兑等纯阴卦的每一爻纳的是阴支:丑、卯、巳、未、酉、亥。具体来说,以《乾》坤为例:

初九爻纳“子”,九二爻纳“寅”,
九三爻纳“辰”,九四爻纳“午”,
九五爻纳“申”,上九爻纳“戌”。

因震卦为长子,故震卦与乾卦同。坎卦又从“寅”起,从下到上至“子”纳于上爻;艮卦由“辰”起,至“寅”纳于上爻。纯阴卦坤卦则按地支先后顺序逆推,从“未”开始,自初六爻至上六爻依次为:

初六爻纳“未”,六二爻纳“巳”,
六三爻纳“卯”,六四爻纳“丑”,
六五爻纳“亥”,上六爻纳“酉”。

同理,因为巽卦为长女,从开头阴支“丑”开始逆推到“卯”而止;离卦自“卯”逆推到“巳”结束,兑卦自“巳”起逆推到“未”结束。亦有个《纳地支歌诀》:

乾震子午坎寅申,
艮土辰戌顺行真。
巽木丑未离卯酉,
坤未丑兑巳亥循。

八卦干支排纳图

乾	坤	艮	兑
壬戌	癸酉	丙寅	丁未
壬申	癸亥	丙子	丁酉

壬午	癸丑	丙戌	丁亥
甲辰	乙卯	丙申	丁丑
甲寅	乙巳	丙午	丁卯
甲子	乙未	丙辰	丁巳
坎	离	震	巽
戊子	己巳	庚戌	辛卯
戊戌	己未	庚申	辛巳
戊申	己酉	庚午	辛未
戊午	己亥	庚辰	辛酉
戊辰	己丑	庚寅	辛亥
戊寅	己卯	庚子	辛丑

古人还流传了一首《纳甲装卦歌》，从下装起如下所示：

乾金甲子外壬午，子寅辰午申戌；坎水戊寅外戊申，寅辰午申戌子；
艮土丙辰外丙戌，辰午申戌子寅；震木庚子外庚午，子寅辰午申戌；
巽木辛丑外辛未，丑亥酉未巳卯；离火巳卯外巳酉，卯丑亥酉未巳；
坤土乙未外癸丑，未巳卯丑亥酉；兑金丁巳外丁亥，巳卯丑亥酉未。

(2) 定世应

将十天干与十二地支纳入八纯卦后，剩余五十六卦与世应怎么找呢？这还是要依赖于京房所创的八宫卦表。

八 宫 卦 表

八宫世爻	上世	一世	二世	三世	四世	五世	游魂	归魂
☰ 乾宫	1 乾 ䷀	2 姤 ䷫	3 遁 ䷠	4 否 ䷋	5 观 ䷓	6 剥 ䷖	7 晋 ䷢	8 大有 ䷍
☳ 震宫	25 震 ䷲	26 豫 ䷏	27 解 ䷧	28 恒 ䷟	29 升 ䷭	30 井 ䷯	31 大过 ䷛	32 随 ䷐
☵ 坎宫	9 坎 ䷜	10 节 ䷻	11 屯 ䷂	12 既济 ䷾	13 革 ䷰	14 丰 ䷶	15 明夷 ䷣	16 师 ䷆
☶ 艮宫	17 艮 ䷳	18 贲 ䷕	19 大畜 ䷙	20 损 ䷨	21 睽 ䷥	22 履 ䷉	23 中孚 ䷼	24 渐 ䷴
☷ 坤宫	49 坤 ䷁	50 复 ䷗	51 临 ䷒	52 泰 ䷊	53 大壮 ䷡	54 夬 ䷪	55 需 ䷄	56 比 ䷇
☴ 巽宫	33 巽 ䷸	34 小畜 ䷈	35 家人 ䷤	36 益 ䷩	37 无妄 ䷘	38 噬嗑 ䷔	39 颐 ䷚	40 蛊 ䷑

续　表

八宫世爻	上世	一世	二世	三世	四世	五世	游魂	归魂
☲ 离宫	41 离 ䷝	42 旅 ䷷	43 鼎 ䷱	44 未济 ䷿	45 蒙 ䷃	46 涣 ䷺	47 讼 ䷅	48 同人 ䷌
☱ 兑宫	57 兑 ䷹	58 困 ䷮	59 萃 ䷬	60 咸 ䷞	61 蹇 ䷦	62 谦 ䷎	63 小过 ䷽	64 归妹 ䷵

前人依此宫法亦作一《六十四卦歌诀》,兹录于下:

乾为天,天风姤,天山遁,天地否,风地观,山地剥,火地晋,火天大有,为乾宫八卦,俱属金。

坎为水,水泽节,水雷屯,水火既济,泽火革,雷火丰,地火明夷,地水师,为坎宫八卦,俱属水。

艮为山,山火贲,山天大畜,山泽损,火泽睽,天泽履,风泽中孚,风山渐,为艮宫八卦,俱属土。

震为雷,雷地豫,雷水解,雷风恒,地风升,水风井,泽风大过,泽雷随,为震宫八卦,俱属木。

巽为风,风天小畜,风火家人,风雷益,天雷无妄,火雷噬嗑,山雷颐,山风蛊,为巽宫八卦,俱属木。

离为火,火山旅,火风鼎,火水未济,山水蒙,风水涣,天水讼,天火同人,为离宫八卦,俱属火。

坤为地,地雷复,地泽临,地天泰,雷天大壮,泽天夬,水天需,水地比,为坤宫八卦,俱属土。

兑为泽,泽水困,泽地萃,泽山咸,水山蹇,地山谦,雷山小过,雷泽归妹,为兑宫八卦,俱属金。

京房将八纯卦的重卦称为“八宫”,又称为“八经卦”,其排列的顺序是:乾、震、坎、艮、坤、巽、离、兑。每一宫卦又统率七个卦,如乾宫所属之卦,其顺序为:姤、遁、否、观、剥、晋、大有。坤宫所属之卦,其顺序为:复、临、泰、大壮、夬、需、比。这样,便构成六十四卦排列顺序,始于乾卦,终于归妹卦。各宫卦中所属之卦,各有自己所处的地位。前五个卦分别称为一世、二世、三世、四世、五世。第六个卦称为游魂,第七个卦称为归魂。此八宫卦表具体排列规律及缘由,以及与马王堆帛书《易经》六十四卦之差别,孰先孰后?前文已有论述,此处从略。从八宫卦表中我们可以看到,京房的八宫说集体体现了其“消息盈虚,终则有始”“刚柔相推而生变化”的思想。京氏在建构八宫说时，紧紧把握住动静相生、阴阳协调的规律性，揭示了爻变则卦变，卦变则质变的原理。

接下来，我们找找世爻和应爻具体在哪个位置。什么是“世”“应”？《京氏易传》曰：“其进退以几，而为一卦之主者谓之‘世’，奇偶相与，据一以超二，而为主之相者谓之‘应’。”①八宫六十四卦各有其世应，世者即卦主；应者即应于主者。尚秉和在《周易古筮考》中说：“‘世’‘应’者，卦中之主，所恃以推吉凶者也，略如‘贞’‘悔’，‘世’为我，‘应’为彼。”②世爻是六爻卦的中心，是卦的灵魂。世爻为问卦之人，应爻为他人他事，应爻为用神而旺，主做事亨通，求谋称意；应爻为忌而旺，则主谋事难遂、事倍功半。如果安错了世应，就很难把握事物的主次。而在每宫的八卦中，其“世”爻与“应”爻位置各有不同，本宫卦世爻皆为上爻，本宫卦中的前五卦以变爻为“世”。第七卦游魂卦以第四爻为“世”，归魂卦以第三爻为“世”。以乾宫为例：

本宫乾☰卦，“世”爻在上九爻。

乾卦初爻变而为天风姤䷫卦，因而姤卦“世”爻在初六爻；

乾卦第二爻变得天山遁䷠卦，因而遁卦“世”爻在六二爻；

乾卦初爻至九三爻皆变为天地否䷋卦，故《否》卦“世”爻在六三爻；

乾初九爻至九四爻皆变为风地观䷓卦，故《观》卦“世”爻在六四爻；

乾初九爻至九五爻皆变为山地剥䷖，故《剥》卦“世”爻在六五爻。

变至上爻古人将此爻称为“宗庙爻”，祖宗是不能变的，故再由剥卦五爻退回第四爻变，所以乾宫第七卦为火地晋䷢卦，其“世”爻为九四爻，因其退后而变，故术数家名曰“游魂”卦。

再由晋卦九四爻退回其内卦全变，这便是乾宫第八卦火天大有䷍卦，因大有卦内卦仍变回乾卦，故卜筮家名之日“归魂”卦，其“世”爻在九三爻。其余七宫皆同此例。《火珠林》有“安世应歌”：

> 八卦之首世六当，
> 以下初爻轮上飏，
> 游魂八宫四爻立，
> 归魂八卦三爻详。

意思是凡八经卦的世爻均在上爻；自一世卦到五世卦，上爻从下到上依次直到第五爻；游魂卦的世爻倒回一爻，在第四爻；归魂卦的世爻倒回两爻，在第三爻。安好世

① 文渊阁本《四库全书·京氏易传》卷下。
② 尚秉和：《周易古筮考　周易尚氏学》，光明日报出版社，2006 年。

爻后，隔两位就是应爻。如乾卦世爻在上九爻，世爻就在九三爻，凡八纯卦世爻皆在上爻，其应爻就都在第三爻；一世卦世爻皆在初爻，其应爻则皆在第四爻；二世卦之世爻皆在第二爻，应爻皆在第五爻；三世卦世爻皆在第三爻，其应爻则皆在上爻；四世卦之世爻皆在第四爻，其应爻皆在初爻；五世卦之世，皆在第五爻，其应爻在第二爻；游魂之世皆在第四爻，其应爻皆在初爻；归魂之世，皆在第三爻，其应爻皆在上爻。

另外，应爻与世爻中间那两根爻，筮家称为"间爻"，如乾卦，其"间爻"就是九四爻和九五爻。占事时若"间爻"发动，所问之事多阻隔，若"间爻"值"官鬼"，若占病，据说此类卦不好，"官鬼"又动，更是不宜。此于后面再专门解释。

(3) 安六亲与六神(及元、用、忌、仇神等)

八卦纳甲不仅要跟干支结合，还要照应五行，五行我们前面已经讲过，八宫所属五行分别是：

八宫卦对应五行表

五　行	金	土	木	火	水
八宫卦	乾	坤	震	离	坎
	兑	艮	巽		

天干所属五行方位：

东方甲乙木，南方丙丁火，西方庚辛金，北方壬癸水，中央戊己土。

地支所属五行：

子水，丑土，寅木，卯木，辰土，巳火，午火，未土，申金，酉金，戌土，亥水。(即亥子水、寅卯木、巳午火、辰戌丑未土、申酉金)

五行相生：金生水、水生木、木生火、火生土、土生金。(比相生)

五行相克：金克木、木克土、土克水、水克火、火克金。(间相胜)

《系辞下》曰："八卦以象告，爻象以情言，刚柔杂居，而吉凶可见矣。变动以利言，吉凶以情迁。是故爱恶相攻而吉凶生，远近相取而悔吝生，情伪相感而利害生"，以及"以通神明之德，以类万物之情"。八卦具体怎么与世故人情挂钩呢？六亲解决了这个问题。所谓六亲，就是以自己为主，与周遭人伦的关系，包括生我者父母，比我、同我者兄弟，克我者官鬼，我克者妻财，我生者子孙，连同自己合称六亲。具体说来，凡卦中之爻所值地支五行生本宫所属五行者，为父母；与本宫所属五行同性者，为兄弟；克本宫所属五行者为官鬼；本宫所属五行生卦中之爻所值地支五行者为子孙；而受本宫克者为妻财。

在六亲中，地支所属五行直接应对六爻属性，故后世卜筮时常常只纳地支不纳天干。兹将每宫所属六亲录于下，以备读者查考：

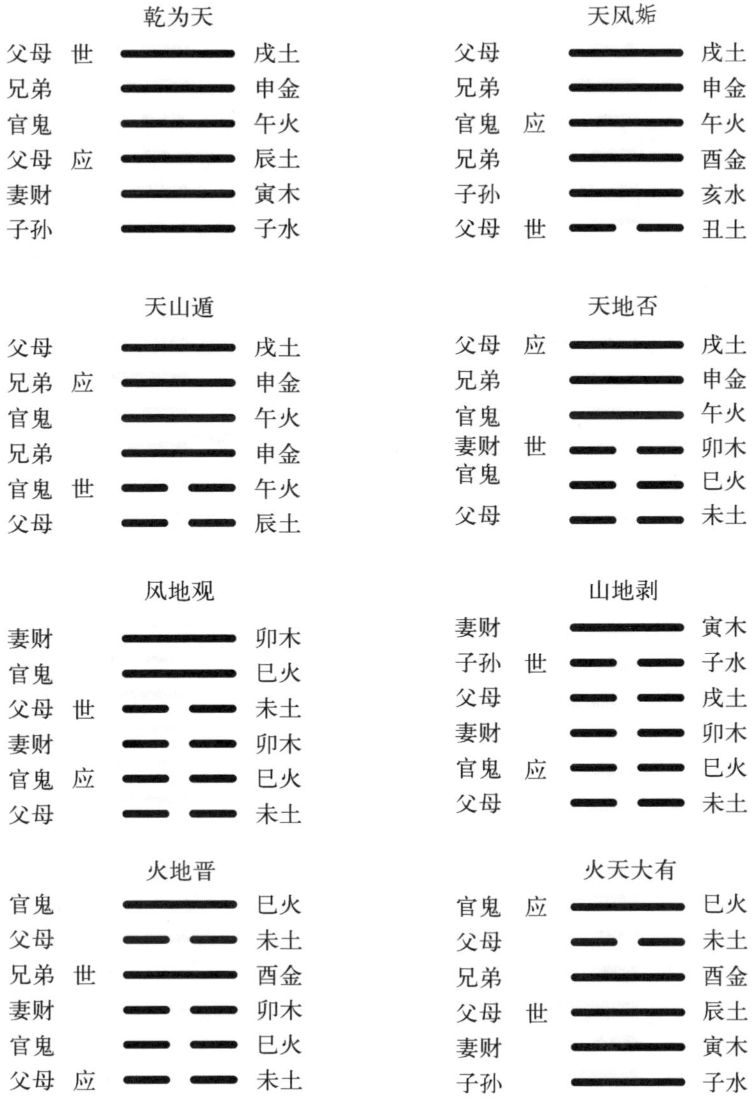
乾为天
父母 世 戌土
兄弟 申金
官鬼 午火
父母 应 辰土
妻财 寅木
子孙 子水
天风姤
父母 戌土
兄弟 申金
官鬼 应 午火
兄弟 酉金
子孙 亥水
父母 世 丑土
天山遁
父母 戌土
兄弟 应 申金
官鬼 午火
兄弟 申金
官鬼 世 午火
父母 辰土
天地否
父母 应 戌土
兄弟 申金
官鬼 午火
妻财 世 卯木
官鬼 巳火
父母 未土
风地观
妻财 卯木
官鬼 巳火
父母 世 未土
妻财 卯木
官鬼 应 巳火
父母 未土
山地剥
妻财 寅木
子孙 世 子水
父母 戌土
妻财 卯木
官鬼 应 巳火
父母 未土
火地晋
官鬼 巳火
父母 未土
兄弟 世 酉金
妻财 卯木
官鬼 巳火
父母 应 未土
火天大有
官鬼 应 巳火
父母 未土
兄弟 酉金
父母 世 辰土
妻财 寅木
子孙 子水

乾宫八卦全图

坎为水

兄弟	世	▅▅ ▅▅	子水
官鬼		▅▅▅▅▅	戌土
父母		▅▅ ▅▅	申金
妻财	应	▅▅ ▅▅	午火
官鬼		▅▅▅▅▅	辰土
子孙		▅▅ ▅▅	寅木

水泽节

兄弟		▅▅ ▅▅	子水
官鬼		▅▅▅▅▅	戌土
父母	应	▅▅ ▅▅	申金
官鬼		▅▅ ▅▅	丑土
子孙		▅▅▅▅▅	卯木
妻财	世	▅▅▅▅▅	巳火

水雷屯

兄弟		▅▅ ▅▅	子水
官鬼	应	▅▅▅▅▅	戌土
父母		▅▅ ▅▅	申金
官鬼		▅▅ ▅▅	辰土
子孙	世	▅▅ ▅▅	寅木
兄弟		▅▅▅▅▅	子水

水火既济

兄弟	应	▅▅ ▅▅	子水
官鬼		▅▅▅▅▅	戌土
父母		▅▅ ▅▅	申金
兄弟	世	▅▅▅▅▅	亥水
官鬼		▅▅ ▅▅	丑土
子孙		▅▅▅▅▅	卯木

泽火革

官鬼		▅▅ ▅▅	未土
父母		▅▅▅▅▅	酉金
兄弟	世	▅▅▅▅▅	亥水
兄弟		▅▅▅▅▅	亥水
官鬼		▅▅ ▅▅	丑土
子孙	应	▅▅▅▅▅	卯木

雷火丰

官鬼		▅▅ ▅▅	戌土
父母	世	▅▅ ▅▅	申金
妻财		▅▅▅▅▅	午火
兄弟		▅▅▅▅▅	亥水
官鬼	应	▅▅ ▅▅	丑土
子孙		▅▅▅▅▅	卯木

地火明夷

父母		▅▅ ▅▅	酉金
兄弟		▅▅ ▅▅	亥水
官鬼	世	▅▅ ▅▅	丑土
兄弟		▅▅▅▅▅	亥水
官鬼		▅▅ ▅▅	丑土
子孙	应	▅▅▅▅▅	卯木

地水师

父母	应	▅▅ ▅▅	酉金
兄弟		▅▅ ▅▅	亥水
官鬼		▅▅ ▅▅	丑土
妻财	世	▅▅ ▅▅	午火
官鬼		▅▅▅▅▅	辰土
子孙		▅▅ ▅▅	寅木

坎宫八卦全图

艮为山

官鬼 世	▅▅▅▅▅	寅木
妻财	▅▅ ▅▅	子水
兄弟	▅▅ ▅▅	戌土
子孙 应	▅▅▅▅▅	申金
父母	▅▅ ▅▅	午火
兄弟	▅▅ ▅▅	辰土

山火贲

官鬼	▅▅▅▅▅	寅木
妻财	▅▅ ▅▅	子水
兄弟 应	▅▅ ▅▅	戌土
妻财	▅▅▅▅▅	亥水
兄弟	▅▅ ▅▅	丑土
官鬼 世	▅▅▅▅▅	卯木

山天大畜

官鬼	▅▅▅▅▅	寅木
妻财 应	▅▅ ▅▅	子水
兄弟	▅▅ ▅▅	戌土
兄弟	▅▅▅▅▅	辰土
官鬼 世	▅▅▅▅▅	寅木
妻财	▅▅▅▅▅	子水

山泽损

官鬼 应	▅▅▅▅▅	寅木
妻财	▅▅ ▅▅	子水
兄弟	▅▅ ▅▅	戌土
兄弟 世	▅▅ ▅▅	丑土
官鬼	▅▅▅▅▅	卯木
父母	▅▅▅▅▅	巳火

火泽睽

父母	▅▅▅▅▅	巳火
兄弟	▅▅ ▅▅	未土
子孙 世	▅▅▅▅▅	酉金
兄弟	▅▅ ▅▅	丑土
官鬼	▅▅▅▅▅	卯木
父母 应	▅▅▅▅▅	巳火

天泽履

兄弟	▅▅▅▅▅	戌土
子孙 世	▅▅▅▅▅	申金
父母	▅▅▅▅▅	午火
兄弟	▅▅ ▅▅	丑土
官鬼 应	▅▅▅▅▅	卯木
父母	▅▅▅▅▅	巳火

风泽中孚

官鬼	▅▅▅▅▅	卯木
父母	▅▅▅▅▅	巳火
兄弟 世	▅▅ ▅▅	未土
兄弟	▅▅ ▅▅	丑土
官鬼	▅▅▅▅▅	卯木
父母 应	▅▅▅▅▅	巳火

风山渐

官鬼 应	▅▅▅▅▅	卯木
父母	▅▅▅▅▅	巳火
兄弟	▅▅ ▅▅	未土
子孙 世	▅▅▅▅▅	申金
父母	▅▅ ▅▅	午火
兄弟	▅▅ ▅▅	辰土

艮宫八卦全图

震为雷

妻财	世	⚋	戌土
官鬼		⚋	申金
子孙		⚊	午火
妻财	应	⚋	辰土
兄弟		⚋	寅木
父母		⚊	子水

雷地豫

妻财		⚋	戌土
官鬼		⚋	申金
子孙	应	⚊	午火
兄弟		⚋	卯木
子孙		⚋	巳火
妻财	世	⚋	未土

雷水解

妻财		⚋	戌土
官鬼	应	⚋	申金
子孙		⚊	午火
子孙		⚋	午火
妻财	世	⚊	辰土
兄弟		⚋	寅木

雷风恒

妻财	应	⚋	戌土
官鬼		⚋	申金
子孙		⚊	午火
官鬼	世	⚊	酉金
父母		⚊	亥水
妻财		⚋	丑土

地风升

官鬼		⚋	酉金
父母		⚋	亥水
妻财	世	⚋	丑土
官鬼		⚊	酉金
父母		⚊	亥水
妻财	应	⚋	丑土

水风井

父母		⚋	子水
妻财	世	⚊	戌土
官鬼		⚋	申金
官鬼		⚊	酉金
父母	应	⚊	亥水
妻财		⚋	丑土

泽风大过

妻财		⚋	未土
官鬼		⚊	酉金
父母	世	⚊	亥水
官鬼		⚊	酉金
父母		⚊	亥水
妻财	应	⚋	丑土

泽雷随

妻财	应	⚋	未土
官鬼		⚊	酉金
父母		⚊	亥水
妻财	世	⚋	辰土
兄弟		⚋	寅木
父母		⚊	子水

震宫八卦全图

巽为风

兄弟	世	⚊	卯木
子孙		⚊	巳火
妻财		⚋	未土
官鬼	应	⚊	酉金
父母		⚊	亥水
妻财		⚋	丑土

风天小畜

兄弟		⚊	卯木
子孙		⚊	巳火
妻财	应	⚋	未土
妻财		⚊	辰土
兄弟		⚊	寅木
父母	世	⚊	子水

风火家人

兄弟		⚊	卯木
子孙	应	⚊	巳火
妻财		⚋	未土
父母		⚊	亥水
妻财	世	⚋	丑土
兄弟		⚊	卯木

风雷益

兄弟	应	⚊	卯木
子孙		⚊	巳火
妻财		⚋	未土
妻财	世	⚋	辰土
兄弟		⚋	寅木
父母		⚊	子水

天雷无妄

妻财		⚊	戌土
官鬼		⚊	申金
子孙	世	⚊	午火
妻财		⚋	辰土
兄弟		⚋	寅木
父母	应	⚊	子水

火雷噬嗑

子孙		⚊	巳火
妻财	世	⚋	未土
官鬼		⚊	酉金
妻财		⚋	辰土
兄弟	应	⚋	寅木
父母		⚊	子水

山雷颐

兄弟		⚊	寅木
父母		⚋	子水
妻财	世	⚋	戌土
妻财		⚋	辰土
兄弟		⚋	寅木
父母	应	⚊	子水

山风蛊

兄弟	应	⚊	寅木
父母		⚋	水土
妻财		⚋	戌土
官鬼	世	⚊	酉金
父母		⚊	亥水
妻财		⚋	丑土

巽宫八卦全图

离为火

兄弟	世	———	巳火
子孙		— —	未土
妻财		———	酉金
官鬼	应	———	亥水
子孙		— —	丑土
父母		———	卯木

火山旅

兄弟		———	巳火
子孙		— —	未土
妻财	应	———	酉金
妻财		———	申金
兄弟		— —	午火
子孙	世	— —	辰土

火风鼎

兄弟		———	巳火
子孙	应	— —	未土
妻财		———	酉金
妻财		———	酉金
官鬼	世	———	亥水
子孙		— —	丑土

火水未济

兄弟	应	———	巳火
子孙		— —	未土
妻财		———	酉金
兄弟	世	— —	午火
子孙		———	辰土
父母		— —	寅木

山水蒙

父母		———	寅木
官鬼		— —	子水
子孙	世	— —	戌土
兄弟		— —	午火
子孙		———	辰土
父母	应	— —	寅木

风水涣

父母		———	卯木
兄弟	世	———	巳火
子孙		— —	未土
兄弟		— —	午火
子孙	应	———	辰土
父母		— —	寅木

天水讼

子孙		———	戌土
妻财		———	申金
兄弟	世	———	午火
兄弟		— —	午火
子孙		———	辰土
父母	应	— —	寅木

天火同人

子孙	应	———	戌土
妻财		———	申金
兄弟		———	午火
官鬼	世	———	亥水
子孙		— —	辰土
父母		———	卯木

离宫八卦全图

坤为地

子孙	世	— —	酉金
妻财		— —	亥水
兄弟		— —	丑土
官鬼	应	— —	卯木
父母		— —	巳火
兄弟		— —	未土

地雷复

子孙		— —	酉金
妻财		— —	亥水
兄弟	应	— —	丑土
兄弟		— —	辰土
官鬼		— —	寅木
妻财	世	———	子水

地泽临

子孙		— —	酉金
妻财	应	— —	亥水
兄弟		— —	丑土
兄弟		— —	丑土
官鬼	世	———	卯木
父母		———	巳火

地天泰

子孙	应	— —	酉金
妻财		— —	亥水
兄弟		— —	丑土
兄弟	世	———	辰土
官鬼		———	寅木
妻财		———	子水

雷天大壮

兄弟		— —	戌土
子孙		— —	申金
父母	世	———	午火
兄弟		———	辰土
官鬼		———	寅木
妻财	应	———	子水

泽天夬

兄弟		— —	未土
子孙	世	———	酉金
妻财		———	亥水
兄弟		———	辰土
官鬼	应	———	寅木
妻财		———	子水

水天需

妻财		— —	子水
兄弟		———	戌土
子孙	世	— —	申金
兄弟		———	辰土
官鬼		———	寅木
妻财	应	———	子水

水地比

妻财	应	— —	子水
兄弟		———	戌土
子孙		— —	申金
官鬼	世	— —	卯木
父母		— —	巳火
兄弟		— —	未土

坤宫八卦全图

兑为泽

父母	世	— —	未土
兄弟		———	酉金
子孙		———	亥水
父母	应	— —	丑土
妻财		———	卯木
官鬼		———	巳火

泽水困

父母		— —	未土
兄弟		———	酉金
子孙	应	———	亥水
官鬼		— —	午火
父母		———	辰土
妻财	世	— —	寅木

泽地萃

父母		— —	未土
兄弟	应	———	酉金
子孙		———	亥水
妻财		— —	卯木
官鬼	世	— —	巳火
父母		— —	未土

泽山咸

父母	应	— —	未土
兄弟		———	酉金
子孙		———	亥水
兄弟	世	———	申金
官鬼		— —	午火
父母		— —	辰土

水山蹇

子孙		— —	子水
父母		———	戌土
兄弟	世	— —	申金
兄弟		———	申金
官鬼		— —	午火
父母	应	— —	辰土

地山谦

兄弟		— —	酉金
子孙	世	— —	亥水
父母		— —	丑土
兄弟		———	申金
官鬼	应	— —	午火
父母		— —	辰土

雷山小过

父母		— —	戌土
兄弟		— —	申金
官鬼	世	———	午火
兄弟		———	申金
官鬼		— —	午火
父母	应	— —	辰土

雷泽归妹

父母	应	— —	戌土
兄弟		— —	申金
官鬼		———	午火
父母	世	— —	丑土
妻财		———	卯木
官鬼		———	巳火

兑宫八卦全图

了解六亲之后，具体怎么根据六亲来断占吉凶呢？就要涉及“元”“用”“忌”“仇”神等概念了，这里也作一简单介绍：所谓“用神”，就是凡能代表所要预测之事的“六亲”即为用神。至于所占问的事情怎么跟六亲一一对应，亦很简单，因六亲中每个“亲”的意涵都十分广泛。如凡对自己有领导、庇护作用者均属“父母”爻，如父母、长辈、师长等，对自己有保护作用的房屋、车船、雨具、衣物等也取父母爻为用神；凡需自己庇护、保护者为“子孙”爻，如子孙、女婿、子侄、外甥、家禽等，若问及此类事均以子孙爻为用神；凡受我制约、控制、所用者为“妻财”爻，若预测妻子、下属、经商、财运诸事均以妻财爻为用神；凡对我有拘束、控制作用者为“官鬼”爻，所以预测功名、工作、官司，以及妻子测问丈夫之事均以官鬼爻为用神；与我比和者为“兄弟”，所以占问兄弟姐妹，包括堂兄弟姐妹，表兄弟姐妹，结拜兄弟姐妹等平辈之事均以兄弟爻为用神。如占财物，“兄弟”越多，分财越少，故为劫财之神，占找职业以“兄弟”爻为阻隔之神等。

元神即在卦中能生用神之爻即为元神，元神对用神有有利的生扶作用；忌神即在卦中克害用神的爻即为忌神，忌神对用神有不利的克制作用；仇神即在卦中克元神、生忌神的爻为仇神，仇神对用神产生间接的不利作用。以水为用神为例，四者关系可以图示：

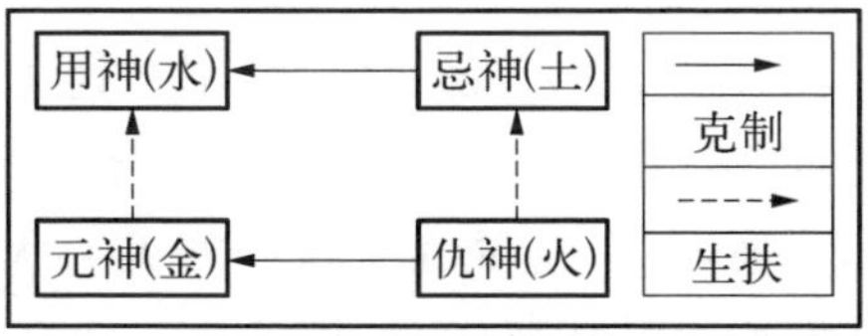

一卦演成之后，依据所占之卦先看何爻为“用神”，明确了“用神”之后，再看有无“元神”动而生扶，有无“忌神”动而克害。除六亲外，占筮时常常还会遇到六神、六属等意象，六神即指：青龙、朱雀、勾陈、螣蛇、白虎、玄武，又正应“以通神明之德”之意，依照此顺序自初爻向上爻而排入卦中。六神纳卦，主要依据占卦时日而定，其法是：甲乙日占卦，初爻起青龙依次上排六爻至玄武；丙丁日占卦，则初爻起朱雀至上爻为青龙；戊日初爻起勾陈至上爻为朱雀；如果己日则起螣蛇至勾陈；庚辛日起白虎至螣蛇；壬癸日起玄武至白虎。

装卦六神配置表

日爻	六爻	五爻	四爻	三爻	二爻	初爻
甲乙	玄武	白虎	螣蛇	勾陈	朱雀	青龙
丙丁	青龙	玄武	白虎	螣蛇	勾陈	朱雀
戊	朱雀	青龙	玄武	白虎	螣蛇	勾陈

续　表

日爻	六爻	五爻	四爻	三爻	二爻	初爻
己	勾陈	朱雀	青龙	玄武	白虎	螣蛇
庚辛	螣蛇	勾陈	朱雀	青龙	玄武	白虎
壬癸	白虎	螣蛇	勾陈	朱雀	青龙	玄武

由前人的筮书看，大致以青龙为吉，白虎为凶。占疾病，则螣蛇主死，白虎主丧。另外玄武主盗贼，朱雀主是非口舌。又青龙属木，朱雀属火，勾陈属土，螣蛇属土，白虎属金，玄武属水，但也有变化，如若用爻吉虽遇虎不凶，用爻衰则遇龙不吉，一般只以青龙主吉，白虎主凶。此外，六神空亡和六神受克其结果大体一致，即与六神所主结果正好相反。据《碎金赋・六神空亡诀》称："青龙空亡家虚喜，朱雀空亡讼得理，勾陈空亡无勾陈，螣蛇空亡怪异已，白虎空亡病可痊，玄武空亡盗贼死。"此外，纳甲筮法还有许多具体的规定。如用神与动爻、日辰月建构成"三刑"，诸事皆凶；卦中五爻发动，一爻不动谓之"独静"。反之，五爻皆静，一爻发动谓之"独发"。独静、独发之爻不论旺相休囚，均不受它爻克制而能克制、生扶它爻，唯不能克制日月反受日月控制；静爻旺相，日神冲之谓之"暗动"。暗动之爻亦作动爻看，与动爻具有同等功力。如元神"暗动"而助用神，用神得力，可作吉断。若用神休囚，又得忌神"暗动"克之应作凶断。世、应皆空，若测合作事，则合作无成。因世爻旬空说明自己心中无数，主意不定；应爻旬空说明对方心无诚意，多有反悔。诸如此类，就得靠在长期的实践中总结积累，方可长进。

(4) 生旺墓绝及相休囚死

生旺墓绝，在古往今来的筮法学上居重要地位。本是以日课的干支五行来论人类生命的孕育、生长、发展、衰亡的十二过程，俗称"十二宫"。从长生开始经沐浴、冠带、临官、帝旺、衰、病、死、墓、绝、胎、养等，用以说明世间一切事物周期轮回、新陈代谢的规律。在纳甲筮法中常与干支合论，其关系如下表：

十二运纳甲表

十二运	五阳干顺行					五阴干逆行				
	甲木	丙火	戊土	庚金	壬水	乙木	丁火	己土	辛金	癸水
长生	亥	寅	寅	巳	申	午	酉	酉	子	卯
沐浴	子	卯	卯	午	酉	巳	申	申	亥	寅
冠带	丑	辰	辰	未	戌	辰	未	未	戌	丑
临官	寅	巳	巳	申	亥	卯	午	午	酉	子

续　表

十二运	五阳干顺行					五阴干逆行				
	甲木	丙火	戊土	庚金	壬水	乙木	丁火	己土	辛金	癸水
帝旺	卯	午	午	酉	子	寅	巳	巳	申	亥
衰	辰	未	未	戌	丑	丑	辰	辰	未	戌
病	巳	申	申	亥	寅	子	卯	卯	午	酉
死	午	酉	酉	子	卯	亥	寅	寅	巳	申
墓	未	戌	戌	丑	辰	戌	丑	丑	辰	未
绝	申	亥	亥	寅	巳	酉	子	子	卯	午
胎	酉	子	子	卯	午	由	亥	亥	寅	巳
养	戌	丑	丑	辰	未	未	戌	戌	丑	辰

此表看似烦琐，实际上只要记住“长生”地支，阳干顺推，阴干逆推即可。用纳甲筮法断卦时，地支五行不论阴阳，以正五行论断，即金、木、水、火、土五种元素。又因在纳甲筮法中，土的长生、墓、绝是跟着水的运行轨迹运行，故并水土合论，十二生旺表就常以“生”“旺”“墓”“绝”统而论定，因此有了口诀：

木长生在亥，旺在卯，墓在未，绝在申；火长生在寅，旺在午，墓在戌，绝在亥；

金长生在巳，旺在酉，墓在丑，绝在寅；水、土长生在申，旺在子，墓在辰，绝在巳。

其运行方法是：首先，看用神与占日地支的对应关系。如用神之爻属木，亥日占卦，则用神“长生”在亥。卯日占卦，则用神“旺”，在卯。未日占卦，则用神入“墓”于未。申日占卦，则用神“绝”于申；其次，要看用神跟爻神的关系，如用神之爻属火，卦中动出寅木，谓之动化“长生”。动出午火，谓之化“旺”。动出戌土，谓之化“墓”。变出亥水，叫作化“绝”；最后，若卦中无用神，可作飞伏论。此外，就这四种中，以逢“墓”“绝”最凶，但如果“墓”“绝”又恰好碰到“旬空”，则可以躲过；反之，逢“生”“旺”最吉，但“生”“旺”若逢“旬空”，则是空欢喜一场，或得而复失，不可不察。

《系辞下》曰：“易穷则变，变则通。”所以前人断卦，卦虽遇“墓”“绝”，却注意其有无“生”“旺”之转机，如“用神”为木爻，申日占卦而“绝”，但若水爻动则生，此种情况被筮者称为“绝生”，犹如绝处逢生，枯木逢春，总之有起死回生之效。“绝生”之得，需要如下条件：

① “用神”虽受日月之克，但又遇动爻之生。

② “用神”虽受动爻之克，却有变爻之生，或虽受变爻之克，又遇动爻之生。

③ “伏神”或“用神”受日月之克，但又遇“飞神”或动爻之生。

④“伏神”“用神”受“飞神”或动爻之克,但又遇日月之生。

如遇以上四种情况,加之上文“墓”“绝”所遇“旬空”,不可轻言其“墓”“绝”,皆有“绝处逢生之机”。

至于“旺”“相”“休”“囚”“死”等,是指五行在四时中的五种状态。旺指四时令星,即春季木旺,夏季火旺,秋季金旺,冬季水旺。由旺所生为“相”,生“旺”者为“休”,克“旺”者为“囚”,“旺”所克者为“死”。其规律是:当令者旺,旺生者相,生旺者休,克旺者囚,旺克者死。春季木当令,故木旺,火为相,水为休,金为囚,土为死。夏季火当令,故火旺,土为相,木为休,水为囚,金为死。秋季金当令,故金旺,水为相,土为休,火为囚,木为死。冬季水当令,故水旺,木为相,金为休,土为囚,火为死。若依月论便是:春季正月、二月木旺,火为相,水为休,金为囚,土为死;夏季四、五月火旺,土为相,木为休,水为囚,金为死;秋季七、八月金旺,水为相,土为休,火为囚,木为死;冬季十、十一月水旺,木为相,金为休,土为囚,火为死;三、六、九、腊月土旺,金为相,火为休,木为囚,水为死。

四时五行状态对应表

地支	亥	子	丑	寅	卯	辰	巳	午	未	申	酉	戌
	十	十一	十二	一	二	三	四	五	六	七	八	九
五行	水		土	木		土	火		土	金		土
季节	冬			春			夏			秋		

四时 五行	春	夏	秋	冬	四季
当令	木	火	金	水	土
木	旺	休	死	相	囚
火	相	旺	囚	死	休
土	死	相	休	囚	旺
金	囚	死	旺	休	相
水	休	囚	相	旺	死

五行在一年中的旺、相、休、囚、死反映发展变化的观点，如正月占卦“用神”临土则不旺，但到三月初可转势。

(5) 月建、月破、岁君、日辰、旬空等

月建：又称“月令”“月将”。是起卦时的月干支，司一月之权。据称月建“能助卦爻之衰弱，能挫爻象之旺相，制服动变之爻，扶起‘飞’‘伏’之用，‘月将’乃当权之主帅，万卜以之为纲领”①。凡“用神”或“世爻”得月建生扶，可化解卦中伤克，逢“绝”而不绝，逢“冲”而不散，逢“旬空”而不空，用神逢月建为大吉。

月破：月建所值地支与卦中之爻所值地支相冲，则此爻为“月破”。如正月占卦，“用神”之爻正值申，此用神即逢月破。用神、元神临月破不吉，忌神、仇神临之则吉。月破之爻若与日神地支相同，为“填实”。卦爻月破逢填实，不作月破论。动爻临月破能生扶或伤克“用神”，变爻临月破能生扶或伤克动爻，动爻或旺相知爻眼前虽“破”，而出月不“破”。今月“破”，出“破”之月或逢合之日则不“破”。

岁君：又称太岁，主一年之令。以起卦时之年干支纪之。岁君地支与用神地支相冲称“岁破”，如甲子年占卦，用神逢午火，子午相冲，此谓岁破。岁君地支与用神地支相合，称“岁援”，如甲子年占卦，用神逢丑土，子丑相合，此谓岁援。若依照“岁破”“岁援”来断吉凶，还需要看日月之生克冲合及旬空等。

日辰：成卦时的日干支称为日辰。日辰是六爻之主宰，司四时之旺相。能“生”“扶”“拱”“合”衰弱之爻，亦能“克”“害”“刑”“冲”旺相之爻。故历来占筮最重日辰，月建次之，岁君一般不太重视。静爻旺相，日辰冲之为“暗动”，“暗动”之爻一般也当作动爻来看，可以生、冲、克、合，与动爻具有同等的功力；静爻休囚，日辰冲之为“日破”。

旬空：因为天干数为十，地支数十二，故天干自甲至癸排完十日，地支有两日落空，一旬十日，一连排六次，每一旬都有两日轮空，古人将此两日轮空之日，命名为“旬空”。如《星历考原》曰：“十日为旬，以十干配十二支，自甲至癸而止。余二辰天干不及，故为空亡。如甲子至癸酉不及戌、亥，故甲子旬以戌、亥为干不及，故为空亡。如甲子至癸酉不及戌、亥，故甲子旬以戌、亥为空。余仿此”②。

六十甲子旬空表

六甲(六旬)	六十花甲子										旬空地支
甲子	甲子	乙丑	丙寅	丁卯	戊辰	己巳	庚午	辛未	壬申	癸酉	戌亥

① 转引自刘大钧：《纳甲筮法讲座》，广西师范大学出版社，2006 年。
② 文渊阁本《四库全书·御定星历考原》卷五。

续 表

六甲(六旬)	六十花甲子										旬空地支
甲戌	甲戌	乙亥	丙子	丁丑	戊寅	己卯	庚辰	辛巳	壬午	癸未	申酉
甲申	甲申	乙酉	丙戌	丁亥	戊子	己丑	庚寅	辛卯	壬辰	癸巳	午未
甲午	甲午	乙未	丙申	丁酉	戊戌	己亥	庚子	辛丑	壬寅	癸卯	辰巳
甲辰	甲辰	乙巳	丙午	丁未	戊申	己酉	庚戌	辛亥	壬子	癸丑	寅卯
甲寅	甲寅	乙卯	丙辰	丁巳	戊午	己未	庚申	辛酉	壬戌	癸亥	子丑

纳甲筮法对“旬空”很重视,但需观其是否真“旬空”。主要看其与月建、日辰及动爻的关系。占卦得“月建”值“旬空”,此谓“建空”,建空不作空论。旬空之爻得“日辰”相冲,谓之“填空”,若有“旺”“相”生扶,此谓“填实”,填实不作空论。若卦中动爻值空叫“动空”,动空不作空论。卦中用神逢“旬空”不吉,忌神逢“旬空”不凶。若占卦得“月破”而值“旬空”,叫“破空”。依前面所列“生”“旺”“墓”“绝”之表,若“绝”于占卦之月,又值“旬空”,叫“绝空”。另外,还有“真空”之说。野鹤老人对旬空也有精辟论述,他说:“旺不为空,动不为空,有日建动爻生扶者不空,动而化空,伏而旺相皆不为空。月破为空,有气无动为空,伏而受克为空,真空为空。真空者,春土夏金秋是木,三冬遇火是真空。”①其口诀云:“春土夏金秋是木,三冬逢火是真空。”这就是说,春天木旺来克土,若“用神”值土爻而又逢“空”,此便是“真空”。所以“破空”“绝空”“真空”此三空皆直接与“月建”有关,但若得日辰或动爻生扶,又成“克空”,据说遇“克空”若问谋事成否或谋财成否,皆可有转机。若“三空”再逢日辰或动爻来克,此即“伤空”,遇“伤空”谋事不成,谋财难成功,此为最忌之空。故“旬空”之说,其关键在于日、月及动爻的相互生克关系,其中“日”与“月”最重要,而动爻次之。此外还要看占什么事,一般来说凡占避患之类遇“空”则吉,占谋事、求财之类遇“空”则事难成。

(6)“飞”“伏”“进”“退”“反伏吟”等

关于“飞”“伏”说蕴含丰富,是受到两汉易学盛行的“卦气”理论的启发得来,根据“卦气”理论,阳气盛壮之时,阴气已伏藏其中,阴气盛壮之时,阳气则伏藏其中。

---

① [清]李文辉编:《增删卜易》,中医古籍出版社,2012年。

《京氏易传·小畜》曰:“夏至起纯阴,阳爻位伏藏,冬至阳爻动,阴气凝地。阴阳升降,以柔为刚。”将阴阳二气相互伏潜显见的理论推演于八宫六十四卦三百八十四爻,即为飞伏说。飞指可见而现于外者,伏指不可见而隐于内者。有飞伏之卦,亦有飞伏之爻。但在纳甲筮法中却十分明确,即凡卦中无“用神”,即以日月为“用神”,若日辰、月建中亦无,则在该卦所属本官八纯卦中寻找。因本官卦六亲皆备。于是寻得“用神”之爻便是“伏神”,与“伏神”对应的原卦之爻即为“飞神”。飞神、伏神可简称为“飞、伏”。朱震曰:“伏爻何也?曰:京房所传‘飞、伏’也。乾坤、坎离、艮兑、巽震,相伏者也。见者为飞,不见者为伏。飞,方来也;伏,既往也。”①

依据《增删卜易》的介绍,以“飞”“伏”断卦,一般有下面六种情况:“伏神”得日月生;“伏神”得“旺”“相”;“伏神”得“飞神”生;“伏神”得动爻生;“伏神”得遇日月动爻冲动“飞神”;“伏神”得遇“飞神”逢“旬空”,“月破”或“休”“囚”“墓”“绝”等。

如要问财运,得天风姤卦,应以“妻财”爻为“用神”,但姤卦属乾宫一世卦,其六亲为父母、兄弟、官鬼、兄弟、子孙、父母。爻上无“妻财”,即无用神,若在寅卯日月占卦,则以日月为“用神”,若非寅卯日、月占卦,只得在本宫乾卦中寻,乾卦“妻财”在第二爻,该爻便是“伏神”或称“伏爻”。与之相对应的姤卦第二爻便是“飞神”或称“飞爻”,以飞、伏断卦,大体“伏神”作用类“用神”。伏神遇生扶作吉断,遇克害作凶推。

另外,“伏神”也有可能不能出来,与上面相对,有如下五种情况:“伏神”被日月冲克;“伏神”被“旺”“相”之“飞神”克害;“伏神”正逢“休”“囚”无气;“伏神”值“旬空”“月破”;占卦之日月“伏神”逢“墓”“绝”。以上五种,为无用之“伏神”,虽有却不能用。

“进神”“退神”,是根据动爻的变化。进即向前进意,变卦中本爻地支,所化出变爻之地支五行同性向前顺进,叫进神。如亥变子、丑变辰、寅变卯、辰变未、巳变午、未变戌、申变酉、戌变丑是也。动爻化进神,其势增加,勇往向前,吉象。退神则倒退,凡变卦中动爻本爻地支与所化出变爻、地支五行相同,向后退位叫退神。如未变辰、午变巳、酉变申、戌变未、丑变戌皆谓之退神。动爻化退神,其势衰退,势力渐小,凡事遇到不吉。遇进神则增吉,凶神遇退神,化凶为吉,凡事吉祥。

“反吟”,是据后天八卦方位、十二地支方位及十二地支相冲关系来观察卦变或爻变后所出现的一种现象,因而有卦之反吟和爻之反吟的区别。卦之反吟即卦变相冲,如乾与巽、坎与离、震与兑、坤与艮互变称为卦之反吟。此是从方位上来说的。因为在后天八卦中,乾居西北、巽居东南;坎为正北、离为正南,余可类推。而姤与小畜、既济与未济、归妹与随、谦与剥互变则是地支相冲之卦之反吟。在具体

① ［宋］朱震:《汉上易传》,九州出版社,2012年。

演算中应用较少。

爻之反吟，即爻变相冲，如子变午，午变子；丑变未，未变丑；寅变申，申变寅；卯变酉，酉变卯；辰变戌，戌变辰；巳变亥，亥变巳。反吟实际应用较多者有以下三种：① 内卦、外卦同时反吟，如乾之巽，说明遇事不顺，反反复复。② 外卦反吟，内卦不动。如观之坤。观卦四、五、上爻地支未、巳、卯与坤卦四、五、上爻地支丑、亥、酉相冲。外卦反吟指外事不顺。③ 内卦反吟，外卦不动。如坤之升，坤卦内卦地支与升卦内卦地支相冲。内卦反吟喻指内事不宁。若测彼此情势，内代表自己，外代表彼方。

伏吟，即变化出来的地支与本爻地支相同，称为伏吟卦。如辰土化辰土，寅木化寅木，申金化申金等。卦遇伏吟，属于凶象。如占病，主病人痛苦不堪。占财，主反复难求。占婚，主迟迟不成。事主不顺，用神伏吟不利。伏吟有三种：

① 内卦伏吟有：火天大有变火雷噬嗑，火雷噬嗑变火天大有；山天大畜变山雷颐，山雷颐变山天大畜；风天小畜变风雷益，风雷益变风天小畜；地天泰变地雷复，地雷复变地天泰。此为子寅辰仍变子寅辰，内卦伏吟。

② 外卦伏吟有：归妹变恒，恒变归妹；逐变小过，小过变逐；否变豫，豫变否；丰变同人，同人变丰；履变归妹，归妹变履；解变讼，讼变解。此为午申戌仍变午申戌，外卦伏吟。

③ 内外卦伏吟有：乾卦变震，震卦变乾；无妄变大壮，大壮变无妄；此为子寅辰、午申戌仍变子寅辰、午申戌，内外卦之伏吟。

凡遇伏吟时，进退两难。内卦伏吟，自心不安；外卦伏吟，他意不安。凡得伏吟，还要以“用神”旺相休囚来论，若是“用神”旺相，冲开之年月能得志；若是“用神”休囚，虽冲开亦还是有忧虑。

“游魂”“归魂”卦，“游魂”卦乃各宫之第七卦，如乾宫之晋卦，坤宫之需卦。“归魂”卦乃各宫之第八卦，如乾宫之大有卦，坤宫之比卦。历代筮家认为占遇游魂卦则心无定向，有办事不能反长之象；若遇归魂卦，则诸事拘泥不得，难以安宁之象。不管是遇“游魂”卦还是“归魂”卦，皆为不顺，不吉之象。特别问病，尤其是陈旧之病，最忌遇“游魂”卦与“归魂”卦，故有“问病怕游归”之说。但在具体占断时，往往复杂得多，必须以“用神”为主，“游魂”“归魂”为参考，同时还必须结合具体事情的占断原则而论，如“问病怕游归”，但遇子孙旺相一般则不怕，不可仅因“游魂”“归魂”，便妄下断语。

3. 常用术语

主卦——用卦法起出之卦；

变卦——主卦有动爻，阴阳互变而成之卦；

互卦——介于主卦和变卦之间的卦，代表事物发展的中间状态，通常以主卦的二爻至四爻组成下卦，三爻至五爻组成上卦而构成的卦象；

内卦——主卦中初爻至三爻即下卦为内卦；

外卦——主卦中四爻至六爻即上卦为外卦；

体卦——梅花易数中的术语，一般指无动爻的经卦为体卦；

用卦——梅花易数中的术语，一般指有动爻的经卦为用卦；

六合卦——卦体中上下卦对应各爻地支形成六合的卦；

六冲卦——卦体中上下卦对应各爻地支形成六冲的卦；

游魂卦——京房八宫中每宫的第七卦；

归魂卦——京房八宫中每宫的第八卦；

世爻——在京房八宫中，随着八纯卦阴阳变化的顺序而对应的符号，代表起卦人的爻，称世爻；

应爻——在京房八宫中，随着八纯卦阴阳变化的顺序而对应的符号，代表所测事物或状况并和世爻相对应的爻称为应爻；

六亲——父母、兄弟、妻财、子孙、官鬼和自己；

六神——青龙、朱雀、勾陈、螣蛇、白虎和玄武；

用神——取象归类为六亲中一种进行预测的符号；

原神——五行生用神的一种六亲符号；

忌神——五行克伤用神的一种六亲符号；

仇神——五行克伤原神的一种六亲符号；

伏神——一卦中某个六亲不上卦，但伏在另一六亲下的符号；

飞神——坐在伏神上的六亲符号；

卦身——是一卦中除世应和用神之外另一个重要的断卦符号，阳爻持世初爻起子，阴爻持世初爻起午，数到世爻的地支符号即为卦身。卦身为卦之灵魂，代表所测事物，有时也表示事情发生时间，不拘一格，重在心易；

生扶拱合——生我用爻者谓之生，扶我用爻者谓之扶，拱我用爻者谓之拱，合我用爻者谓合。生者即金生水类，五行相生。扶者即亥扶子、丑扶辰、寅扶卯之类。拱者即子拱亥、卯拱寅、辰拱丑类。合者为二合、三合、六合；

月建、日建——用爻之地支和月令、日令相同者；

月破、日破——用爻之地支和月令、日令相冲者；

旬空——十天干只能搭配十地支，另两个地支则为旬空。

六亲用神——六亲是纳甲筮法中最重要的部分，万物类象于六亲，用神也取自六亲，六亲是指人和人之间的六种关系：父母、兄弟、妻财、官鬼、子孙和自己，对六亲的理解和定位准确与否，将直接影响预测的成败。六亲生克口诀是：

生我者为父母,克我者为官鬼,我生者为子孙,我克者为妻财,扶我者为兄弟。其六亲卦诀是:

试论泰复夬需旅,鼎解大畜豫贲推。
十卦本来无父母,若卜父母非所宜。
更有观剥恒升井,大过六卦兄弟亏。
若占兄弟切须忌,纵无大患也灾危。
遁履中孚渐谦涣,屯睽既济革明夷。
小过咸蒙并蹇卦,十六卦中妻财亏。
无子亦有十六卦,二过否蛊并颐随。
大畜贲观中孚井,遁升归妹晋损儿。
小畜未济家人卦,更逢旅讼涣益颐。

六亲兼备诀:

五位各爻兼备者,二十之卦报君知。
八纯节丰及大有,比临无妄大壮师。
萃卦噬嗑同人困,财官父子兄皆宜。

安六亲诀:

乾兑金兄土父传,木财火鬼水子然。
坤艮土兄火为父,木鬼水财金子布。
震巽木兄水父临,金鬼火子土财行。
坎宫水兄火为财,土鬼金父木子来。
离宫火兄水为鬼,土子木父金财委。

六亲类象是六爻中最难掌握的部分,要用灵活变通的思维和悟性,才能提升取用的准确率。

一、父母爻

1. 对应人物:长辈(叔叔、大伯、爷爷、奶奶、父母等)。

教师、岳父母等相当卦主父母辈及其以上的亲属。具体运用时还泛指比自己年龄大者。在测人事有关关系时,若父母爻生合世爻,说明比自己年龄大者、尤其父母辈以上的人对自己比较关照,关系处得融洽。

2. 对应事项：学业、通讯、教育、教诲、爱护、关照、保护、承载、容忍、包涵等，凡是体现保护、培养、包容功能的事都以父母爻为对应点。

3. 人物特性：知识渊博、死板守成、变通性不强、老成有经验等。把四柱印星心性类化到爻中，两者有很多地方相通，要善于引用领悟。

4. 对应物项：城池、墙垣、房舍、车船、衣物、雨具、文章、文书、案卷、证书、证件、票据、字据、契约、合同书，法律条文、规章制度等，这些具有保护功能的对象都以父母爻为对应点。

5. 对应场所：文化事业单位、教育单位、通讯单位场所、交通局、打字印刷单位场所、设计院、学校、敬老院、慈善机构、佛道院等，一切与文化、文字、证件、信仰、慈善、保护有关的机构和场所都可用父母爻作对应点。

二、官鬼爻

1. 对应人物：长官、法官、小人、凶手、歹徒、盗贼等，能制约、限制或陷害我，使我恐惧的人都可用作对应点。女子测以官鬼爻对应丈夫、情人、男友，还代表广义上的男人。

2. 对应事项：名誉，求名气地位、官职官位、荣誉、表扬、奖励等，一切使我扬眉吐气之事都为对应点(好的一面)；另一面对应一些凶的信息：官司诉讼、牢狱之灾、口舌是非、吸毒、恐吓陷害、打击报复、诬蔑诽谤、疾病、灾祸、忧郁之事等，凡能毁我声望、使我恐惧害怕、限制约束我之类的事都可以官鬼爻作对应点。

3. 人物特性：狡猾、深藏不露、阴险歹毒、好功名、雄心壮志，有荣誉感、责任感等一些心性。其心性与四柱的官杀相通，可把四柱中十神信息之象延伸到六爻来。

4. 对应物项：奖状、毕业证书、荣誉证书、凶猛的野兽、凶器、枪支弹药、毒药、毒品等。

5. 对应场所：司法机构、政府机关、事业单位、工商管理所等单位和机构。还对应酒店、舞厅、赌场、刑场、凶事(出事)现场等。

三、兄弟爻

1. 对应人物：兄弟姐妹、朋友、同行同事等与我同辈之人。

2. 对应事项：劫财破财、分手分散、阻碍、阻隔、争斗、掠夺劫掠、抢占、帮助帮扶、资助携手、合伙合作等。

3. 人物特性：自尊心强、固执己见、唯我独尊、我行我素、喜自由、不愿受制约、求财心切、做事都是心情迫切的心态。好争夺、好斗，热心好客、好交友，与四柱比劫心性大致相同。

4. 对应物项：假肢假牙、扶手栏杆、健身运动器具等。

5. 对应场所：体育馆、竞争场所、运动场。与我经营业务相同的场所或单位(同行竞争)。

四、妻财爻

1. 对应人物：妻子、情人、女友，对应兄嫂弟媳；仆人、下属、工人、职员等，一切为我所用、受我驱使之人都可用财爻代表；还代表广义上的女人。

2. 对应事项：财务利欲、欲望享受、情感，受指使、使用等。

3. 人物特性：重视钱财利欲，能脚踏实地生活等，具有四柱正偏财所具有的特性。

4. 对应物项：金钱、金银财宝、财物财产、贵重物品、粮食食物、工具、器皿、车辆等，一切为我使用之物、我养命之源一类的东西都可用妻财爻来对应。

5. 对应场所：金融财政单位、粮油单位、劳务场所等，和金钱财物有关的单位和场所都可以财爻为对应点。

五、子孙爻

1. 对应人物：晚辈、小孩、子孙、儿女、女婿等，凡属儿女辈都可以子孙爻为对应点；另外下属、兵卒、徒弟、仆人、忠臣良将、医生、僧道等都以子孙爻为对应点。

2. 对应事项：寻欢作乐、吃喝嫖赌、唱歌跳舞、旅游运动，发表著作、演说，与领导有矛盾、顶撞领导，和气生财、生财之道、财源，展览、展示、绘画、艺术创作等。

3. 人物特性：好动、歌唱跳舞、玩乐幻想，灵活机变、图新鲜、有来钱之道，会经营享受、好说、好表达，与四柱食伤特性相似。

4. 对应物项：鼓乐器等，供开心欢乐之物；玩具、运动器材、欢乐器具、趋吉避凶器具等。

5. 对应场所：游乐场所(公园、动物园)、酒店酒吧、色情场所、剧院、电影院等。

六神发动——是指六神临动爻，对所测之事的影响。以用、原、忌三神为纲，是断卦的基本概念。青龙发动临用神，进财进禄福无穷。朱雀发动文印旺，动出生身却利公。勾陈发动忧田土，冲岁遭忌、生用方克。螣蛇发动遭鬼克，忧思绕、事难明，持世无吉，逢冲必凶。白虎发动主刑伤，官司疾病必成凶。玄武发动多暗昧，若临官鬼防匪盗。

父动当头克子孙，病人无药主昏沉。姻亲子息应难得，买卖劳心利不生。占问行人书信励，官司下状理先分。士人科举登金榜，失物逃亡要诉讼。(此诀专论父母爻当头变动之吉凶，即可据此以论断)

子孙发动伤官鬼，占病求医身便痊。行人买卖身康泰，婚姻美满是前缘。产妇当生子易养，词讼私和不到官。谒贵求名休进用，劝君守分听乎天。(子孙动于爻中，虽主诸事吉昌，求官不利，然须兼看他爻有无冲克也)

官鬼从来克兄弟，婚姻未就生凝滞。病困家中祸祟来，耕种蚕桑皆不利。出外逃亡定见灾，词讼官司遭囚系。买卖财轻赌博输，失物难寻多暗昧。(官鬼动克兄弟，诸事皆凶。爻中不有生合旺相发见矣)

财爻发动克文书，应举求名总是虚。将本经营为大吉，姻亲如意乐无虞。行人在外身将动，产妇临盆快易生。失物犹存家未出，病人伤胃又伤脾。（妻财爻动，只利经商与生产。功名无望也）

兄弟交重克妻财，病人难愈未离灾。应举夺标为忌客，宜非阴贼耗钱财。若带吉神还有助，行人道阻未归来。经营货物防亏折，买婢求妻事不谐。（兄弟爻发动，诸事凶多吉少）

六神象意——除六亲外，还有“以通神明之德”的“六神”说，所谓“六神”即指：青龙、朱雀、勾陈、螣蛇、白虎、玄武。

青龙：主吉、主喜、主婚、主孕、主色情、主赌、主财；主贵、主聪明、主新、主雅、主漂亮、主和善、主直、主酒、主龙蛇地震、主雨。

朱雀：主声音、主火、主光明，朱雀为号令呼叫、朱雀为前、朱雀为飞、朱雀为活泼。

勾陈：勾陈敦厚稳重，死板、不够圆滑，勾陈多节制、约束力强，性格安宁，不喜欢变动、不轻易表态，勾陈行事迟缓、行事拖拉，主难脱、或因难脱身、牵连、连累而陷入困境。

螣蛇：性柔、缠绵难解，螣蛇为丑陋、光滑、毒物，为狠毒，为多变、怪异，螣蛇为阴，主怪梦、失眠，虚伪、纠缠，内心猜忌、多疑，螣蛇为惊恐。

白虎：为残暴不仁，性急、强悍、果断、专制、脾气暴躁，不知礼仪、志短少谋，白虎主凶灾、危险等，白虎主金刀之伤害，主死亡、主损失、主杀，女性则多血等。

玄武：为阴暗、不公正、诈骗、遗失，为聪明、多智，玄武主情欲、主风月场所，玄武为肾，占病为失眠、性病、肾病等，玄武主下雨、水灾等，玄武为凡与水有关的人或事物。

生旺墓绝——所谓“生”“旺”“墓”“绝”是以五行附会人及一切生命体的孕育、生长、发展、衰亡过程。这个过程共有 12 段，俗称 12 宫。它们是：长生、沐浴、冠带、临官、帝旺、衰、病、死、墓、绝、胎、养。

长生：指万物萌发之际；如人之初生。

沐浴：指万物生出，承受大自然的沐浴；如婴儿降生后三日，沐浴洗去胎体污垢。

冠带：指万物生长渐荣；如人二十成年，古人男子二十岁需行冠礼，即把头发挽起来盘成发髻，再戴上冠表示成年。

临官：指万物长成；如人学业有成，有一定社会经验，可以出仕为官。

帝旺：指万物成熟；象征人之壮年，极其强盛，可辅助帝王施展才华，建功立业。

衰：指万物盛极而衰，开始发生衰变；如人由强健转入老弱衰败阶段。

病：指万物困顿；如人衰极而病。

死：指万物死灭；如人气尽身亡。

墓：也称"库""墓库"。指万物成熟收获而藏之库；如人终老死后埋入坟墓。

绝：又称"受气""绝地"。如万物在地中，未有其象；在人如母腹空，未有其物。

胎：又称"受胎""胎气"。指天地气交，氤氲造物，且物尚存地中萌芽状态；如人受父母之气结聚成胎。

养：又称"养育"。指万物处于在地中成型养育的过程中，如人已成型并胎养于母腹之中。之后又出生为"长生"，如此循环不已，形成生死存亡，永不停息的轮回过程。

旺相休囚死——指五行在四时中的五种状态。

旺：即指四时令星，春木夏火，秋金冬水，四时土；

相：由旺所生者为相，即春火夏土，秋水冬木，四季金；

休：生旺者为休，即春水夏木，秋土冬金，四季火；

囚：克旺者为囚，即春金夏水，秋火冬土，四季木；

死：旺所克者为死，即春土夏金，秋木冬火，四季水。

4. 纳甲筮法的应用

纳甲筮法一改大衍之数蓍草一卦揲扐十八次的弊端，化繁为简，但又别出心裁地将干支、五行、六亲、六神、六属、月建等纳入卦中，再加上其巧妙安排的八宫图，配以飞伏、世应、反伏吟、游归、旬空、月破、进退、元用忌仇及生旺墓绝、旺相休囚死等意象，以"变通""易化"为核心，将占筮学上升为一套严密的预测体系。

(1) 起卦

首先讲讲起卦，这种推卦法使用的道具不是蓍草、竹棍等，而是铜钱。唐代贾公彦在《周礼疏》中说："但古用木画地，今则用钱，以三少为重钱，重钱则九也。三多为交钱，交钱则六也。两多一少为单钱，单钱则七也。两少一多为拆钱，拆钱则八也。"这里的重钱、交钱、单钱、拆钱正是指三个铜钱可能出现的四种正反面排列。即有字的正面为阴面，背面为阳面：

两正一背(即少)为少阳，即单钱，七，用(—)表示，记作"、"；

两背一正(即多)为少阴，即拆钱，八，用(--)表示，记作"、、"；

三背(少)即三个背面皆朝上，为老阳，九，即重钱，用(O)表示；

三正(多)即三个有字面皆朝上，为老阴，六，即交钱，用(×)表示。

项安世在《项氏易法》亦从此说：

以京氏《易》考之，今世所传《火珠林》者，即其法也。今占家以三钱掷之，两背一面为“拆”，此即两少一多，为少阴爻也；两面一背为“单”，此即两多一少，为少阳爻也；俱面者为“交”，交者拆之，此即三多，为老阴爻也；俱背者为“重”，重者单之，此即三少，为老阳爻也。盖以钱代蓍，一钱当一揲，此自后人务为捷径，以趋卜蓍之便。

汉朝时铜钱普遍用武帝“五铢钱”，唐朝时用开元通宝较佳，清朝以后用乾隆通宝据说最为灵验。

占卦前古人还讲求心诚，用钱三文，薰于炉上，致敬而祝。词曰：“天何言哉，扣之即应，神之灵矣，感而遂通。今有某人某事，罔知休咎，罔释厥疑，惟神惟灵，望垂昭报，若可若否，尚明告之。”或还可将此一时刻具体的年月日时换算成干支告知神灵，口念：“恳请伏羲、神农、黄帝、文王、周公、孔子，吉兮告我，凶言其灾。”还有像择洁地、着室，焚香、求神后等仪轨。这些无非是要求占测者诚心诚意，意念专注，对此郑重不可当儿戏。预测的时间，以早晨为好。事毕掷钱，第一次掷出来的是初爻，再继续掷五次，分别是第二爻、第三爻、第四爻、第五爻、第六爻，六爻毕，一卦成。不管你怎么掷，总是上述四种情况，假如掷钱已毕，得卦如下(需从初爻开始从下往上看)：

掷钱得卦记录表

第六次得两背	少阴，记作“、、”	上三爻为外卦
第五次得三背	老阳，记作“O”	
第四次得三正面字	老阴，记作“×”	
第三次得三背	老阳，记作“O”	下三爻为内卦
第二次得两背	少阴，记作“、、”	
第一次得一背两正	少阳，记作“、”	

若我们画作卦，此卦上三爻为坎☵卦，下三爻为离☲，那很容易得出此卦为水火既济䷾卦，至于要变卦，也很简单，只要将老阴变成阳爻，老阳变成阴爻即可，这样原来的卦叫作“本卦”，另外变出的卦叫作“变卦”。如《易冒》曰：“老阴之为少阳曰‘变’，老阳之为少阴曰‘化’。盖变者如物消而长，退而进，夜而昼也，化者犹物成而败……”就此卦来说要变三爻，即三四五爻，第三爻和第五爻由“九”化为“八”，第四爻由“六”变为“七”，变卦为震宫震䷲卦。

需要指出的是，术数界长期有个规矩，就是“初筮告，再三渎，渎则不告”，即第一次占筮即告验，若再三占问就属于亵渎，其实这样的规定实在没有必要，只要在合理的范围，如心思恍惚、占家人病况、有急事时，只要卦象不是很明白，都可以多

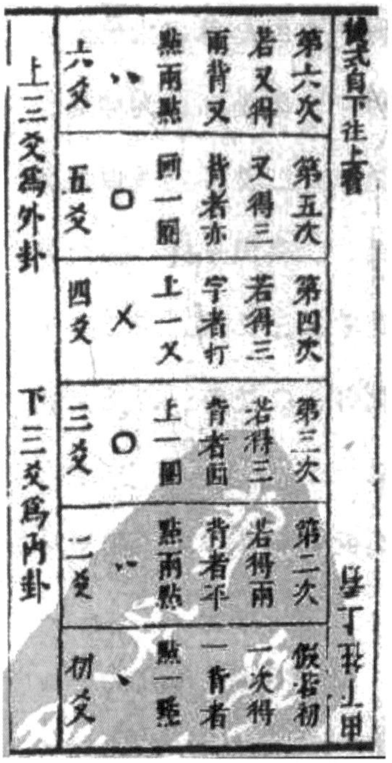

掷钱记卦爻图

占。《增删卜易》中即说:“教浅学者凡遇卦之恍惚,心若未明,多占无碍。至于占病者,一人有病,一家俱可代占,自有显然之卦,再者遇事即占,乘此心而未乱,不可多积事情于心。……倘遇急事,卦之恍惚者,一刻亦可连占三五卦”,此诚为金玉良言。又说:“予平生以来稍得其奥者,全赖多占之力也。事之缓者,迟迟再占;事之急者,歘歘再占。不拘早晚,不必焚香,深更半夜亦可占之。只要单为此事而占,不可又占他事。”这样既可消除卦象不明的弊端,又能使占卦的准确性得到保证,确实没必要再墨守陋习。

(2) 解卦

装入纳甲筮法所必需的六亲、干支等因素,借此我们即可以结合所要预测的人事的具体情况判断事物的发展趋势和终极结果。其中纷繁复杂更为难解,故前人曾曰:“非智者不得窥筮法之堂奥。”诚如斯言,兹述其要点如下:

卦身论断:

① 卦身主事情,指该事的实质。卦身入卦时,表示此事已在运作,有定向。有些事情,卦身不上卦时,表示此事只是一种意向。另外对于入卦的卦身,可以看作卦主的身体形貌,配合六神可以判断卦主的性格特征。卦身出现两处,表示事关两处。

② 卦身没上卦,伏神也无卦身,则表明所占之事无着落,谋事无头绪,所求之事往往难成或是困难多多(卦身在日月旺除外)。

③ 卦身为所测事物的主体,卦之灵魂,生合世爻与用神为吉。

④ 卦身的父母(事体的原因、由来)→卦身(占问之事的主体、事情)→卦身生合之爻(事情的实质、本质)→卦身冲克之爻(事情发展的趋势、指向)→冲克卦身者(事情会因何种因素造成不利)。

⑤ 卦身持世者,其事体由自己掌握,卦身为应爻,即由他人掌握。

⑥ 卦身临兄弟或临鬼发动,此事与人共谋。卦身临兄弟克世,必有他争。

⑦ 世或用神生卦身,其难把握,此事不由自己做主。爻化出卦身,与该爻有关,卦身伏藏,待引拔出现后再论。六爻飞伏全无卦身者,主此事根本无头绪,是空。

⑧《断易大全》占来情章又有占过去未来,以卦身的前后论事情的过去或未

来。爻在卦前言未来，爻在卦后言过去。六爻先以卦为身，然后看其爻发处。比如卦身是未，则巳午等爻表示已经过去的事，申酉戌等爻表示以后会发生的事。来人测何类事可以初爻起看卦身，在初爻为心事，二爻身世，三爻家事，四爻人事，五爻公事，六爻国事。故按爻位讲，许多事在不同爻位表不同层次之事，以卦身所临或冲之爻位论其事主。

⑨ 要想知做什么生意，看卦身变为何物，卦身空亡，表示此事不存在，或不成立，或某事尚未出现。

⑩ 卦身冲何六亲、何爻位，表测何类何人之事。

⑪ 问事能否成功，以卦身为事爻，看与世爻(或相关用神)关系如何。卦身临用神相合的爻，为所问之事主，如合子则问小孩事，若空则问小孩走失。

⑫《断易大全》以卦身所生之爻为事情，如乾卦巳为卦身，巳生土，土在乾卦是父母，则主父母爻的事，如父母、文书、婚契、房屋等。

⑬ 卦身又可表示所占之事出现的时间，比如卦中无卦身，事情不会发生，但查卦身在酉，事情将在八月发生，或酉年发生。当然推断时，要具备卦身旺相无伤的条件下可据此断。

⑭ 问事能否成功，以卦身为主事之爻，看它与世爻(或相关之用神)关系如何，卦身生合世用，我方得益，此事能成功；生合应爻，他方有利。卦身冲克世用，对我有害，此事不成功。冲克应爻，他人倒霉。

⑮ 卦身事情，卦身的父母是事出原因，世爻是当事人。如某人问出行事，世爻就是出行当事人，卦身表示这件事体，卦身的父母则表示要出行做何事？出差、旅游、经商等。

⑯ 卦身是一个多功能用神，是卦的灵魂，是六亲以外的第七亲。

⑰ 卦身是万能百搭的，当你在卦中无法确定以何为用神之时，看卦身；当你占来意而卦象信息显现不明显时，看卦身；当你用生克制化无法锁定应期时，看卦身在何年何月何日出现即可从容应对。

⑱ 卦身与世身一样，要随着用神的变化而活取。如兄持世，而来人问子孙或是父母财官事，再接世爻兄弟取出的卦身，与用神父子财官究竟有何干？

⑲ 卦身为卦之灵魂，为事业，卦身逢合，有得见得成之象。卦身空破主犹豫进退两难。卦身逢冲，则千虑必有一失。

⑳ 卦身若遇逢空破发动，暗冲、主三心二意，一卦有两卦身，有二心，有两个念头，事必归两处，他爻化出之身，与该爻有联系。卦身临兄弟克世，必有他人相争。世爻或用神生卦身，此事体难把握，不由自己做主。卦身兄弟旬空，不说也知道是占兄弟失踪的事。女占、卦身为官爻，在二爻，表家中“官人”，说明乃为婚姻之事而来。

㉑ 当主卦无卦身时，我们还要查变卦的卦身是否上卦？它可以表示所求之事的先无后有，先恶后善，先凶后吉或是先财后成等。

(3) 断卦七法

① 旺衰墓绝法

六爻断卦中，各爻的五行在日上论长生、墓、绝。在月令上论旺相休囚死，其余十二长生不论，代之以冲、合、进、退、生、克等在六爻中，火长生在寅(寅午戌三合火局)，金长生在巳(巳酉丑三合金局)，木长生在亥(亥卯未三合木局)，水长生在申(申子辰三合水局)，土长生在申，同水的十二长生轨迹一致。“用神”生旺墓绝有三种看法：

第一种　长生墓绝于日辰

第二种　长生墓绝于飞神

第三种　长生墓绝于动变爻

例：

申月戊寅日(申酉空)，求测什么时候能报销拿到钱，得主卦为离卦，变卦为丰卦。兄弟爻劫财为不利之象，但兄弟爻动化墓，无力劫财。次日己卯日冲起财爻酉金，断明日可成。

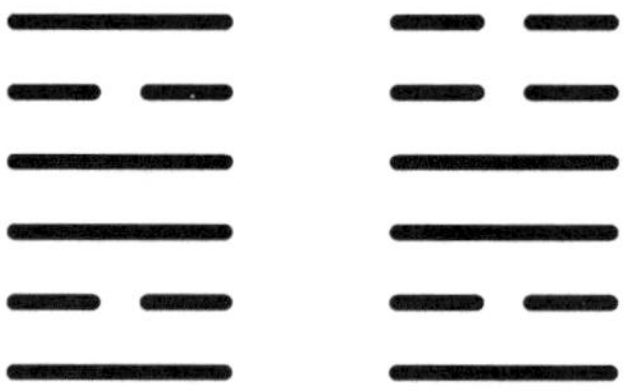

离为火　　雷火丰

兄弟巳火 世　子孙戌土
子孙未土
妻财酉金
官鬼亥水 应
子孙丑土
父母卯木

② 飞神伏神论

伏神，卦中某六亲不上卦，在本宫中查出此六亲藏于何爻之下，此六亲称为伏神，和伏神同位之爻称为飞神。伏神分有用伏神和无用伏神两种。

有用伏神：

▼　得日月生扶

▼　得飞神或者动爻相生

▼　日月动爻冲克飞神

▼　飞神空破休囚墓绝于日

无用伏神

▼　伏神休囚无力，日月相克

▼　飞神旺相，日月生助飞神克害伏神

▼　伏神墓绝于日月及飞爻

▼　伏神休囚兼旬空月破

例：

伏神无用：

辰月庚申日（子丑空）测所借款项能否追回，得既济（坎宫），午火财爻为用，伏在亥水下，申金日生亥水，午火处绝地，故不能要回。

水火既济（坎宫）

腾蛇	兄弟子水 应
勾陈	官鬼戌土
朱雀	父母申金
青龙 妻财午火	兄弟亥水 世
玄武	官鬼丑土
白虎	子孙卯木

伏神有用：

卯月壬辰日，该日午未空亡，求测签证何时拿到，得贲卦（艮宫）用神为父母午火，伏于二爻丑土之下，午火空亡，得月令相生，为有用之伏神，断甲午日出旬空可拿到签证。

山火贲卦

白虎		官鬼寅木
腾蛇		妻财子水
勾陈		兄弟戌土 应
朱雀	子孙申金	妻财亥水
青龙	父母午火	兄弟丑土
玄武		官鬼卯木 世

③ 合中技法

合有三合和六合之分，卦中三合的条件，只有三合中至少二爻俱动才能有用，或者一爻动，另一爻为日月所属，也可成三合局。六合中存在合中有克的情况，如子丑相合，丑土克子水；卯戌相合，卯木克戌土，合三克七，但若得日月或动爻相生则做合论。只有巳申相合不做克论而做合化长生论，除非出现日月寅，则作三刑论。合中逢冲有三种情况：

第一种　六合变六冲

第二种　六合中用神爻被日月相冲

第三种　六合中用神爻动化回头冲

冲中逢合也有三种情况：

第一种　六冲变六合

第二种　六冲之用神爻被日月合

第三种　六冲中用神动化回头合

例：

午月丙辰日（子丑空），求测外出做生意可否。得主卦雷风恒卦，变卦为雷地豫卦。世爻酉金化卯木相冲，反吟卦，卯木有冲无克，酉金得日辰相合，这叫冲中有合，变卦为六合卦求财利，又日辰冲动财爻戌土来生世爻酉金，为吉，内卦反吟为反复得财之象。

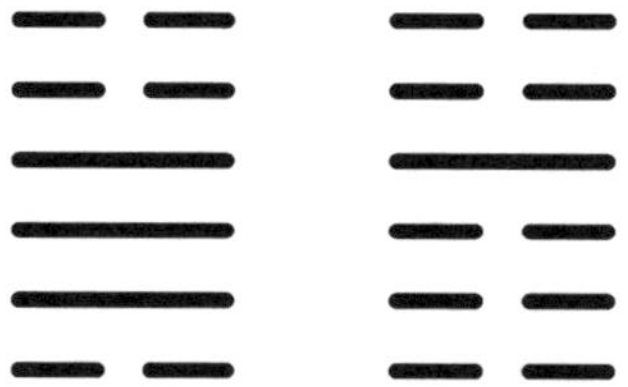

雷风恒卦　　雷地豫卦

妻财戌土 应
官鬼申金
子孙午火
官鬼酉金 世　　兄弟卯木
父母亥水　　子孙巳火
妻财丑土

④ 进神退神论

主卦中动爻化出变爻，如亥化子、丑化辰、寅化卯、辰化未、巳化午、未化戌、申化酉、戌化丑，称为化进神。用神化进神时，所测事物吉凶也倍增，反之称为化退神，用神动化退神时，所测事物吉凶也随之减退。

进神有三种情况：

▼　动爻旺相乘势而进

▼　动爻休囚待旺相而进

▼　动爻变爻有一爻逢空破冲合时，等到填补合冲而进

退神有三种情况：

▼　旺相或有日月动爻生扶，占近事不会退

▼　休囚者即时而退

▼　动爻变爻有一爻逢空破冲合时，等到填补合冲而退

例：

酉月庚戌日（寅卯空），求测何年得子，得主卦水雷屯，之卦为水泽节。用神子孙寅木动化卯木，化进神，卯木月破，日合，为休囚值时而用，现子孙寅卯空亡，值年则得子。

水雷屯（坎宫）　　水泽节

兄弟子水
官鬼戌土 应
父母申金
官鬼辰土
子孙寅木 世　子孙卯木
兄弟子水

⑤ 绝处逢生论

卦中用神之五行处于绝地，但若得相生之爻动则称绝处逢生。如木绝于申，但卦中有水爻动则为绝处逢生，其余以此类推，唯有巳日预测，土爻绝于巳，如得月建生扶帮比不做绝论，称为日生；如土爻动化巳火绝地，若得日月帮比不作绝论，而称回头生。若日月制土则作绝论。克处逢生，用神被日辰克制，如卦中有生用神爻动，称为克处逢生。

例：

午月壬申日（戌亥空），求测弟弟何日回家，得主卦风雷益卦，变卦风地观。用神取兄弟爻，二兄弟取应爻为用神，用神兄弟爻卯木绝于申日，本应不归之象，好在卦中子水爻在动，能生扶用神卯木，子水又长生于日辰，申子辰又合水局，水旺，故应该在子日回家。

风雷益（巽宫）　　风地观

兄弟卯木 应
子孙巳火
妻财未土
妻财辰土 世
兄弟寅木
父母子水　　妻财未土

⑥ 旬空论

旬空者，分有用和无用两种。用神遇旬空，若休囚发动，日辰生扶，动爻生扶，动爻变空，伏而旺相称为有用。待其出旬值日，冲空，填实之日。用神旬空，如休囚

安静,或日辰相克,或动爻克,伏而被克,静逢月破,为无用,称为真空。

例:

巳月戊戌日(辰巳空),求测今天朋友是否会来还钱,得风雷益卦。用神财爻持世,但是空亡今天正好是戌日,冲起空亡辰土财爻。冲空则起,断今天必来还钱。戌日也是财星冲我之日,这种空亡爻为有用。

风雷益(巽宫)

兄弟卯木 应
子孙巳火
妻财未土
妻财辰土 世
兄弟寅木
父母子水

例:

亥月甲子日(戌亥空),求测家里保姆哪天能够回来,得泽火革卦。用神取财爻,现财爻午火伏于亥水爻之下,飞神亥水空亡,旬空待冲,旬内必到,断己巳日可回来。巳火即是财星又能冲起飞神露出伏神。

泽火革(坎宫)

官鬼未土
父母酉金
兄弟亥水 世
妻财午火　兄弟亥水
官鬼丑土
子孙卯木 应

例:

午月癸丑日(寅卯空),求测妻子的病什么时候会好,得主卦为泽地萃,变卦为水地比。用神取妻财卯木,值旬空,亥水原神相生,出空即能痊愈,就是第二天,因为第二天为甲寅日已经出空,而寅木也是妻财。

泽地萃卦

水地比卦

父母未土
兄弟酉金 应
子孙亥水　兄弟申金
妻财卯木
官鬼巳火 世
父母未土

⑦ 反吟、伏吟论

反吟有两种情形:第一种是卦之反吟,卦变相冲为卦之反吟,如乾变巽,巽变乾，坎变离，离变坎等；第二种是爻之反吟，就是爻变相冲者，如，子变午，午变子，丑变未，未变丑等，变出相冲之爻。一般情况下，凡事反吟卦，用神不变冲克者，虽主反复，也算事情成功。最忌用神化冲克，凡谋大凶。

伏吟卦有三种情形：

第一种　内外卦一起伏吟，如乾卦变震卦，震卦变乾卦，无妄变大壮，大壮变无妄；

第二种　外卦伏吟，如姤变恒，恒变姤，遁变小过，小过变遁，否变豫，豫变否，丰变同人，同人变丰等；

第三种　内卦伏吟，如大有变噬磕，噬磕变大有，屯变需，需变屯，大畜变颐，颐变大畜等。

例：

未月丁巳日（子丑空），求测嫂子旧病复发吉凶如何。得主卦山地剥，变卦坤。用神妻财寅木，动化回头克，此为反吟卦，说明病愈而复发。反吟化回头冲克大凶。日辰刑之，到申日三刑俱全，病危。

妻财寅木　　兄弟酉金
子孙子水 世
父母戌土
妻财卯木
官鬼巳火 应
父母未土

山地剥（乾宫）　坤卦

例：

巳月戊申日（寅卯空），求测往外地放贷得利情况，得主卦风天小畜，变卦为乾。

此卦是外卦反吟，世爻为求测人，用神妻财未土，均长生于日辰，且妻财未土动化回头生合，应爻主外地，又是反吟卦，主可反复得利。

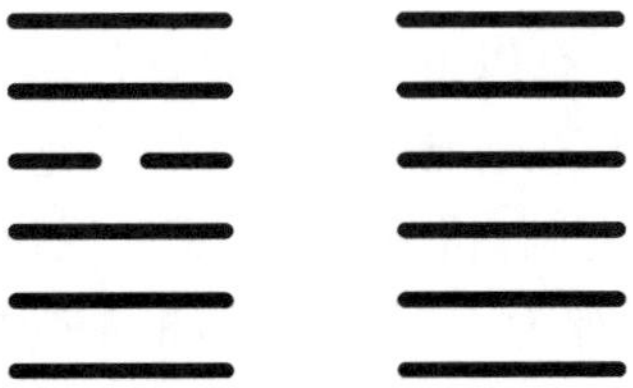

兄弟卯木
子孙巳火
妻财未土 应　　子孙午火
妻财辰土
兄弟寅木
父母子水 世

风天小畜（巽宫）　乾卦

（4）问卦所属

① “用神”研判

我们已经知道“用神”是代表所要预测事物的“六亲”。如：要问父母、长辈之事,“父母”爻便是用神;问仕途、功名、丈夫者,“官鬼”爻为用神;问兄弟姐妹、朋友、平辈之事,“兄弟”爻为用神;问妻子、女友、兄嫂弟媳、钱财等,“妻财”爻为用神;问儿女、侄儿侄女、徒弟、门生等晚辈之事,“子孙”爻为用神。

用神确定之后,便根据月建分析其本身的特质,即旺相休囚死之属。如正月、二月占卦,用神为木则旺盛,为火则次旺(相),为水则休,为金则囚,为土则死。所以正月占卦,“用神”临水虽不旺,但到十月、十一月则旺。再看用神是不是动爻,若是动爻还要看化出之爻与本卦变爻的生克关系,如观之剥五爻巳火化子水,便是回头克。用神遇回头克不利,回头生有利。此外还有卦之回头生克。如乾之离为回头克,震之坎为回头生。

三看卦中有无“三合局”,若有用神与其他动爻形成三合局或三合局生用神为吉,三合局克用神则不利。最后看用神是否“旬空”,若用神逢旬空则凶或无用,测好事、正事不能遇旬空,遇旬空事难成。占避难、脱险遇旬空则正好化险为夷,反而视空为吉。用神若为动爻,遇旬空不作空论。

若卦中无用神,则以“飞伏”论。如占财运得泽火《革》卦,卦中六亲为官鬼、父母、兄弟、兄弟、官鬼、子孙。作为用神的妻财不上卦,这时可以伏爻为用神。当然,若日月中有“用神”或有动爻化出用神,则不必取“伏神”。

若卦中“用神两现”,如占兄弟事得天风姤,卦中会出现两个“兄弟”爻。遇此情况,“一般来讲,去其闲爻而用持世之爻,去其无权之爻而用日月之爻,去其安静之爻而用动爻,去其不破之爻而用月破之爻,去其不空之爻而用旬空之爻①”。

② “元神”影响

我们知道,一卦中生“用神”的爻谓之“元神”。元神可生扶用神,但元神生扶用神需自身旺相有力,具体说有以下五种情况:元神临长生、帝旺;元神与日辰、月建同支或日月、动爻生扶元神;元神动化回头生或化进神;元神与忌神同动,化忌神生元神;元神虽旬空,但为动爻又化空为旺;在此五种情况下说明元神有力,可生扶用神。

但元神休囚无力则无助于用神,具体说也有以下七种:元神休囚不动;元神动而休囚或化绝、化克、化破、化退神;元神临旬空、月破;元神衰弱又绝于日辰;元神入墓于日辰、入墓于变爻;元神受日辰、月建克制;仇神旺相,元神受仇神克制。元神在此七种情况下无助于用神。专家认为元神为用神的根基,根基受损乃至动摇,用神旺相也不能视为吉。

一卦中克用神的爻谓之“忌神”。忌神对用神的克制作用也视忌神的力度而定,在以下六种情况下,忌神可克制用神:忌神临长生、帝旺;忌神与日辰、月建同

① 刘大钧:《纳甲筮法讲座》,广西师范大学出版社,2006年。

支或得日辰、月建、动爻生扶；忌神旺相临日辰、月建；忌神旬空，但为动爻，化空为旺；忌神动化回头生或动化进神；忌神与仇神同动。

忌神休囚无力，不能克制用神。具体有以下六种情况：忌神休囚不动；忌神临旬空、月破；忌神衰，且动化退神；忌神被日辰、月建、动爻克制；忌神动而休囚，或化克、化墓、化绝；忌神与元神同动，化忌神生元神。

“仇神”是克制元神，生扶忌神的。它对用神的作用是间接的，仇神旺相，削弱元神，增强忌神的力度，对用神不利。仇神休囚无力或受克，无助于元神或忌神，对用神也就不会构成威胁。

5. 作用及影响

纳甲筮法的特点，把卦爻配以日月，把周易与阴阳消长紧密地结合起来，并强调天、地、人三才一体之论。人在宇宙间，日月运行与人事有密切的关系。“阴阳运转有无之象，配乎人事八卦，仰观俯察在乎，人有隐显灾祥”（《京氏易传》）。阴阳消长、天体运行是宇宙自然的客观规律，是不能改变的，顺其者和谐，逆其者悖乱。人类在宇宙中，在地球上，祖祖辈辈繁衍相传，早已打上深深的宇宙烙印，其“相应信息”早已息息贯通。天象的异常，即预示将有自然灾害，人们如发现太阳上的小小“黑子”或“耀斑”，地球上必将出现大旱大涝等气候的异常，这仅仅是人的感官可捕捉到的信息。唐山大地震前夕，家畜、动物已经感应到灾难的来临，表现出惶恐不安，尽管万物之灵的人无此“灵感”，仍说明有感应信息的存在。据国外统计，太阳的周期活动与人的发病率、交通事故以及犯罪率有很密切的关系。太阳“黑子”活动与死亡率有关系。天人相应之论并非异端邪说，古人总结的经验值得我们重视。1989年郭增建的“灾害物理学”论述了用周易象数理论对灾异的研究、预测，对将来的预测、防灾患将起重大的作用。另外，《周易》预测对于现代非线性物理学的研究，亦有很大的参考价值。象数与非线性物理学的结合，对于灾害预测也有促进作用。这些例子表明以纳甲筮法为代表的《周易》象数理论已应用到现代科学领域中。可以预见，对于下一世纪带头学科之一的生命科学来说，利用《周易》之精华，将可打开生命科学殿堂的大门。

《周易》流传至今，已有数千年，上古之人所创之《易》，经先贤们的总结、提高，谋求天人信息感应的沟通，欲求知晓未来之灾祥，以趋吉避凶而求得生存繁衍，创易之因皆在于此。时至西汉，京房氏承上“三才之道”“天人合一”之说，把阴阳五行、日月星辰纳入卦中，用数学积算之方法推断灾祥，实际上正与当今实证科学不谋而合。事实上，伏羲仰观俯察也并非空穴来风，我国古人历来就有此种传统去把握宇宙规律，如《左传・文公十四年》：“秋七月，有星孛入于北斗。”这是现存人类最早的关于哈雷彗星回归地球的记载，从古至今史书上共记载了三十多次，从对这些天象地理的把握,经过上千年的占验,逐渐形成了一套实证主义体系,这是古人智慧的结晶。《增删卜易》中野鹤老人自序道:“予存四十年之占验,无一卦而不关心,如占得有疑之卦,虽数年亦存意探之。”李文辉描述自己的占卜经历道:“因遍觅卜筮诸书,静观两月,即代人以卜吉凶。有明显而易显者,有隐微而难测者。每占一卦,默存其稿,至期探之,验与不验,悉以笔记”,又有“余屡于疾病之占卦,卦卦留神……存留验,不验又试;试之不验,而再试之;一而十,十而百,全不验者,始尽删之”,圣哲严谨之学风,溢于笔端。这种对象数易学孜孜以求、锲而不舍且近乎苛刻的严厉,与实证主义科学如出一辙。纳甲之法,奥妙万端,故沈括于《梦溪笔谈》里感慨道:纳甲筮法“可以推见天地生育之道”,“合自然者也”。我们相信,随着人类科技的发达与智慧水平的提高,《周易》预测学将走向更加辉煌的明天。

四、《周易》筮法比较

1. 三种筮法之间的比较

作为最正统的三种筮法,“大衍筮法”以正宗胜,而失之于烦琐而无章法;“纳甲筮法”以逻辑严密、内涵丰富、准确率高取胜,而失之于古奥;“梅花易数”以简单易学、循情度理取胜,而失之于牵强。经过介绍之后,很多人对三者之间的关系还是有所疑惑,因此将三者系统地作一比较梳理和总结似乎很有必要,故在这里作一简要说明。

(1) 筮法预备之比较

《周易》的八卦符号,揭示了事物的本源性结构,以阴阳囊括万物性质,以三爻化成万物的基础形态。八卦的64种组合映射的是万千事物的现象,每个卦都会有64种变化,共有4 096种卦变,在不同的时空、不同的取象对应的事物变化的结果也是不同的,《说卦传》曰:“昔者,圣人之作易也,幽赞神明而生蓍。参天两地而倚数,观变于阴阳而立卦,发挥于刚柔而生爻,和顺于道德而理于义,穷理尽性,以至于命。”这也是为什么易经能预测的原因。

《系辞上》:“易与天地准,故能弥纶天地之道。……范围天地之化而不过,曲成万物而不遗……于是始作八卦,以通神明之德,以类万物之情。”《周易》中的“神”就是自然之道,《周易》预测需要人神沟通,也就是和自然融合才能捕获对应信息。因此三种预测方法在开始卜测前,均须做到三个字:“信、敬、诚”:

信——相信自然之道,相信周易之理。

敬——敬畏神明之德,敬畏自然之力。

诚——沉淀虚浮心情,洁净心灵身体。

具体准备操作阶段,又有所不同:

① 蓍草起卦

整个起卦过程需要专注静心，一般起卦需要半个小时左右，对人的状态要求比较高，所以需要沐浴，焚香并提前一天斋戒。具体的占筮仪式如朱熹《周易正义·筮仪》中记载：

> 设木格于椟南……置香炉一于格南。
> 香盒一于炉南，日炷香，致敬。
> 将筮，则洒扫拂拭。
> 涤砚一，注水，及笔一、墨一、黄漆板一，于炉东。
> 东上，筮者斋洁衣冠北面，盥手焚香致敬。

② 梅花易数起卦

由于梅花易数是根据象数原理起卦，而象数无处不在，所以起卦不受时间和环境的限制，比较自由，可在任何情况下根据捕捉的信息起卦，而不必沐浴或者净手，因此有“无故不占，无时不占”之说，但“信、敬、诚”三者还是要遵守的。

③ 纳甲筮法起卦

起卦步骤：

第一步　净手、洗心、冥思；

第二步　摇钱、掷地、观象；

第三步　画卦、列序、布神；

断卦步骤：

第一步　取用神、找空亡、看旺衰；

第二步　析用爻、看生克、论进退、理冲合；

第三步　论作用、定吉凶、寻应期。

此外《周易·蒙》曰：“初筮告，再三渎，渎则不告。”故历代筮家就认为应秉承一事一占的原则，若再三占同一件事，就属于亵渎神明。唯野鹤老人发凿破鸿蒙之论，认为这句话不应这样理解，岂不闻“三人占听二人之言”？一事即可以三处占问，何妨多占几次呢？而且认定“心若未明，多占无碍”，“一人得病，一家俱可代占”，“倘遇急事，卦之恍惚者，一刻亦可连占三五卦”。这些前面也已论述，且对于三个筮法来说都十分适用。

（2）筮法内涵比较

① 蓍草法：卦象取自大衍之数五十，四营十八变而成卦，为天地自然根本之理，故用卦辞和爻辞论吉凶，兼用纳甲方法。

特点：起卦烦琐，成卦时间较长，需要特定的环境和工具，须精通易理方能断卦。蓍草起卦整个过程需要专注静心,一般起卦需要半个小时左右,对人的状态保持要求比较高,所以需要沐浴、焚香并提前一天斋戒。

② 纳甲筮法:把阴阳五行,干支亲神纳到卦中,用数学积算之方法推断灾祥,以六十甲子五行生克制化论吉凶。

特点:系统完善,起卦精确,断卦模型具有逻辑性,是最主流的预测方法之一。

③ 梅花易数:以象和数(自然之象和成物之数)得卦,非以爻得卦,故仅以体用或动爻之爻辞解卦。

特点:简单、易学,不受当时条件限制,不受场地环境和时间的制约。最主要的特征就是主动式——不需要对方配合即能知晓对方可能发生的状况。但最难的也是梅花易数,易学难精,需要心易去解卦,卦理十分难掌握。

需要说明的是,有的所谓周易大师认为,周易六爻预测必须在白天进行,特别是在子时不能占卜,这是不明易理,不懂方法之人说的话。易无处不在,无时不在,只要常怀敬畏之心,便可随时起卦。不管是白天还是黑夜,无论刮风还是下雨。

2.《周易》预测术与西方实证主义科学预测的比较

《周易》除了具有超越性的自然观思想以外,还具有预前测后的功能,鉴于其本来就是一本关于占卜的书,舍弃占卜实践想理解与掌握它是不可能的,学习《周易》这两个部分缺一不可。大致讲来现在有两种预测方法,一种是基于现代统计学为基础的预测。许多相关部门会出台各种预测数据,比如GDP预测、CPI预测、股市指数的预测以及行业前景的预测等。现代实证科学通过复杂的数学运算和大量数据支持会对各项经济指标做出阶段性的预测,这点大家都能接受,虽然这些预测往往和现实结果不一致;归根结底,建立在西方统计学基础上的预测模型是一个从个体到整体的预测过程。另一种就是《周易》预测。《周易》预测系统是将万物的基本形态和运行规律作为研究对象,通过对其性质(五行)的认定,结合它和自然之间的相互作用产生的结果作出相应的预测结论,是一种从整体到个体的预测过程。周易文化是“观乎天文,以察时变;观乎人文,以化成天下”(《周易·贲卦·彖辞》),是对天道、地道、人道合一规律的社会实践应用。因为从整体上把握事物的本质与规律,可以更为有效地避免片面与独断,陷入“一叶障目,不见泰山”的误区。

就两者之间的差异联系进行比较研究,国内外已作出的成就亦十分显著。早在民国时期就有四川学者刘子华在法国攻读天文学博士时撰写的《用周易八卦远离预测太阳系十大行星——木王星》震惊世界。李政道提出“真空是一种特殊的物理介质”亦受《周易》影响颇深。18世纪莱布尼茨在研究二进制数学时,见到伏羲易结构图像,惊叹中华文化之妙,并发表了论文《论单纯使用0与1的二进制算术——兼论二进制用途及伏羲所使用的古代中国符号的意义》,为计算机的发明打下了基础。更有易学与拓扑学、人工智能、“四数群子”、精神现象学等的联系，亦有学者得出颇具见解之论点。

《系辞》有言，易可以断“天下之疑”，而它所赖以准确推断的依据是建立在对“周期性”宇宙现象系统进行长期而有规律的总结把握上的。《易经》之象数之理，正是对宇宙全息理论的描述。在一个统一整体中，各子系统与系统存在着一一对应的关系，存在着宇宙信息感应。佛家讲“一花一世界”，占筮正是基于这种全息关联以标显出世间万象。据科学研究表明宇宙整体具有诸种周期，实际上从生物繁殖、疾病流行到天体运行，从市场价格到人的感情变化，都是一种周期现象。《周易》虽未明确提出“全息周期学”这一术语，但《周易》卦的形成和卦的模式，却是全息周期律的丰富资料来源，六爻结构的六十四卦，囊括了宇宙的全部道理和变化。《系辞上》曰：“极天下之赜者存乎卦，鼓天下之动者存乎辞。”意为六十四卦存储了宇宙和人事的全部信息，成为一个无所不包的信息库。

《周易》体系的预测是一种全息论中的潜在信息系统，“潜”是指尚未表现出来的信息，只是以浓缩的形式，隐蔽地存在着。每个事物的显信息是有限的、特定的，而它背后却都包含着无穷无尽的潜信息，这也就是康德所说的“先验知觉”，或者弗洛伊德所讲的潜意识，生物学遗传信息就是这样一种潜信息。我们可以通过对现象世界的把握发现这种潜信息，再将这种潜信息运用于现实世界，这样的过程固然艰难，是连通“天道”与“人道”，常道与可道的一次飞跃，《周易》用符号学系统实现了它，完成了一次由“隐”到“显”的蜕变。

与此不同的是，西方科学预测不仅要克服显信息所带来的天然的诠释学上的局限和外延空间的不足，而且事实上其本身也很难解决一些非理性的判断。现代西方科学预测是以牛顿-爱因斯坦科学分解观及仪器测量为根据的。当前，自然科学中的一般非线性问题尚难用微积分之类的复杂数学加以解决。至于用微积分解决难度更大的预测学问题，如地震预测和灾害预测，就更难了。其主要原因除了地震预报之类的现代非线性问题难度比较大外，很大程度是西方预测方法缺乏整体观，而现代混沌理论和分维理论的观念以及所用的微积分数学又不适应预测学实践。由于现代预测学在方法论上并无多大突破，故中外学者都开始采用从整体观出发而创建的所谓生物算法。其关键问题有三个：第一，现代非线性问题的解决必须依赖于电脑，这就需要改进算法程序，使模式和程序的关系能合乎算经所讲的“寓理于术”的原则；第二，中国以河图、洛书为基础的易学系统早已蕴含并超越了现代计算机算法程序，成为新一代技术值得借鉴的形式之一；第三，中国的易数、古算经以及传统术数的程序算法系统很可能与古代算学《术数纪遗》，以及“两仪算”“三才算”“九宫算”“龟算”等有继承关系，虽然这些书现已亡佚，但这一问题可以深入下去，这正是西方预测方法所短，而我国术数学所长。

需要指出的是：基于易经六十四卦始于乾坤而终于既济、未济这一卦序中所蕴含的非封闭式系统的思想，现代电子计算机程序理论已经应用并有了显著的表现。有人将《周易》象数预测称之为"递归论"，即有一自相似核经过展开，反复循环计算求出输出的理论，然而由于西方科学思维的局限性，未能在人工智能和系统中把易经的思想提高到从整体上主宰一切复杂计算的至高地位，而只是作为一种辅助手段来应用。但是这样的理论已经在科学预测学上开始得到一部分学者的重视并进行系统研究，如日本学者高安秀树《分数维》中所说的，术数合乎分形理论的初步推断。这些都支持了术数的核心理论与现代混沌理论的数学工具分形有着高度的一致。我们可以断言，21 世纪西方科学预测学要突破其瓶颈达到一个质的突破，必须将《周易》预测学放到统领全局的高度并得到全面贯彻，而这也正标志着将来的预测学又将会是《周易》主宰的舞台。

附　　录

附录一

中国易学源流简表[①]

《周易》是我国历史最悠久，最具有东方智慧的典籍之一。这部书，讲的是象、数、理、占，揭示宇宙间事物发展、变化的自然规律，对立与统一的法则，并在这一世界观的基础上，运用八卦模拟表达自然界、社会和人本身的各种信息。

《周易》对中国传统文化的影响非常大，它不但影响中国的文字，还影响了中国传统哲学思想的形成。它通过朴素的唯物辩证法，来论述与揭示阴阳之间对立与统一的自然法则与宇宙规律。它是预测学与决策学，并包含了社会学、哲学的和谐统一。可谓群经之首、诸学之冠，是中华民族智慧的结晶。

① 参考欧阳红：《易图新辩》，湖南文艺出版社，1996 年。

先秦

约公元前 26 世纪纪初—公元前 206 年

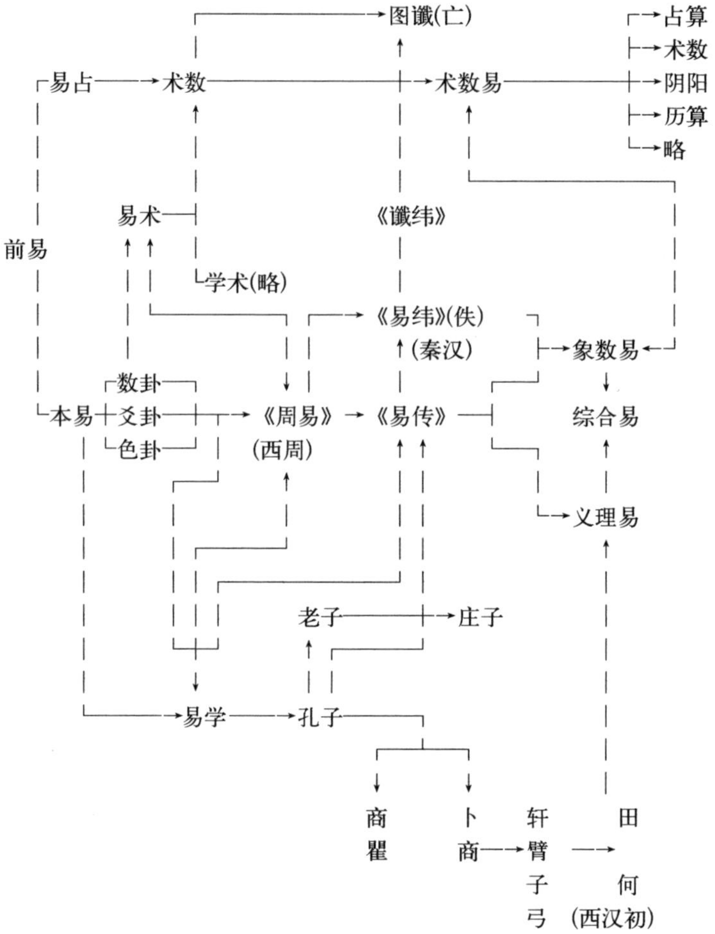

两汉

公元前206—公元220年

```
      ┌谶纬学　纬书、谶书合称，东汉文士多研此术。
      │
      ├象数易——┬孟　喜　西汉中期(宣帝时)　卦气说，《周易灾异》
      │　　　　├焦　赣　西汉中期(宣帝时)　灾变卦气说，《易林》
      │　　　　├京　房　前77—前37(元帝时)　《京房易》
      │　　　　├荀　爽　128—190(东汉)　升降说等
      │　　　　├虞　翻　164—233(东汉)　逸象旁通说
      │　　　　└陆　绩　188—219(东汉)　象数易集成
      │
      ├综合易——┬马　融　79—166(东汉)　彖象经文易
      │　　　　└郑　玄　127—200(东汉)　爻辰五行说
      │
      │(辑说)—刘　安　前179—前122　《淮南子》
汉易——┤
      ├义理易——┬田　何　?(高祖时)　授易周王孙、丁宽、齐服生
      │　　　　├丁　宽　西汉前期　受学田何、古义易学
      │　　　　├韩　婴　西汉前期(文、景帝时)　韩氏易传子夏易
      │　　　　├费　直　西汉前期(景帝时)　古文易学开派
      │　　　　├杨　何　西汉前期(武帝时)　官易之始　易博士
      │　　　　├司马谈　?—前110(武帝时)　受易于田何
      │　　　　├京　房　西汉前期(武帝时)
      │　　　　├施　仇　西汉中期(宣帝时)　施氏易
      │　　　　└梁丘贺　西汉中期(宣帝时)　今文易学开派
      │
      ├玄　学——┬扬　雄　前53—18(成帝时)　《太玄》
      │　　　　└魏伯阳　东汉后期　《周易参同契》
      │
      └目录学——刘　向　前77—前6(宣帝时)　目录学之祖
```

三国晋隋唐

公元 220—公元 907 年

- 晋易
  - 术数易
    - 管　辂　209—256(三国)　精阴阳占算
    - 郭　璞　276—324(西晋)　精算历奇术,《洞林》
    - 干　宝　?—336(东晋)　通阴阳术数,《周易注》
    - 葛　洪　约 281—341(东晋)　炼丹家,《周易杂占》
    - 李淳风　602—670(唐)　精历算,《推背图》《乙巳占》
    - 袁天罡　?(唐初)　《推背图》《六壬课》
  - 象数易
    - 荀氏家族(荀俣、荀粲)　(三国魏时)　承荀爽说
    - 崔　憬　(唐武周前后)　崇仰卦象,《周易探玄》
    - 张　遂(一行)　673—727(唐)　佛学、天文历法
  - 综合易
    - 欧阳建　?—300(西晋)　名物言易说
  - (辑说)
    - 孔颖达　574—648(唐)　《周易正义》
    - 李鼎祚　?—756(中唐)　《周易集解》
  - 义理易
    - 何　晏　190—249(三国)　玄学解易
    - 王　肃　195—256(三国)　集古文经学大成
    - 阮　籍　210—263(三国)　杂以道家、无为说
    - 嵇　康　223—262(三国)　周易言不尽意论
    - 王　弼　226—249(三国)　老庄解易玄学易之始
    - 韩康伯　332—380(东晋)　托象明义说
    - 卫元嵩　?(北魏或后周)　《元包经》
    - 陆德明　约 550—630(唐)　采集汉魏易说

宋元

公元 960—1368 年

- 宋易
  - 术数易
    - 陈 抟 871—989(宋初) 宋易图说之始
    - 李之才 980—1045(北宋) 卦变说
    - 刘 牧 1011—1064(北宋) 《易数勾隐图》
    - 邵 雍 1012—1077(北宋) 《皇极经世》
    - 周敦颐 1017—1073(北宋) 《太极图书解》
    - 钱义方 ?(元末) 《周易图说》(1346 年著)
  - 象数易
    - 朱 震 1072—1138(两宋间) 《汉上易传》
    - 蔡元定 1135—1198(南宋) 河洛为源说
    - 吴 澄 1249—1333(元) 考证治易
  - 综合易
    - 李 觏 1009—1059(北宋) 删定易图序论
    - 朱 熹 1130—1200(南宋) 纳诸家易说
    - 叶 适 1150—1223(南宋) 易出于象说
  - 义理易
    - 范仲淹 989—1052(北宋) 世变说
    - 胡 瑗 993—1059(北宋) 《周易口义》
    - 欧阳修 1007—1072(北宋) 《易童子问》
    - 张 载 1020—1077(北宋) 气本源说
    - 程 颢 1032—1085(北宋) 心学先驱
    - 程 颐 1033—1107(北宋) 理一元说
    - 杨 时 1053—1135(北宋) 道学,《易说》
    - 李 光 1078—1159(南宋) 以史解易
    - 杨万里 1127—1206(南宋) 诚斋易传
    - 陆九渊 1139—1193(南宋) 心学
    - 杨 简 1141—1226(南宋) 心学 以心解易
    - 俞 琰 1258—1314(宋末元初) 《周易集说》

明清

公元 1368—1911 年

清易

术数易	黄道周	1585—1646	万物一体说　实测治易
	方以智	1611—1671	以数解易
	焦　循	1763—1820	推变说
象数易	来知德	1525—1604	错综说,《周易集注》
	唐鹤征	1538—1619	杂老庄说,《周易象说》
	惠　栋	1697—1758	天人说,《易汉学》
	张惠言	1761—1802	崇仰虞氏易,《周易虞氏义》
(辑说)	胡　广	1370—1418	《周易大全》
	李光地	1642—1718	《周易折中》
	傅　恒	1722—1770	《周易述义》
	马国翰	1794—1857	《玉函山房辑佚书》
	纪　昀、永　瑢	1724—1805、1744—1790	《四库全书总目提要》
义理易	李　贽	1527—1602	哲理说,《九正易因》
	黄宗羲	1610—1695	《易学象数论》
	顾炎武	1613—1682	朴学考据治易,《易音》
	王夫之	1619—1692	《周易稗疏》
	毛奇龄	1623—1716	《河图洛书原舛编》
	朱彝尊	1629—1709	《经义考》
	胡　渭	1633—1714	《易图明辨》
	程廷祚	1691—1767	《易通》《大易择言》
	姚际恒	1647—1715	疑古说,《九经通论》
	尚秉和	1870—1950	《周易尚氏学》

附录二

1. 有关《周易》的出土文献整理：

名称概况	确 定 年 代	出土地点	现藏地点	前人研究	整理文献	相关内容	出土时间及数量
阜阳汉简	西汉前期	安徽阜阳双古堆1号墓汝阴侯墓	安徽阜阳博物馆	韩自强 大野裕司 胡平生	《阜阳汉简〈万物〉》等	其中有《仓颉篇》《诗经》《周易》《万物》《吕氏春秋》等	1977年 十多种古籍残片
郭店楚简	战国中期偏晚，似为楚怀王太子横老师之墓（该墓葬入葬时间不晚于公元前300年）	湖北荆门郭店一号楚墓	湖北荆门市博物馆	李学勤 庞朴 饶宗颐 李零等	《郭店楚墓竹简》，荆门市博物馆编，文物出版社，1998年	有道家4篇《老子》（甲、乙、丙）、《太一生水》；儒家典籍14篇，分别为《缁衣》《鲁穆公问子思》《穷达以时》《五行》《唐虞之道》等	1993年 共804枚，有字简730枚
上博楚竹书	战国中期偏晚，与郭店似，据马承源先生述，为公元前257±65年	被盗，尚不清楚，似与郭店同时，在江陵郭店附近	上海博物馆	李零 李学勤 庞朴 裘锡圭 廖名春等	《上海博物馆藏战国楚竹书》，马承源主编，共八版，上海古籍出版社，2001—2012年	总80余种，包括原存书题20余篇，涉及历史、哲学、宗教、文学、音乐、文字、军事等内容，其中90%以上为佚籍	不详，1993年前后，1994年上博从香港古玩市场收购，1 200余枚

续 表

名称概况	确定年代	出土地点	现藏地点	前人研究	整理文献	相关内容	出土时间及数量
湖南长沙马王堆帛书	篆书的抄写于汉高祖十一年,隶书的抄写于汉文帝初年	湖南长沙马王堆三号墓	湖南省博物馆	张政烺 李零 丁四新 周锋利 等	马王堆汉墓帛书《周易》《五行》等	《周易》,《老子》甲本(附佚书3篇)、乙本等	1973年,20余万字
新蔡葛陵楚竹书	战国中期,公元前377年左右	河南新蔡葛陵故城楚墓	河南省博物院	李学勤 裘锡圭 等	《新蔡葛陵楚墓》,河南省文物考古研究所编著,大象出版社,2003年	《周易》卜筮祭祷、遣策等	1994年 1 571枚,文字近8 000个
包山楚竹书	战国中后,公元前322年至公元前316年	湖北荆门包山二号战国楚墓	湖北省博物馆	李守奎 曾宪通 李零 赵平安等	《包山楚简》,湖北省荆沙铁路考古队编,文物出版社,1991年	《周易》卜筮祭祷、司法文书简和遣策	1987年 竹简448枚,文字12 626个
江陵王家台秦简	战国末期,公元前278—前206年	湖北江陵荆州镇邱北村王家台15号秦墓	荆州博物馆	王明钦 李家浩 廖名春 等	《王家台秦墓竹简概述》,王明钦著,《新出简帛研究》,艾兰、刑文编,文物出版社,2004年;《江陵王家台15号秦墓》,刘德银著,《文物》,1995(1)	《归藏》《效律》《政事之常》《日书》《灾异占》等	1993年 竹简394枚,4 000余字

2. 有关"阴爻"变化的出土文献整理：

<table>
<tr><th rowspan="2">出土年份</th><th rowspan="2">出土地点与名称</th><th rowspan="2" colspan="2">入 葬 时 间</th><th colspan="3">卦画符号及数目</th><th rowspan="2">变化发现</th></tr>
<tr><th>∧</th><th>乂</th><th>八</th></tr>
<tr><td>1994 年</td><td>河南新蔡葛陵楚竹书《周易》①</td><td>战国中期</td><td>公元前 377 年</td><td>90</td><td>2</td><td>4</td><td>总共 96 个卦画</td></tr>
<tr><td>1987 年</td><td>湖北荆门包山楚竹书《周易》②</td><td>战国中后期</td><td>公元前 316 年</td><td>64</td><td>2</td><td>6</td><td>总共 72 个卦画</td></tr>
<tr><td>1994 年购得</td><td>上海博物馆藏战国楚竹书《周易》③</td><td>战国晚期</td><td>公元前 257±65 年</td><td>0</td><td>0</td><td>78</td><td rowspan="3">地偶符号一律为八</td></tr>
<tr><td>1993 年</td><td>湖北江陵王家台秦简《归藏》</td><td>战国末期</td><td>公元前 278—前 206 年</td><td>0</td><td>0</td><td></td></tr>
<tr><td>1973 年</td><td>湖南长沙马王堆汉墓帛书《周易》</td><td>西汉初期</td><td>公元前 168 年</td><td>0</td><td>0</td><td></td></tr>
<tr><td>1977 年</td><td>安徽阜阳双古堆西汉竹简《周易》</td><td>西汉初期</td><td>公元前 165 年</td><td></td><td>0</td><td>0</td><td></td></tr>
<tr><td>175 年刻</td><td>东汉熹平石经《周易》</td><td>东汉初期</td><td>以梁丘贺《周易》为底本</td><td>0</td><td>0</td><td>--</td><td>地偶符号已变为--</td></tr>
</table>

早期代表阴阳两数的符号是"一"和"∧"，称为"爻"。爻字在甲骨文中已经出现，借用"爻"来表示其相互交叉之意，表示两个符号在卦中交错杂居之状。后人亦将"爻"称"卦画"。"一"代表刚爻，"∧"代表柔爻。战国时，才出现阴阳爻之称。

① 《新蔡葛陵楚墓》，河南省文物考古研究所编，大象出版社，2003 年。
② 《文物》，1988 年第 5 期。
③ 《上海博物馆藏战国楚竹书 3》，马承源主编，上海古籍出版社，2003 年。

附录三

古代易学应用及预测名著介绍

1.《增删卜易》

题为“野鹤老人”著。此书为清代人李文辉(觉子)根据野鹤老人手抄本资料，结合自己多年的实践经验总结，于康熙二十九年(1690年)庚午孟夏朔日完稿的著作。目前可见最早版本是康熙三十年版。全书以断事情的吉凶成败为基础，由浅入深的阐述，对“屡验者存之，不验者删之”，特别是配合大量实占卦例来解说理论，为后世的研究，作了很好的范例性引导，这是其他所有六爻典籍无法比拟之处。此书可以说是六爻预测学的一部扛鼎之作。

京房始创纳甲六爻卦法后，在以后的年代里相继又出现众多的、有影响的六爻卦法，其主要代表作有《火珠林》《断易天机》《断易通神》《断易金鉴》《卜筮全书》《卜筮大全》《卜筮元龟》《阐奥歌章》《易隐》《易冒》《易林补遗》《海底眼》《天元赋》《黄金策》等六爻卦法名著，《增删卜易》后又有名著《卜筮正宗》问世。

《增删卜易》一书在清末影响最大。此书以《黄金策》为蓝本，以其他同类书籍为参考，根据野鹤老人四十余年占验及编著者实际验证后对前人六爻卦法进行增删。此书的特点是“删去卦身世身，星煞本命，使人无歧路之疑”。另一特点是分类占断详细备至，分类卦例贴体且甚多。第三个特点是一卦一断，一卦不清再摇一卦，再不清可换人摇卦；今日摇卦卦理不清，还可明日、后日再摇，直至卦中显现出清晰论断结果，再结合前后所摇出卦象，综合论断分析，做出正确的判断。此种摇卦、断卦方法，后人虽有疑义，提出不同看法，但又不失野鹤老人独到的断卦之处，为后学者及初学六爻卦提供了一个方便法门。

2.《三命通会》

作者为明朝进士万民英。该书在传统命学的历史上拥有非常高的官方地位，而清朝编修的四库全书将其著作《三命通会》《星学大成》收录，并给予了高度的评价。此书共十二卷，前九卷分列了十天干，每天干以日为主，以月为核心、时为辅，定人吉凶；后三卷记载了大量的平古歌赋，极具实际操作指导意义。该书总结了八字推命术二百多年发展的历史，撷取其中的精华，摒弃了一些烦琐无稽的说法，使八字推命的体系更加完备。体系和构成上以正宗古命法和财官格局命法为主，是八字命理学的集大成之作。该书和《渊海子平》《星平会海》《御定子平》《子平真诠》并称为传统命学五大名著。在内容完整上古本里要数文渊阁《四库全书》中收录的内容最全，现代本的要数增广校正版《三命通会》内容最全。

3.《渊海子平》

宋代徐大升据鬼谷子、李虚中、徐子平等先师之论命成果而编著。是八字命理学的宗祖之作，也是八字算命术必习的经典名著。书中论及的十神、六亲、财官、格局以及论命古赋文都是子平命学中的理论。即使最基础的知识如十干体象诀、十二地支咏、五行生克赋、十二长生诗诀等也是需要深入研究学习的。

4.《千里命稿》

民国时期韦千里先生所著，成书时间在1935年。该书语言简练、述理清晰，是讲述子平命学概念的佼佼者，尤其是对五行、六神的性质讲解，可以说是此书的精华，叙述得非常明了，让初学者非常容易理解、掌握。此外，此书的评断篇，基本上定出了现代命书的格式。

5.《子平真诠》

清代乾隆进士沈孝瞻先生所著，全书共四十八章。是传统子平命理学“前三本”(《子平真诠》《渊海子平》《三命通会》)中内容最少，但是理论精辟。该书序言介绍作者写这些文章时并没有成书的意思，无意间被好友读到，视为命学珍宝，其友认为该书足可以为《渊海子平》做注做解，遂命名为“真诠”。从该书的实际内容看，这部书不但很好解释了《渊海子平》的核心理论，使原始命学不再因论述简明而引起歧义，而且作者的行文毫不婉转委曲，句句直指要害，论述精辟有力，令学人熟读后即可理解，使命学避免玄学和不可知论的桎梏，走向了更加有核心、有重点、有条理的分析方法上。相对《三命通会》辞书式的庞杂，《子平真诠》更注重的是理论思路的阐述。如果说《三命通会》是授之以“鱼”，那《子平真诠》就是授之以“渔”了！

6.《穷通宝鉴》

明代余春台将旧籍《栏江网》加以整理、归纳而成。该书以阴阳五行为经，月令为纬，辅以寒暖调候。该书在命理学界拥有较高的地位，被称为“子平之模范”，其根本原因在于：八字共有约五十二万种变化，而学命的人一直想找到一种简捷的方法可以概括所有的命例,而《穷通宝鉴》就提供了这样一种形式,就像是一部命学字典,只要按图索骥,既省时又省力。但八字搭配变化万千,论命一定要灵活,而《穷通宝鉴》的很多论述都是片面的。

7.《火珠林》

题麻衣道者著。《火珠林》提出了"卦定根源,六亲为主",主张用五行生克刑害、合墓旺空等进行断卦,继承了京房易的理论,又为后来卜筮的传播打下了坚实的基础。后人称这种筮法为"火珠林"法,原因就在于此。火珠林之法,上承京房,下启《增删卜易》,堪称易学之过渡殿军。

8.《易冒》

清康熙年间程良玉所撰卜筮之作。《易冒》结语中称,"良玉字元如,歙县人。是书所论,皆以钱代蓍之法。自序称五岁丧明,究心卜筮,初作筮类五十篇,康熙己卯适楚,遇枯匏老人得其密旨,因增定为九十章"。作者认为古人有以风占鸟占谚占,言语卜、威仪卜、政事卜、是无卜等,筮而判断吉凶,而蓍草金钱木丸之占,其象又略有所别。并且他认为易者,象也;象也者,像也,其辞则异,其象则符,但告于蓍则以蓍占,告于五行则以五行占,告于焦氏则以焦氏占可也,其成卦成爻的道理是一致的。

9.《滴天髓》

相传为宋人京图撰,也有人说是明初刘基所作。清代道光年间,任铁樵穷毕生精力,研究注解,并针对当时命理学偏离五行生克制化正理,偏重格局和神煞的现象,以其深厚的命学理论功底,结合一生的命理实践,条分缕析,阐微发隐,并以大量的时人命例,广征博引,成为研究《滴天髓》最具有代表性的著作,世代相传。所以《滴天髓》就成为和《三命通会》《穷通宝鉴》《子平真诠》齐名的命学"四书"之一。正如古人所说:《滴天髓》之名最初见于《明史》,其《艺文志》录有《三命奇谈滴天髓》一卷。

任铁樵所注《滴天髓》大约成书于道光二十八年(1848)前后。传世者有《滴天髓阐微》《滴天髓征义》《滴天髓真解》《命律预言真解》等书名,这些书名,都是由出版刊行者,或传抄者所署,并非是原来的书名。且内容、编次、文字等均因出版刊行或传抄者的不同而各有所异。其中以四明银行孙衡甫出版、袁树珊校序的《滴天髓阐微》,和由徐乐吾校正、刊行的《滴天髓征义》以及梁炜彬解读的《滴天髓精解》最为流行。现代较为权威的版本为易学专家梁炜彬注解的《滴天髓精解》,书中还原了宋代京图的原著、刘伯温的撰注,并对全文进行白话翻译,对原著理论作了客观的评价。

10.《推背图》

相传是唐朝贞观年间，两位预言大师李淳风和袁天罡对唐朝及以后朝代重要事件的预测。全书共六十幅图像，以六十甲子和卦象分别命名。每幅图像之下均有谶语，并附有“颂曰”诗四句，预言后世兴旺治乱之事。书名“推背图”，是根据第六十图像(最后一卦)中的颂曰“万万千千说不尽，不如推背去归休”而名。与西方大名鼎鼎的预言家诺查丹玛斯所著的《诸世纪》不同的是，《推背图》并没有打乱历史的顺序，而且预言的也都是有关国家兴亡的大事，所以有研究价值。

11.《梅花诗》

北宋时期易学家邵雍所作的十首预言诗。与刘伯温《烧饼歌》、李淳风及袁天罡的《推背图》、诸葛亮《马前课》、姜太公《乾坤万年歌》、步虚大师预言并为中国古代最著名的预言。由于历代均严禁此类谶书，该书在流传的过程中又不断被人篡改，将已知的历史改成图谶，加以比附，故其本来面目已不可考。

12.《烧饼歌》

相传为明刘伯温所著。全文共计一千九百一十二字，用四十余首隐语歌谣组成。用隐语写成的“预言”歌谣，据卦撰词，从一定的“象数”规律排来，涉及“象、数、理、占”的入化应用，也是前人“观象玩占”的遗著，在民间流传很广。

13.《灵台秘苑》

原是北周庾季才撰，据《隋书・经籍志》载，共有一百二十卷，现在见到的只有二十卷，北宋王安礼等人重修。书中有三百四十五颗恒星的赤道坐标值。它的观测年代是北宋仁宗皇祐年间(1049—1053)，这对研究宋代的恒星观测很有帮助。古代天文学家的占星著述都已失传，后世虽有《甘石星经》等流传，但已是唐宋人著作，并非战国时代的原著。中国现存的古代占星书主要的有唐代李淳风所著《乙巳占》、北宋王安礼重修的《灵台秘苑》等。故其在历史上的地位十分重要。

14.《梅花易数》

宋代易学家邵雍所著，是一部以易学中的数学为基础，结合易学中的“象学”进行占卜的书。相传邵雍运用时每卦必中，屡试不爽。梅花易数依先天八卦数理，即乾一、兑二、离三、震四、巽五、坎六、艮七、坤八，随时随地皆可起卦，取卦方式多种多样。梅花易数所讲的体用，是借助“体用”来区分动卦与静卦，来作为主卦和用卦的征兆，并作为占筮的准则。

15.《五行大义》

隋萧吉撰。共五卷,《四库全书总目提要》曰:"案隋书本传,载其著述之目,而独不及此书。魏郑公偶未之见耳。唐宋艺文志,亦不著录。岂早逸于彼欤。书中所论,皆阴阳五行之事,不过汉儒余论。然其文章醇古,非复唐以下所能为。而其所援证,往往有佚亡之书,今不可得见者。且萧以阴阳算术著称。见其本传。则此书之出萧手,万无一疑。世之相距,千有余年,而此书独完然乎我焉,其亦奇矣。"肯定了该书出自唐以上,而且保存完整,实为仅见。李约瑟指出,关于五行的最重要的中古时代的书籍,是萧吉所写的《五行大义》。这本书讨论的科学问题比后来的任何著作都更多,而讨论的算命则相对少得多。李约瑟视此书为"关于五行的最重要的中古时代的书籍",实为不移之论。该书不仅是隋以前传统五行理论的集大成者,也是研究中国五行思想发展历程的必读之书。

16.《玉照定真经》

旧本题晋郭璞撰,张颙注。考《晋书》璞传,不言璞有此书。其他史书以及诸家书目,皆不著录。唯叶盛《菉竹堂书目》载有此书一册,亦不著撰人。盖晚出依托之本,张颙亦不知何许人。勘验书中多涉江南方言,疑书与注文均出自张颙一人之手,而假名于璞以行。今检《永乐大典》所载,首尾备具,尤为完帙。虽文句不甚雅驯,而大旨颇简洁明晰。所言吉凶应验,切近中理,亦多有可采。如论年仪、月仪、六害、三奇、三交、四象之类,尤多所阐发。

17.《命学玄通》

清钱塘读易老人著。传统子平法论命专在用神、相神上着眼,议论超脱,发人深省。但必须生时要准确,始可决用神,判休咎。《命学玄通》则以生日以定人之贵、富、贫、贱、寿、夭、困、亨,概以木、火、土、金、水五图,尤为概括简明;又以一时八刻,一百二十分分析言之,令人一望而知,为命学中独辟途径之书。

18.《卜筮正宗》

清人王洪绪辑撰。宏道堂梓行,十四卷。是易学六爻预测学的集大成之著作,对后世占卜影响深远。书中系统地总结、发展、完善了六爻占卜法,著者于书中驳斥了泥于神煞、古法、定例的谬误,强调六爻占卜术应该以"阴阳、动静、生克制化之理而圆神活变",从而澄清了六爻占卜法在千余年过程中的种种迷误,使得理论更加精深、更加完备。

附录四

《易经》卦爻辞表

上经三十卦：

卦名 卦象	卦　辞	初	二	三	四	五	上	主题思想
乾（九） ䷀	元亨利贞。	潜龙勿用。	见龙在田，利见大人	君子终日乾乾，夕惕若，厉无咎。	或跃在渊，无咎。	飞龙在天，利见大人。	亢龙有悔。（用九：见群龙无首，吉）	君子终日健健
坤（六） ䷁	元亨，利牝马之贞。君子有攸往，先迷，后得主。利西南，得朋；东北，丧朋。安贞吉	履霜，坚冰至。	直，方，大；不习，无不利。	含章，可贞。或从王事，无成有终。	括囊，无咎无誉。	黄裳，元吉。	龙战于野，其血玄黄。（用六：利永贞。）	柔顺
屯 ䷂ 水雷屯	元亨，利贞。勿用有攸往，利建侯。	磐桓，利居贞，利建侯。	屯如邅如，乘马班如。匪寇，婚媾。女子贞不字，十年乃字。	即鹿无虞，惟入于林中；君子几，不如舍。往，吝。	乘马班如。求婚媾，往，吉。无不利。	屯其膏。小，贞吉；大，贞凶。	乘马班如，泣血涟如。	难进

续表

卦名 卦象	卦辞	初	二	三	四	五	上	主题思想
蒙 ䷃ 山水蒙	亨。匪我求童蒙,童蒙求我。初筮告,再三渎,渎则不告。利贞。	发蒙。利用刑人,用说桎梏。以往,吝。	包蒙,吉;纳妇,吉;子克家。	勿用取女。见金夫,不有躬。无攸利。	困蒙,吝。	童蒙,吉。	击蒙,不利为寇,利御寇。	对待蒙昧
需 ䷄ 水天需	有孚,光亨,贞吉,利涉大川。	需于郊,利用恒,无咎。	需于沙,小有言,终吉。	需于泥,致寇至。	需于血,出自穴。	需于酒食,贞吉。	入于穴,有不速之客三人来,敬之,终吉。	守正敬慎以待时
讼 ䷅ 天水讼	有孚、窒、惕、中吉,终凶。利见大人,不利涉大川。	不永所事,小有言,终吉。	不克讼,归而逋,其邑人三百户,无眚。	食旧德,贞厉,终吉。或从王事,无成。	不克讼,复即命。渝,安贞吉。	讼,元吉。	或锡之鞶带,终朝三褫之。	止讼免争
师 ䷆ 地水师	贞,丈人吉,无咎。	师出以律,否臧,凶。	在师中,吉,无咎。王三锡命。	师或舆尸,凶。	师左次,无咎。	田有禽,利执言,无咎。长子帅师,弟子舆尸,贞凶。	大君有命,开国承家,小人勿用。	统辖协有方
比 ䷇ 水地比	吉。原筮,元永贞,无咎。不宁方来,后夫凶。	有孚,比之,无咎。有孚盈缶,终来,有他吉。	比之自内,贞吉。	比之匪人。	外比之,贞吉。	显比。王用三驱,失前禽,邑人不诫,吉。	比之无首,凶。	亲比、团结
小畜 ䷈ 风天小畜	亨。密云不雨,自我西郊。	复自道,何其咎?吉。	牵复,吉。	舆说辐,夫妻反目。	有孚,血去惕出,无咎。	有孚挛如,富以其邻。	既雨既处,尚德载。妇贞厉。月几望,君子征凶。	小有蓄止之理

续 表

卦名 卦象	卦　　辞	初	二	三	四	五	上	主题思想
履 ䷉ 天泽履	履虎尾，不咥人，亨。	素履。往，无咎。	履道坦坦，幽人贞吉。	眇能视，跛能履，履虎尾，咥人，凶；武人为于大君。	履虎尾，愬愬，终吉。	夬履，贞厉。	视履考祥，其旋元吉。	小心行走之事、谨慎
泰 ䷊ 地天泰	小往大来，吉亨。	拔茅茹，以其汇，征吉。	包荒，用冯河；不遐遗，朋亡。得尚于中行。	无平不陂，无往不复。艰贞，无咎；勿恤其孚，于食有福。	翩翩，不富以其邻，不戒以孚。	帝乙归妹，以祉，元吉。	城复于隍，勿用师。自邑告命，贞吝。	运动交通则泰
否 ䷋ 天地否	否之匪人，不利君子贞，大往小来。	拔茅茹，以其汇；贞吉，亨。	包承，小人吉，大人否，亨。	包羞。	有命无咎，畴离祉。	休否，大人吉；其亡其亡，系于苞桑。	倾否，先否后喜。	治否之理
同人 ䷌ 天火同人	同人于野，亨。利涉大川，利君子贞。	同人于门，无咎。	同人于宗，吝。	伏戎于莽，升其高陵，三岁不兴。	乘其墉，弗克攻，吉。	同人，先号咷而后笑。大师克，相遇。	同人于郊，无悔。	聚众会合
大有 ䷍ 火天大有	元亨。	无交害。匪咎，艰则无咎。	大车以载，有攸往，无咎。	公用亨于天子，小人弗克。	匪其彭，无咎。	厥孚交如，威如，吉。	自天佑之，吉，无不利。	大获所有
谦 ䷎ 地山谦	亨，君子有终。	谦谦君子，用涉大川，吉。	鸣谦，贞吉。	劳谦，君子有终，吉。	无不利，㧑谦。	不富以其邻，利用侵伐，无不利。	鸣谦，利用行师，征邑国。	谦虚受益无穷

续 表

卦名 卦象	卦　辞	初	二	三	四	五	上	主题思想
豫 ䷏ 雷地豫	利建侯,行师。	鸣豫,凶。	介于石,不终日,贞吉。	盱豫,悔;迟,有悔。	由豫,大有得。勿疑,朋盍簪。	贞疾,恒不死。	冥豫成。有渝,无咎。	不能傲慢自大
随 ䷐ 泽雷随	元亨,利贞,无咎。	官有渝,贞吉。出门交,有功。	系小子,失丈夫。	系丈夫,失小子。随有求得,利居贞。	随有获,贞凶,有孚在道以明,何咎?	孚于嘉,吉。	拘系之,乃从维之,王用亨于西山。	守住本分,不逾礼节
蛊 ䷑ 山风蛊	元亨,利涉大川。先甲三日,后甲三日。	干父之蛊,有子,考无咎。厉终吉。	干母之蛊,不可贞。	干父之蛊,小有悔,无大咎。	裕父之蛊,往见吝。	干父之蛊,用誉。	不事王侯,高尚其事。	拯弊治乱
临 ䷒ 地泽临	元亨,利贞。至于八月有凶。	咸临,贞吉。	咸临,吉,无不利。	甘临,无攸利;既忧之,无咎。	至临,无咎。	知临,大君之宜,吉。	敦临,吉,无咎。	居上治民
观 ䷓ 风地观	盥而不荐,有孚颙若。	童观,小人无咎,君子吝。	窥观,利女贞。	观我生,进退。	观国之光,利用宾于王。	观我生,君子无咎。	观其生,君子无咎。	观仰之事
噬嗑 ䷔ 火雷噬嗑	亨,利用狱。	屦校灭趾,无咎。	噬肤,灭鼻,无咎。	噬腊肉,遇毒,小吝,无咎。	噬干胏,得金矢,利艰贞,吉。	噬干肉,得黄金,贞厉,无咎。	何校灭耳,凶。	严明刑法、肃正法纪

续　表

卦名 卦象	卦　辞	初	二	三	四	五	上	主题思想
贲 ䷕ 山火贲	亨。小利有攸往。	贲其趾，舍车而徒。	贲其须。	贲如濡如，永贞吉。	贲如皤如，白马翰如；匪寇，婚媾。	贲于丘园，束帛戋戋；吝，终吉。	白贲，无咎。	文饰修美
剥 ䷖ 山地剥	不利有攸往。	剥床以足，蔑。贞凶。	剥床以辨，蔑。贞凶。	剥之，无咎。	剥床以肤，凶。	贯鱼以宫人宠，无不利。	硕果不食。君子得舆，小人剥庐。	扶阳抑阴
复 ䷗ 地雷复	亨。出入无疾，朋来无咎。反复其道，七日来复。利有攸往。	不远复，无祇悔，元吉。	休复，吉。	频复，厉，无咎。	中行独复。	敦复，无悔。	迷复，凶；有灾眚。用行师，终有大败；以其国君凶，至于十年不克征。	阳刚回复
无妄 ䷘ 天雷无妄	元亨，利贞。其匪正，有眚。不利有攸往。	无妄，往，吉。	不耕获，不菑畬，则利有攸往。	无妄之灾，或系之牛，行人之得，邑人之灾。	可贞，无咎。	无妄之疾，勿药有喜。	无妄，行有眚，无攸利。	不存奢望
大畜 ䷙ 山天大畜	利贞。不家食，吉。利涉大川。	有厉，利已。	舆说輹。	良马逐，利艰贞；曰闲舆卫，利有攸往。	童牛之牿，元吉。	豮豕之牙，吉。	何天之衢，亨。	得时遇吉

续 表

卦名 卦象	卦　辞	初	二	三	四	五	上	主题思想
颐 ䷚ 山雷颐	贞吉。观颐,自求口实。	舍尔灵龟,观我朵颐,凶。	颠颐,拂经于丘颐,征凶。	拂颐,贞凶,十年勿用,无攸利。	颠颐,吉;虎视眈眈,其欲逐逐,无咎。	拂经,居贞吉,不可涉大川。	由颐,厉吉,利涉大川。	颐养生息
大过 ䷛ 泽风大过	栋桡,利有攸往,亨。	藉用白茅,无咎。	枯杨生稊,老夫得其女妻,无不利。	栋桡,凶。	栋隆,吉,有它吝。	枯杨生华,老妇得其士夫,无咎无誉。	过涉灭顶,凶,无咎。	正视死亡
坎 ䷜ 坎为水	有孚,维心亨,行有尚。	习坎,入于坎窞,凶。	坎有险,求小得。	来之坎坎,险且枕,入于坎窞,勿用。	樽酒,簋贰,用缶,纳约自牖,终无咎。	坎不盈,祇既平,无咎。	系用徽纆,寘于丛棘,三岁不得,凶。	面对坎陷挫折
离 ䷝ 离为火	利贞,亨。畜牝牛,吉。	履错然,敬之,无咎。	黄离,元吉。	日昃之离,不鼓缶而歌,则大耋之嗟,凶。	突如其来如,焚如,死如,弃如。	出涕沱若,戚嗟若,吉。	王用出征,有嘉折首,获匪其丑,无咎。	人生亮丽、辉煌

下经三十四卦:

卦名 卦象	卦　辞	初	二	三	四	五	上	主题思想
咸 ䷞ 泽山咸	亨,利贞。取女吉。	咸其拇。	咸其腓,凶,居吉。	咸其股,执其随,往吝。	贞吉,悔亡。憧憧往来,朋从尔思。	咸其脢,无悔。	咸其辅、颊、舌。	男女感应

续　表

卦名 卦象	卦　辞	初	二	三	四	五	上	主题思想
恒 ䷟ 雷风恒	亨，无咎，利贞。利有攸往。	浚恒，贞凶；无攸利。	悔亡。	不恒其德，或承之羞，贞吝。	田无禽。	恒其德，贞；妇人吉，夫子凶。	振恒，凶。	恒久之道
遯 ䷠ 天山遯	亨，小利贞。	遯尾，厉，勿用有攸往。	执之用黄牛之革，莫之胜说。	系遯，有疾厉，畜臣妾，吉。	好遯，君子吉，小人否。	嘉遯，贞吉。	肥遯，无不利。	隐退避时，及时退隐
大壮 ䷡ 雷天大壮	利贞。	壮于趾，征凶，有孚。	贞吉。	小人用壮，君子用罔，贞厉。羝羊触藩，羸其角。	贞吉，悔亡。藩决不羸，壮于大舆之輹。	丧羊于易，无悔。	羝羊触藩，不能退，不能遂，无攸利，艰则吉。	刚强则受戕害，守静居正则有利
晋 ䷢ 火地晋	康侯用锡马蕃庶，昼日三接。	晋如摧如，贞吉；罔孚，裕无咎。	晋如愁如，贞吉，受兹介福，于其王母。	众允，悔亡。	晋如鼫鼠，贞厉。	悔亡，失得勿恤；往吉，无不利。	晋其角，维用伐邑，厉吉，无咎，贞吝。	晋升飞升需警惕
明夷 ䷣ 地火明夷	利艰贞。	明夷于飞，垂其翼；君子于行，三日不食。有攸往，主人有言。	明夷，夷于左股，用拯马壮，吉。	明夷于南狩，得其大首；不可疾，贞。	入于左腹，获明夷之心，于出门庭。	箕子之明夷，利贞。	不明，晦；初登于天，后入于地。	黑暗境遇应当注意
家人 ䷤ 风火家人	利女贞。	闲有家，悔亡。	无攸遂，在中馈，贞吉。	家人嗃嗃，悔厉，吉。妇子嘻嘻，终吝。	富家，大吉。	王假有家，勿恤，吉。	有孚威如，终吉。	治家之道

续 表

卦名 卦象	卦辞	初	二	三	四	五	上	主题思想
睽 ䷥ 火泽睽	小事吉。	悔亡。丧马勿逐自复,见恶人,无咎。	遇主于巷,无咎。	见舆曳,其牛掣,其人天且劓。无初有终。	睽孤,遇元夫,交孚,厉无咎。	悔亡,厥宗噬肤,往何咎?	睽孤,见豕负涂,载鬼一车,先张之弧,后说之弧。匪寇婚媾,往遇雨则吉。	化敌为友
蹇 ䷦ 水山蹇	利西南,不利东北。利见大人,贞吉。	往蹇,来誉。	王臣蹇蹇,匪躬之故。	往蹇,来反。	往蹇,来连。	大蹇,朋来。	往蹇,来硕,吉。利见大人。	对待艰难
解 ䷧ 雷水解	利西南。无所往,其来复吉;有攸往,夙吉。	无咎。	田获三狐,得黄矢,贞吉。	负且乘,致寇至,贞吝。	解而拇,朋至斯孚。	君子维有解,吉,有孚于小人。	公用射隼于高墉之上,获之,无不利。	舒难解困
损 ䷨ 山泽损	有孚,元吉,无咎,可贞,利有攸往。曷之用?二簋可用享。	已事遄往,无咎,酌损之。	利贞,征凶。弗损益之。	三人行则损一人,一人行则得其友。	损其疾,使遄有喜,无咎。	或益之十朋之龟,弗克违,元吉。	弗损益之,无咎,贞吉。利有攸往,得臣无家。	减损之道
益 ䷩ 风雷益	利有攸往,利涉大川。	利用为大作,元吉,无咎。	或益之十朋之龟,弗克违,永贞吉。王用享于帝,吉。	益之用凶事,无咎。有孚,中行,告公用圭。	中行,告公从,利用为依迁国。	有孚惠心,勿问元吉,有孚惠我德。	莫益之,或击之,立心勿恒,凶。	增益之道

续　表

卦名 卦象	卦　辞	初	二	三	四	五	上	主题思想
夬 ䷪ 泽天夬	扬于王庭，孚号有厉，告自邑，不利即戎，利有攸往。	壮于前趾，往不胜为咎。	惕号，莫夜有戎，勿恤。	壮于頄，有凶。君子夬夬独行，遇雨若濡，有愠无咎。	臀无肤，其行次且，牵羊悔亡，闻言不信。	苋陆夬夬，中行，无咎。	无号，终有凶。	对待残缺损害
姤 ䷫ 天风姤	女壮，勿用取女。	系于金柅，贞吉。有攸往，见凶，羸豕孚蹢躅。	包有鱼，无咎，不利宾。	臀无肤，其行次且，厉无大咎。	包无鱼，起凶。	以杞包瓜，含章，有陨自天。	姤其角，吝，无咎。	男女相遇
萃 ䷬ 泽地萃	亨。王假有庙，利见大人，亨利贞。用大牲吉，利有攸往。	有孚不终，乃乱乃萃；若号，一握为笑，勿恤，往无咎。	引吉，无咎，孚乃利用禴。	萃如嗟如，无攸利，往无咎，小吝。	大吉，无咎。	萃有位，无咎，匪孚；元永贞，悔亡。	赍咨涕洟，无咎。	会聚之理
升 ䷭ 地风升	元亨。用见大人，勿恤。南征吉。	允升，大吉。	孚，乃利用禴，无咎。	升虚邑。	王用亨于岐山，吉，无咎。	贞吉，升阶。	冥升，利于不息之贞。	黑暗中奋斗
困 ䷮ 泽水困	亨。贞，大人吉，无咎。有言不信。	臀困于株木，入于幽谷，三岁不觌。	困于酒食，朱绂方来，利用享祀，征凶，无咎。	困于石，据于蒺藜，入于其宫，不见其妻，凶。	来徐徐，困于金车，吝，有终。	劓刖，困于赤绂，乃徐有说。利用祭祀。	困于葛藟，于臲卼，曰动悔，有悔。征吉。	对待困穷
井 ䷯ 水风井	改邑不改井，无丧无得，往来井井。汔至，亦未繘井，羸其瓶，凶。	井泥不食，旧井无禽。	井谷射鲋，瓮敝漏。	井渫不食，为我心恻；可用汲，王明并受其福。	井甃，无咎。	井洌，寒泉食。	井收勿幕，有孚，元吉。	治理水井农事

续表

卦名 卦象	卦辞	初	二	三	四	五	上	主题思想
革 ䷰ 泽火革	巳日乃孚,元亨,利贞,悔亡。	巩用黄牛之革。	巳日乃革之,征吉,无咎。	征凶,贞厉。革言三就,有孚。	悔亡。有孚,改命吉。	大人虎变,未占有孚。	君子豹变,小人革面。征凶,居贞吉。	变革之道
鼎 ䷱ 火风鼎	元吉,亨。	鼎颠趾,利出否。得妾以其子,无咎。	鼎有实,我仇有疾,不我能即,吉。	鼎耳革,其行塞;雉膏不食,方雨亏悔,终吉。	鼎折足,覆公餗,其形渥,凶。	鼎黄耳、金铉,利贞。	鼎玉铉,大吉,无不利。	稳定之理
震 ䷲ 震为雷	亨。震来虩虩,笑言哑哑;震惊百里,不丧匕鬯。	震来虩虩,后笑言哑哑,吉。	震来厉,亿丧贝,跻于九陵,勿逐,七日得。	震苏苏,震行无眚。	震遂泥。	震往来,厉;亿无丧,有事。	震索索,视矍矍,征凶。震不于其躬,于其邻,无咎,婚媾有言。	心存震惧
艮 ䷳ 艮为山	艮其背,不获其身;行其庭,不见其人。无咎。	艮其趾,无咎,利永贞。	艮其腓,不拯其随,其心不快。	艮其限,列其夤,厉薰心。	艮其身,无咎。	艮其辅,言有序,悔亡。	敦艮,吉。	注重限制
渐 ䷴ 风山渐	女归吉,利贞。	鸿渐于干,小子厉,有言,无咎。	鸿渐于磐,饮食衎衎,吉。	鸿渐于陆,夫征不复,妇孕不育,凶。利御寇。	鸿渐于木,或得其桷,无咎。	鸿渐于陵,妇三岁不孕,终莫之胜,吉。	鸿渐于陆,其羽可用为仪,吉。	渐进之道

续　表

卦名 卦象	卦　辞	初	二	三	四	五	上	主题思想
归妹 ䷵ 雷泽归妹	征凶，无攸利。	归妹以娣，跛能履，征吉。	眇能视，利幽人之贞。	归妹以须，反归以娣。	归妹愆期，迟归有时。	帝乙归妹，其君之袂，不如其娣之袂良。月几望，吉。	女承筐无实，士刲羊无血，无攸利。	以礼正女
丰 ䷶ 雷火丰	亨。王假之，勿忧，宜日中。	遇其配主，虽旬无咎，往有尚。	丰其蔀，日中见斗，往得疑疾；有孚发若，吉。	丰其沛，日中见沬；折其右肱，无咎。	丰其蔀，日中见斗，遇其夷主，吉。	来章，有庆誉，吉。	丰其屋，蔀其家，阚其户，阒其无人，三岁不觌，凶。	对待灾异
旅 ䷷ 火山旅	小亨，旅贞吉。	旅琐琐，斯其所取灾。	旅即次，怀其资，得童仆，贞。	旅焚其次，丧其童仆，贞厉。	旅于处，得其资斧，我心不快。	射雉，一矢亡，终以誉命。	鸟焚其巢，旅人先笑后号咷；丧牛于易，凶。	商旅之道
巽 ䷸ 巽为风	小亨。利有攸往，利见大人。	进退，利武人之贞。	巽在床下，用史、巫纷若，吉，无咎。	频巽，吝。	悔亡，田获三品。	贞吉，悔亡，无不利，无初有终；先庚三日，后庚三日，吉。	巽在床下，丧其资斧，贞凶。	隐入之理
兑 ䷹ 兑为泽	亨，利贞。	和兑，吉。	孚兑，吉，悔亡。	来兑，凶。	商兑未宁，介疾有喜。	孚于剥，有厉。	引兑。	显现之事
涣 ䷺ 风水涣	亨。王假有庙，利涉大川，利贞。	用拯，马壮，吉。	涣奔其机，悔亡。	涣其躬，无悔。	涣其群，元吉；涣有丘，匪夷所思。	涣汗其大号，涣王居，无咎。	涣其血去逖出，无咎。	文采焕美

续 表

卦名 卦象	卦　辞	初	二	三	四	五	上	主题思想
节 ䷻ 水泽节	亨。苦节,不可贞。	不出户庭,无咎。	不出门庭,凶。	不节若,则嗟若,无咎。	安节,亨。	甘节,吉,往有尚。	苦节,贞凶,悔亡。	适当节制
中孚 ䷼ 风泽中孚	豚鱼吉。利涉大川,利贞。	虞吉,有它不燕。	鸣鹤在阴,其子和之;我有好爵,吾与尔靡之。	得敌,或鼓或罢,或泣或歌。	月几望,马匹亡,无咎。	有孚挛如,无咎。	翰音登于天,贞凶。	中心诚信
小过 ䷽ 雷山小过	亨,利贞。可小事,不可大事。飞鸟遗之音,不宜上,宜下,大吉。	飞鸟以凶。	过其祖,遇其妣;不及其君,遇其臣,无咎。	弗过防之,从或戕之,凶。	无咎,弗过遇之;往厉必戒,勿用,永贞。	密云不雨,自我西郊。公弋取彼在穴。	弗遇过之,飞鸟离之,凶,是谓灾眚。	小有过失
既济 ䷾ 水火既济	亨小,利贞。初吉终乱。	曳其轮,濡其尾,无咎。	妇丧其茀,勿逐,七日得。	高宗伐鬼方,三年克之,小人勿用。	繻有衣袽,终日戒。	东邻杀牛,不如西邻之禴祭,实受其福。	濡其首,厉。	面对成功
未济 ䷿ 火水未济	亨。小狐汔济,濡其尾,无攸利。	濡其尾,吝。	曳其轮,贞吉。	未济,征凶,利涉大川。	贞吉,悔亡;震用伐鬼方,三年有赏于大国。	贞吉,无悔;君子之光,有孚吉。	有孚于饮酒,无咎;濡其首,有孚失是。	遵求大义

参考书目

1.《春秋左传注》,杨伯峻编著,中华书局 2009 年版。

2.《周易本义》,朱熹著,廖名春点校,中华书局 2009 年版。

3.《周易古经今注》(重订本),高亨著,中华书局 1984 版。

4.《周易集解纂疏》,李道平著,中华书局 1994 年版。

5.《皇极经世》,邵雍著,中州古籍出版社 1993 年版。

6.《易图明辨》,胡渭著,郑万耕点校,中华书局 2008 年版。

7.《马王堆帛书周易经传释文》,廖名春著,上海古籍出版社 1995 年版。

8.《新蔡葛陵楚墓》,河南省文物考古研究所编,大象出版社 2003 年版。

9.《易学筮法举要》,宣守有编著,安徽人民出版社 2005 年版。

10.《中国人的命理信仰》,董向慧著,上海人民出版社 2011 年版。

11.《易学象数论》,黄宗羲著,谭德贵注,九州出版社 2007 年版。

12.《魏晋玄学论稿》,汤用彤著,生活·读书·新知三联书店 2009 年版。

13.《张政烺论易丛稿》,张政烺著,李零等整理,中华书局 2010 年版。

14.《八字易象与哲学思维》,何丽野著,中国社会科学出版社 2004 年版。

15.《增删卜易》,李文辉编,孙正治注译,中医古籍出版社 2012 年版。

16.《十三经概论》,蒋伯潜著,蒋绍愚导读,上海古籍出版社 2010 年版。

17.《易图考》,李申著,北京大学出版社 2001 年版。

18.《杭氏易学七种》,杭辛斋著,九州出版社 2010 年版。

19.《天水放马滩秦简》,甘肃省文物考古研究所编,中华书局 2009 年版。

20.《先秦汉魏易例述评》,屈万里著,学生书局 1969 年版。

21.《周易图象集解》,郭彧著,中国文联出版社 2000 年版。

22.《朱子全书》,朱杰人、严佐之等编,上海古籍出版社、安徽教育出版社 2010 年版。

23.《朱子语类》,黎靖德编,王星贤点校,中华书局 1986 年版。

24.《周易尚氏学》,尚秉和著,中华书局 1980 年版。

25.《易学十讲》,邹学熹著,四川科学技术出版社 1986 年版。

26.《邵雍集》,邵雍著,中华书局 2010 年版。
27.《老子道德经注》,王弼著,楼宇烈校,中华书局 2011 年版。
28.《黄帝内经》,王冰注释,中医古籍出版社 2003 年版。
29.《毛奇龄易著四种》,毛奇龄著,郑万耕点校,中华书局 2010 年版。
30.《周易象数学》,冯昭仁著,华龄出版社 2010 年版。
31.《渊海子平·新刊合并官板音义评注》,徐大升编著,海南出版社 2002 年版。
32.《三命通会》,万民英著,中医古籍出版社 2008 年版。
33.《周礼注疏》,十三经注疏本,贾公彦著,中华书局 1980 年版。
34.《周易郑氏义》,张惠言著,台北成文出版社 1976 年版。
35.《中国古代算命术》,洪丕谟、姜玉珍编著,上海人民出版社 1989 年版。
36.《汉制考·汉艺文志考证》,王应麟著,张三夕、杨毅校,中华书局 2011 年版。
37.《旧唐书》,刘昫著,中华书局 1975 年版。
38.《中国命理学史论》,陆致极著,上海人民出版社 2008 年版。
39.《梦溪笔谈》,沈括著,重庆出版集团重庆出版社 2007 年版。
40.《五行精纪——命理通考五行渊微》,廖中著,郑同点校,华龄出版社 2010 年版。
41.《滴天髓阐微》,刘基著,孙正治注,中医古籍出版社 2012 年版。
42.《易通》,金景芳著,商务印书馆 1945 年。
43.《周易概论》,刘大钧著,巴蜀书社 2004 年版。
44.《纳甲筮法讲座》,刘大钧著,广西师范大学出版社 2006 年版。
45.《汉上易传》,朱震著,九州出版社 2012 年版。
46.《中国易学预测学》,刘正著,红旗出版社 1991 年版。
47.《朱子哲学研究》,陈来著,华东师范大学出版社 2000 年版。
48.《易学基础教程》,朱伯崑著,九州出版社 2011 年版。
49.《易学哲学史》,朱伯崑著,北京大学出版社 2005 年版。
50.《术数入门:奇门遁甲与京氏易学》,王居恭著,华龄出版社 2009 年版。
51.《周易经传研究》,杨庆中著,商务印书馆 2005 年版。
52.《古易筮法研究》,汪显超著,黄山书社 2002 年版。
53.《象数与义理》,张善文著,辽宁教育出版社 1993 年版。
54.《易学津梁》,汪致正著,人民出版社 2006 年版。
55.《周易象数通论——从科学角度的开拓》,常秉义编,光明日报出版社 2004 年版。

56.《先秦易学史》,高怀民著,广西师范大学出版社 2007 年版。

57.《两汉易学史》,高怀民著,广西师范大学出版社 2007 年版。

58.《宋元明易学史》,高怀民著,广西师范大学出版社 2007 年版。

59.《易学大辞典》,张其成主编,华夏出版社 1992 年版。

60.《周易经传溯源》,李学勤著,长春出版社 1992 年版。

61.《世界各民族历史上的宗教》,[苏] 谢·亚·托卡列夫著,魏庆征译,中国社会科学出版社 1985 年版。

62.《人论》,[德] 恩斯特·卡西尔著,甘阳译,上海译文出版社 1985 年版。

63.《中国思想史论集续编》,徐复观著,上海书店出版社 2004 年版。

64.《周易经文研究》,胡自逢著,见《大易集述》,刘大钧主编,巴蜀书社 1998 年版。

65.《天人象：阴阳五行学说史导论》,谢松龄著,山东文艺出版社 1989 年版。

66.《吕氏春秋》,陆玖译注,中华书局 2011 年版。

后　　记

这本书虽然从起笔到交稿只用了短短一年零三个月的时间，但创作意图很早就开始酝酿，并耗费数年进行了资料的收集整理工作。可以说，书中体现了我对易学思想、易学方法以及易学应用的大部分理解与认识，凝结了数十年来我对易学的深深挚爱与浓浓痴情，“字字读来皆是血，十年辛苦不寻常”。对《周易》这样一部皇皇巨著的研究学习，各种艰辛与幸福，实在难以尽述。

《周易·系辞上》：“《易》与天地准，故能弥纶天地之道。”《周易》是五经之首，是中华文化的母源，是中华文明最瑰丽的文化原典，对中华民族的性格形成、哲学思辨、科技发展、政治变革等都起到了不可估量的作用。21世纪的世界离不开中国文化，中国文化的复兴离不开对《周易》思想的发掘。现代著名哲学家冯友兰临终前便嘱咐道：“中国哲学将来一定会大放光彩。要注意《周易》哲学。”①寄中国哲学的希望于《周易》研究。

然而，对《周易》的研究学习又谈何容易？《系辞上》曰：“范围天地之化而不过，曲成万物而不遗，通乎昼夜之道而知，故神无方而《易》无体。”《周易》变幻多端、包罗万象，体用一源、显微无间，这样的一门“神无方而《易》无体”的学问，能做到熟练运用并有所创新发展，其难度可想而知。我自幼对宇宙间一切神秘现象感到好奇、充满疑惑，带着这些疑惑，我首先与佛教结缘，又旁涉玄学、易学与奇门遁甲之术，潜心钻研传统文化，二十余年遍览经籍典章，又有幸得“沈氏玄空”沈竹礽传人亲授，学成之后便开始遍访名山大川，向各路隐士拜师求教易学秘术，博采众长、融会贯通，终于得以一解心中疑惑，有了自己对传统文化的一些独特见解，尤其在《周易》研究领域，对风水堪舆、奇门遁甲、纳甲筮法及四柱推命等传统决策学有着比较深入的研究。

经过多年的经验积累，我深知其实易学并不难学，《系辞上》中说：“乾以易知，

---

① 冯友兰：《代祝词》，《周易纵横录》，唐明邦、罗炽、张武、萧汉明编，湖北人民出版社，1986年。

坤以简能。易则易知，简则易从。……易简而天下之理得矣。天下之理得而成位乎其中矣。”“周易”之“易”便有“简易”之义，“大道至简，悟在自然”，真正的真理不需要我们有太多的顾虑和束缚，学会化繁为简才能真正领悟到个中真谛。我们学习一种学问不能有先入为主的惧怕情绪，而应该有着强烈的自信，肯定自己，相信自己。同时也需要找对方法，有人说学习《周易》是一件遥不可及的事情，因为《周易》离我们太远；有人说《周易》太难，古奥玄秘，没有深厚的文字功底是不可能读懂的。很多人希望踏进《周易》这个神秘而充满智慧的殿堂，而又望而却步，很大一部分是因为没有找到正确的方法。其实我们可以从两个层面来学习《周易》，一个是思想理论层面，另一个是方法应用层面。思想理论层面学习就是要把握《周易》的核心思想，那就是阴阳。方法应用层面学习就是要掌握《周易》的核心思路，那就是五行。“一阴一阳之谓道，继之者善也，成之者性也。”《周易》思想的母源是阴阳六爻，而中华文化亦是在阴阳基础上构筑成的生生不息的宇宙万象。懂得了阴阳变易之道，便懂得了和谐理念、中和之道，也就贯通了天地人三才的三常之道。在此基础上，运用于方法应用上，五行又成为贯彻始终的核心理念。如果说阴阳思想反映的是宇宙生成学与发生论的真理性认识，那么五行理念便是探讨如何规制社会与改造世界的秩序性设计。从《尚书》到《左传》等经典的记载，再经过邹衍、董仲舒等学者的创新，五行的相生相克一直贯穿于华夏文化的命脉，并成为系统认识宇宙秩序与规律的科学总结。庞朴曾说：“五四以前的中国固有文化，是以阴阳五行做骨架的，阴阳消长，五行生克的思想，迷漫于意识的各个领域，深嵌到生活的一切方面，如果不明白阴阳五行图式，几乎就无法理解中国的文化体系。”[①]正是阴阳五行的糅合杂粹，才构成了《周易》如此丰富而广博的全息系统，归根结底就这么简单。

在这样的核心思想的指导下，再来阅读和理解本书，必然会有不一样的认识和体会。本书正是在这一基础上试图将思想与方法系统而又全面地介绍给大家。本书的第二部分集中介绍了易学的方法论，首先阐释了历史上众说纷纭的各种易图，将其大体分为了三类；又将应用易学所需方法论前提作了系统的讲解与归纳，最后集中对大衍筮法、梅花易数、纳甲筮法这三种预测筮术作了归纳介绍。尤其是纳甲筮法，笔者倾注数十年心血，系统而全面地概括了纳甲筮法的各个方面的应用与内涵。最后，又比较了我国的传统筮法与西方科学预测学之间的关系与区别。

多年来，我致力于易学的推广与宣传工作。2008 年，我在香港成立了“中国周易应用研究院”，同年在上海社会科学院成立了“中国周易应用研究院明易讲堂”。

---

① 庞朴：《阴阳五行探源》，《当代学者自选文库 · 庞朴卷》，安徽教育出版社，1999 年。

明易讲堂是一家专业从事《周易》文化系列课程培训和《周易》文化推广传播的机构,至今已开办了17期《周易》系列课程班,其中有《奇门遁甲决策学》《四柱生命信息学》《周易智慧》《梅花易数应用》《六爻决策学》《中国文字信息学》《中国相学与识人之道》和《周易风水学》等专业课程,获得了社会和海内外专家学者的肯定和支持。2011年,研究院和世界易学联合会、中国台湾中华文化推广协会以及安阳汤阴周易博物馆建立了战略合作关系,共同策划推进易学文化传播,推动中华文明进一步走向辉煌。

明易讲堂的学员们还自发成立了"明易同学会",这是一个以易学文化为背景的文化精神家园,是我们相互探讨和提高的文化平台,也是将来我们易学事业发展和传播的重要力量之一,其中汇集了历届结业的全部学员,并经常组织一些文化沙龙和游学活动。

"路漫漫其修远兮,吾将上下而求索",未来需要做的事很多,需要帮助的人更多,我唯有与诸位同仁一起继续不懈地努力与奋斗、奉献与付出,才能回馈全社会对我们的支持与关怀。

孔子曰:"多闻阙疑,慎言其余。"对很多限于笔者能力范围之事,只好"阙疑",还望大方指正。更有笔者学浅疏漏之处,虽然战战兢兢斟酌增删数十次,但难免挂一漏万,若有错谬之处,敬请海内外方家不吝指正。

联系邮箱:swm2727@163.com

沈炜民